Demographie und Wohlstand

Christian Leipert (Hrsg.)

im Auftrag des Deutschen Arbeitskreises
für Familienhilfe e. V.

Demographie und Wohlstand

Neuer Stellenwert für Familie
in Wirtschaft und Gesellschaft

Leske + Budrich, Opladen 2003

Gedruckt auf säurefreiem und alterungsbeständigem Papier.

Die Deutsche Bibliothek – CIP-Einheitsaufnahme
Ein Titeldatensatz für die Publikation ist bei Der Deutschen Bibliothek erhältlich

ISBN 3-8100-3738-9

© 2003 Leske + Budrich, Opladen

Druck: DruckPartner Rübelmann, Hemsbach
Printed in Germany

Inhalt

Grundlagen

Panel I: Weniger Kinder – ärmere Welt?

Panel II: Demographie als Herausforderung – Antworten der Politik

Panel III: Familiäre Erziehung – Grundlage von Bildung, Alltagskompetenz und Berufserfolg

Panel IV: Familie, Humankapital und Arbeitsmarkt – Antworten der Wirtschaft

Grußworte

Geleitwort

Gerhard Wehr

Mit den Beiträgen dieses Buches versuchen die Veranstalter des Berliner Kongresses auf den Zusammenhang von Bevölkerungswachstum und Wohlstand hinzuweisen.

Die demographischen Wirkungen auf Wirtschaft und Gesellschaft wurden in der Vergangenheit von Ökonomie und Politik nicht beachtet. Warum auch, wo Kinder kein Stimmrecht haben und nach Konrad Adenauer Kinder selbstverständlich immer ausreichend da sind. Dort wo kein Stimmrecht vorhanden ist, gedeihen in einer Demokratie auch keine Rechte. Mit der außerhäuslichen Berufstätigkeit der Mütter wurden den Kindern Zeit und Zuwendung entzogen, worauf sie ein Naturrecht haben. Mit Ganztagsbetreuung ist dieser Mangel nicht gutzumachen. Die vordergründigen Wünsche der Wirtschaft erhöhen vielleicht einen Augenblickserfolg, sind aber längerfristig kontraindiziert. Die Wirtschaft bräuchte Menschen mit Charaktereigenschaften, die nur in der engen und vertrauten Beziehung eines geordneten Elternhauses wachsen können, wo auch für Kinder viel Zeit eingeplant worden ist.

Die Geschichte lehrt uns, daß junge dynamische Staaten erfolgreich sind und auch Wirtschaftswachstum produzieren. Es sind nicht allein die Bedürfnisse junger Menschen im Gegensatz zu älteren, sondern auch Phantasie und Erfindungsreichtum wachsen vermehrt in einem kinderreichen Gemeinwesen.

Unserer Volkswirtschaft fehlen gerade diejenigen jungen Menschen, denen ein Lebensrecht nicht zugestanden wird. Warum? In erster Linie, weil Wirtschaft und Politik seit mehr als 40 Jahren kinderfeindlich orientiert sind. Kinder zu haben, ist zunächst Privatsache. Später bemächtigt sich die Gesellschaft der Arbeitskraft, um sie für vielerlei angebliche Marktinteressen zu nutzen. Eltern werden mit verfassungswidrigen Steuern auf das Haushaltseinkommen und den Verbrauch der Kinder belegt, die in der BRD jährlich mehr als 25 Mrd. Euro ausmachen. Das Kindergeld und Steuerfreibeträge haben sich die Eltern allein verdient. Darüber hinaus gibt es keine echte staatliche Leistung für Familien, wenn man bedenkt, daß allein 80 Mrd. Euro von den Familien mit mehreren Kindern jährlich in die Alterssicherung der gesetzlichen Rentenkassen fliessen, die sich ja vorwiegend aus dem Umlageverfahren finanzieren. Wenn diese Familien nicht existieren würden, wäre jedwede finanzielle Alterssicherung gesetzlich oder privat nicht mehr existent.

Die Nachbarstaaten wie z. B. Frankreich oder die skandinavischen Länder mit höheren Geburtenraten investieren seit vier Jahrzehnten das dreifache in Kinder und Nachwuchs. Wenn auch in diesen Ländern von echter Leistungsgerechtigkeit nicht gesprochen werden kann, so erklärt sich doch dadurch die höhere Geburtenrate und das höhere Wirtschaftswachstum dieser Staaten. Der Weg in die Deflation ist unserer Wirtschaft vorgezeichnet. Die sozialen Sicherungssysteme sind nicht mehr zu finanzieren. Politik ist nicht in der Lage, weder die Ursachen unserer Misere zu erkennen noch die Rechte in unserem Gemeinwesen so zu verteilen, daß Kinder-Eltern (ohne eine leistungsstarke Lobby) die ihnen zustehenden Rechte hinsichtlich Angenommensein, Erziehung und Ausbildung auch erhalten. Frage: Wie lange wird diese fragile Demokratie diesen Zustand noch ertragen?

Vorwort

In diesem Buch sind die Vorträge und Statements versammelt, die auf dem Europäischen Kongress „Demographie und Wohlstand – Neuer Stellenwert für Familie in Wirtschaft und Gesellschaft" gehalten und für die Veröffentlichung überarbeitet und erweitert worden sind. Dieser Kongress fand am 12. und 13. Juni 2003 in Berlin, und zwar im Haus der Deutschen Wirtschaft, statt. Dieser Ort, in dem die drei Spitzenverbände der Wirtschaft – der DIHK, der BDI und der BDA – ihren Hauptsitz haben, war von den Veranstaltern ganz bewusst gewählt worden. Eines ihrer Hauptziele war, mit Vertretern aus der Wirtschaft über die Bedeutung der Familie und speziell der Leistungen, die Familien bei der Humanvermögensbildung erbringen, für die Sicherung der Zukunftsfähigkeit der Wirtschaft vor dem Hintergrund der sich anbahnenden demographischen Krise ins Gespräch zu kommen.

Mit diesem Buch liegen nunmehr die Verhandlungen der drei Europäischen Kongresse in Buchform vor, die die Veranstalter in den letzten fünf Jahren organisiert und durchgeführt haben. 1999 war bei Leske und Budrich der erste Band unter dem Titel „Aufwertung der Erziehungsarbeit. Europäische Perspektiven einer Strukturreform der Familien- und Gesellschaftspolitik" erschienen. Ihm lag der Auftaktkongress ein Jahr zuvor in Frankfurt am Main zugrunde, der primär der Bestandsaufnahme der verschiedenen familienpolitischen Herangehensweisen und Modelle in Westeuropa – mit Schwerpunkt auf den staatlichen Förderungskonzepten der Betreuungs- und Erziehungsarbeit – gewidmet war. Der zweite Band war dann unter dem damaligen Kongresstitel „Familie als Beruf: Arbeitsfeld der Zukunft" zwei Jahre später – 2001 – im gleichen Verlag herausgekommen. Der ihm zugrundeliegende Kongress hatte im November 2000 auf dezidiert europäischer Bühne – im Europäischen Parlament in Straßburg – stattgefunden.

Alle drei Bücher weisen in mehrfacher Hinsicht verbindende Elemente auf. Inhaltlich bildet sicherlich die Überzeugung einen dichten roten Faden, dass einerseits die Familie und ihr Leistungsprofil für Wirtschaft und Gesellschaft weiterhin konstitutiv und unerlässlich sind und dass andererseits Familien ungeachtet ihrer funktionalen Bedeutung für die Gesellschaft von der Politik dramatisch vernachlässigt werden, ja sogar eine „strukturelle Rücksichtslosigkeit der Gesellschaft gegenüber den Belangen der Familie und ihren Kindern" (F. X. Kaufmann) zu konstatieren ist. Alle drei Bücher verbindet ein europäischer Zuschnitt der Autorinnen und Autoren, in diesem Buch ergänzt um die Beiträge des amerikanischen Wirtschaftsnobelpreisträgers Gary Becker und des spanischstämmigen US-amerikanischen Managementtheoretikers Torres. Während die Autoren/innen dieses Buches aus sieben Ländern kommen, war unter den Teilnehmern und Teilnehmerinnen dieses Kongresses die doppelte Anzahl von Ländern vertreten.

Auch dieser Kongress war kein Kongress der Inzucht oder der Monokultur, kein Kongress, in dem sich nur die Vertreter/innen eines Faches, eines Berufszweiges oder eines Gesellschaftsbereiches zusammenfanden – mit der Gefahr, sich abzuschotten, sich wechselseitig nur zuzustimmen oder sich einseitig zu positionieren. Nein, das Gegenteil war der Fall: Auch dieser Kongress war in erster Linie ein Kongress der Begegnung, des Austausches, des Brückenschlags, aber auch der Auseinandersetzung und des Streits zwischen Vertretern und Vertreterinnen aus den verschiedensten gesellschaftlichen und beruflichen Bereichen. Die Autoren und Autorinnen des Buches, die ihre Positionen auf dem Kongress zur Diskussion gestellt haben, kommen aus den Universitäten, den Forschungsinstituten, der Politik (auf Länder- und lokaler Ebene), der Wirtschaft, der Kirche, den Gewerkschaften, der Sozialversicherung, dem Statistischen Bundesamt, den Verbänden (Familien- und Frauenverbänden, Lehrerverband) sowie der Publizistik.

Träger dieses Kongresses waren der Koordinationskreis „Familien- und Gesellschaftspolitik" – der auch die ersten beiden Kongresse organisiert hatte – und die Internationale Stiftung Humanum. Der Koordinationskreis versteht sich als private Bürgerinitiative für eine verstärkte materielle Anerkennung der elterlichen Erziehungs- und Betreuungsarbeit in der Familie durch den Staat und für eine Verbesserung der Lebens- und Entwicklungsrechte von Kindern. Gerade in den ersten sensiblen Lebensjahren ist eine enge Verbundenheit zwischen Mutter und Kind bzw. Vater und Kind so entscheidend für eine gedeihliche Persönlichkeitsentwicklung der Kinder. Dem Koordinationskreis „Familien- und Gesellschaftspolitik" gehören 23 Familien- und Sozialverbände und andere Organisationen aus sieben Ländern an, die sich engagiert für die Belange der Familie einsetzen wie der Deutsche Arbeitskreis für Familienhilfe e.V., der Verband der Familienfrauen und -männer – dhg, die Académie Européenne (Straßburg/Paris), das Europäische Institut zur Aufwertung der Erziehungsarbeit (Berlin/Bonn/Straßburg), Femmes de Demain (Paris), die KAB Süddeutschlands (München) und das Österreichische Institut für Familienforschung (Wien).

Nach den deutschen steuern französische Autoren/innen die meisten Beiträge zum Buch bei. Dieser Häufung liegt eine enge Zusammenarbeit zwischen deutschen und französischen Verbänden, die zum Veranstalterkreis gehören, zugrunde. Die deutsch-französische „Achse" bildet die Arbeitsgrundlage für die gesamteuropäische Ausrichtung einer politischen Lobbyarbeit für die Familie. Der deutsch-französische Schulterschluss spiegelt sich auch in der doppelten Schirmherrschaft über den Berliner Kongress, die von den nationalen Präsidenten, dem französischen Staatspräsidenten Chirac und dem deutschen Bundespräsidenten Rau, übernommen worden war, wider. Die starke französische Beteiligung am Kongress auf dem Podium (jetzt im Buch) und unter den Teilnehmern/innen ist auch zu sehen vor der Intention der Veranstalter, im Jahre 2004 einen weiteren Europäischen Kongress in Paris – und zwar ganz dezidiert zum Thema der demographischen Krise in Europa und der zukünftigen Rolle der Familie und der Familienpolitik – zu veranstalten.

Ich danke allen, die das Erscheinen dieses Buches durch ihr Engagement ermöglicht haben.

Berlin, im April 2003   *Christian Leipert*

Einleitung

Christian Leipert

Gegenstand des Buches ist der Bedeutungsgewinn der Familienpolitik angesichts der demographischen Herausforderungen der Zukunft in Europa. Die zukünftigen Belastungen der Gesellschaft – insbesondere im System der Sozialversicherungen – durch das anhaltend niedrige Geburtenniveau begründen eine Renaissance der Familienpolitik. Ein Schwerpunkt des Buches liegt auf der Herausarbeitung der Leistungen, die Familien beim Aufziehen der Kinder erbringen und auf die die Gesellschaft auch und gerade in Zukunft dringlich angewiesen bleibt. Diese familiären Leistungen bilden die wichtigste Quelle des Humanvermögens einer Gesellschaft, das wiederum heute der zentrale Bestimmungsfaktor des langfristigen Wirtschaftswachstums und der Produktivitätsentwicklung eines Landes ist.

In dem Buch werden in mehreren Beiträgen die demographischen Problemlagen, die sich für die Zeit bis 2050 abzeichnen, grundlegend herausgearbeitet. Hierzu tragen bei der renommierte Bevölkerungswissenschaftler *Birg*, der Präsident des ifo Institutes für Wirtschaftsforschung *Sinn*, der bekannte französische Demograph *Dumont*, der sächsische Ministerpräsident *Milbradt* und der bekannte Bamberger Demograph *Schmid*, z.T. auch der Ökonomie-Nobelpreisträger *Becker* von der University of Chicago und der polnische Ex-Minister *Kropiwnicki*. Dabei stehen die seit Ende der 60er Jahre des vergangenen Jahrhunderts dramatisch gesunkene Geburtenrate und deren Ursachen im Vordergrund der Überlegungen. Die Autoren widmen sich auch soziologischen Erklärungsansätzen, die auf die Bedeutung säkularer sozialer Veränderungen wie den Veränderungen der Rolle der Frau in den vergangenen 50 Jahren verweisen. Ihr Schwerpunkt liegt allerdings auf der Analyse ökonomischer Faktoren und speziell auch ökonomischer Fehlanreize politischer Regelungen (wie der gesetzlichen Altersrentenversicherung), die den Rückgang der Geburtenrate erklären können *(Birg, Sinn, Becker)*.

Abhilfemöglichkeiten, die an den Ursachen der demographischen Probleme der Alterung und Schrumpfung ansetzen, werden in einer Neuausrichtung und massiven Aufwertung der Familienpolitik *(Birg, Schmid)* gesehen, die sich auch in einer Reform der Rentenversicherung *(Sinn)*, die den Wert der Kindererziehung für die Bemessung der Altersrente grundlegend neu und höher bestimmt, äußern sollte.

Ein Spezifikum dieses Buches, das sich in vielen Beiträgen niederschlägt, ist, dass der Geburtenrückgang, den wir seit über 30 Jahren erleben, nicht quasi-naturgesetzlich als unabänderlich hingenommen wird, sondern zum Anlass für eine Reflexion dessen, was politisch falsch gelaufen ist, genommen wird, um daraus

Ansatzpunkte für eine aktive Strategie der Familien- und Rentenpolitik zu entwickeln. Selbstverständlich gehen die Autoren in vielen Beiträgen auch auf die passiven Anpassungsstrategien zur Milderung der demographischen Problemlagen ein. So wird das Für und Wider der Einwanderung erörtert. Dabei ist für alle Autoren unstreitig, dass Einwanderung kein Allheilmittel der demographischen Krise ist. Im Gegenteil, wenn sie nicht ökonomisch gezielt betrieben wird, kann die ökonomische Nettobilanz für das Aufnahmeland – insgesamt gesehen – sogar negativ ausfallen *(Birg, Sinn)*. Einen positiven Einfluss auf die ökonomische Dynamik eines Landes in jedem Fall attestiert dagegen der Nobelpreisträger *Becker* der Einwanderung. Während *Birg* auf den ökonomischen und kulturellen Verlust für das Heimatland der Zuwanderer verweist (Stichwort „Ausbeutung" der armen durch die reiche Welt), sieht *Becker* dagegen in der Einwanderung einen klaren ökonomischen Vorteil für das Herkunftsland. Hier spielen wohl auch die kulturellen Unterschiede zwischen den Vereinigten Staaten von Amerika und Deutschland – einem Teil des „alten" Europas – und deren unterschiedliche historische Genesis und Erfahrung in die Urteilsbildung hinein.

Eine klassische Anpassungsstrategie der Rentenpolitik an die Schrumpfung der Zahl der aktiven Beitragszahler und die Zunahme der Lebenserwartung ist die Anhebung des Rentenalters. *Becker* kritisiert in seinem Beitrag scharf die anhaltende Tendenz zur Frühverrentung in Deutschland und in anderen Ländern Westeuropas. Er verweist dagegen auf die neueste Entwicklung in den USA hin zu einer Anhebung der Altersgrenze auf 67 Jahre. Auch die viel stärker als in Europa in der Gesellschaft verwurzelte markwirtschaftliche Gesinnung erlaube es einem Großteil der Arbeitskräfte in den USA, jenseits der offiziellen Altersgrenze weiterzuarbeiten.

Ein klarer Schwerpunkt des Buches liegt auf Beiträgen, die die Bedeutung der Leistungen, die Familien bei der Aufzucht ihrer Kinder mit ihrer Erziehungs-, Betreuungs- und Bildungsarbeit erbringen, für Wirtschaft, Gesellschaft und Politik herausarbeiten. Diese Leistungen sind wesentlicher Teil des Humankapitals oder des Humanvermögens. Während der Begriff des Humankapitals im engeren Sinne sich auf den wirtschaftlichen Wert der in schulischer und nachschulischer Ausbildung erworbenen fachlichen Qualifikationen bezieht, liegt der Fokus beim Humanvermögen auf dem Erwerb von Daseinskompetenzen im weitesten Sinn.

Soziale Qualifikationen, die in der Familie vermittelt werden, sind etwa Arbeits- und Lernmotivation, Verantwortungsbereitschaft, Zuverlässigkeit, Teamfähigkeit und Flexibilität. An ihnen hat auch die Wirtschaft ein zentrales Interesse. Unternehmen sind für funktionierende Produktions- und Arbeitsabläufe auf emotional stabile und moralisch geerdete Nachwuchskräfte angewiesen. Und solche Arbeitskräfte wachsen am besten in Familien heran, die ihre Erziehungsarbeit erfüllen können. Die Rede von der „Bildung von Humanvermögen" verdeutlicht, dass im Kontext von Familie volkswirtschaftlich bedeutsame Investitionsprozesse ablaufen. Familienpolitik in dieser Perspektive ist Wirtschaftspolitik mit anderen Mitteln.

Es war natürlich ein Glücksfall für den Kongress und es ist nunmehr ein Glücksfall für das vorliegende Buch, dass der Ökonomie-Nobelpreisträger *Gary Becker* bereit war, Vortrag (und Beitrag) zum Thema der „Bedeutung der Humanvermögensbildung in der Familie für die Zukunft von Wirtschaft und Gesellschaft" zu übernehmen. Dabei muss gleich hinzugefügt werden, dass im englischsprachigen Bereich die Unterscheidung in Humankapital und Humanvermögen nicht gebräuchlich ist (siehe *Becker* und *Torres*). Auch der Beitrag der Familien zum Erwerb der wirtschaftlich und beruflich relevanten Kompetenzen wird im angelsächsischen Diskurs unter den Begriff des Humankapitals gefasst, während wir hier in Deutschland vor allem in der familienpolitischen Diskussion fein säuberlich zwischen Humankapital und -vermögen (so z. B. der Familienpolitische Beirat in seinem bekannten 5. *Familienbericht,* 1994) unterscheiden.

Becker ist der Begründer der Humankapitaltheorie. Er hat diesen Begriff in seiner Dissertation vor über 40 Jahren in die wirtschaftswissenschaftliche Diskussion eingeführt und ein bis heute schnell wachsendes und dynamisch sich entwickelndes Forschungsgebiet begründet. Das in einer Volkswirtschaft vorhandene Humankapital (in dem das Humanvermögen als Basisgut enthalten ist) bildet den Hauptteil des Produktivkapitals in der heutigen Informations- und Wissensgesellschaft. Für den Großteil der Menschen bildet das in ihnen verkörperte Humankapital auch den größten Teil ihres persönlichen Vermögens. *Becker* hat als erster gezeigt, dass das Humankapital und die mit ihm verknüpfte Fähigkeit, neues technisches Wissen zu schaffen und innovativ umzusetzen, zum wichtigsten Erklärungsfaktor des langfristigen Produktivitätswachstums in den fortgeschrittenen Industriegesellschaften geworden ist.

Ein Großteil der Beiträge ist der Frage gewidmet, was diese für die Ökonomie so zentralen Leistungen bei der Humanvermögensbildung im konkreten sind (außer *Becker* und *Torres* auch *Kirchhof, Bichot, Horn, Kraus, Tietze* und *Löhr*). Die wichtigste Ressource, auf die Eltern angewiesen sind, um ihren Kindern das zu geben, was diese für ihre emotionale, kognitive und moralische Reifung benötigen, ist Zeit (s. hierzu *Stahmer/Leipert*). Diese Zeit ist in einer Wirtschaftsgesellschaft, in der wir leben, gleichbedeutend mit Verfügung über Geld. Dabei geht es einmal um häuslich-familiäre Erziehungs- und Betreuungszeit und zum anderen um die Zeit, die Kinder in der Kinderkrippe, im Kindergarten oder im Hort verbringen. Im Buch sind Advokaten/innen beider Optionen oder einer Mischung beider Optionen vertreten. Die Bedeutung der Kindererziehung durch ein oder beide Elternteil(e) im familiären Milieu wird vor allem von *Horn, Bruneau, Bichot, Torres, Löhr, Müller-Kirschbaum* und *Liminski* herausgestellt. Den dezidierten Stellenwert der Kindertageseinrichtung für die möglichst frühzeitige Förderung aller Kinder betonen *Hocke, Schartau,* aber auch *Tietze. Tietze* ist aber im Grunde ein Advokat der notwendigen Komplementarität beider Betreuungsformen für ein optimales Aufwachsen der Kinder unter den Bedingungen der heutigen Gesellschaft.

Wie können Eltern diesen Zeitaufwand für ihre Kinder ermöglichen, wenn einerseits die (Opportunitäts-)Kosten des Kinderhabens im Haushaltsetat massiv ins Gewicht fallen, andererseits die staatliche Familienförderung eklatant unterentwickelt ist. Dieser Frage stellen sich die Beiträge von *Schattovits, Kretz, Dåvøy, Stewens* sowie *Geisler/Wenzler*. *Schattovits* und *Dåvøy* stellen familienpolitische Instrumente der Honorierung der häuslichen Betreuungs- und Erziehungsarbeit – den Kinderbetreuungsscheck und das Betreuungsgeld – vor, die in Österreich in Ansätzen und in Norwegen schon ins Gewicht fallend verwirklicht sind. Dagegen stellen *Geisler* und *Wenzler* sowie *Stewens* Förderungsmodelle der häuslichen Erziehungs- und Betreuungsarbeit vor, die versuchen, das Ziel der Wahlfreiheit zu erreichen. Das ist einerseits der sächsische Vorschlag zu einem Erziehungsgehalt *(Geisler/Wenzler)* und andererseits das Konzept eines Familiengeldes, das vor allen Dingen während des zurückliegenden Bundestagswahlkampfes politisch kontrovers diskutiert worden ist.

Zu den Beiträgen des Buches

Die Beiträge im ersten Teil des Buches beruhen auf den Hauptvorträgen des Kongresses. Die daran sich anschließenden Beiträge sind thematisch nach den vier Panels des Kongresses angeordnet.

Ein Schwerpunkt des Beitrages von *Birg* sind die Folgerungen für die Familienpolitik, die sich aus den biographischen und gesellschaftlichen Faktoren des Geburten- und Bevölkerungsrückgangs ergeben. *Birg* entfaltet die biographische Theorie der Fertilität, mit der sich das als „demographisch-ökonomische Paradoxon" bezeichnete Phänomen erklären lässt, dass die Zahl der Kinder pro Frau umso mehr zurückging, je stärker das Pro-Kopf-Einkommen zunahm. Der Diagnose von *Birg* zufolge bieten sich der Familienpolitik zwei Optionen zur Erhöhung der Geburtenrate.

Die erste hat als Zielgruppe das Drittel der Frauen, die heute kinderlos bleiben. Bei dieser entscheidenden Zielgruppe müsste die lebenslange Kinderlosigkeit gesenkt werden. Die Zielgruppe für die zweite Option sind die 2/3 Frauen, die Kinder haben. Bei dieser Zielgruppe müsste die durchschnittliche Kinderzahl von rund zwei Kindern pro Frau auf mehr als zwei erhöht werden. Ohne eine Veränderung des gesellschaftlichen Klimas hinsichtlich von Familie und Kindern wird dies nicht gelingen. Ein entscheidendes Element eines solchen familienpolitischen Instrumentariums müsste eine Wertepolitik sein, die die Sinnhaftigkeit eines Lebens mit Kindern als gesellschaftliches Leitbild in der Öffentlichkeit überzeugend vertritt.

Sinn entwickelt in seinem grundlegenden Beitrag zum „Demographischen Defizit" u.a. seinen Vorschlag zu einer kinderzahlabhängigen Altersrente, mit dem er vor wenigen Wochen Aufsehen erregt hat und erstmalig die öffentliche Schweigefront gegen eine Diskussion einer deutlich verstärkten Berücksichtigung der familiären Erziehungsleistung bei der Rentenbemessung durchbrochen hat. Damit hat *Sinn* der politischen Diskussion um eine echte, an den ökonomischen Fehlanreizen der heutigen Rentenversicherung ansetzenden Rentenreform einen entscheidenden Anstoß gegeben.

Die wirklichen Lösungsansätze für Deutschlands demographische Krise liegen nach *Sinn* bei der Kapitaldeckung und bei Maßnahmen zur Anhebung der Geburtenrate. Die heutige Rentenversicherung blendet als Versicherung gegen Kinderlosigkeit die ökonomischen Gründe für den Kinderwunsch aus der Familienplanung aus. Die von ihr ausgehenden Anreize verzerren die Fertilitätsentscheidung. Früher erwuchs aus der Kinderlosigkeit eine Bedrohung für das eigene Leben, heute ein massiver Vorteil. Familien stehen vor der Situation, dass sie die Kosten des Großziehens der Kinder weitgehend selbst tragen müssen, dass die späteren Leistungen der Kinder als Beitrags- und Steuerzahler aber sozialisiert werden. Konservativ berechnet liegt nach *Sinn* die positive fiskalische Externalität bei 90.000 Euro pro Kind.

Bei seinen Politikvorschlägen plädiert *Sinn* vor allem für eine Art Riester-Rente für Kinderlose. Man könne das Thema der demographischen Auszehrung der Rentenversicherung nicht weiter tabuisieren und die zu erwartenden Probleme sehenden Auges auf sich zukommen lassen. Sein Vorschlag intendiert, das Ausmaß der fiskalischen Umverteilung von der Familie mit Kindern zu den Personen ohne Kinder zu reduzieren. Kinderlose müssten in dem Maße Realkapital bilden, wie sie es an Humankapitalbildung (dem Aufziehen von Kindern) fehlen lassen. Beim durchschnittlichen Rentenbezieher ohne Kinder erscheint eine Kürzung auf die Hälfte angebracht. Nur wer mindestens drei Kinder großzieht und durchschnittliche Beiträge gezahlt hat, dem kann die umlagefinanzierte Rente im bisher erwarteten Umfang erhalten bleiben. *Sinn* hält nur diese Lösung für gerecht; denn sie folgt dem Verursacher- und dem Leistungsfähigkeitsprinzip.

Becker entwickelt seine Hauptthese von der Bedeutung des Humankapitals in der heutigen Wissensökonomie vor dem Hintergrund einer grundlegenden Analyse der tiefgreifenden Änderungen in der Familie, die sich in den vergangenen 50 Jahren vollzogen haben. Als zentrale Quelle von Verhaltensänderungen identifiziert er die Tatsache, dass sich die Relation zwischen Kosten und Nutzen des Kinderhabens dramatisch verschoben hat.

Nicht zuletzt die veränderten Anforderungen der heutigen Wissensökonomie haben die Eltern zu einer Abkehr von einer großen Anzahl von Kindern hin zu weniger Kindern veranlasst, die qualitativ stärker gefördert, d. h. besser erzogen werden und damit ein größeres Humankapital verkörpern. Eltern und Familie sind die wichtigsten Träger von Investitionen in das Humankapital der Kinder. Schulen ergänzen dies. Das Humankapital ist heute zur wichtigsten Determinante von Wohlstand und Reichtum geworden. Die Produktivität der Arbeitskräfte, ihr Arbeitsplatz und ihr Einkommen hängen in einer zunehmend von Information und Wissen geprägten Wirtschaft immer stärker von der bei der Erziehung und Ausbildung erworbenen Fähigkeiten ab.

In der Familienpolitik tritt *Becker* für allgemeine, unkonditionierte Geldleistungen des Staates zur Förderung der Geburtenzahl ein. Die Rechtfertigung einer staatlichen Förderung ergibt sich schon allein aus dem Nutzen, den die gesamte Gesellschaft von den Erträgen der Kindererziehung hat. *Becker* begründet sein Eintreten für eine allgemeine staatliche Leistung mit dem Gedanken der Wahlfreiheit: Familien könnten dann selbst entscheiden, wie sie mit den Förderbeträgen umgehen wollen.

Kirchhof entwickelt aus einer Interpretation der Familie und Ehe betreffenden Artikel des Grundgesetzes ein Plädoyer für eine grundlegende Neubestimmung des staatlichen familienpolitischen Handelns. Das Grundgesetz normiert letztlich die zentrale Bedeutung von Familie und Ehe für eine Weitergabe der Grundwerte unserer Kultur an die jeweils nachwachsende Generation. Ein Kernsatz von *Kirchhof* lautet: „Eine Gesellschaft ohne freiheitsfähige Jugend wäre eine Gesellschaft ohne Zukunft." Vor allem muss der Staat die Erziehungsleistung der Eltern anerkennen, und das heißt in einer Gesellschaft, in der Honor und Honorar eng beieinander liegen, durch Zahlung eines Familiengeldes oder Erziehungsgehaltes gewürdigt werden. Anhand des Renten- und Steuerrechtes zeigt *Kirchhof* sehr konkret, in welche Richtung Reformschritte gehen müssten.

Kirchhof bestimmt schließlich die Stellung der Familie im Spannungsfeld zwischen Selbsthilfe und staatlicher Intervention. Er betont, dass Ehe und Familie von Verfassung wegen auch in der jeweiligen Wirtschafts- und Sozialordnung zu schützen seien. Da in der heutigen Marktwirtschaft Anerkennung, Einfluss und Existenzgrundlage durch Einkommen vermittelt werden, heißt dies für die Erziehungsleistung, dass sie als außer-marktliche, nicht vergütete Leistung vom Staat im Rahmen der durch Steuern und Transfers beinflussten sekundären Einkommensverteilung gesellschaftlich gesichert werden muss.

Der Ministerpräsident des Freistaats Sachsen *Milbradt* hielt am Abend des ersten Kongresstages als Ehrengast eine Dinnerrede. Der Osten spürt – das war sein Ausgangspunkt – aufgrund des dramatischen Einbruchs der Geburtenrate nach der Wende (um zunächst 60 Prozent) die Konsequenzen der Bevölkerungsentwicklung bereits jetzt, also früher als die alte Bundesrepublik.

Politik ist gefordert, Pionierarbeit in der politischen Umsetzung zu leisten. Man war jahrzehntelang gewohnt, mit Wachstum umzugehen, ja Wachstum zu verwalten. Es fehlt die Erfahrung, wie man als Land mit einer abnehmenden Bevölkerung leistungsfähig bleibt. Sachsen will die unfreiwillige „Pole-Position" nutzen und versuchen, den demographischen Wandel als Chance zu begreifen. *Milbradt* exemplifiziert die Politikreaktion am Beispiel Schule und Hochschule. Der Schülerrückgang wird schon jetzt zur weiteren Verbesserung des Bildungsangebotes genutzt. Die Qualität der Schule solle durch relativ mehr Lehrer verbessert werden.

Als einen zentralen Bereich einer Politik zur Bewältigung des demographischen Wandels begreift *Milbradt* eine Politik für Familien. Er beschreibt ausführlich einerseits die Leistungen, die Familien mit der Kindererziehung erbringen, andererseits die Benachteiligungen, die sie durch familienfeindliche Regelungen in der Politik erfahren. Sachsen ist ein familienpolitisches Pionierland – repräsentiert durch die Politik des langjährigen Familienministers *Geisler* (s. *Geisler* und *Wenzler* in diesem Band), das als erstes Bundesland mit der Forderung nach einem Erziehungsgehalt für kindererziehende Familien hervorgetreten ist. *Milbradt* setzt sich hier für die Einführung eines Familiengeldes ein, das sich strukturell kaum

16

vom Konzept eines Erziehungsgehaltes unterscheidet, und begründet dies sehr eingehend.

Stahmer und *Leipert* berichten in ihrem Beitrag erstmalig von den Ergebnissen eines Projektes, das von dem auf die Durchführung von Mütter-Kind-Kuren spezialisierten Deutschen Arbeitskreis für Familienhilfe (Freiburg) an das Statistische Bundesamt vergeben worden war. Im Rahmen dieses Projektes sollte die für Kinder und Jugendliche verwendete Zeit ermittelt werden. Traditionell beschränkt man sich dabei auf die in der Familie aufgewandte Zeit (siehe z.B. die Zeitbudgetanalyse des Statistischen Bundesamtes Anfang der 90er Jahre). Zusätzlich wurde hier auch die Arbeitszeit im staatlichen Bildungs- und Ausbildungsbereich (Kindergarten und Schule) sowie in der Privatwirtschaft, soweit sie direkt und indirekt zum privaten Konsum der Kinder beiträgt, einbezogen. Für dieses Pilotprojekt mussten zunächst grundlegende Probleme der Theorie und Konzeption, der Methodik sowie der Datenverfügbarkeit und -zusammenführbarkeit geklärt werden. Die Ergebnisse, die im Beitrag präsentiert werden, haben zweifellos Pioniercharakter. Zum ersten Mal werden hier für die Gesamtgesellschaft repräsentative Ergebnisse vorgelegt. Überraschend war der niedrige Anteil der auf den privaten Konsum der Kinder und auf die staatliche Ausbildung entfallenden Zeit an der gesamten Kindern zurechenbaren Zeit. Politisch relevante Aussagen lassen sich durch den Vergleich der Gesamtarbeitszeit für Kinder mit dem gesamten Arbeits(zeit)volumen der Erwerbstätigen in Wirtschaft und Staat und die daran anknüpfende Berechnung gewinnen, wieviele Äquivalente eines Erwerbsarbeitsplatzes auf die gesamte für Kinder verwendete Zeit bzw. auf die im Durchschnitt für ein Kind verwendete Zeit entfallen.

Das Panel I „Weniger Kinder – ärmere Welt" leitet der Beitrag von *Dumont* ein. Er liefert dort einen Überblick über die Auswirkungen der demographischen Alterung und Schrumpfung in Europa. *Dumont* legt einen Schwerpunkt auf die in Deutschland bisher kaum beachteten Folgen für die räumliche Verteilung der Bevölkerung. Politisch führt der in den kommenden Jahrzehnten zu erwartende Anstieg des Altenanteils in der Bevölkerung zu massiven Verschiebungen der politischen Prioritäten zugunsten der Älteren. Damit wird auch ein tiefgreifender Wertewandel einhergehen: Eine auf Sicherheit und Besitzstandswahrung ausgerichtete Umwelt erzeugt bei den Menschen andere Reaktionen, als wenn sie in einer entscheidungsfreudigen und innovativen Atmosphäre leben würden. Die schwache Geburtenentwicklung ist also nicht nur eine statistische Fragestellung: Durch Veränderungen der Eigenschaften der Bevölkerung kann sie in der Tat viele nationale und internationale politische Auswirkungen haben.

Schmid konstatiert am Ende seines Beitrags, dass die notwendige Neuordnung der Prioritäten einer Art Kulturrevolution gleichkommt: nämlich von kurzfristigem Krisenmanagement zur langfristigen Sicherung der mit der Menschenzahl und ihren Fähigkeiten verbundenen Existenzgrundlagen. Familienpolitisch bedarf es einer deutlichen Aufwertung der Familienleistungen: Sie sind für die Gesellschaft ebenso wichtig wie die Leistungen der Erwerbstätigen. Bereits über eine Generation lang sind zu wenige Kinder geboren worden. Eine Politik der Geburtenförderung duldet keinen Aufschub, weil sich ihre Wirkung erst in 15 bis 20 Jahren zeigt.

Schattovits stellt ein Konzept des Leistungsausgleichs für die gesellschaftlich relevante Arbeit der Betreuung und Erziehung von Kindern vor. Er hat schon vor Jahren gemeinsam mit seinen Mitarbeitern am Österreichischen Institut für Familienforschung das Modell eines Kinderbetreuungsschecks entwickelt (siehe hierzu auch Schattovits 1999, S. 87–128, und Schattovits 2001, S. 91–95), der in Österreich eine heftige Diskussion um das Für und Wider eines monetären Ausgleichs für die familiäre Betreuungsleistung ausgelöst hat. Die Politik hat die Ideen von *Schattovits* rasch aufgegriffen. Das von der Regierung eingeführte Kinderbetreuungsgeld ist sicherlich nicht mit dem Ursprungskonzept zu vergleichen. Dennoch ist gerade auch für Außenstehende der Nachvollzug der Debatte und die Zuspitzung, die *Schattovits* ihr gibt, von großem Interesse.

Kropiwnicki zeigt, dass Polen vor einer ähnlichen demographischen Alterung und Schrumpfung wie die gesamte EU steht. In seinem Beitrag untersucht er vor allem die Bedeutung des Übergangs vom traditionellen „Familienversicherungssystems" hin zur Evolution des Wohlfahrtsstaates im 20. Jahrhundert und zur staatlichen Absicherung der Risiken des Alters. Der rasante Anstieg des Durchschnittsalters der Bevölkerung bringt politische Machtverschiebungen zugunsten der Alten mit sich. Im Dreieck konfligierender Interessen von jungen Familien, Rentnern und Pensionären sowie Steuer- und Beitragszahlern um knappe Mittel aus dem Staatshaushalts sind in der Regel die jungen Familien die Verlierer. Dies illustriert *Kropiwnicki* anhand der neuesten Entwicklung der Familienpolitik in Polen.

Kretz berichtet über eine Initiative des Landkreises Karlsruhe. Ausgangspunkt war das Bedürfnis, das Defizit an Informationen über die Bedürfnisse der Menschen, die Kinder haben oder bald bekommen wollen, hinsichtlich der Art der von ihnen gewünschten Betreuung und der damit verknüpften staatlichen Förderung abzubauen. Man wollte sich „vor Ort" nicht bloß an vorherrschenden Ideologien orientieren, sondern daran, wo den betroffenen Menschen der „Schuh drückt". *Kretz* berichtet von einer Umfrage des Instituts für Demoskopie Allensbach, die im Auftrag des Landkreises dort durchgeführt worden ist. Die Ergebnisse bilden eine Überraschung, sollte man bisher die Einheitlichkeit des Votums der Politiker/innen für außerhäusliche Kinderbetreuung mit der Bedürfnislage der betroffenen Bevölkerungsgruppe gleichgesetzt haben. Von den Ergebnissen von der Landkreis-Basis könnte frischer Wind auf die aktuelle Debatte ausgehen.

Norwegen gehört zu den familienpolitisch avanciertesten Ländern in Europa. Wir waren deshalb froh, dass das Politikerpanel mit einem Vortrag der norwegischen Familienministerin *Dåvøy* begann. *Dåvøy* konzentriert sich in ihrem Beitrag vor allem auf die Vorstellung einer familienpolitischen Innovation, dem sog. Betreuungsgeld. Es ist seit dem 1. August 1998 in Kraft und hat bisher – wenn man von ähnlichen Regelungen in Finnland absieht – leider keine Nachfolger in Europa gefunden. Das Betreuungsgeld stellt die Eltern von ein- oder zweijährigen Kindern, die ihr Kind ganz oder teilweise (Teilzeitkrippe) zuhause selbst betreuen wollen, mit jenen Eltern gleich, die einen vollen Krippenplatz und damit auch den damit verbundenen staatlichen Zuschuss in Anspruch nehmen. Die Eltern können nach Ablauf des ein Jahr gezahlten Elterngeldes 24 Monate lang Betreuungsgeld bekommen. Kein anderes Land kommt der Realisierung des Ziels der Wahlfreiheit so nah wie Norwegen. Der Beitrag von *Dåvøy* wirft ein Schlaglicht auf die ganze damit in Norwegen verbundene Debatte.

Dreh- und Angelpunkt des Beitrags von *Geisler* und *Wenzler* ist das Kriterium der Wahlfreiheit. Sie konstatieren das Nicht-Vorliegen einer gleichrangigen Förderung der institutionellen und der häuslichen Kinderbetreuung. Die vorhandene Förderung des Staates führt zu einer Verhaltenssteuerung und – entgegen dem Urteil des Bundesverfassungsgerichtes – zu einer Beschränkung der Wahlfreiheit der Eltern. Ein Erziehungsgehalt, für das beide votieren, würde die verfassungsgerichtlich gebotene Gleichbehandlung optimal gewährleisten. Damit wäre für alle Eltern echte, materielle Wahlfreiheit gegeben.

Nach der bayerischen Familienministerin *Stewens* soll die Familienpolitik einen Teilausgleich der finanziellen Belastungen, die die Entscheidung für ein Kind mit sich bringen, bewirken. Sie will dies mit dem sog. Familiengeld – einer bisher nirgendwo realisierten Forderung von CDU/CSU – erreichen. Besonders hoch ist die Ausstattung des Familiengeldes bei Kindern von 0 bis 3 Jahren. Nach *Stewens* ist eine finanzielle Unterstützung in dieser Zeitspanne besonders wichtig, da Eltern gerade in den ersten Jahren ihres Kindes ihre Erwerbstätigkeit reduzieren wollen. In ihrem Beitrag setzt sie sich ferner für einen Kinderbonus – eine Gutschrift – bei den Sozialversicherungsbeiträgen ein.

Einen Kernbereich des Kongresses sprach das Panel III an, nämlich die Bedeutung der Erziehung in der Familie als Grundlage von Bildung, Alltagskompetenzen und Berufserfolg. Mehrere Autoren wie *Bichot* und *Torres* zeigen sehr detailliert die Rolle der Familie bei der Herausbildung der menschlichen Basiskompetenzen im emotionalen, kognitiven und moralischen Bereich auf. Beide Autoren entwickeln ihre Argumentation sehr bildhaft, z.T. auch durch Zuhilfenahme eigener Erfahrungen als Vater bei der Erziehung der eigenen Kinder. Der Beitrag von *Torres* gewinnt seinen aktuellen Bezug durch den von ihm gewählten Ausgangspunkt, der in einer kurzen Rekapitulation der negativen Erfahrungen im Zusammenhang mit dem massiven Börseneinbruch im vergangenen Jahr liegt. Groß angelegter Betrug, massive Bilanzfälschungen, Unterschlagung erheblicher Mittel, Manipulationen von Börsenkursen und unhaltbare Bereicherungspraktiken in einer Vielzahl von Unternehmen in den USA und anderswo bilden für *Torres* die Folie, um schrittweise die Bedeutung der Familie bei der Vermittlung der grundlegenden Kompetenzen, generell für den Aufbau einer reifen Persönlichkeit aufzuzeigen.

Über den Wert von häuslicher und außerhäuslicher Betreuung handeln die Beiträge von *Horn, Hocke* und *Tietze*. Während *Horn* den besonderen Beitrag der elterlichen Erziehung für den Aufbau einer stabilen Persönlichkeit betont, konzentriert sich *Hocke* auf den Beitrag, den die Kindertagesstätten unter den heutigen Lebensbedingungen zunehmend übernehmen müssen. Hierfür bedarf es aber einer

Qualitätssteigerungsoffensive in mehrfacher Hinsicht, und zwar in Sachen der Verbesserung der Einrichtung, der Festlegung von Betreuungs- und Bildungszielen sowie einer qualifizierteren Ausbildung der Erzieherinnen und Erzieher. *Tietzes* Hauptargument ist die notwendige Komplementarität beider Betreuungsformen in der heutigen Zeit. Es geht aus seiner Sicht um eine bestmögliche Förderung beider Betreuungsarten durch den Staat. Dies untermauert er auch mit den Ergebnissen der eigenen Forschung zur Qualität von Kindergärten in Deutschland, die er in der zweiten Hälfte der 90er Jahre unternommen hat.

Lecaillon leitet mit seinem Beitrag in das Panel IV „Familie, Humankapital und Arbeitsmarkt – Antworten der Wirtschaft" ein. Er beschreibt die Familie als echte Produktionsstätte. Aber noch immer wird in der Volkswirtschaftlichen Gesamtrechnung und damit auch bei der Berechnung des Bruttoinlandsprodukts, dem System der ökonomischen Erfolgsmessung, das die Wahrnehmung über ökonomischen Erfolg und Misserfolg in Politik und Öffentlichkeit durchgehend prägt, die Bildung von Humankapital in der Familie nicht als das Produzieren von Reichtum erkannt. Die Investition der Eltern in ihre Kinder wird immer noch als privater Konsum verbucht.

Die Familie nimmt als soziale Institution unverändert eine eigene Rolle wahr, die weder von der Schule noch von der Justiz oder der Polizei ersetzt werden kann. Ähnlich wie *Torres* betont er den engagierten Erziehungsbeitrag der Familie für die Stabilisierung und Reifung der Persönlichkeit der Kinder angesichts des immer rascheren Tempos technologischer und sozialer Änderungen in der Wirtschaft sowie der zunehmenden Globalisierung und Internationalisierung wirtschaftlichen Handelns. *Lecaillon* beschäftigt die Frage, welchen Wert die Familie für Unternehmen hat und wie die Geschäftswelt das einschätzt. Auch die Wirtschaft muss sich fragen, ob das Unternehmenskapital optimal genutzt werden kann, wenn Kinder immer rarer werden und ihre Erziehung unzureichend ist.

Löhr zeigt anhand von vier Punkten, warum sich Unternehmen heute verstärkt mit der Familie und ihrer Rolle in der Gesellschaft beschäftigen. Die Frauenförderung ist nicht neu. Dennoch sind Fragen der Vereinbarkeit von familiären Verpflichtungen mit der Ausübung des Erwerbsberufes immer noch nicht optimal gelöst. Das wirtschaftliche Potential von Frauen wird aber in Zukunft mit Sicherheit noch stärker zur Geltung kommen. Unternehmen sehen sich ferner mit dem demographisch bedingten Zusammenbruch der Sozialversicherung konfrontiert. Die weiter steigenden Lohnnebenkosten begründen ein starkes Interesse an Fragen der Familien. PISA äußert sich in Abwandlung für die Unternehmen darin, dass die Ausbildungsfähigkeit eines erheblichen Teils der nachwachsenden Generation nur gering ist. Unternehmen müssen zunehmend an Defiziten arbeiten, die sich aus dem Erziehungs- und Bildungsversagen von Eltern und Schule ergeben. Schließlich – und das ist der vierte Punkt – spricht sich immer mehr herum, dass die Motivation, die Stabilität der Persönlichkeit, die Gesundheit und Belastbarkeit von Mitarbeitern und Führungskräften stark an ihre Familiensituation gekoppelt ist.

Müller-Kirschbaum zeigt, dass moderne Unternehmen den Wert von Arbeitskräften erkennen, die gleichzeitig in der Familie als Mütter oder Väter engagiert sind. Unternehmen sollten deswegen aktiv Wege suchen und unterstützen, die dazu führen, dass Familie und Erwerbsberuf vereinbar werden. Der Autor zeigt dann eindringlich auf, auf welche Weise Familie Führungsqualifikation schafft und wie sehr diese Familienerfahrung der Wirtschaft nutzt. Unternehmen können ferner im Rahmen von „Corporate Citizenship" Projekte fördern, die im sozialen, gemeinschaftlichen und öffentlichen Interesse liegen. Das Unternehmen, aus dem *Müller-Kirschbaum* kommt, hat z.B. anlässlich des 125-jährigen Jubiläums 125 Kinderprojekte in aller Welt unterstützt. *Meurer* zeigt aus der Sicht einer Direktorin der BfA Wege zur Reformierung der Rentenversicherung als Antwort auf die demographische Krise auf.

Liminski beschließt mit seinen Anmerkungen zum Kongress „Demographie und Wohlstand" das Buch. Aus seiner Sicht hilft der Kampf der Ideologien – hier die Ideologie, dass nur die Erziehung durch die Mutter segensreich sei, dort die Ideologie der Kollektivbetreuung in Ganztageseinrichtungen – nicht weiter und schon gar nicht aus der Familien- und demographischen Krise heraus. Er zeigt, dass der Verweis auf familienpolitisch vermeintlich viel fortgeschrittenere Länder wie Schweden – Skandinavien generell – und Frankreich oftmals verfälschend ist. *Liminski* plädiert dafür, dass Familienpolitik in Umsetzung auch verfassungsgerichtlicher Gebote primär Wahlfreiheit (für die Familien bei der Entscheidung über die Art der Betreuung ihrer Kinder) verwirklichen sollte. Und das heißt unter den konkreten Bedingungen des heutigen Deutschlands nicht nur den Ausbau von Kinderbetreuungseinrichtungen und Ganztagsschulen, sondern auch und vor allem eine verstärkte Honorierung der häuslichen Erziehungs- und Betreuungsarbeit. Gerade hier sind Länder wie Norwegen und Finnland, aber auch Frankreich Welten weiter als Deutschland.

Literatur

Bundesministerium für Familie und Senioren (1994): *Familien und Familienpolitik im geeinten Deutschland – Zukunft des Humanvermögens*. 5. Familienbericht, Bericht der Sachverständigenkommission, Bonn.

Schattovits, Helmuth (1999): *Kinderbetreuungsscheck in Österreich*, in: C. Leipert (Hrsg.): *Aufwertung der Erziehungsarbeit. Europäische Perspektiven einer Strukturreform der Familien- und Gesellschaftspolitik*, Opladen: Leske + Budrich, S. 87–128.

Ders. (2001): *Leistungsausgleich – der dritte Ansatz neben Markt und Fürsorge*, in: C. Leipert (Hrsg.): *Familie als Beruf: Arbeitsfeld der Zukunft*, Opladen: Leske + Budrich, S. 91–95.

Grußwort:
Die humanen Versprechen ordnungspolitisch schützen

Bischof Josef Homeyer

I.

Zunächst danke ich den Veranstaltern herzlich für die Einladung und für die Ermutigung, auf diesem auch für die Kirchen Europas äußerst bedeutsamen Kongress ein Grußwort zu sprechen.

Ermutigung brauchte es wohl, denn offen gesagt ist es schon ein Wagnis, angesichts der demographischen Implosion überhaupt noch solche Konjunktionen wie „Demographie und Wohlstand" aufzustellen. Man kann dieses Wagnis wohl nur beglaubigen, indem man kritisch eingreift, wie Sie es offensichtlich intendieren: „Neuer Stellenwert für Familie in Wirtschaft und Gesellschaft". Das schließt, wenn ich recht höre, die Kritik an „alten Stellenwerten", also an politischen, sozialen und kulturellen Missständen gerade im Umkreis von „Familie" ein. Für diese kritische Beglaubigung des Wagnisses „Demographie und Wohlstand" danke ich Ihnen zuerst und zentral.

Diesen kritischen Faden möchte ich in zwei Fragen mitlegen. Die erste lautet: Für wie zukunftsfähig hält sich diese Gesellschaft eigentlich wirklich noch angesichts ihrer eigenen demographischen Implosion? Dieser Frage sei vorausgesetzt, dass nicht allein die politische Fehlstellung und nicht allein die individuell oder kollektiv getragenen lebensweltlichen Optionen der Menschen heute diese Verneinung der Zukunft, diese präsentische Defensive gegen die nachfolgende Generation begünstigen. Vielmehr sind diese politischen und lebensweltlichen Wandlungen ihrerseits Folgen und Spiegelungen eines tiefgreifenden kulturellen Wandels.

Nach den Notwendigkeiten des Wiederaufbaus und nach den unsäglichen Katastrophen des 20. Jahrhunderts ist uns nämlich offensichtlich das Bild von Zukunft selbst abhanden gekommen. Zukunftsfähig aber ist nur, wer ein Bild von Zukunft hat, wer also einigermaßen angeben kann, in welcher Gesellschaft er eigentlich leben will. Man kann Kinder in die Welt setzen, aber nicht in ein Vakuum schicken.

Im Kern einer Konzeption von Zukunft, also im Kern jeder kulturellen Dynamik, steht nach christlicher Überzeugung: der Mensch. Zukunft und Zukunftsfähigkeit wird nur haben, wer ein Bild vom Menschen ausweisen kann, das vielleicht nicht alle Wünsche befriedigt, aber wenigstens Hoffnungen bestätigt. Die Politik und die Gesellschaft müssten also zu einer echten Anthropozentrik durchstoßen, die das Bild des *homo oeconomicus* allemal kritisch überbietet, um sich ihrer eigenen Zukunftsfähigkeit zu erinnern.

Mit dem Aufruf des zukunftsweisenden Stichworts „Anthropozentrik", die in dem langen Überlieferungsstrom christlicher Anthropozentrik wurzelt, stehen wir allerdings schon am Rande einer normativen Debatte, die zu meiner zweiten kritischen Anfrage führt und sich mehr auf den Aspekt „Familie" bezieht. Sie lautet: Glauben wir uns eigentlich selbst noch die humanen Verheißungen der Moderne, oder haben wir uns etwa einer im Kern sinnentleerten Form ebenso verstetigter wie beschleunigter Modernisierung unterworfen? Nehmen wir dieser ambivalenten Moderne noch den normativen Kern eines Humanum ab?

Ich stelle diese Frage nicht im Gefolge einer schadenfroh abseits stehenden Theologie; ich meine auch, dass die Frage nach der Bewahrung des humanen Kerns der Moderne auch noch nicht durch den Verweis auf Modernitätsverlierer und Modernitätsgewinner negativ beantwortet ist, sondern – im Gegenteil – gerade für die Kirchen neu aufgegeben ist. Ich meine dies: Kann es sein, dass eine Gesellschaft insgesamt dann kulturell erodiert, wenn sie die sozialen Ressourcen authentischer Personwerdung, also der Individuation, des Gemeinschaftsbezugs, der Authentizität, der verpflichteten Freiheit, des solidarischen Standhaltens, ja sogar der ästhetisch überschießenden Kreativität preisgibt? Denn hierum geht es doch bei der Familie, um das Fundament authentischer Personwerdung in Gemeinschaft, die jedem politischen Konzept von Freiheit innewohnt, wenn diese Freiheit nicht verheißungslos werden soll, was Charles Taylor meint, wenn er von „negativer Freiheit" spricht.

Wer sich heute also über die ökonomische Interpenetration zu schützender lebensweltlicher Bezüge – über systemische Kolonialisierung (mit Habermas) – beklagt, der muss klar Stellung beziehen. Weder der Dorfromantik, noch der Großfamilie, noch dem biedermeierlichen Idyll gilt es nachzutrauern, sondern es gilt, politisch den normativen Debatten nicht mehr auszuweichen.

Dass diese dann nicht abstrakt, am Ende ins Feierlich-Deklamatorische abgeschoben, geführt werden, sondern in konkrete Ordnungspolitik und Prozesspolitik übersetzt werden müssen, ist klar. Dass diese normativen Debatten auch immer der sozialen Anschaulichkeit bedürfen, wissen gerade die Kirchen aus ihren reichen pastoralen und diakonischen Erfahrungen. Entscheidend aber bleibt, dass wir uns nicht – gleichsam in normativer Neutralität – von den diese Gesellschaft tragenden Visionen klammheimlich verabschieden.

II.

Lassen Sie mich einige jener ordnungspolitisch notwendigen Veränderungen wenigstens benennen:

Familien erbringen vielfältige Leistungen, an denen die ganze Gesellschaft und jeder einzelne – auch der oder die Alleinstehende oder Menschen ohne Kinder – partizipieren. Dabei gilt sicherlich: „Familie ist nicht mit Geld zu bezahlen";

denn sie erbringt ihre Leistungen nicht in wirtschaftlicher Absicht und sie sind nicht zu Marktpreisen zu bewerten. Aber die Versorgung und Erziehung der Kinder haben erhebliche wirtschaftliche Bedeutung. Deswegen ist „Familie ihr Geld wert".

Insgesamt ist der Beitrag der Familie zum Leben und zur Zukunftsfähigkeit der Gesellschaft nicht geringer als der des gesamten Wirtschaftssystems. Gerechtigkeit fordert, diesen Beitrag angemessen, d.h. wesentlich stärker als bisher, anzuerkennen. (So ist es beispielsweise ein skandalöser Verstoß gegen die Leistungsgerechtigkeit, dass die Sorge für die nachwachsende Generation, welche die zukunftsbezogene Hälfte des Generationenvertrages, der unsere Rentenversicherung trägt und sichert, darstellt, genau in dieser Rentenversicherung für die spätere Altersrente nur minimal anerkannt wird.)

Die gesamte Gesellschaft muss in ihrem eigenen Interesse und im Interesse der Familien Rücksicht nehmen auf die Familien und deren Lebenserfordernisse. Besonders wichtig ist dies im Verhältnis von Familie und Erwerbsarbeit: Insgesamt führt kein Weg an einem deutlichen Ausbau und einer inhaltlichen Weiterentwicklung von Kindertagesstätten vorbei, wenn man ernst nimmt, dass die Möglichkeit, Familie und Erwerbsarbeit zu verbinden, heute eine wesentliche Voraussetzung dafür ist, sich für Kinder zu entscheiden und eine Familie zu gründen. Eine an der Vereinbarkeit dieser Lebensbereiche orientierte Familienpolitik wird hier einen deutlichen Schwerpunkt setzen müssen.

Allerdings wäre eine Zielsetzung, die nur darauf ausgerichtet ist, Familien durch Verbesserung der Kinderbetreuung „erwerbsfähiger" zu machen, in höchstem Maße einseitig. Die Zielsetzung der Vereinbarkeit von Familie und Erwerbstätigkeit muss genauso im Blick haben, das Erwerbssystem „familienfähiger" zu gestalten. Grundlegend geht es darum, das Verhältnis von Familie und Erwerbstätigkeit neu auszutarieren und die Dominanz des Erwerbssektors in unserer Gesellschaft und insbesondere sein Übergewicht gegenüber den Bedürfnissen der Familie zu reduzieren.

Eine Ausweitung des bisherigen Erwerbsmodells der Väter auch auf die Mütter dürfte für die Familien insgesamt und insbesondere für die Kinder nur schwer verträglich sein. Gesellschaftlich ist deshalb eine Veränderung der Bewertung von Arbeit in der Familie und im Erwerbssystem erforderlich. Angesichts ihres mindestens genauso unverzichtbaren Beitrags zum Leben und zur Zukunftsfähigkeit unserer Gesellschaft bedarf die Erziehungsarbeit in der Familie größerer Aufmerksamkeit und Rücksichtnahme und einer höheren sozialen und monetären Anerkennung.

Durch eine höhere finanzielle Anerkennung der Erziehungsleistung würden die Familien auch zusätzliche Freiheitsgrade gegenüber dem Erwerbssystem gewinnen, und sie wären eher in der Lage, Erwerbsarbeit mehr nach den Familienbedürfnissen zu dosieren. Dies muss im Wirtschaftssystem durch familienfreundliche Regelungen der Arbeitszeit, Möglichkeiten der familienorientierten Reduzierung der Arbeitszeit und Wiedereinstiegsmöglichkeiten nach einem Eltern„urlaub" ermöglicht werden, wofür auch die Politik Rahmenregelungen schaffen muss.

Vereinbarkeit von Familie und Erwerbsarbeit hat also zwei Seiten: Müttern und Väter die Beteiligung an der Erwerbsarbeit zu ermöglichen und Erwerbstätigen zu ermöglichen, ihrer Familienverantwortung gerecht zu werden. Für Frauen und Männer stehen dabei angesichts der bisherigen Geschlechtsrollen unterschiedliche Akzente im Vordergrund. Während für Frauen der Zugang zur Erwerbsarbeit neben der Familienarbeit die Herausforderung darstellt, stellt sich für Männer die Aufgabe, die berufliche Aktivität so zurückzunehmen, dass die Familie mehr Zeit und Bedeutung gewinnt[1]. Vereinbarkeit von Familie und Erwerbsarbeit erfordert so auch Veränderungen und Lernprozesse in der Partnerschaft von Mann und Frau.

Zur Klarstellung sei auch Folgendes gesagt: Die Forderung der Vereinbarkeit von Erwerbstätigkeit und Familie und der Ermöglichung mütterlicher Erwerbstätigkeit darf nicht in ein neues normatives Leitbild der erwerbstätigen Eltern umschlagen. Es muss auch weiterhin möglich sein, dass eine Familie ihre Verteilung von Erwerbsarbeit und Familienarbeit so organisiert, dass sich ein Partner ganz der Erziehung widmet. Dieses Modell muss – auch finanziell – lebbar bleiben; die stärkere Anerkennung der Familienarbeit schafft auch dafür günstigere Voraussetzungen.

Um solche ordnungspolitischen und prozesspolitischen Rahmensetzungen, die ich jetzt hier nicht ausführen kann, geht es. Im Kern um die Frage, ob die moderne Gesellschaft sich selbst ihre humanen Versprechen noch glaubt. Hierfür ist die Familienpolitik ein Lackmustest. Die Kirchen in Europa werden hier anwaltschaftlich Partei ergreifen: Politisch wie diakonisch.

Dieser Kongress mit seinen überaktuellen Themen ist wahrlich überfällig. Ich danke den Veranstaltern für ihren Mut und wünsche dem Kongress, wünsche Ihnen bei Ihrer wichtigen Arbeit Gottes Segen!

---

1 Vgl. *Männer im Aufbruch. Wie Deutschlands Männer sich selbst und wie Frauen sie sehen.* Hrsg. im Auftrag der Gemeinschaft der Katholischen Männer Deutschlands und der Männerarbeit der EKD von Paul M. Zulehner und Rainer Volz. Stuttgart 1998

Strategische Optionen der Familien- und Migrationspolitik in Deutschland und Europa

Herwig Birg

1. Einführung

Deutschland betreibt seit dem Zweiten Weltkrieg keine Bevölkerungspolitik mehr. Wie tiefgreifend die geschichtliche Zäsur ist, lässt sich daran erkennen, dass der Begriff Bevölkerungspolitik in keinem Gesetz, in keiner Verordnung oder in irgendeinem Text amtlicher Art vorkommt. Das bedeutet jedoch nicht, dass auch die mit diesem Begriff verbundenen Probleme für Deutschland keine Bedeutung mehr hätten.

Wie bei allen menschlichen Handlungen, so müssen auch in der Politik stets Antworten auf folgende Fragen gefunden werden:
1) Von welchem Wollen und welchen Zielen soll sich die Politik leiten lassen?
2) Was steht in der Macht der Politik, welchen Handlungsspielraum hat sie, welche Optionen bieten sich ihr?
3) Welche Bedeutung haben ethische Prinzipien für die Politik, was soll Politik wollen, was verbietet „sich" von selbst, was darf sie, was nicht?

Wie kommt es, dass diese Fragen auch für die Bevölkerungsentwicklung in Deutschland von großer Bedeutung sind, obwohl die meisten Repräsentanten unserer Demokratie es bestreiten würden, dass es in Deutschland eine bevölkerungspolitisch wirksame Politik überhaupt gibt? Lässt sich dieser Widerspruch auflösen, indem man die Familienpolitik, die Sozialpolitik oder andere Politikbereiche, deren demographische Auswirkungen insbesondere auf die Geburtenzahl oder auf die Lebenserwartung nicht zu bestreiten sind, begrifflich nicht unter die bevölkerungspolitisch wirksame Politik subsumiert, weil diese Politikbereiche nicht einer bevölkerungspolitischen Intention entspringen, sondern z.B. einer familienpolitischen?

Die Klassifikation einer Politik nach dem Kriterium ihrer Intention ist wichtig, aber für die Beurteilung einer konkreten Politik zählt nicht nur ihre Intention, sondern auch ihre reale Wirkung. Auf die Intention allein kann es nicht ankommen, denn sonst könnte z.B. auch eine Familienpolitik, die mit einer niedrigen Geburtenrate und einer dauernden Bevölkerungsschrumpfung verbunden wäre, völlig zufriedenstellend sein, selbst wenn die Zahl der Familien dadurch ständig abnähme.

Die These, dass es in Deutschland keine Bevölkerungspolitik gibt, weil die Politik hierzulande keine bevölkerungspolitischen Ziele verfolgt und auf keinen diesbezüglichen Intentionen beruht, lässt sich noch weniger aufrecht erhalten, wenn man sie mit der für die demographische Entwicklung besonders folgenreichen Migrationspolitik konfrontiert. Der Begriff Migrations- bzw. Wanderungspolitik kommt zwar ebenso wie der Begriff Bevölkerungspolitik in keinem Gesetz und in keiner Verordnung vor, aber die Zu- und Abwanderung über die Grenzen Deutschlands wird durch eine Vielzahl von Gesetzen und Verordnungen mit anderen Bezeichnungen und Überschriften geregelt und verwaltet, wenn auch nicht gesteuert, z.b. durch Bestimmungen auf den Gebieten des Staatsangehörigkeitsrechts, des Asyl- und Flüchtlingsrechts, des Ausländer- und Arbeitsrechts und anderen. Der Unterschied zwischen Steuerung und Regelung bzw. Verwaltung ist typisch für die Situation in Deutschland, denn Deutschland ist das einzige Land der Welt mit einem in der Verfassung garantierten Individualrecht auf Asyl. Über die Zahl der Asylbewerber aus einem Land, in dem es politische Verfolgungen gibt, kann nach der Verfassung nicht die deutsche Politik entscheiden, weil die Entscheidung zum Zuzug allein bei den politisch Verfolgten liegt. Deutschland kann regeln, wie es mit den Asylbewerbern umgeht, ihre Zahl kann es jedoch nicht bestimmen. An diesem Grundtatbestand wird und will auch das von der Regierung Schröder initiierte Zuwanderungsgesetz nichts ändern.

Das Zuwanderungsgesetz wird vor allem mit wirtschaftlichen Argumenten begründet. Die sinkende Bevölkerungszahl in den jüngeren Altersgruppen soll aus arbeitsmarktpolitischen Gründen durch Zuwanderungen aus dem Ausland kompensiert werden. Eine kompensatorische Zuwanderungspolitik wurde in Deutschland schon seit den 60er Jahren des 20. Jahrhunderts z.B. in Form der Gastarbeiterpolitik betrieben. Mit dem geplanten Zuwanderungsgesetz soll sie systematisiert und intensiviert werden. Dabei sollen aber, wie von offizieller Seite immer wieder betont wird, bevölkerungspolitische Ziele keine Rolle spielen. Die Befürworter des Gesetzes werden zwar nicht müde, die positiven Wirkungen des Zuwanderungsgesetzes auf die Altersstruktur hervor zu heben, eine demographische oder bevölkerungspolitische Wirkung wird dabei aber angeblich nicht angestrebt.

Zu- und Abwanderungen haben besonders starke demographische Auswirkungen auf die Zahl und Struktur der Bevölkerung, und zwar auch dann, wenn man sie nicht zur Kenntnis nimmt. Die demographischen Wirkungen politischen Handelns (und Unterlassens) können auch in einer Demokratie nicht vermieden, sondern nur anders benannt werden. Aber warum sollte man die bevölkerungspolitischen Auswirkungen der Politik nicht bevölkerungspolitische Auswirkungen nennen? Die Definitionsmacht der Nazis über den Inhalt des Begriffs Bevölkerungspolitik ist mit ihnen untergegangen. Dieses Land muss die Souveränität über seine Sprache wieder gewinnen, ohne die es keine geistige und auf Dauer auch keine politische Souveränität geben kann. Die Demokraten in Deutschland haben nicht nur das Recht, sondern auch die Pflicht, den Begriff Bevölkerungspolitik neu zu definieren und mit einem an demokratischen Zielen orientierten Inhalt zu füllen.

2. Biographische und gesellschaftliche Faktoren des Geburten- und Bevölkerungsrückgangs – Folgerungen für die Familienpolitik

Der Rückgang der Geburtenrate in den letzten Jahrzehnten in Deutschland beruht nach den Äußerungen der Befragten aus zahllosen Umfragen nicht auf einer Abschwächung oder gar auf einem Wegfall des Wunsches nach einem Kind, sondern auf wirtschaftlichen und gesellschaftlichen Faktoren, die der Realisierung von Kinderwünschen entgegenstehen. Dabei fällt es jedoch schwer zu klären, was unter dem Wunsch nach einem Kind genau zu verstehen ist, denn die Befragten machen ihre Wünsche von bestimmten Voraussetzungen abhängig, z.B. vom Angebot von Einrichtungen zur Kinderbetreuung, von ausreichenden staatlichen Unterstützungszahlungen, vom vorherigen Erreichen bestimmter Ziele der Berufsausbildung und der Erwerbskarriere usw. Ob die Intensität der Kinderwünsche geringer oder die Hürden zu ihrer Verwirklichung höher geworden sind und welchen Anteil die beiden Faktoren am Rückgang der Geburtenrate haben, ist trotz jahrzehntelanger Forschung nicht leicht zu beantworten.

Das bedeutet jedoch nicht, dass unser Wissen zu unvollständig wäre, um die bisherige demographische Entwicklung zu analysieren und darauf aufbauend Berechnungen über die wahrscheinliche Entwicklung in der Zukunft durchzuführen. Fasst man die Ergebnisse der wissenschaftlichen Forschung über die Gründe des Rückgangs der Geburtenrate zusammen, so lassen sich je drei Faktoren auf der Ebene des Individuums und auf der Ebene der Gesellschaft feststellen, aus deren Kombination sich neun Fallgruppen von Ursache-Konstellationen ergeben.

Eine Grundlage für die Beschreibung und Analyse der Ursachen auf der Ebene des Individuums ist der Begriff des biographischen Universums. Dieser Begriff dient zur Bezeichnung der Menge der Lebenslaufalternativen, in denen das Ereignis einer Kindgeburt als ein wesentliches Element des Lebenslaufs mit einer bestimmten Wahrscheinlichkeit auftritt. Die Wahrscheinlichkeit einer Kindgeburt hängt von der Größe und Art des biographischen Universums ab. Größe und Art des biographischen Universums eines Individuums werden von den Faktoren Erziehung und Ausbildung, berufliche Entwicklung und regionaler Lebensraum geformt *(Schaubild 1)*.

Das biographische Universum wird darüber hinaus durch drei weitere Faktoren auf der gesellschaftlichen Ebene bestimmt: Erstens durch das soziale Sicherungssystem, das darüber entscheidet, ob und in welchem Maße die Menschen auf eigene Kinder zur Absicherung der elementaren Lebensrisiken infolge von Alter, Krankheit und Gebrechlichkeit angewiesen sind. Zweitens ist die Frage von Bedeutung, in welchem Maße sich die Frauenerwerbstätigkeit aufgrund der gesellschaftlichen Lebensbedingungen mit der Erziehung von Kindern vereinbaren lässt. Schließlich ist drittens die Frage wichtig, ob in der betreffenden Gesellschaft ein öffentliches Bewusstsein darüber existiert, dass es einen Zusammenhang zwischen der demographischen Struktur einer Gesellschaft und den persönlichen Fortpflan-

zungsentscheidungen der Individuen gibt. In Analogie zum Begriff des Umwelt-
bewusstseins lässt sich dieses Bewusstsein als Bevölkerungsbewusstsein bezeichnen.

Schaubild 1: Intervenierende Einflussgrößen auf das demographisch-ökonomische Paradoxon

		Gesellschaftliche Einflussgrößen auf das biographische Universum		
		Soziales Siche-rungssystem	Vereinbarkeit von Familien- und Erwerbsarbeit	Gesellschaftliche Werte und Priori-täten für Familien und Kinder
Individuelle Einflussgrößen auf das biographische Universum	Erziehung/ Ausbildung	*Demographisch-ökonomisches Paradoxon:* Je höher das Pro-Kopf-Einkommen der Frauen, desto höher sind die ökonomischen und biographischen Oppor-tunitätskosten von Kindern und desto niedriger die Zahl der Geburten pro Frau.		
	Beruf/ Erwerbsarbeit			
	Regionale Lebenswelt			
Zusätzliche Einflussgrößen auf die Geburtenrate: • Ausmaß der Einwanderung aus Ländern mit hoher Geburtenrate • Ethnische Zusammensetzung der Bevölkerung • Siedlungsstruktur und Grad der Urbanisierung • Anteil der kinderlosen Frauen • Timing-Effekte (Alter der Frau bei der Geburt erster, zweiter und weiterer Kinder)				

Von der Größe und Art des biographischen Universums werden die biographischen Handlungsalternativen und -optionen des Individuums entscheidend beeinflusst. Dabei hat die empirische Lebenslaufforschung gezeigt, dass die Wahrscheinlichkeit einer langfristigen Festlegung im Lebenslauf durch eine Kindgeburt
um so geringer ist, je größer die Zahl der Lebenslaufoptionen ist, die aufgrund dieser Festlegung aus dem biographischen Universum ausscheiden würden.[1] Die ausgeschiedenen Lebenslaufoptionen werden als biographische Opportunitätskosten
von Kindern bezeichnet.

Die ökonomischen Opportunitätskosten von Kindern bilden einen Teil der biographischen Opportunitätskosten. Sie lassen sich messen durch die Summe der ent-
gangenen Einkommen, auf die eine Frau verzichten müsste, wenn sie durch die gesellschaftlichen Lebensbedingungen aufgrund einer mangelnden Vereinbarkeit von
Erwerbstätigkeit und Familienarbeit nicht erwerbstätig wäre, um Kinder zu erziehen. Mit der biographischen Theorie der Fertilität lässt sich das als „demogra-
phisch-ökonomisches Paradoxon" bezeichnete Phänomen erklären, dass die Zahl
der Kinder pro Frau um so mehr zurückging, je stärker das Pro-Kopf-Einkommen
zunahm. In Deutschland z.B. ist die Kinderzahl pro Frau heute nur etwa halb so
hoch wie in den 60er Jahren des 20. Jahrhunderts (1,3 bis 1,4 Kinder pro Frau im

---

1 H. Birg/E.-J. Flöthmann u. I. Reiter: *Biographische Theorie der demographischen Reproduk-tion.* Frankfurt/New York 1991.

Vergleich zu 2,6 in den 60er Jahren), während gleichzeitig das reale Pro-Kopf-Einkommen auf mehr als das Doppelte stieg.

Das demographisch-ökonomische Paradoxon lässt sich auch in den USA beobachten. Dort liegt die Zahl der Lebendgeborenen mit 2,0 pro Frau (für den Zeitraum 1995-2000) zwar deutlich über dem Durchschnitt aller Industrieländer (1,6), aber der prozentuale Rückgang von dem wesentlich höheren Niveau in den 60er Jahren (3,3) war wie in Deutschland von einem gegenläufigen Anstieg des Pro-Kopf-Einkommens begleitet. Das höhere Niveau der Geburtenrate in den USA beruht vor allem auf den in *Schaubild 1* dargestellten gesellschaftlichen Faktoren, darunter auf dem im Vergleich zu Deutschland schlechter ausgebauten sozialen Sicherungssystem. Das durchschnittliche Niveau der Altersrenten auf Grund der kollektiven Rentenversicherung ist z.B. wesentlich niedriger als das Niveau der Renten aus der gesetzlichen Rentenversicherung in Deutschland, so dass die meisten Menschen in den USA im Alter auf eine zusätzliche, privat finanzierte Altersversorgung oder auf die Unterstützung durch ihre Familie angewiesen sind. Das gilt auch für die immer wichtiger werdende Versorgung mit Pflegeleistungen durch Familienmitglieder, denn im Gegensatz zu Deutschland gibt es in den USA keine gesetzliche Pflegeversicherung. Auch im Bereich der Gesundheitsdienste bestehen in den USA große Versorgungslücken. Etwa 40 Mio. Einwohner haben keine Krankenversicherung.

In modernen Gesellschaften sind die folgenreichsten langfristigen Festlegungen in der Biographie die Festlegungen für einen bestimmten Ausbildungsweg und die anschließende Berufswahl. Diese Entscheidungen stehen am Anfang einer Biographie und fallen oft zeitlich zusammen mit der Entscheidung über die Bindung an einen Partner. Durch diese Festlegungen polarisieren sich die Biographien relativ früh in zwei Gruppen mit und ohne Kinder. Innerhalb der Gruppe mit Kindern ist der Übergang von der Phase ohne Kinder zur Elternschaft mit wesentlich höheren biographischen Opportunitätskosten verbunden als der Übergang vom ersten zum zweiten Kind und vom zweiten zum dritten Kind.

Diese theoretischen Überlegungen lassen sich mit den Daten der Geburtenstatistik und darauf aufbauenden demographisch-biographischen Analysen empirisch stützen. So ist z.B. beim Frauenjahrgang 1955 für die Teilgruppe der Frauen mit drei Kindern die Wahrscheinlichkeit für die Geburt eines vierten Kindes ab dem Alter 32 höher als die Wahrscheinlichkeit für die Geburt eines ersten Kindes bei den noch kinderlosen Frauen dieses Jahrgangs und Alters, und sie ist auch *höher* als die Wahrscheinlichkeit für die Geburt eines zweiten Kindes bei den Frauen dieses Jahrgangs und Alters, die ein Kind hatten bzw. eines dritten Kindes bei Frauen mit zwei Kindern *(Schaubilder 2 und 3)*. Dieser empirische Befund ist aufgrund der biographischen Fertilitätstheorie zu erwarten. Denn die Theorie besagt, dass die mit einem weiteren Kind aus dem biographischen Universum ausgeschiedenen Lebenslaufoptionen (= biographische Opportunitätskosten) mit jedem zusätzlichen Kind abnehmen.

Nach diesem Befund müsste auch erwartet werden, dass die Wirkung der Familienpolitik auf die Wahrscheinlichkeit der Geburt eines vierten und dritten Kindes größer ist als auf die Wahrscheinlichkeit der Geburt eines ersten und zweiten. Auch diese Überlegung lässt sich mit den demographischen Daten bestätigen: In den Schaubildern 2 und 3 ist der Verlauf der Wahrscheinlichkeit für die Geburt eines Kindes in Abhängigkeit vom Alter der Frauen dargestellt. Die im Jahr 1986 eingeführten Maßnahmen der Familienpolitik (Erziehungsgeld und Anrechnung der Erziehungszeiten in der Rentenversicherung der Frauen) führten z. B. bei den Frauen der Jahrgänge 1955 und 1960, die 1986 im Alter 31 bzw. 36 standen, zu einem deutlichen Anstieg der Kurven für die Wahrscheinlichkeit der Geburt von vierten und dritten Kindern, während der Anstieg der Wahrscheinlichkeit für die Geburt zweiter Kinder geringer ausfiel bzw. für erste Kinder gar nicht nachweisbar ist. Der durch die neuen familienpolitischen Maßnahmen von 1986 bewirkte Anstieg der Geburtenwahrscheinlichkeiten ist jedoch insgesamt so gering, dass die Kinderzahl pro Frau z. B. beim Jahrgang 1955 dadurch nur von 1,61 (= Schätzung ohne Berücksichtigung dieser Maßnahmen) auf 1,63 zunahm, was eine Steigerung um lediglich rd. ein Prozent bedeutet.[2]

Entscheidend für die endgültige Zahl der Lebendgeborenen pro Frau ist bei jedem Jahrgang der Anteil der Frauen, die zeitlebens kinderlos bleiben. Der Anteil der Kinderlosen nahm vom Jahrgang 1940 bis zum Jahrgang 1965 von 10,6 % auf 32,1 % zu. Bei der größeren, zwei Drittel und mehr umfassenden Teilgruppe von Frauen, die Kinder hatten, blieb jedoch die Kinderzahl pro Frau mit rd. zwei Kindern von Jahrgang zu Jahrgang relativ konstant. Der Rückgang der Geburtenrate der Jahrgänge ab 1940 beruht also in erster Linie darauf, dass die lebenslange Kinderlosigkeit von Jahrgang zu Jahrgang stieg.

Nach diesen Ergebnissen der demographischen Forschung bieten sich der Familienpolitik zwei Optionen zur Erhöhung der Geburtenrate. Die erste Option hat als Zielgruppe das Drittel der Frauen, die kinderlos bleiben würden. Bei dieser entscheidenden Zielgruppe müsste die lebenslange Kinderlosigkeit deutlich gesenkt werden. Die Zielgruppe für die zweite familienpolitische Option sind die zwei Drittel der Frauen, die Kinder haben. Bei dieser Zielgruppe müsste die durchschnittliche Kinderzahl von rd. zwei Kindern pro Frau auf mehr als zwei erhöht werden.

Die erste Strategie der Verringerung der Kinderlosigkeit hätte – wenn sie erfolgreich wäre – die größte Wirkung auf die Geburtenrate, aber sie bedarf eines familienpolitischen Instrumentariums, das auf diese Zielgruppe zugeschnitten ist. Das entscheidende Element eines solchen familienpolitischen Instrumentariums müsste eine Wertepolitik sein, die die Sinnhaftigkeit eines Lebens mit Kindern als gesellschaftliches Leitbild in der Öffentlichkeit überzeugend vertritt. Ohne eine erfolgreiche Wertepolitik ist damit zu rechnen, dass die biographische Option eines Lebens mit Kindern von einem immer größeren Anteil von Frauen und Männern gar nicht mehr als eine Alternative der Lebenslaufplanung in Erwägung gezogen wird.

---

2   Zur Berechnung siehe H. Birg: *Die demographische Zeitenwende – Der Bevölkerungsrückgang in Deutschland und Europa.* Beck'sche Reihe, Beck Verlag, München 2001, S. 80.

Schaubild 2: Wahrscheinlichkeit für die Geburt eines ersten, zweiten, dritten bzw. vierten und weiteren Kindes für den Geburtsjahrgang 1955

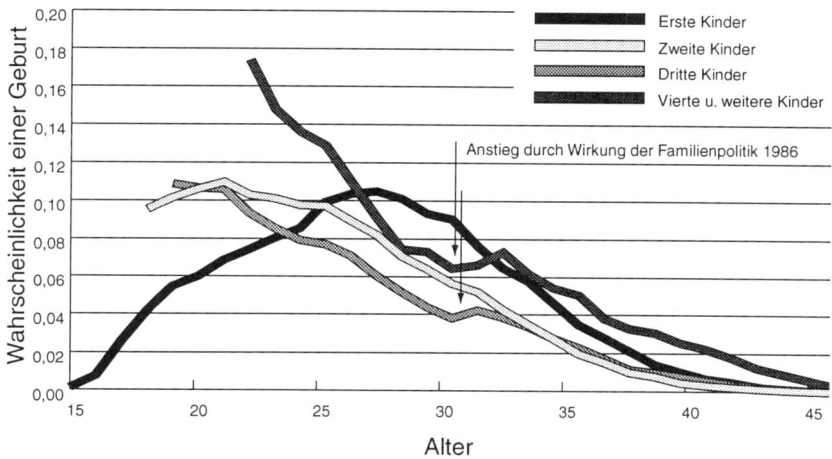

Quelle: Birg/Flöthmann, IBS, Univ. Bielefeld 1993

Schaubild 3: Wahrscheinlichkeit für die Geburt eines ersten, zweiten, dritten bzw. vierten und weiteren Kindes für den Geburtsjahrgang 1960

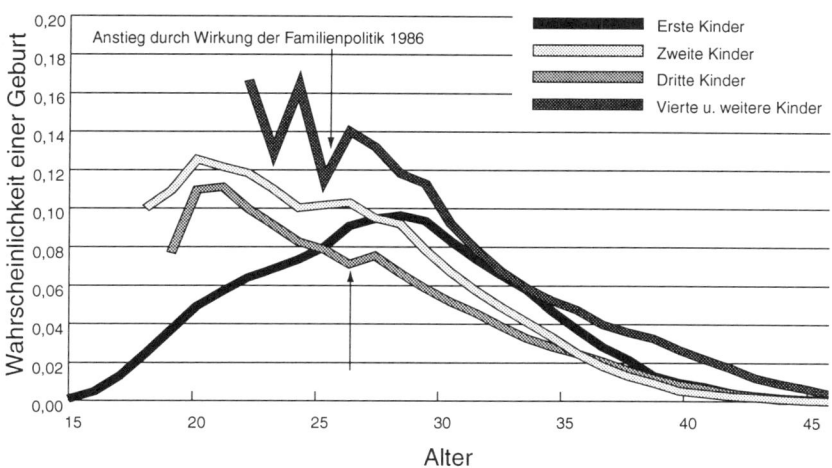

Quelle: Birg/Flöthmann, IBS, Univ. Bielefeld 1993

3. Generationenerneuerung durch Geburten oder Generationenersatz durch Migration? Demographische Simulationsrechnungen für die Länder der EU, Japan und die USA

Die demographische Substanz einer Gesellschaft lässt sich durch zwei prinzipiell verschiedene Strategien bewahren: Die durch Tod ausgeschiedenen Generationen können entweder durch den Nachwuchs erneuert oder sie können durch Einwanderungen aus anderen Gesellschaften ersetzt werden. Für Jahrhunderte galt die erste Variante als die selbstverständliche, natürliche Strategie. Im letzten Viertel des 20. Jahrhunderts ist die Geburtenrate in den meisten Industrieländern jedoch unter das Bestandserhaltungsniveau von 2,13 Lebendgeborenen pro Frau gesunken, so dass die Generationenerneuerung durch Geburten nicht mehr möglich ist. Seitdem wird in einigen Industrieländern die Strategie der Kompensation des Geburtendefizits durch Einwanderungsüberschüsse als Standardmodell der demographischen Entwicklung betrachtet und als politische Strategie umgesetzt.

Der Übergang der Politik von der Erneuerungsstrategie durch Geburten zur Kompensationsstrategie mittels Wanderungen wurde in keinem Land durch öffentliche Debatten vorbereitet und durch demokratische Entscheidungen eingeleitet, sondern stillschweigend und mehr oder weniger unreflektiert vollzogen. Eine Ausnahme von dieser Praxis der Stummheit bildet der von der Bevölkerungsabteilung der Vereinten Nationen im März 2000 veröffentlichte Forschungsbericht mit dem Titel: „Replacement Migration".[3]

Der Titel des Forschungsberichts ist programmatisch. Der Begriff „replacement migration" tritt an die Seite, wenn nicht sogar an die Stelle des bisher gebräuchlichen Begriffs „replacement fertility". Die analoge sprachliche Konstruktion der beiden Begriffe soll ihre inhaltliche Symmetrie unterstreichen. Die beiden Strategien zur Wahrung der demographischen Substanz werden dabei als prinzipiell gleichwertige Mittel zur Erreichung des gleichen Ziels dargestellt. Im Untertitel des Forschungsberichts wird zwar hinter die Nennung des Ziels ein Fragezeichen gesetzt, aber der Bericht liest sich in weiten Teilen so, als stünde an der Stelle des Fragezeichens ein Ausrufungszeichen: „Is (replacement migration) a solution to declining and ageing populations?"

Für 8 Länder sowie für Europa und die Europäische Gemeinschaft beantwortet der Bericht folgende fünf Fragen:
1) Wie würde sich die Bevölkerung bis 2050 unter mittleren Annahmen zur Fertilität, Mortalität und Migration entwickeln?
2) Wie würde sie sich unter mittleren Annahmen zur Fertilität und Mortalität entwickeln, wenn unterstellt wird, dass keine Wanderungen stattfinden?

---

3 UN (Ed.): *Replacement migration: Is it a solution to declining and ageing populations?* Population Division, Dept. of Economic and Social Affairs, United Nations Secretariat, New York 2000.

3) Wieviel Wanderungen sind für eine konstante Bevölkerungszahl erforderlich?
4) Wieviel Wanderungen sind für eine konstante Erwerbspersonenzahl (= Altersgruppe 15–64) erforderlich?
5) Wieviel Wanderungen werden für eine konstante Altersstruktur benötigt (konstanter Altenquotient = Relation aus der Zahl der über 65-Jährigen zu den 15- bis 64-Jährigen)?

In Deutschland hat vor allem die Antwort auf die fünfte Frage Aufsehen erregt: Bis 2050 müssten 188 Mio. mehr Menschen nach Deutschland einwandern als auswandern, wenn der Altenquotient konstant bleiben soll. Dadurch würde sich die Bevölkerungszahl von 82 Mio. auf 299 Mio. erhöhen. Exorbitante Zuwanderungssalden ergeben sich auch für England (60 Mio.), Frankreich (94 Mio.), Italien (120 Mio.), Russland (257 Mio.), die USA (593 Mio.) bzw. für die Europäische Union (1.386 Mio.). Die durchschnittlichen jährlichen Einwanderungssalden sind entsprechend hoch, sie betragen für Deutschland z.B. 3,4 Mio. pro Jahr *(Tabelle 1)*.

Die in dem Forschungsbericht enthaltenen Antworten auf die fünf Fragen sind zum Teil spektakulär. Dies führte in der Öffentlichkeit zu dem falschen Eindruck, als ob der innovative Charakter dieser Untersuchung in ihren Antworten läge. Das Besondere ist jedoch die neuartige Fragestellung. Seit der Veröffentlichung des UN-Berichts steht neben dem klassischen Begriff der „replacement fertility" der neue Begriff „replacement migration", als ob die beiden Begriffe immer schon für denselben Zweck im Gebrauch gewesen wären und eine Einheit gebildet hätten. Die beiden Begriffe fungieren in dem UN-Bericht als eine Art Doppelbegriff, der das veränderte Denken über die demographische Zukunft der Industrieländer widerspiegelt. Der Leser muss den Eindruck gewinnen, als ob sich mit der Einführung des Begriffs „replacement migration" auch der Handlungsspielraum der Politik durch neue Perspektiven und Optionen erweitert hätte.

Wer diesen Bericht in diesem Sinne interpretiert, unterliegt jedoch einem gravierenden Irrtum. Denn diese Studie liefert einen weiteren Beleg dafür, dass der Übergang von der natürlichen Strategie der Erneuerung durch Geburten zur Strategie der Kompensation durch Einwanderungen die zunehmende Alterung als zentrales Hauptproblem der demographischen Entwicklung nicht verhindern, sondern allenfalls dämpfen kann[4]. Für Deutschland z.B. ergibt sich aus dem Bericht für den Fall ohne Wanderungen eine Erhöhung des Altenquotienten (65+/15–64) von 1995 bis 2050 von 22,7 auf 57,1. Für den Fall eines Einwanderungssaldos von rd. 200 Tsd. jüngeren Menschen pro Jahr ist der Altenquotient im Jahr 2050 nicht wesentlich niedriger, er beträgt 48,8 statt 57,1. Für die Europäische Union insgesamt, für die ein vergleichsweise niedriger Wanderungssaldo von 297 Tsd. angenommen

---

4 Für Deutschland liegen entsprechende Untersuchungen schon länger vor, z.B. von H. Birg, E.-J. Flöthmann, Th. Frein, K. Ströker: *Simulationsrechnungen zur Bevölkerungsentwicklung in den alten und neuen Bundesländern im 21. Jahrhundert.* Materialien des Instituts für Bevölkerungsforschung und Sozialpolitik, Bd. 45, Universität Bielefeld, Bielefeld 1998.

Tabelle 1: Wanderungssaldo 1995–2050 nach Szenario und Ländern bzw. Regionen (in Tausend)

Szenario	I	II	III	IV	V
Land bzw. Region	Mittlere variante	Mittlere Variante ohne Wanderungen	konstante Bevölkerungs- zahl	konstante Altersgruppe 15–54	konstante Relation 15–64 / 65 +
A. Gesamtzahl					
Frankreich	525	0	1 473	5 459	93 794
Deutschland	11 400	0	17 838	25 209	188 497
Italien	660	0	12 944	19 610	119 684
Japan	0	0	17 141	33 487	553 495
Russische Föderation	7 417	0	27 952	35 756	257 110
Großbritan- nien	1 200	0	2 634	6 247	59 775
Vereinigte Staaten	41 800	0	6 384	17 967	592 757
Europa	23 530	0	100 137	161 346	1 386 151
Europäische Union	16 361	0	47 456	79 605	700 506
B. Durchschnitt pro Jahr					
Frankreich	10	0	27	99	1 705
Deutschland	207	0	324	458	3 427
Italien	12	0	235	357	2 176
Japan	0	0	312	609	10 064
Russische Föderation	135	0	508	650	4 675
Großbritan- nien	22	0	48	114	1 087
Vereinigte Staaten	760	0	116	327	10 777
Europa	428	0	1 821	2 934	25 203
Europäische Union	297	0	863	1 447	12 736

Quelle: UN (Hrsg.): *Replacement Migration*, New York 2000, S. 24.

wurde, ist der Unterschied entsprechend geringer (52,9 versus 51,0), ebenso für die USA mit einem angenommenen Wanderungssaldo von 760 Tsd. pro Jahr (38,9 versus 35,0). Aus diesen Zahlen des UN-Berichts ergibt sich folgendes Fazit: Wollte man die demographische Alterung, die in erster Linie auf der niedrigen Geburtenrate und erst in zweiter Linie auf der zunehmenden Lebenserwartung beruht, durch die Einwanderungen jüngerer Menschen verhindern, wären dafür so hohe Einwanderungszahlen erforderlich, dass dadurch mehr Probleme geschaffen als gelöst würden.

4. Demographische Projektionsrechnungen für die Länder der Europäischen Union

Die folgenden Berechnungen für die 15 Länder der Europäischen Union wurden am Institut für Bevölkerungsforschung und Sozialpolitik der Universität Bielefeld durchgeführt. Sie erstrecken sich auf den Zeitraum 1998–2100. Im folgenden wird vor allem über die Ergebnisse der Variante ohne Wanderungen berichtet. Die Variante unter Einschluss von Wanderungen wurde von Thomas Frein als Diplomarbeit an meinem Lehrstuhl durchgeführt, sie ist bislang nicht veröffentlicht. Die Ergebnisse sind jedoch detailliert dokumentiert und stehen der Fachwelt zur Verfügung. Die Darstellung der Entwicklung in den EU-Ländern unter Einschluss von Wanderungen stützt sich hier auf die in dem zitierten UN-Bericht „Replacement Migration" veröffentlichten Daten.

Im Jahr 1998 betrug die Zahl der Lebendgeborenen pro Frau im Durchschnitt der 15 EU-Länder 1,47. In den nördlichen Ländern (Irland, Vereinigtes Königreich, Finnland, Schweden und Dänemark) waren es 1,70, in Mitteleuropa 1,41 (Deutschland, Niederlande, Belgien, Luxemburg und Österreich) und in Südeuropa 1,39 (Frankreich, Italien, Spanien, Portugal und Griechenland). Für die einzelnen Länder sind die entsprechenden Zahlen in *Tabelle 2* dargestellt.

Die Projektionsrechnungen beruhen auf folgenden Annahmen:
1) Die Zahl der Lebendgeborenen pro Frau bleibt auf dem Niveau von 1998 konstant bzw. nimmt leicht zu. Der Durchschnitt der 15 Länder erhöht sich annahmegemäß von 1998 bis 2050 von 1,47 auf 1,51.
2) Die in den Ländern geringfügig differierende Lebenserwartung steigt von 1998 bis 2080 im Durchschnitt aller 15 Länder bei den Männern von 74,53 auf 80,00 und bei den Frauen von 80,79 auf 86,25.
3) Die Annahmen für die Wanderungssalden beruhen auf differenzierten Analysen der Migrationsströme zwischen den 15 Ländern untereinander und zwischen den 15 Ländern gegenüber den Ländern außerhalb der EU.

Auf diese Annahmen soll hier nicht näher eingegangen werden, weil für die Darstellung der Entwicklung einschließlich Wanderungen die Ergebnisse des einfacheren Vorausschätzungsmodells der Population Division der UN verwendet werden (UN, Replacement Migration).

Die Projektionsrechnungen sind keine Prognosen oder Prophezeiungen, sondern bedingte Wenn-Dann-Aussagen über die Zukunft, deren Ergebnisse genau bzw. näherungsweise eintreffen, wenn die Annahmen exakt bzw. annähernd richtig gesetzt werden. Die Ergebnisse lassen sich in 6 Punkten zusammenfassen:
1) Die Bevölkerungszahl der EU nimmt von 1998 bis 2050 (ohne Berücksichtigung von Wanderungen) von 375 Mio. auf 296 Mio. und bis 2100 auf 184 Mio. ab. Der prozentuale Bevölkerungsrückgang ist in Italien, Spanien und

Tabelle 2: Lebendgeborene pro Frau und Altenquotient in den Ländern der Europäischen Union 1998 and 2050 (ohne Wanderungen)

	Lebend-geborene pro Frau (TFR) 1998	Altenquotient (1)		Altenquotient (2)	
		1998	2050	1998	2050
Nordeuropa	1,70	37,2	69,4	23,7	44,5
Großbritannien	1,72	37,6	69,3	23,9	44,4
Dänemark	1,72	34,7	65,0	22,2	42,7
Schweden	1,50	41,2	78,7	27,1	49,7
Finnland	1,70	35,2	68,8	22,0	44,5
Irland	1,93	28,3	61,3	17,0	39,4
Mitteleuropa	1,41	38,3	86,3	23,0	55,9
Deutschland	1,36	39,8	90,7	23,3	58,5
Österreich	1,34	34,8	90,6	22,9	59,8
Belgien	1,55	40,0	77,2	25,3	50,3
Niederlande	1,63	31,3	72,8	19,9	47,6
Luxemburg	1,68	33,7	68,7	21,3	44,8
Südeuropa	1,39	39,4	87,8	24,7	58,8
Frankreich	1,75	37,9	69,7	24,1	45,1
Italien	1,18	41,6	103,8	26,1	70,3
Spanien	1,18	38,2	105,6	24,1	72,6
Portugal	1,46	36,9	80,2	22,4	54,4
Griechenland	1,29	41,7	98,4	25,0	66,5
EU insgesamt	1,47	38,6	82,8	24,0	54,2
Altenquotient 1: (P (60+) / P (20–60)) 100; Altenquotient 2: (P (65+) / P (15–65)) 100					
Quelle : H. Birg, IBS, Universität Bielefeld					

Deutschland stärker als im Durchschnitt der EU, in Frankreich und England schwächer. Aufgrund der hohen Geburtenrate und der günstigeren Altersstruktur haben Frankreich und England auch ohne Einwanderungsüberschüsse noch bis 2015 leichte Bevölkerungszuwächse, Irland noch bis 2050, bevor auch dort die Schrumpfung einsetzt *(Tabelle 2, Schaubild 4)*.

2) Die Bevölkerungsschrumpfung beruht auf einer Abnahme der Zahl der Jungen bei einer gleichzeitigen Zunahme der Zahl der Älteren: Die Bevölkerungspyramide der EU verändert ihre Form und wird zu einem Pilz, wobei die Altersgruppe 70–80 die am stärksten besetzte Altersgruppe ist *(Schaubild 5)*.

3) Die demographische Alterung ist eine automatische Folge der Bevölkerungsschrumpfung. Sie lässt sich durch den Altenquotienten und seine Veränderung messen. Der Altenquotient wird in der Literatur auf zweierlei Art definiert: *Al-*

tenquotient 1 = Zahl der über 60-Jährigen und älteren auf 100 Menschen im Alter von 20 bis 60. *Altenquotient 2* = Zahl der über 65-Jährigen und älteren auf 100 Menschen im Alter von 15 bis unter 65. Die beiden Altenquotienten sind in gleicher Weise für die Beschreibung der demographischen Alterung geeignet, sie sind hoch miteinander korreliert *(Schaubild 6)*. Der Altenquotient 1 betrug 1998 im Mittel der 15 EU-Länder 38,57, er steigt bis 2050 auf 82,75. Der Altenquotient 2 betrug 1998 23,96, er steigt bis 2050 auf 54,24. Beide Altenquotienten nehmen um den gleichen Faktor 2,26 zu.

4) Die international vergleichende Analyse für die 15 Länder der EU ergibt einen gegenläufigen Zusammenhang zwischen der Höhe der Geburtenrate und der Intensität der demographischen Alterung: Je höher die Zahl der Lebendgeborenen pro Frau, desto niedriger ist der Altenquotient in der Zukunft. Die niedrigste Geburtenrate bzw. den höchsten Altenquotienten in der Zukunft haben Spanien, Italien und Griechenland. Die höchste Geburtenrate und den niedrigsten Altenquotienten haben Irland, Dänemark, Frankreich, Großbritannien und Finnland *(Schaubild 7)*.

5) Die Einwanderung jüngerer Menschen würde den Anstieg des Altenquotienten in der EU nur geringfügig mildern. Auch in den USA hat die Einwanderung junger Menschen nur einen relativ geringen Einfluss auf den Anstieg des Altenquotienten. Nach Berechnungen der UN-Population Division erhöht sich der Altenquotient 2 in der EU von 1998 bis 2050 ohne Wanderungen von 23,2 auf 52,9 und mit Wanderungen auf 51,0. Für Deutschland steigt der Altenquotient ohne Wanderungen von 22,7 auf 57,1 und mit Wanderungen auf 48,8. Für die USA wurde ein Anstieg von 19,2 auf 38,9 (ohne Wanderungen) bzw. auf 35,0 (mit Wanderungen) berechnet *(Schaubild 8)*.

6) Die für das Angebot an Arbeitsplätzen wichtige Altersgruppe 15–65 hat in den Ländern mit überdurchschnittlicher Geburtenrate auch ohne Wanderungen noch bis 2005–2010 leichte und im Falle von Irland bis 2040–2045 noch relativ starke Zuwächse. Zur Ländergruppe mit Zuwächsen gehören neben Irland die Länder Frankreich, Großbritannien, Holland, Dänemark und Finnland. In den übrigen Ländern sowie im Durchschnitt der EU schrumpft diese Altersgruppe bereits ab 1998 *(Schaubild 9)*. Im Unterschied zur Altersgruppe 16–65 schrumpft das jüngere Erwerbspersonenpotential in der Altersgruppe 20–40 mit Ausnahme von Irland in sämtlichen Ländern schon ab 1998. Besonders stark ist die Schrumpfung in Italien und Spanien (bis 2050 minus 47 %) sowie in Griechenland, Deutschland und Österreich (bis 2050 minus 40 %) *(Schaubild 10)*.

Fazit: In den Ländern der Europäischen Union streuten die Geburtenraten 1998 in einem relativ breiten Intervall von rd. 1,2 Lebendgeborenen pro Frau in Spanien und Italien bis zu 1,7 in Irland, Großbritannien und Frankreich. Je niedriger die Geburtenrate ist, desto intensiver ist die demographische Alterung in den nächsten Jahrzehnten und desto stärker die Bevölkerungsschrumpfung und die Abnahme des Erwerbspersonenpotentials.

Schaubild 4: Bevölkerungsentwicklung im 21. Jahrhundert in Ländern der EU (15), der Türkei und in den südlichen Anrainerstaaten des Mittelmeeres

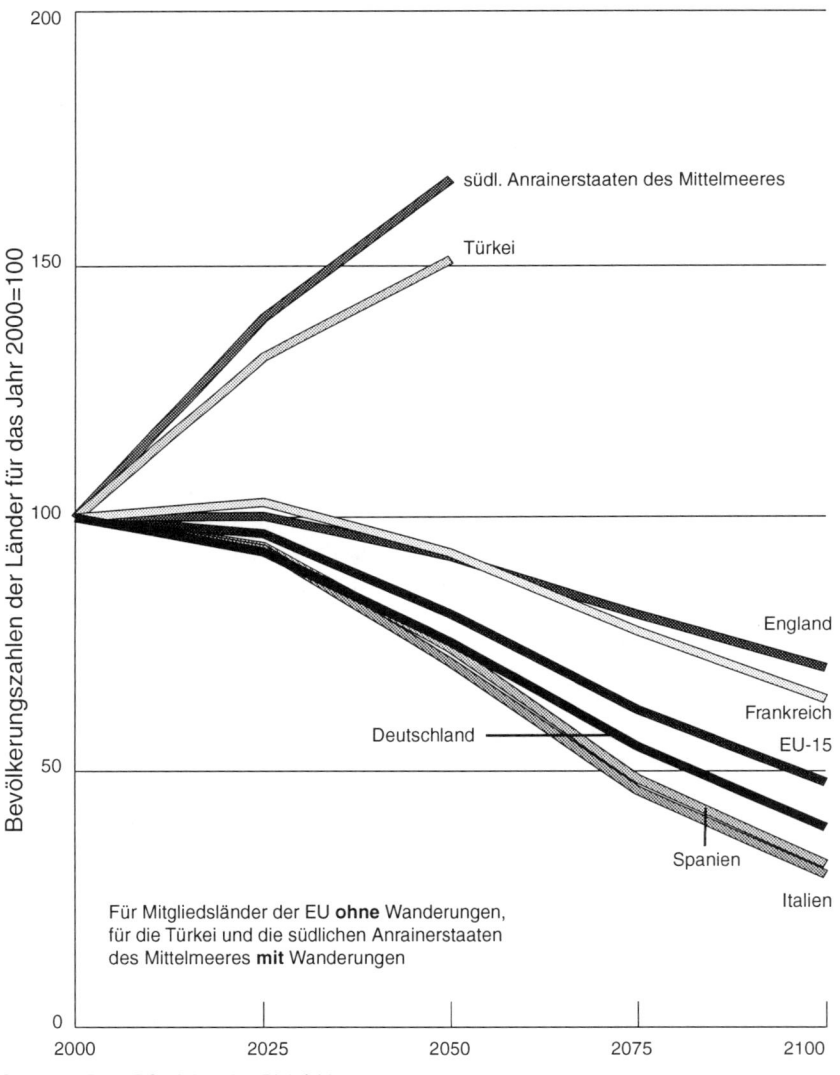

Quelle: H. Birg, IBS, Universität Bielefeld.
Daten: für Deutschland: H. Birg u. E.-J. Flöthmann: *Demographische Projektionsrechnungen für die Rentenreform 2000,* IBS-Materialien, Bd. 47A, Var. 1, S. 130;
für die übrigen EU-Mitgliedsländer: Th. Frein: Unveröffentlichte Projektionsrechnungen;
für die Türkei und die südlichen Anrainerstaaten des Mittelmeeres: UN (Ed.): *World Population Prospects,* 1998 Revision, New York 1999 (mittlere Projektionsvariante).

40

Schaubild 5: Altersstruktur der Bevölkerung der EU in den Jahren 2000, 2025, 2050, 2075 und 2100

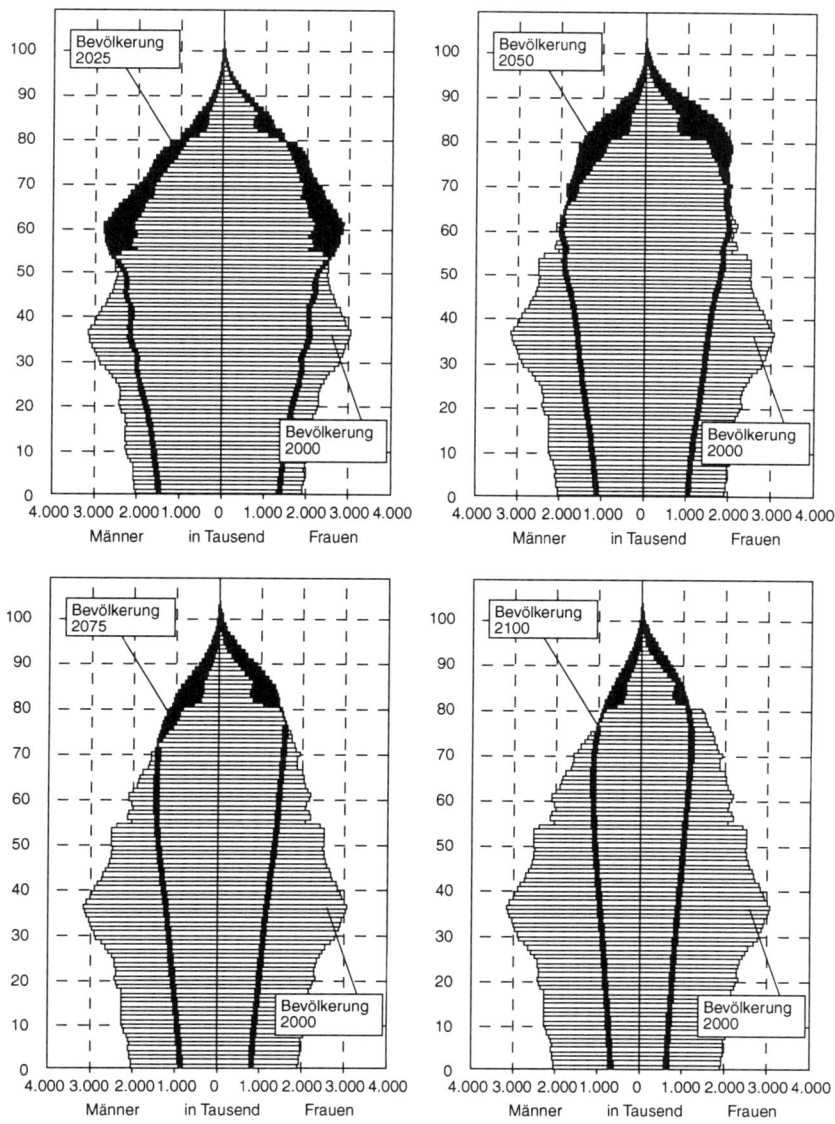

Quelle: Th. Frein, unveröffentlichte Projektionsrechnungen 2000 ohne Wanderungen

Schaubild 6: Der Altenquotient in den Ländern der Europäischen Union 1998 – nach zwei unterschiedlichen Definitionen

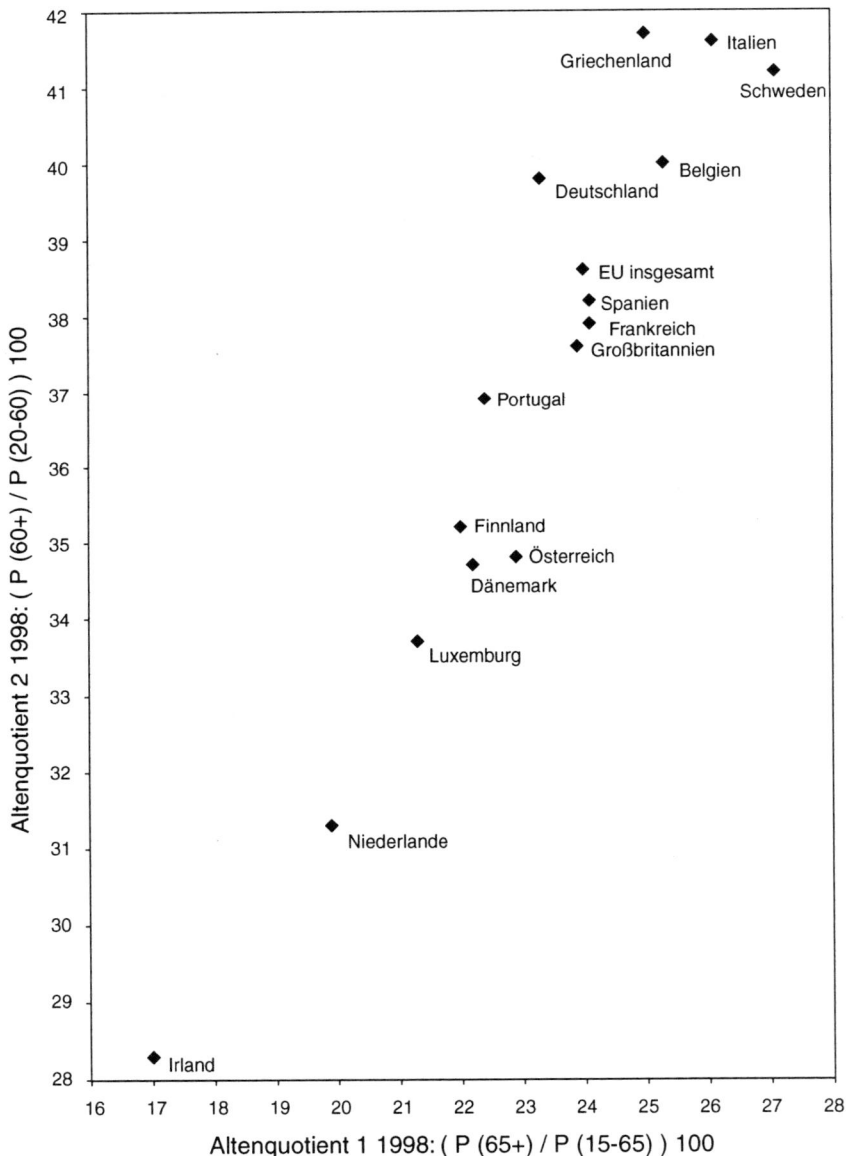

Quelle: H. Birg, IBS, Universität Bielefeld

Schaubild 7: Der gegenläufige Zusammenhang zwischen der Höhe der Kinderzahl pro Frau und der Intensität der demographischen Alterung – Vorausberechnungen für die Länder der Europäischen Union ohne Wanderungen

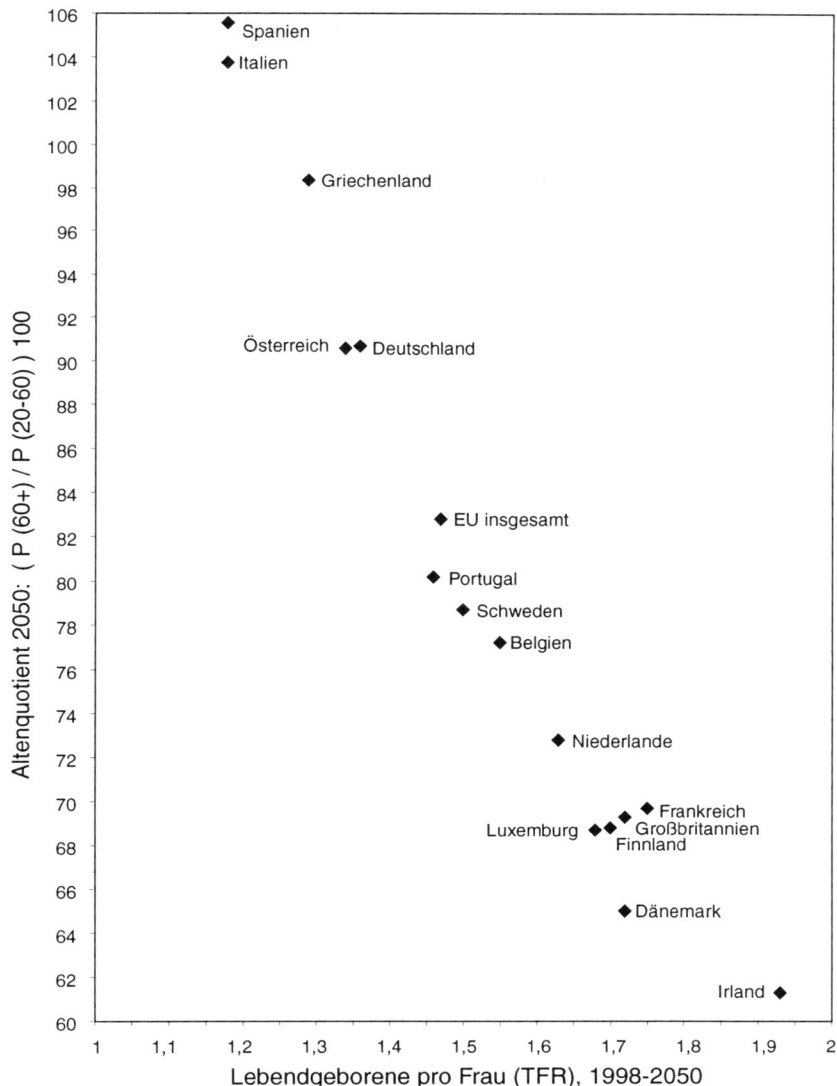

Quelle: H. Birg, IBS, Universität Bielefeld.

Schaubild 8: Projektionsrechnungen zum Anstieg des Altenquotienten in den Industrieländern (1995–2050)[1]

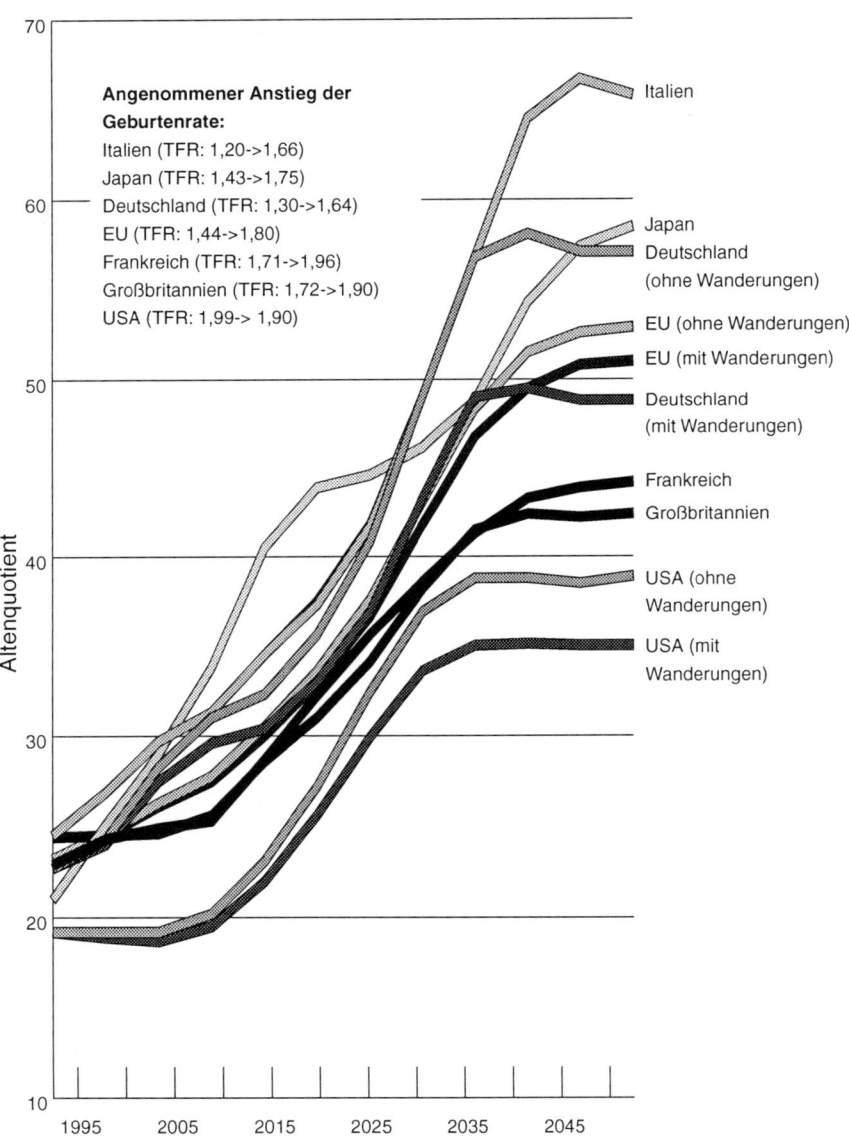

Angenommener Anstieg der Geburtenrate:
Italien (TFR: 1,20->1,66)
Japan (TFR: 1,43->1,75)
Deutschland (TFR: 1,30->1,64)
EU (TFR: 1,44->1,80)
Frankreich (TFR: 1,71->1,96)
Großbritannien (TFR: 1,72->1,90)
USA (TFR: 1,99-> 1,90)

Quelle: H. Birg; Datenbasis: UN, *Replacement migration*, medium variant, New York 2000.

1. Altenquotient = (P(65+) / P(15–64)) * 100;

Schaubild 9: Projektion der Zahl der Personen im erwerbsfähigen Alter (15–65) in den Ländern der EU, 1998–2050 (ohne Wanderungen)

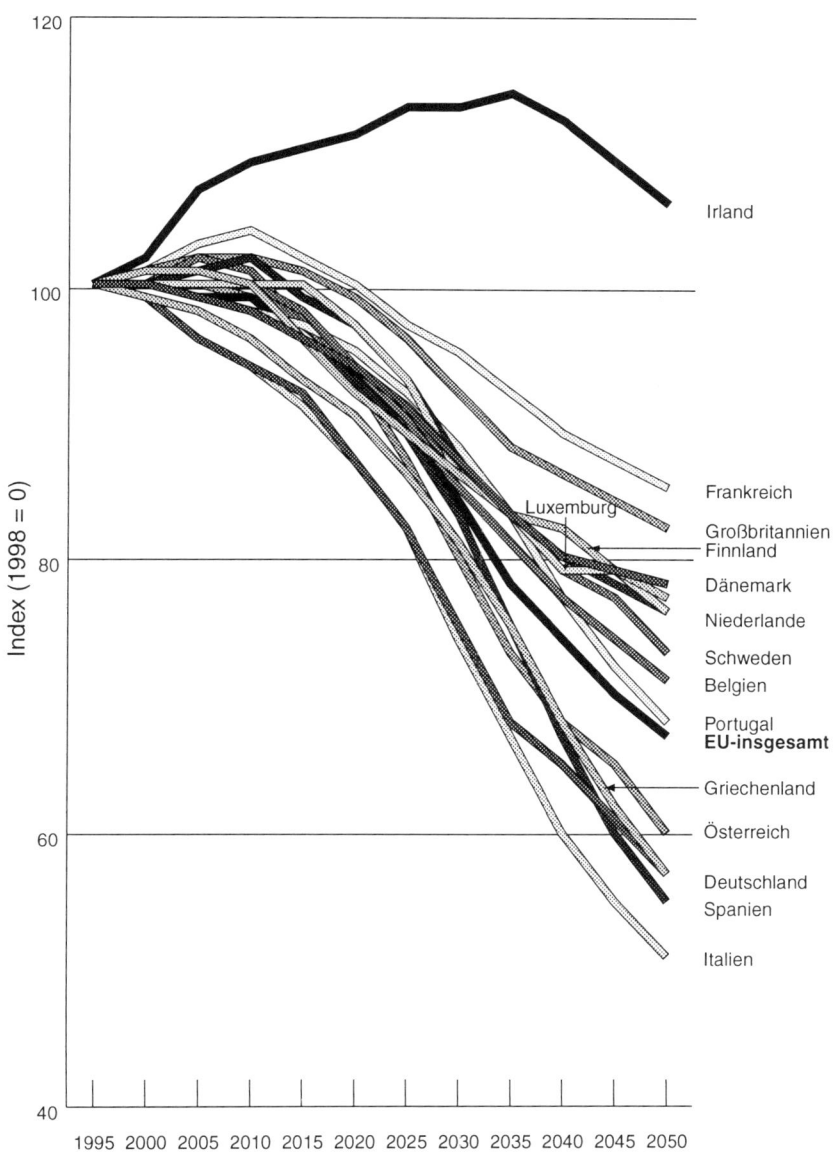

Quelle: H. Birg nach Berechnungen von Th. Frein, IBS, Universität Bielefeld

Schaubild 10: Projektion der Zahl der Personen in der Altersgruppe 20 bis unter 40 in den Ländern der Europäischen Union, 1998–2050 (ohne Wanderungen)

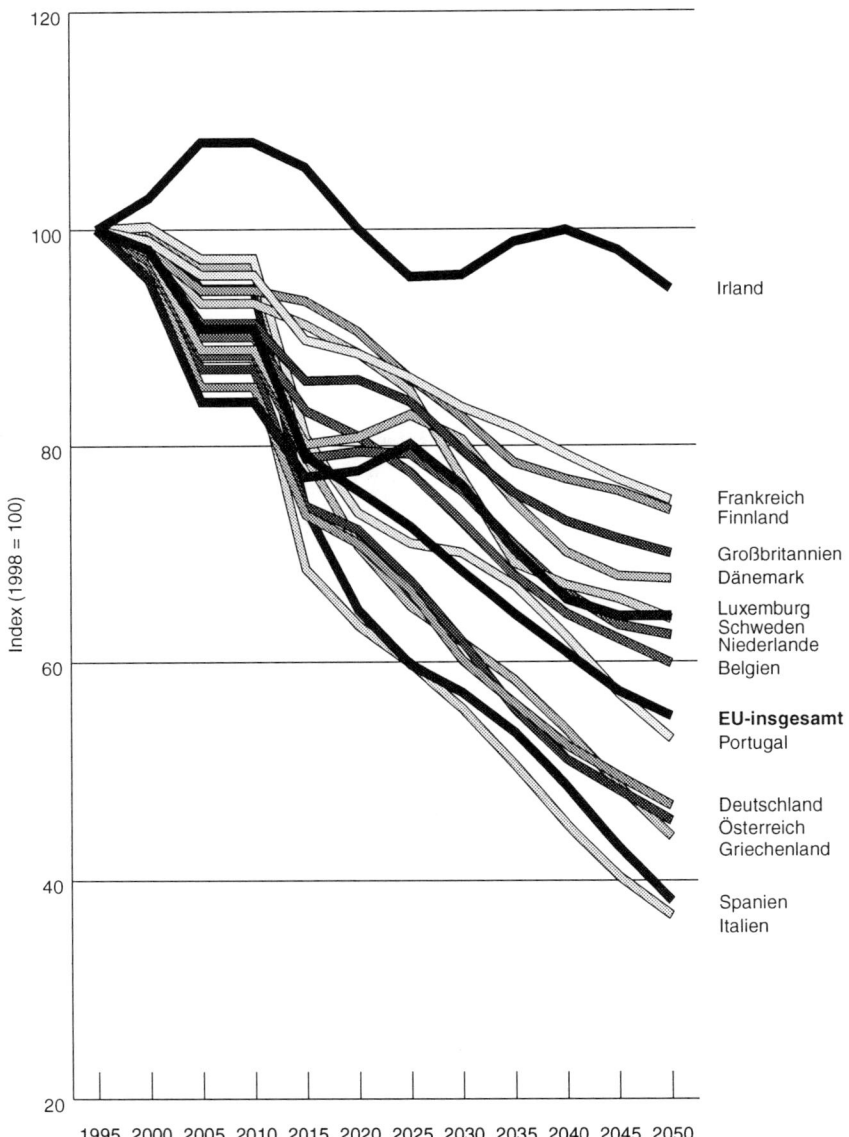

Quelle: H. Birg nach Berechnungen von Th. Frein, IBS, Universität Bielefeld

Aufgrund der überdurchschnittlichen Geburtenrate und der jungen Altersstruktur haben Frankreich und Großbritannien bis 2015 bzw. Irland bis 2050 auch ohne Einwanderungen noch Bevölkerungszuwächse, während die Bevölkerung in den übrigen EU-Ländern ohne Zuwanderungen bereits ab 1998 kontinuierlich zurückgeht. Aus den Daten und Analysen ergibt sich, dass ein Anstieg der Geburtenrate das wirksamste Mittel ist, um die Bevölkerungsschrumpfung langfristig zu stoppen und der demographischen Alterung der Gesellschaft entgegen zu wirken. Wollte man die demographische Alterung in der EU durch die Einwanderung jüngerer Menschen verhindern, müssten bis 2050 700,5 Mio. Menschen mehr ein- als auswandern, so dass die Bevölkerungszahl der EU von 1998 bis 2050 von 375 Mio. auf 1,2 Mrd. wachsen würde.

Diese Forschungsergebnisse zeigen, dass es absurd wäre, wenn eine demographisch orientierte Politik – statt eine Erhöhung der Geburtenrate anzustreben – auf Dauer auf eine zumindest teilweise Kompensation des Geburtendefizits durch Einwanderungen setzen würde, wie dies in Deutschland durch das Zuwanderungsgesetz geplant wird.

5. Strategische Optionen der Familien- und Migrationspolitik am Beispiel Deutschlands

Die folgenden Überlegungen beruhen auf Simulationsrechnungen für Deutschland, die nach alten und neuen Bundesländern getrennt durchgeführt wurden. Die Fertilitätsannahmen sind jeweils in drei Varianten untergliedert (1,4 bzw. 1,6 und 2,1 Lebendgeborene pro Frau). Bei der Zunahme der Lebenserwartung werden ebenfalls drei Varianten unterschieden (niedrig, mittel, hoch) und beim jährlichen Wanderungssaldo vier (Null-Variante, 150 Tsd., 225 Tsd. und 300 Tsd. pro Jahr). Die Kombination der Annahmen ergibt 36 Simulationsvarianten.[5]

Aus systematischen Gründen beginnt die folgende Darstellung der Ergebnisse mit einem Überblick über die Entwicklung der absoluten Bevölkerungszahl, obwohl die Entwicklung der demographischen Alterung und die Veränderung der für das Arbeitsangebot wichtigen Zahl der Personen im Alter 20–60 von größerer Bedeutung für die gesellschaftliche und wirtschaftliche Entwicklung sind. Bei einer unveränderten Fertilität von 1,4 Lebendgeborenen pro Frau und einem Anstieg der Lebenserwartung um 6 Jahre würde die Bevölkerungszahl Deutschlands ohne Wanderungen von 1995 bis 2050 von 82,0 Mio. auf 58,7 Mio. und bis 2100 auf 30,3 Mio. abnehmen. Bei einem allmählichen Anstieg der Kinderzahl pro Frau auf 1,6 (bis 2010) ergeben sich im Jahr 2050 63,9 Mio. statt 58,7 Mio. und im Jahr 2100 40,6 Mio. statt 30,3 Mio. Würde die Kinderzahl pro Frau bis 2030 allmählich auf das Bestandserhaltungsniveau von 2,1 zunehmen, betrüge die Bevölkerungs-

---

5 H. Birg/E.-J. Flöthmann/Th. Frein/K. Ströker: *Simulationsrechnungen zur Bevölkerungsentwicklung in den alten und neuen Bundesländern im 21. Jahrhundert.* Materialien des Instituts für Bevölkerungsforschung und Sozialpolitik, Bd. 45, Universität Bielefeld, Bielefeld 1998.

zahl im Jahr 2050 71,2 Mio. und im Jahr 2100 67,1 Mio. Bei einem Anstieg auf 2,1 Lebendgeborene pro Frau bis 2030 wäre die Zahl der Sterbefälle noch bis 2080 größer als die Zahl der Geburten, weil sich der Geburtenrückgang seit 1972 jetzt als Elternrückgang auswirkt, der in Zukunft automatisch weitere Geburtenrückgänge nach sich zieht usf. *(Schaubild 11)*.

Wird der Anstieg der Kinderzahl pro Frau auf 1,6 mit einem jährlichen Wanderungsüberschuss von 150 Tsd. jungen Menschen kombiniert, ergibt sich eine gebrochene Entwicklung: Die Bevölkerungszahl nimmt bis 2010 auf 82,5 Mio. zu, danach geht sie bis 2050 auf 73,6 Mio. und bis 2100 auf 59,0 Mio. zurück. Bei einem höheren Wanderungssaldo von 225 Tsd. würde die Bevölkerungszahl bis 2020 auf 83,8 Mio. wachsen und sich anschließend bis 2050 auf 78,6 Mio. bzw. bis 2100 auf 68,4 Mio. verringern. Bei einem Wanderungssaldo von 300 Tsd. ergibt sich: Wachstum bis 2025 auf 85,8 Mio., danach Schrumpfung bis 2050 auf 83,6 Mio. bzw. bis 2100 auf 77,8 Mio.

Fazit: Durch einen Anstieg der Kinderzahl pro Frau von 1,4 auf 1,6, kombiniert mit einem jährlichen Wanderungssaldo von z. B. 150 Tsd. bzw. 225 Tsd., lässt sich die sonst zu erwartende Bevölkerungsschrumpfung bis 2010-2020 in ein leichtes Wachstum umkehren. Bei einem Wanderungssaldo von 300 Tsd. ergäbe sich ein Wachstum bis 2025, erst danach eine Schrumpfung.

Die Unterscheidung von zwei Phasen der Entwicklung vor und nach 2020 ist besonders wichtig für die Analyse der Entwicklung in der Altersgruppe 20–60, von der das Angebot an Erwerbspersonen entscheidend abhängt. Bei einer Geburtenrate von 1,4 Lebendgeborenen pro Frau und einem Wanderungssaldo von z. B. 150 Tsd. pro Jahr geht die Zahl der Personen in der Altersgruppe 20–60 in der ersten Phase von 2000–2020 noch relativ mäßig um 3,4 Mio. (= –7,5 %) zurück. Aber in der zweiten Phase von 2020–2050 beschleunigt sich der Rückgang stark, es ergibt sich eine zusätzliche Abnahme von weiteren 11,3 Mio. (= –26,8 %). Für beide Phasen zusammen (2000–2050) bedeutet dies eine Abnahme um 14,7 Mio. (= 32,3 %). Gleichzeitig nimmt die Zahl der 60-Jährigen und älteren um 9 bis 10 Mio. zu, so dass sich der Altenquotient um den Faktor zwei bis drei erhöht.

Durch eine Zunahme der Geburtenrate von 1,4 auf beispielsweise 1,6 Lebendgeborene pro Frau wird der Rückgang des Erwerbspersonenpotentials in der ersten Phase von 2000–20 zwar nicht verringert, aber in der zweiten Phase von 2020–50 ergibt sich eine deutliche Abschwächung des Rückgangs. Da die Abnahme in der ersten Phase ohnehin vergleichsweise mäßig ist und durch arbeitsmarktpolitische Maßnahmen zur Verringerung der Arbeitslosigkeit weitgehend kompensiert werden kann, kommt es vor allem darauf an, die viel stärkere Abnahme in der zweiten Phase durch eine möglichst frühzeitige Erhöhung der Geburtenrate zu mildern.

Wie stark sich eine Erhöhung der Geburtenrate auswirken würde, zeigen folgende Zahlen: Bei gleichbleibender Geburtenrate von 1,4 Kindern pro Frau sinkt die Zahl der Personen in der Altersgruppe 20–60 von 2020–2050 um 11,3 Mio. (= –26,8 %), bei einer Erhöhung von 1,4 auf 1,6 ergibt sich ein Rückgang um 8,7 Mio. (= –20,7 %), wobei in beiden Fällen von einem Wanderungssaldo von 150 Tsd. ausgegangen wurde *(Schaubild 12)*.

Schaubild 11: Bevölkerungsprojektionen für Deutschland

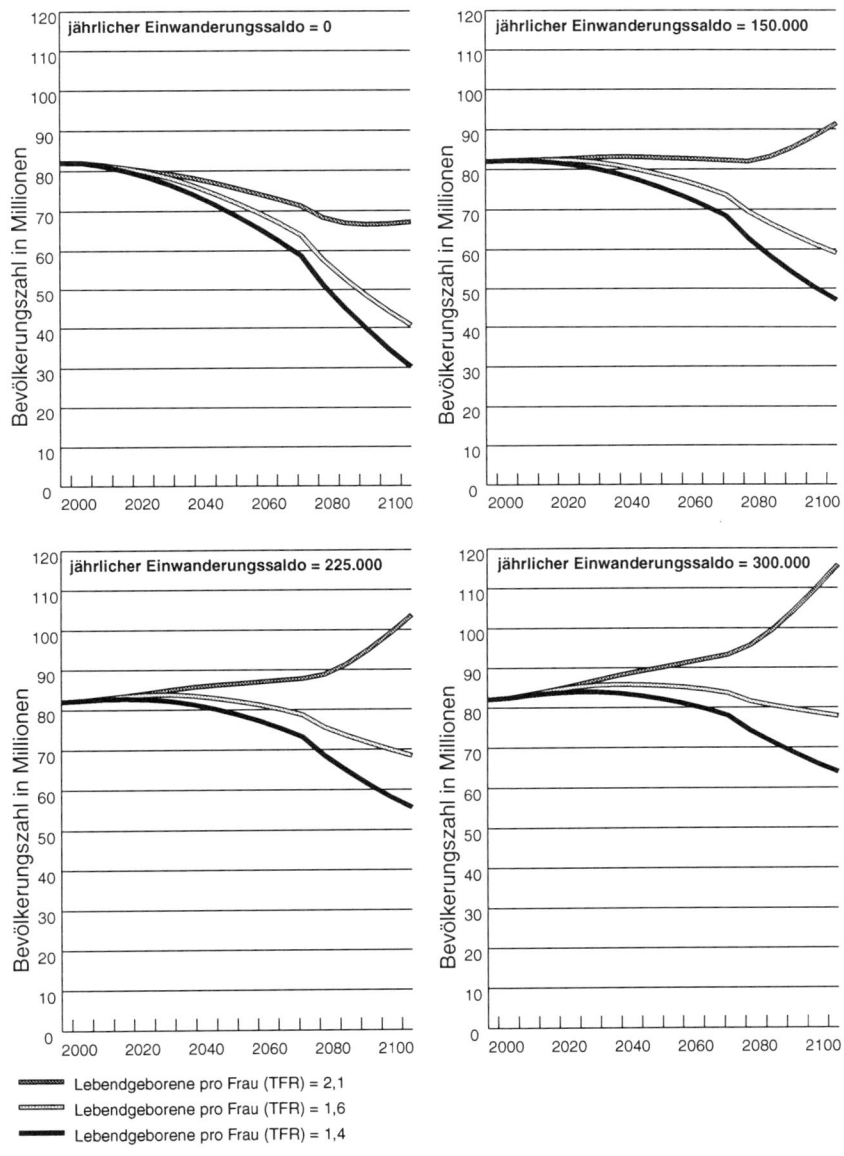

Lebendgeborene pro Frau (TFR) = 2,1
Lebendgeborene pro Frau (TFR) = 1,6
Lebendgeborene pro Frau (TFR) = 1,4

Quelle: Birg, H./Flöthmann, E.-J./ Frein, T. u. Ströker, K.: *Simulationsrechnungen der Bevölkerungsentwicklung in den alten und neuen Bundesländern im 21. Jahrhundert,* Universität Bielefeld, Bielefeld 1999

Schaubild 12: Projektionsrechnung der Personen im erwerbsfähigen Alter

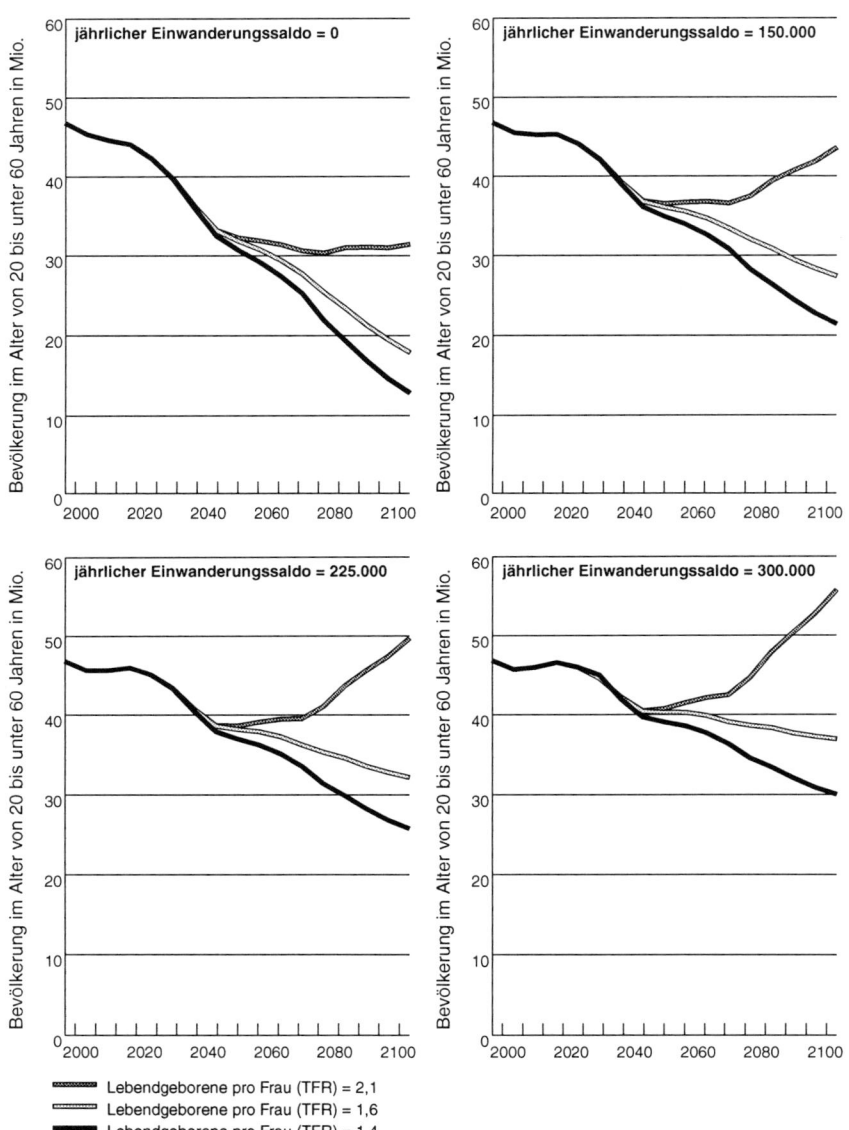

Quelle: Birg, H./Flöthmann, E.-J./ Frein, T. u. Ströker, K.: *Simulationsrechnungen der Bevölkerungsentwicklung in den alten und neuen Bundesländern im 21. Jahrhundert,* Universität Bielefeld, Bielefeld 1999

Fazit: Erfolge in der Familienpolitik durch eine Erhöhung der Geburtenrate schlagen nach 20 Jahren als Erfolge auf dem Arbeitsmarkt zu Buche. Ein Anstieg der Geburtenrate von 1,4 auf 1,6 Lebendgeborene pro Frau würde den Rückgang des Arbeitsangebots von 2020–2050 um 2,6 Mio. mildern.

Die Stärkung der Familienpolitik mit dem Ziel einer Erhöhung der Geburtenrate zur Stützung des Arbeitsangebots ist eine strategische Option der Politik, die gegenüber der bisher praktizierten Strategie der Kompensation der demographischen Defizite durch Einwanderungen entscheidende Vorteile hat. Der erste Vorteil besteht darin, dass sie die Kosten der Integration reduziert. Wie die vom Ifo-Institut und vom Max-Planck-Institut für ausländisches und internationales Sozialrecht im Auftrag des Bundesarbeitsministeriums durchgeführten Forschungsarbeiten zeigen, übersteigen die vom Staat für die Zugewanderten erbrachten fiskalischen Leistungen im Rahmen der Sozialversicherung (gesetzliche Krankenversicherung, Renten- und Pflegeversicherung) sowie die steuerfinanzierten Transfers und die Zahlungen der Gebietskörperschaften für die Bereitstellung der öffentlichen Güter (Schulen, Krankenhäuser, Verkehrsinfrastruktur, Verwaltung etc.) die vom Staat von den Zugewanderten empfangenen Leistungen pro Kopf und Jahr um mehrere Tausend DM *(Tabelle 3)*. Dieser Befund widerspricht den landläufigen Vorstellungen, dass Deutschland fiskalisch von der Zuwanderung profitiert. Nach dieser Untersuchung war und ist die Zuwanderung nach Deutschland seit langem eine „Zuwanderung in die Sozialsysteme", die eine „Umverteilung von den Deutschen zu den Zugewanderten" bewirkt, wie es in dem Forschungsbericht heißt.[6]

Der zweite wesentliche Vorteil der familienpolitischen Strategie gegenüber einer Strategie der kompensatorischen Zuwanderung besteht in einer Stärkung des Wachstums des Pro-Kopf-Einkommens. Ein befriedigendes Wachstum der Produktivität und des Pro-Kopf-Einkommens setzt ein hohes Qualifikationsniveau der Arbeitskräfte voraus. Das durchschnittliche Qualifikationsniveau der nach Deutschland zugewanderten Bevölkerung ist im Vergleich zum durchschnittlichen Qualifikationsniveau der deutschen Bevölkerung wesentlich niedriger. Von den ausländischen Schulabgängern in Deutschland im Jahr 1999 hatten z. B. 40,9 % einen Hauptschulabschluss (Deutsche: 24,7 %) und 19,4 % verließen das Schulsystem ohne Abschluss (Deutsche: 8,0 %).[7]

Die Qualifikationsdefizite sind der entscheidende Grund dafür, dass die Arbeitslosenquote und die Quote der Sozialhilfeempfänger bei den Zugewanderten aus Nicht-EU-Ländern um den Faktor 3 und mehr höher ist als bei den Einheimischen, und zwar nicht nur in Deutschland, sondern in nahezu allen Ländern der EU *(Schaubild 13)*. Die Qualifikationsdefizite sind dabei um so größer, je höher der Anteil der Zugewanderten an der Bevölkerung ist *(Schaubild 14)*. Aufgrund dieser

---

6 H.-W. Sinn u. a.: *EU-Erweiterung und Arbeitskräftemigration – Wege zu einer schrittweisen Annäherung der Arbeitsmärkte.* Ifo-Beiträge zur Wirtschaftsforschung, Nr. 2, München 2001, S. 225–27.

7 Deutsches Institut für Wirtschaftsforschung (Hrsg.): *Schulbesuch und Ausbildung von jungen Ausländern*, Wochenbericht Nr. 10/2001, Tabelle 1, S. 163 u. Tabelle 3, S. 166.

Tabelle 3: Direkte fiskalische Auswirkungen der Zuwanderung pro Zuwanderer[1] – Westdeutschland 1997 (in DM)

	Zuwanderer[2]			Insgesamt
	Aufenthaltsdauer			
	0–10	10–25	25+	
Einnahmenseite				
Einnahmen GKV	1.817	2.237	3.792	2.773
Einnahmen GRV	4.053	4.731	6.330	5.290
Einnahmen SPV	252	311	470	368
Einnahmen Arbeitslosenvers.	701	1.091	1.393	1.157
Steuereinnahmen	6.044	6.046	9.687	7.576
Einnahmen insgesamt	12.866	14.415	21.672	17.164
Ausgabenseite				
GKV	2.970	2.321	3.696	3.018
Implizite Schuld der GRV[3]	1.362	1.590	2.128	1.778
Implizite Schuld der SPV[3]	67	83	126	98
Ausgaben Arbeitslosenvers.	452	667	2.408	1.353
Steuerfinanzierte Transfers und Leistungen[4]	12.646	12.358	11.644	12.337
Ausgaben insgesamt	17.498	17.019	20.001	18.584
Bilanz				
GKV	–1.154	–84	96	–245
GRV	2.691	3.141	4.202	3.512
SPV	185	228	344	269
Arbeitslosenversicherung	249	424	–1.015	–196
Steuerfinanzierte Transfers und Leistungen	–6.602	–6.312	–1.957	–4.760
Gesamtbilanz	–4.631	–2.603	1.670	–1.419

Quelle: SOEP; Berechnungen des Ifo-Instituts. In: W. Sinn u.a., *EU-Erweiterung und Arbeitskräfte-migration*, Ifo-Institut in Zusammenarbeit mit dem Max-Planck-Institut für ausländisches und internationales Sozialrecht, Ifo-Beiträge zur Wirtschaftsforschung, Nr. 2, München 2001, S. 227.

1. Die Zahlen der vorliegenden Tabelle spiegeln ausschließlich die relative Position derjenigen Zuwanderer wider, die sich im Jahr 1997 in Westdeutschland befanden. Eine direkte Übertragung auf die zu erwartenden Zuwanderer aus den osteuropäischen Ländern ist nicht zulässig, da sich die Struktur zukünftiger Einwanderungskohorten von der des Zuwandererbestandes 1997 unterscheiden dürfte.
2. Zuwanderer umfassen in Deutschland lebende Personen mit nicht-deutscher Nationalität, aber auch in Deutschland eingebürgerte Personen und Personen mit Müttern nicht-deutscher Nationalität ohne die Gruppe der Aus- und Übersiedler.
3. Die Berechnung der GRV- und Pflegeausgaben erfolgt nach dem Konzept der Impliziten Steuer.
4. Leistungen der Gebietskörperschaften an private Haushalte und Durchschnittskosten der Bereitstellung öffentlicher Güter.

Fakten ist auch in Zukunft nicht damit zu rechnen, dass die Qualifikationsunterschiede im erhofften Umfang abgebaut werden können.

Durch die Strategie einer kompensatorischen Zuwanderungspolitik würde das für die Produktivität und das Pro-Kopf-Einkommen wichtige, im Humankapital der jüngeren Erwerbspersonen enthaltene Bildungs- und Ausbildungskapital beeinträchtigt. Die Strategie höherer Zuwanderungen hat zwar naturgemäß in aller Regel eine höhere Arbeitskräftezahl und dadurch ein höheres Bruttosozialprodukt zur Folge als die alternative Strategie geringerer Zuwanderungen und einer verstärkten Familienpolitik, aber die Höhe des Pro-Kopf-Einkommens, auf die es ankommt, ist bei mäßigeren Zuwanderungen wahrscheinlich günstiger als bei hohen Zuwanderungen, wie folgende Beispielrechnung zeigt:[8]

Strategie hoher Zuwanderungen:
Wachstumsrate des Bruttosozialprodukts   = 2,5 %
Wachstumsrate der Bevölkerung   = 0,7 %
Wachstumsrate des Pro-Kopf-Einkommens (2,5–0,7 = 1,8)   = 1,8 %

Strategie mäßiger Zuwanderung:
Wachstumsrate des Bruttosozialprodukts   = 1,7 %
Wachstumsrate der Bevölkerung   = –0,7 %
Wachstumsrate des Pro-Kopf-Einkommens (1,7–(–0,7) = 2,4)   = 2,4 %

In der öffentlichen Debatte über die Zuwanderungen nach Deutschland wird stets der positive Effekt der Zuwanderungen auf die Höhe des Bruttosozialprodukts herausgestellt. Aber es kommt auf die Höhe des Pro-Kopf-Bruttosozialprodukts an. Die Schweiz übt nicht deshalb eine magnetische Anziehungskraft auf die Zuwanderer z.B. aus den Entwicklungsländern Asiens aus, weil das Bruttosozialprodukt der Schweiz größer wäre als das Bruttosozialprodukt Asiens, sondern weil das Pro-Kopf-Bruttosozialprodukt und der mit ihm korrelierende Lebensstandard in der Schweiz wesentlich höher ist.

6. Resümee

In den letzten 50 Jahren gingen die Geburtenraten in den Industrieländern um etwa die Hälfte zurück. In Deutschland beruhte der Rückgang vor allem auf dem Anstieg des Anteils der Frauen an einem Jahrgang mit lebenslanger Kinderlosigkeit auf rd. ein Drittel, während sich bei den Frauen mit Kindern nach wie vor eine im langfristigen Vergleich konstante Zahl von rd. zwei Kindern ergibt. Bei den EU-Ländern, bei denen der Anteil kinderloser Frauen niedrig ist (z.B. Frankreich),

---

8   Die Wachstumsrate des Pro-Kopf-Einkommens ist mathematisch gleich der Differenz zwischen den Wachstumsraten des Bruttosozialprodukts und der Bevölkerung.

Schaubild 13: Arbeitsmarktintegration von Zuwanderern

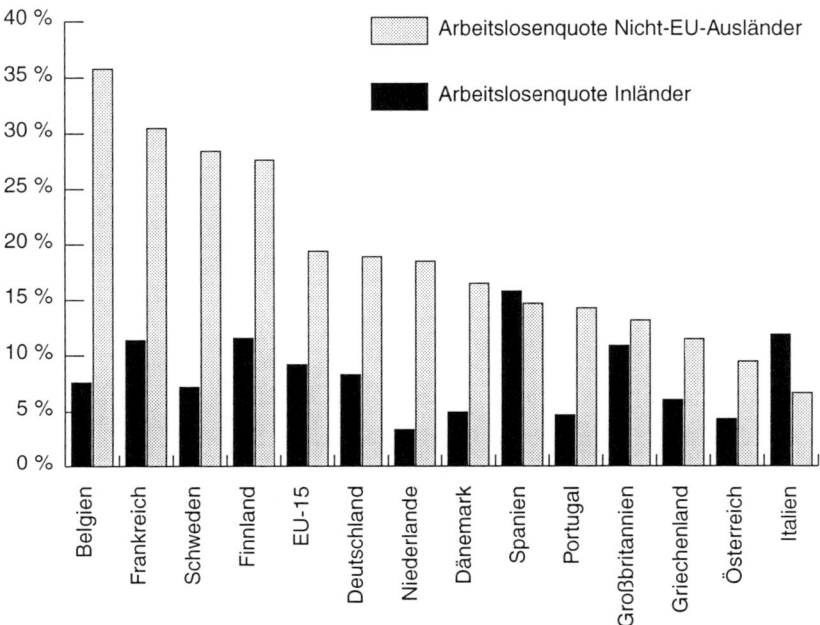

Quelle: U. van Suntum & D. Schlotböller: *Arbeitsmarktintegration von Zuwanderern*, Gütersloh 2002.

liegt die Geburtenrate über dem Durchschnitt der EU, bei Ländern mit hoher Kinderlosigkeit unter dem Durchschnitt (z. B. Deutschland).

Durch die in Deutschland besonders hohe Kinderlosigkeit spaltet sich die Gesellschaft in einen Familiensektor und in einen Sektor ohne eigene Nachkommen. Daraus ergeben sich gravierende Konsequenzen für das in der Verfassung verankerte Prinzip der sozialen Gerechtigkeit, durch dessen Verletzung auch die sozialen Sicherungssysteme ihre Funktion nicht mehr erfüllen können.

Deutschland betreibt seit dem Zweiten Weltkrieg keine Bevölkerungspolitik mehr – mit einer wesentlichen Ausnahme: Die Zuwanderungspolitik in Deutschland ist eine kompensatorische Bevölkerungspolitik, mit der ein immer größerer Anteil der durch Tod ausgeschiedenen Generationen durch Zuwanderungen aus dem Ausland ersetzt statt durch Geburten erneuert wird.

Der Generationenersatz durch Zuwanderungen ist sowohl aus wirtschaftlicher als auch aus gesellschaftspolitischer Sicht ungünstiger als die alternative Strategie einer Generationenerneuerung durch eine Erhöhung der Geburtenrate. Bei hohen Zuwanderungen verringert sich das Qualifikationsniveau der Bevölkerung, und es kommt zu Einbußen beim Wachstum des Pro-Kopf-Einkommens, während gleichzeitig die Integrationskosten steigen.

Schaubild 14: Bevölkerungsanteil und Bildungsrückstand von Nicht-EU-Bürgern (Jahresmittel 1992–1999)

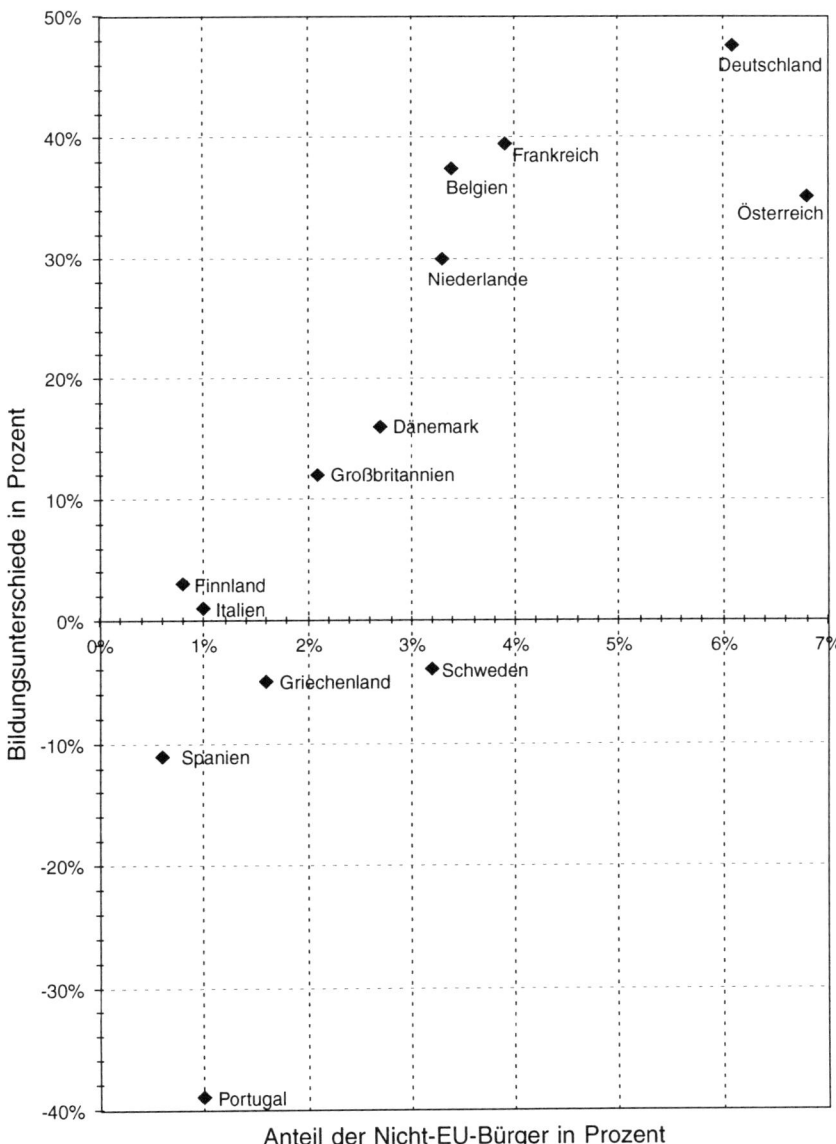

Quelle: U. van Suntum & D. Schlotböller: *Arbeitsmarktintegration von Zuwanderern*, Gütersloh 2002

Die Strategie des Generationenersatzes durch Zuwanderungen ist auch aus internationaler Sicht problematisch. Denn wenn Zuwanderungen für das aufnehmende Land ökonomische Vorteile bringen, drohen diese Vorteile den Herkunftsländern verloren zu gehen. Entscheidend ist jedoch, dass auch Einwanderer geboren, erzogen und ausgebildet werden müssen, bevor sie im Wettbewerb um die Besten in ein anderes Land einwandern können. Es wäre eine moralisch durch nichts zu rechtfertigende Strategie, wenn die reichen Länder auf Dauer ihre demographischen Defizite auf Kosten der armen ausgleichen und mit den Mitteln der Migrationspolitik eine Art demographischen Kolonialismus etablieren würden.

Quellen

H. Birg: *Auswirkungen und Kosten der Zuwanderung nach Deutschland.* Gutachten im Auftrag des Bayerischen Staatsministeriums des Innern. Materialien des Instituts für Bevölkerungsforschung und Sozialpolitik, Bd. 49, Universität Bielefeld, Bielefeld 2002.

H. Birg und E.-J. Flöthmann: *Demographische Projektionsrechnungen für die Rentenreform 2000 – Methodischer Ansatz und Hauptergebnisse.* Materialien des Instituts für Bevölkerungsforschung und Sozialpolitik, Bd. 47A, Universität Bielefeld, Bielefeld 2001

H. Birg und E.-J. Flöthmann: *Demographische Projektionsrechnungen für die Rentenreform 2000 – Ergebnisse in Tabellenform.* Materialien des Instituts für Bevölkerungsforschung und Sozialpolitik, Bd. 47B, Universität Bielefeld, Bielefeld 2001.

H. Birg: *Die demographische Zeitenwende – Der Bevölkerungsrückgang in Deutschland und Europa.* Beck'sche Reihe, Verlag C.H. Beck, München 2001.

Bundesministerium des Innern/Unabhängige Kommission für Zuwanderung (Hrsg.): *Zuwanderung gestalten – Integration fördern,* Berlin, 4. Juli 2001.

D. Coleman: *Migration nach Europa. Eine Kritik am neuen Konsens des Establishments.* In: Zeitschrift für Bevölkerungswissenschaft, 26. Jg., Nr. 3–4, 2001, S. 327–340.

Deutscher Bundestag (Hrsg.): *Schlussbericht der Enquete-Kommission des Deutschen Bundestages „Demographischer Wandel",* Bundestagsdrucksache 14/8800, Berlin, 28.3.2002.

Deutsches Institut für Wirtschaftsforschung (Hrsg.): *Schulbesuch und Ausbildung von jungen Ausländern,* Wochenbericht Nr. 10/2001.

H.-W. Sinn u.a.: *EU-Erweiterung und Arbeitskräftemigration – Wege zu einer schrittweisen Annäherung der Arbeitsmärkte.* Ifo-Beiträge zur Wirtschaftsforschung, Nr. 2, München 2001.

U. van Suntum u. D. Schlotböller: *Arbeitsmarktintegration von Zuwanderern,* Gütersloh 2002.

Statistisches Bundesamt (Hrsg.): *Bevölkerungsentwicklung Deutschlands bis zum Jahr 2050 – Ergebnisse der 9. koordinierten Bevölkerungsvorausberechnung,* Wiesbaden 2000.

UN (Ed.): *Replacement migration: Is it a solution to declining and ageing populations?* Population Division, Dept. of Economic and Social Affairs, United Nations Secretariat, New York 2000.

UN (Ed.): *World Population Prospects – The 2000 Revision,* New York 2001.

Das demographische Defizit. Die Fakten, die Folgen, die Ursachen und die Politikimplikationen

Hans-Werner Sinn[1]

Kinder sind in Deutschland zum Störfaktor geworden. Sie kosten Geld, schränken die Konsumfreiheit ein und führen zum sozialen Abstieg. Das Single-Dasein wird zum Normalfall, lockere Partnerschaften ersetzen die Ehe, und wenn schon eine Familie gegründet wird, dann müssen die Kinder zunächst einmal warten. Das erste Kind kommt Anfang dreißig, und allzu häufig bleibt es dann dabei. Die „Dink"-Familie ist noch populärer. „Double income, no kids" ist die Devise für eine zunehmende Zahl junger Paare: mit zwei Einkommen und keinen Kindern lebt es sich besser als mit einem Einkommen und drei Kindern. Deutschlands Fun-Gesellschaft vergreist.

Noch partizipieren die Alten an der Fun-Gesellschaft. Heerscharen von Rentnern lassen sich, finanziert vom deutschen Umlagesystem, von Luxuslinern durch die Weltmeere schaukeln und von Jet-Clippern zu den entlegensten Stränden dieser Erde transportieren. Das wohl großzügigste Rentensystem der gesamten Welt hat Deutschland zu Weltmeistern beim Tourismus gemacht und eine atemberaubende Infrastruktur mit Seebädern und Vergnügungsvierteln auf Mallorca, den Kanaren und vielen anderen Inseln der Welt geschaffen. Kaum irgendwo sonst wird den Aktiven so viel von ihrem Arbeitseinkommen weggenommen, wie es in Deutschland geschieht, um den Alten ein auskömmliches Transfereinkommen zu sichern. Wenn aber die Dink-Generation selber alt wird, dann wird sie vergebens darauf hoffen, das Rentner-Leben ihrer Eltern zu kopieren. Dann fehlen die Beitragszahler, die zur Finanzierung der Renten in der Lage wären.

Die wenigen Familien mit Kindern, die sich dem Zeitgeist widersetzen, werden von der Politik vernachlässigt, und das Land der Dichter und Denker muss sich von der OECD ein miserables Bildungssystem vorhalten lassen, weil es in Relation zu seinem Sozialprodukt weit weniger als der Durchschnitt der OECD Länder für die öffentliche Bildung ausgibt. Die Perversion der politischen Werteskala ist nicht zu überbieten.

Aber es geht mittlerweile nicht nur um pervertierte Werte, sondern um die Funktionsfähigkeit der staatlichen Sozialsysteme und damit auch um die Funktion des Staatswesens an sich. Die Zahl derer, die in den Genuss des staatlichen Umverteilungssystems kommen wollen, wird immer größer, und die Gruppe der Bei-

---

1 Ich danke Regina von Hehl sehr herzlich für die sorgfältige Forschungsassistenz zu diesem Aufsatz.

tragszahler schrumpft zusehends. Das Rentensystem schliddert in die Krise. Die schönen Versprechungen der Politiker und Verbandsvertreter, die auf die Demographen nicht hören wollten, entpuppen sich als Luftblasen. Unlösbare Verteilungskämpfe zwischen den Alten und den Jungen drohen, das politische System der Bundesrepublik Deutschland zu erschüttern.

Dieser Aufsatz will aufrütteln, mahnen und mithelfen, einen Politikwechsel herbeizuführen. Er trägt die wichtigsten Fakten zur demographischen Krise Deutschlands zusammen, zeigt die Folgen dieser Krise auf, und versucht, ihre Ursachen zu ergründen. Aus der Ursachenanalyse ergeben sich Implikationen für gesellschafts- und wirtschaftspolitische Maßnahmen, die das Schlimmste vielleicht noch verhindern können und langfristig wieder eine ausgeglichenere Bevölkerungsstruktur herbeiführen werden.

1. Die Fakten

Die Alterung der deutschen Bevölkerung wird durch die Abbildung 1 verdeutlicht, in der die Entwicklung des Medianalters der Deutschen dargestellt ist, also jenes Alters, das die Bevölkerung in zwei gleich große Gruppen von älteren und jüngeren Personen teilt. Man sieht, dass dieses Medianalter noch etwa bis zum Jahr 1975 bei 35 Jahren lag, doch inzwischen auf 40 Jahre gestiegen ist und bis zum Jahr 2035 um weitere 10 Jahre auf über fünfzig ansteigen wird.

Im internationalen Vergleich liegt Deutschland, wie Tabelle 1 verdeutlicht, derzeit hinter Japan, Italien und der Schweiz unter allen OECD-Ländern und damit sicherlich auch weltweit an der vierten Stelle, was das Medianalter betrifft.

Abbildung 1: Medianalter der Deutschen 1950–2050

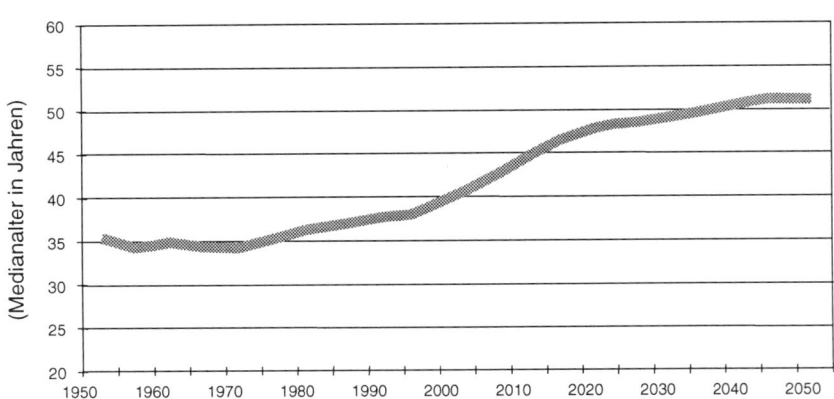

Quelle: United Nations, Population Division: *World Population Prospects – The 2000 Revision*, Homepage (http://www.un.org/popin/data.html), 2001

Nach einer Pressestellungnahme des Sachverständigenrates zur Begutachtung der gesamtwirtschaftlichen Entwicklung aus dem Jahr 1999 werden wir uns aber weiter in dieser Statistik voranschieben. Im Jahr 2035 werden die Deutschen vermutlich das älteste Volk auf der Erde sein.

Tabelle 1: Wer ist der Älteste? (im Jahr 2000)

Land	Medianalter	
1. Japan	41,2	
2. Italien	40,2	Einbezogen wurden Staaten mit mehr als 140 Tsd. Einwohner in 2000.
3. Schweiz	40,2	
4. Deutschland	**40,1**	
5. Schweden	39,7	
6. Finnland	39,4	
7. Bulgarien	39,1	Quelle: United Nations, Population Division: *World Population Prospects – The 2000 Revision*, Homepage (http://www.un.org/popin/data.html), 2001
8. Belgien	39,1	
9. Griechenland	39,1	
10. Dänemark	38,7	

Was ist die Ursache für das hohe und weiter zunehmende Durchschnittsalter der Deutschen? Leben wir länger als andere? Ist es das bessere Gesundheitssystem oder vielleicht das Rentenversicherungssystem selbst, das die Deutschen so alt werden lässt, und wächst deshalb die Zahl der Deutschen? Die Antwort ist ein klares Nein.

Einerseits ist nämlich, wie die Tabelle 2 verdeutlicht, die Lebenserwartung, also das durchschnittliche synthetische Sterbealter,[2] der Deutschen im internationalen Vergleich keineswegs auffällig hoch. Im Gegenteil, die deutsche Lebenserwartung liegt derzeit nicht einmal beim Durchschnitt der westeuropäischen Länder, der bei 78,6 Jahren angesiedelt ist.

Andererseits schrumpft ja die deutsche Bevölkerung nach allen Projektionen, die verfügbar sind. Die Abbildung 2 zeigt eine solche Projektion des Bevölkerungsbestandes. Obwohl eine jährliche Zuwanderung von 200.000 Personen unterstellt wird, geht die in Deutschland ansässige Bevölkerung nach dieser Projektion bis zum Jahr 2050 um 12,5 Mio. Personen zurück. Die Zahl der Deutschen selbst, ohne die Einbürgerungen gerechnet, wird in dieser Zeitspanne um schätzungsweise 20 Millionen Menschen abnehmen. Nur die Zahl der Rentner wird absolut und relativ steigen.

---

2 Die Lebenserwartung für ein bestimmtes Kalenderjahr ist definiert als das arithmetische durchschnittliche Sterbealter einer in diesem Kalenderjahr geborenen Alterskohorte, das sich ergeben würde, wenn sich der Mortalitätsverlauf im Lebenszyklus gegenüber den Verhältnissen des Geburtsjahres nicht ändern würde.

Tabelle 2: Lebenserwartung bei der Geburt im Jahr 2003

Westeuropa inkl. EFTA	
Schweden	80,0
Schweiz	80,0
Island	79,8
Italien	79,4
Frankreich	79,3
Liechtenstein	79,3
Spanien	79,2
Norwegen	79,1
Griechenland	78,9
Niederlande	78,7
Deutschland	**78,4**
Belgien	78,3
Vereinigtes Königreich	78,2
Österreich	78,2
Finnland	77,9
Luxemburg	77,7
Irland	77,4
Dänemark	77,1
Portugal	76,4
ungewichteter Durchschnitt	**78,6**

Osteuropa	
Tschechien	75,2
Polen	73,9
Ungarn	72,2
Bulgarien	71,8
Russland	67,7
Ukraine	66,5

USA	77,1

Japan	80,9

Afrika	
Ägypten	70,4
Liberia	48,2
Kenia	45,2

Quelle: U.S. Bureau of the Census: *International Data Base*, Homepage (http://www.census.gov/ipc/www/ idbprint.html), 2003, Table 10

Abbildung 2: Die Entwicklung der Gesamtbevölkerung und der über 64-Jährigen in Deutschland

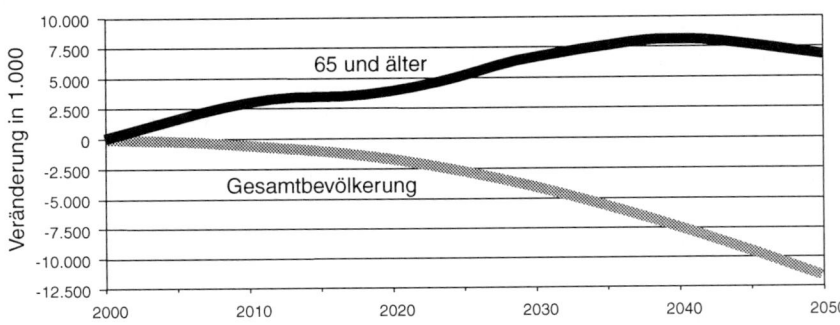

Ausgangsbasis Jahr 2000: Gesamtbevölkerung 82,0 Mio.; davon über 64-Jährige: 13,3 Mio.; langfristiger Zuwanderungssaldo 200.000 im Jahr.
Quelle: Statistisches Bundesamt: *9. Koordinierte Bevölkerungsvorausschätzung*, Wiesbaden 2000, Tabelle 6: Bevölkerung in Deutschland nach Altersgruppen, Variante 2, Seite 26

Die wahre Ursache der im internationalen Vergleich besonders raschen Alterung des deutschen Volkes ist die Verringerung der Zahl der Geburten. Wie die Abbildungen 3 und 4 zeigen, liegt die Fertilität der Deutschen ziemlich weit am Ende der internationalen Rangskala. Nur Griechenland, Österreich, Italien und Spanien haben noch niedrigere Fertilitätsziffern. Zwar ist der Trend der Fertilitätsraten in allen Ländern nach unten gerichtet, doch liegt Deutschland seit etwa 1970 am unteren Rande des Spektrums der länderspezifischen Kurven. Bemerkenswert ist der Umstand, dass Frankreich, ein benachbartes Land, das einen ganz ähnlichen Entwicklungsstand wie Deutschland aufweist, eine deutlich höhere Geburtenrate aufweist. Zu den möglichen Ursachen wird weiter unten noch Stellung genommen.

Es ist in diesem Zusammenhang bemerkenswert, dass Deutschland noch in der Mitte des neunzehnten Jahrhunderts unter allen Ländern, die heute zu den OECD-Ländern zählen, die dritthöchste Fertilität aufwies. Abbildung 5 zeigt den dramatischen Rückgang der Fertilität in den letzten 120 Jahren.

Abbildung 3: Entwicklung der Fertilitätsraten im internationalen Vergleich (ausgewählte Länder)

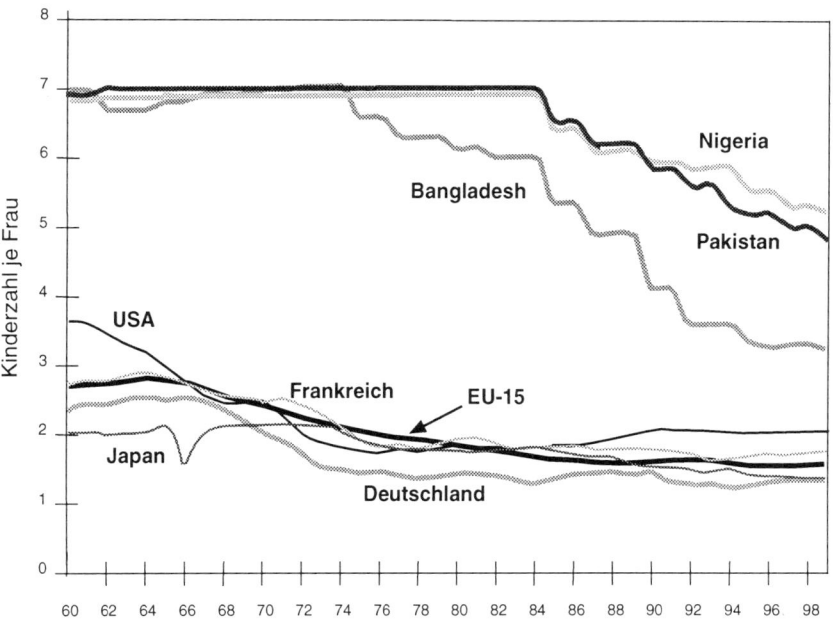

Fertilitätsrate definiert als durchschnittliche Geburten pro Frau (altersspezifische Geburtenziffer, Total Fertility Rate).
Quelle: Weltbank: *World Development Indicators 2001*, CD-Rom

Abbildung 4: Vergleich der Fertilitätsraten in 1999 (ausgewählte Länder)

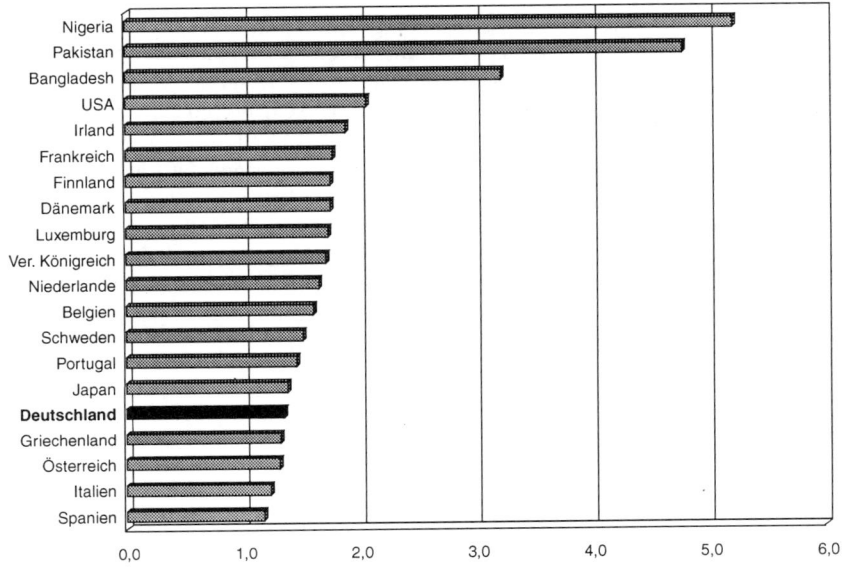

Fertilitätsrate definiert als durchschnittliche Geburten pro Frau (altersspezifische Geburtenziffer, Total Fertility Rate).
Quelle: Weltbank: *World Development Indicators 2001*, CD-Rom

Abbildung 5: Entwicklung der Fertilitätsraten im Deutschen Reich seit 1888 sowie in den alten Bundesländern

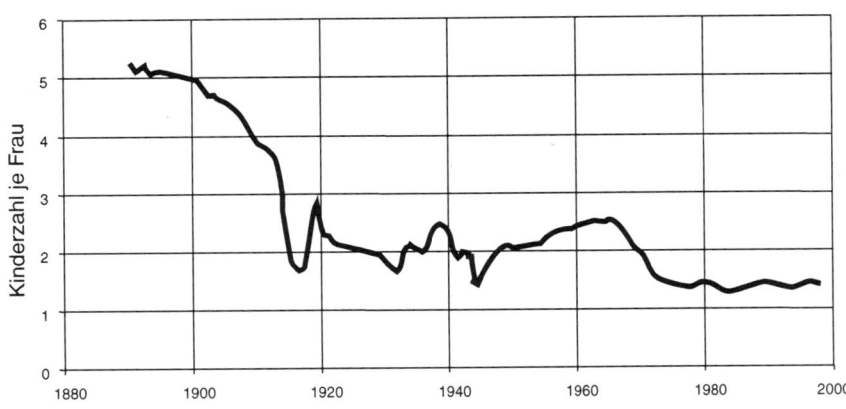

Fertilitätsrate definiert als durchschnittliche Geburten pro Frau (altersspezifische Geburtenziffer, Total Fertility Rate).
Quelle: Institut für Bevölkerungsforschung und Sozialpolitik (IBS), Bielefeld 2000, auf Anfrage

Das neunzehnte Jahrhundert war eine Periode, in der die deutsche Bevölkerung geradezu explodierte. Deutschland überflügelte beim Bevölkerungsvolumen in dieser Periode Frankreich, dessen Bevölkerungspyramide wegen extrem niedriger Geburtenraten zu einer Urnenform degeneriert war. Das führte zu Friktionen im Machtgefüge der europäischen Länder, die schließlich im ersten Weltkrieg gipfelten. Zugleich verursachte der deutsche Geburtenüberschuss eine Massenauswanderung in die USA, was die Deutschen dort noch vor den Briten zur größten Bevölkerungsgruppe machte. Das alles ist lange vorbei. Deutschland ist in einer Zeitspanne von einhundertundfünfzig Jahren im Hinblick auf die internationale Rangskala der Fertilitätsziffern vom einen zum anderen Extrem übergegangen.

Wie dramatisch die demographische Trendwende verlief, wird durch einen Vergleich der Alterspyramide des Jahres 1875 mit der Form dieser Pyramide aus dem Jahr 2000 deutlich, wie er in Abbildung 6 angestellt wird. Man sieht, dass aus der Pyramide eine Art Tannenbaum geworden ist, dessen dicke untere Äste bei einem Lebensalter von knapp unter 40 Jahren liegen. Im Jahr 2003 liegt die am dichtesten besetzte Altersklasse der 1964 Geborenen bereits bei 39 Jahren. Die Kohorten um Vierzig erzeugen derzeit den Rest an wirtschaftlicher Dynamik, der in Deutschland noch anzutreffen ist, und sie zahlen die Renten. In dreißig Jahren werden diese Kohorten um die Siebzig sein und allesamt im Rentenalter stehen, ohne dass ihr andere Kohorten nachfolgen, die dann die Alterslasten tragen können. Das ist das Problem.

Abbildung 6: Deutsche Alterspyramide zur Zeit Bismarcks (1875) und 2000

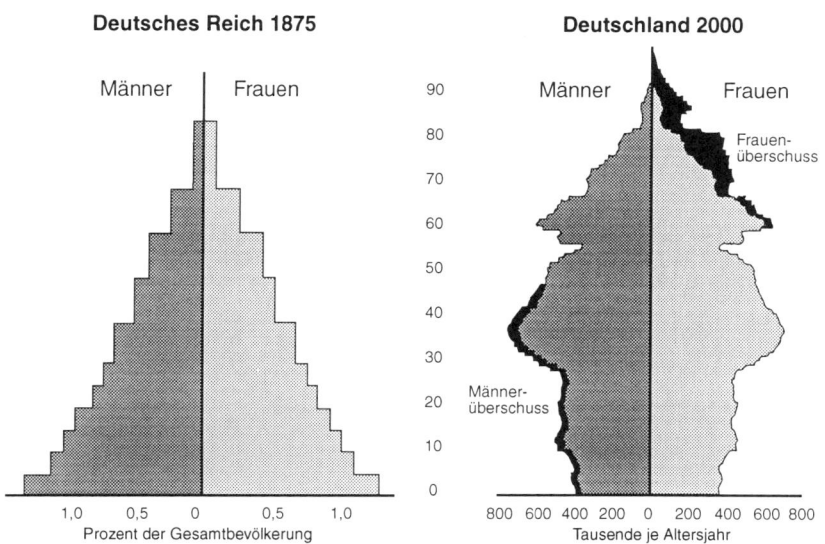

Quellen: Statistisches Bundesamt, Homepage (http://www.destatis.de/basis/d/bevoe/bevoegra2.htm), 2003; Kaiserliches Statistisches Amt: *Statistisches Jahrbuch für das Deutsches Reich 1878*

Abbildung 7: Altersquotient in ausgesuchten OECD-Ländern: eine Perspektive von 100 Jahren

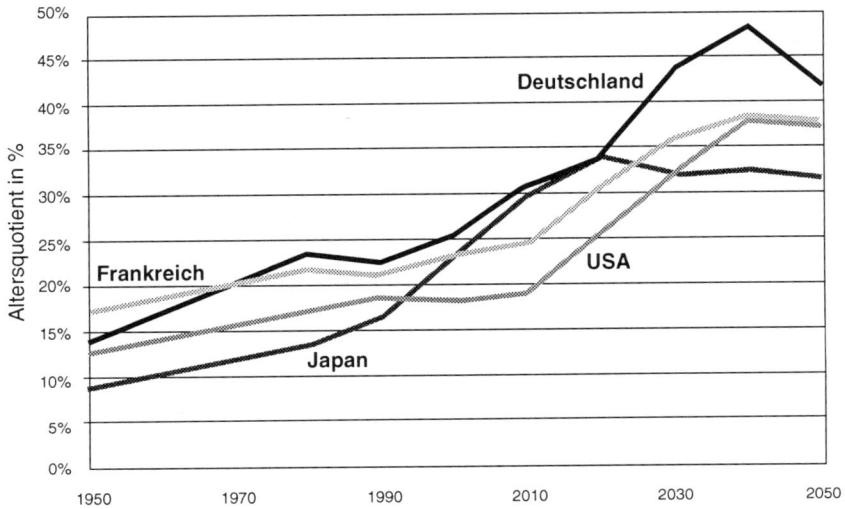

Altersquotient definiert als Verhältnis der über 64-jährigen Bevölkerung zu den 15–64-Jährigen.
Quelle: OECD: *Reforming Public Pensions*, OECD Social Policy Studies No. 5, Paris 1988, S. 35, Chart 3.2

Abbildung 7 zeigt einen internationalen Vergleich einer wichtigen Kennziffer der Alterspyramide, nämlich des sogenannten Altersquotienten. Der Altersquotient misst hier die Zahl der über 64-Jährigen in Relation zu den Menschen im Alter von 15 bis 64 Jahren. Die dargestellten Kurven bieten einen Ländervergleich für ein volles Jahrhundert, von 1950 bis 2050. Man sieht, dass der Altersquotient in allen verglichenen Ländern deutlich ansteigt, dass aber Deutschland sowohl beim Anstiegswinkel als auch beim Niveau des Altersquotienten eine Extremposition einnimmt. Selbst in Japan, wo die Fertilität schon früh zurückging, steigt der Altersquotient nicht auf ähnlich hohe Werte wie in Deutschland. Deutschland vergreist wegen seiner Kinderarmut schneller und nachhaltiger als fast alle anderen Länder.

2. Die Folgen der demographischen Krise

Unter den Folgen der demographischen Krise stehen jene für die umlagefinanzierte Rentenversicherung im Zentrum, denn mit dem Anstieg des Altersquotienten steigt die Zahl der Rentner, die von den jungen, arbeitsfähigen Menschen versorgt werden müssen, und das bedeutet entweder einen Anstieg des Beitragssatzes oder eine Senkung des Rentenniveaus. Die schon etwas älteren Berechnungen der

OECD, die in Abbildung 7 dargestellt sind, zeigen für Deutschland innerhalb von 100 Jahren eine Verdreifachung, und für die Zeit von 2000 bis etwa 2040 noch knapp eine Verdoppelung des Altersquotienten. Dabei wurde aber der Anstieg des Altersquotienten eher unterschätzt. Die jüngsten Berechnungen des deutschen Statistischen Bundesamtes lassen sogar schon in der Zeitspanne von 2000 bis 2035, dem Jahr, in dem nach heutigen Erkenntnissen die demographische Krise kulminieren wird, mehr als eine Verdoppelung des Altersquotienten erwarten, und dies, obwohl in der zentralen Variante (Variante 2) eine erhebliche Zuwanderung von 200.000 Personen pro Jahr unterstellt wird.[3]

Man muss kein formelles Rentenmodell berechnen, um zu erkennen, dass eine solche Verdoppelung entweder eine Verdoppelung des Beitragssatzes zur Rentenversicherung von jetzt etwa 20 % auf 40 % oder eine Halbierung der Renten relativ zu den Bruttolöhnen bedeuten wird. Innerhalb dieses Spektrums kann sich die Politik einen Punkt aussuchen, aber die fundamentale Verknappung der Beitragszahler, ja die krisenhafte Zuspitzung der Rentensituation, kann sie nicht verhindern.

Abbildung 8: Beitragssatz in der deutschen Rentenversicherung 1957–2050

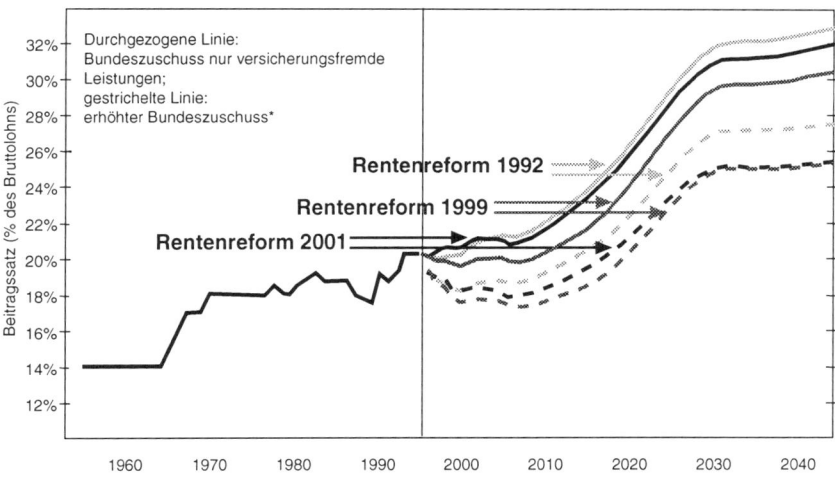

* nach derzeitiger Gesetzeslage.
Quelle: 1957–2000: Verband Deutscher Rentenversicherungsträger: *Rentenversicherung in Zeitreihen*, DRV-Schriften Bd. 22, Frankfurt/Main Juli 2002;
2001–2050: CESifo-Projektionen, München, Stand Herbst 2001

---

3   Vgl. Statistisches Bundesamt: *9. koordinierte Bevölkerungsvorausschätzung*, Wiesbaden 2000

Abbildung 8 zeigt das Ergebnis verschiedener Detailrechnungen zur Entwicklung des Beitragssatzes, die dazu mit dem CESifo-Rentenmodell durchgeführt wurden.[4] Dabei werden einerseits die Reformen der Jahre 1992, 1999 und 2001 berücksichtigt, mit denen die Renten in verschiedenen Stufen abgesenkt wurden. Andererseits werden alternativ auch die versteckten Lasten, die aus einem steigenden Bundeszuschuss resultieren und durch Steuern finanziert werden müssen, mit ausgewiesen. Man sieht, dass die inzwischen schon wieder revidierte Reform von 1992 für das kritische Jahr 2035 eine Beitrags- und Steuerbelastung von etwa 32 % impliziert. Die Einführung der sogenannten Nettolohnanpassung hatte gegenüber dem andernfalls zu erwartenden Belastungswert von 40 % somit bereits eine erhebliche Absenkung zur Folge. Die neuesten Reformen einschließlich der sogenannten Riester-Reform des Jahres 2001 haben demgegenüber nur noch geringe Änderungen gebracht. In der Spitze wird danach der kombinierte Beitrags- und Steuersatz bis zur Mitte der dreißiger Jahre auf 30 % steigen. Rechnet man den Effekt des steigenden Bundeszuschusses heraus, so kommt zwar beim Beitragssatz eine scheinbar mäßige Belastung von etwa 25 % heraus, aber wegen der fehlenden Berücksichtigung der Belastung aus dem wachsenden Bundeszuschuss würde eine solche Zahl nur die tatsächlichen Verhältnisse verschleiern. 30 % Gesamtbelastung ist mehr, als der Arbeitsmarkt verkraften kann, zumal ja zunehmende Lasten aus der Pflegeversicherung und der Krankenversicherung hinzu kommen. Die Gesamtbelastung mit allen Sozialversicherungsabgaben liegt nach einer Projektion des ifo Instituts im Jahr 2035 bei 62,5 %.[5] Sie spaltet sich auf in 30 Prozentpunkte für die Rentenversicherung, 23 Prozentpunkte für die Gesetzliche Krankenversicherung, 3 Prozentpunkte für die Pflegeversicherung und 6,5 Prozentpunkte für die Arbeitslosenversicherung.

Die Erhöhung des Bundeszuschusses zur Rentenversicherung ist ein optischer Trick zur Geringrechnung der Belastung, aber keine Lösung, weil auch ein solcher Zuschuss durch Steuern finanziert werden muss, die von den Arbeitenden zu entrichten sind. Versuche, neben den Lohneinkommen die Kapitaleinkommen zur Finanzierung der Renten (Stichwort: Wertschöpfungsabgabe) heranzuziehen, werden scheitern, weil die internationale Kapitalmobilität die wirksame Besteuerung des Kapitals verhindert.

Auch führen Ansätze, die darauf hinauslaufen, die Beamten beitragspflichtig zu machen, nicht weiter. Einerseits ist der Anteil der Beamten mit nur 6 % an der Gesamtzahl der Erwerbstätigen viel zu gering, als dass die Einbeziehung der Beamten eine nennenswerte Linderung bringen könnte,[6] andererseits entsteht inso-

---

4   Mit Hilfe dieses Rentenmodells wurden seinerzeit auch die Berechnungen für das Gutachten des wissenschaftlichen Beirats beim Bundesministerium für Wirtschaft (Wissenschaftlicher Beirat beim BMWi: *Grundlegende Reform der gesetzlichen Rentenversicherung*, Gutachten, Bonn 1998) durchgeführt, das eine vierprozentige Ersparnis für eine Teilkapitaldeckung der Rentenversicherung empfahl und schließlich in der sogenannten „Riester-Rente" mündete.

5   R. Koll: *Die Entwicklung der Staatsquote in Deutschland bis 2050*, Mimeo, ifo Institut für Wirtschaftsforschung: München 2001

6   Vgl. Statistisches Bundesamt: *Mikrozensus 2000*, Wiesbaden 2001

fern ein Gerechtigkeits- und Anreizproblem für die Funktionsfähigkeit des staatlichen Sektors, als die Beamtengehälter ja wegen des Umstands, dass keine Pensionsbeiträge abgezogen wurden, von vornherein entsprechend niedriger taxiert sind. Der Wettbewerb auf dem Arbeitsmarkt, an dem sich auch der Staat beteiligt hat, hat eine gleichgewichtige Nettolohnstruktur zwischen Beamten und privat Beschäftigten hervorgebracht, die man nicht durcheinander bringen sollte, zumal der öffentliche Sektor wegen der in den letzten Jahren gegenüber dem privaten Sektor zurückgebliebenen Lohnsteigerung ohnehin schon Schwierigkeiten hat, fähiges Personal zu akquirieren. Auf die fehlenden Rentenbeiträge zu verweisen, ist vordergründig.

Die wirklichen Lösungsansätze für Deutschlands demographische Krise liegen nicht in immer neuen Einfällen zur Umverteilung von Einkommen innerhalb einer Generation, sondern bei der Kapitaldeckung und bei Maßnahmen zur Anhebung der Geburtenraten, doch dazu später mehr.

Die problematischen Folgen der demographischen Krise beschränken sich nicht auf das Rentensystem. Auch die geistige und wirtschaftliche Dynamik Deutschlands wird erlahmen. Nach einer Untersuchung von Guilford aus dem Jahre 1967 erreichen Wissenschaftler im Durchschnitt aller Disziplinen im Alter von circa 35 Jahren ein Maximum ihrer Leistungskraft.[7] Schon heute liegen die geburtenstärksten Jahrgänge in Deutschland mit einem Lebensalter von etwa vierzig Jahren deutlich über diesem Wert. Diese Jahrgänge werden Deutschland noch ein paar Jahre Dynamik bringen, doch nach einem weiteren Jahrzehnt sind die heute Vierzigjährigen fünfzig Jahre alt. Mit Fünfzig reißt man keine Bäume mehr aus, sondern beginnt, sich auf das Ausscheiden aus dem Erwerbsleben vorzubereiten.

Manchmal wird vermutet, die altersbedingte Verringerung der Erwerbstätigkeit sei ein Vorteil für den Arbeitsmarkt, weil so die Arbeitslosenquote gesenkt werden könne. Diese Vermutung ist freilich irrig. Sie entspringt aus einer allzu primitiven mechanischen Sichtweise des Wirtschaftsgeschehens und übersieht, dass die Alterung nicht nur Arbeitnehmer, sondern auch Arbeitgeber aus dem Arbeitsmarkt eliminiert. Zu beachten ist nämlich, dass neue Unternehmen, die neue Arbeitsplätze schaffen, von jungen Leuten gegründet werden. Das durchschnittliche Alter der Unternehmensgründer liegt in Deutschland bei 34–35 Jahren, es fällt also mit dem Alter der maximalen wissenschaftlichen Leistungsfähigkeit zusammen.[8] Da die am dichtesten besetzten Altersklassen älter als 35 Jahre sind, ist als Ergebnis einer weiteren Alterung der deutschen Bevölkerung nicht eine Verminderung der Arbeitslosigkeit, sondern ganz im Gegenteil eine Verschärfung des ohne-

7 Vgl. F.E. Weinert: *Wissen und Denken – Über die unterschätzte Bedeutung des Gedächtnisses für das menschliche Denken*, Jahrbuch 1996 der Bayerischen Akademie der Wissenschaften, München 1997, S. 98, bzw. J. P. Guilford: *The Nature of Human Intelligence*, Mc Graw-Hill: New York 1967, und H.C. Lehmann: *Age and Achievement*, Princeton University Press: Princeton 1953
8 Vgl. J. Brüderl, P. Preisendörfer und R. Ziegler: *Der Erfolg neugegründeter Betriebe*, Duncker & Humblot: Berlin 1996

hin schon bestehenden Mangels an Unternehmern und Arbeitsplätzen zu befürchten. Dass ein Land von Greisen eine geringere Arbeitslosigkeit als ein Land von jungen, arbeitsfähigen Menschen aufweisen würde, ist eine absurde und naive Vorstellung.

Die Alterung der deutschen Bevölkerung wird die Innovationskraft des Landes, von der seine internationale Wettbewerbsfähigkeit maßgeblich abhängt, weiter verringern. Deutschland hat im internationalen Vergleich immer noch eine sehr gute Position bei den Patentanmeldungen, doch ist das Wachstum der Zahl der Patentanmeldungen, wie Abbildung 9 zeigt, schon seit den achtziger Jahren des letzten Jahrhunderts weit hinter den USA zurückgeblieben, die in dieser Hinsicht eine besonders bemerkenswerte Entwicklung hatten. Während Amerikaner 1980 doppelt so viele Patente in ihrem Heimatland anmeldeten wie die Deutschen in dem ihren, sind es heute drei Mal so viele. Allerdings ist die Zahl der deutschen Patente angesichts der vergleichsweise geringen Größe Deutschlands immer noch hoch.

Abbildung 9: Patentanmeldungen inländischer Herkunft – ein Vergleich zwischen USA und Deutschland

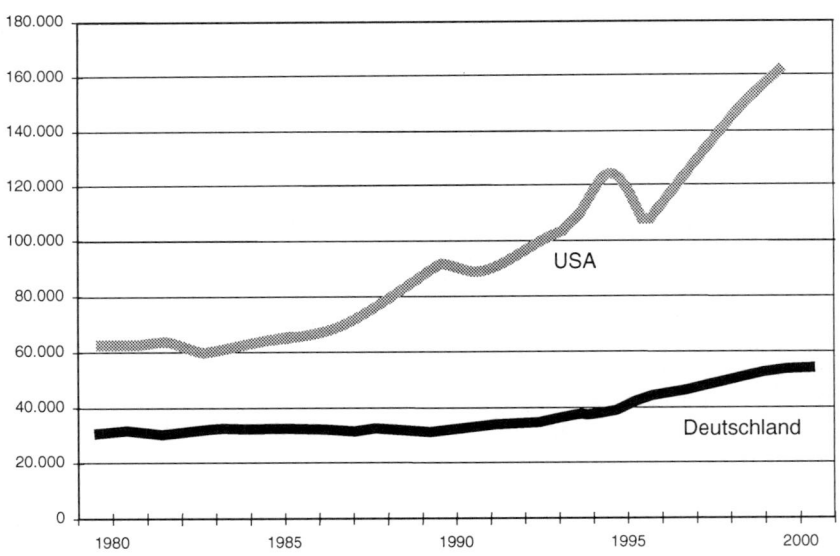

Quelle: Deutsches Patent- und Markenamt, München, auf Anfrage 2002.

Die Investoren nehmen die demographischen Probleme vorweg und halten sich schon heute zurück. Auch die Aktienmärkte, die sehr stark von den langfristigen Gewinnerwartungen der Anleger geprägt sind, antizipieren die zu erwartende Entwicklung schon heute. Vielleicht ist der allgemeine Attentismus der Investoren und der im internationalen Vergleich starke Verfall der deutschen Aktienkurse bereits auf diesen Effekt zurückzuführen. Nur die Aktien von Altersheimen werden von dieser Entwicklung ausgenommen sein. Sie werden sich durch wachsende Kurse nach obenhin vom allgemeinen Trend abheben, denn in den Altersheimen liegt die Zukunft des Landes.

Deutschland verwandelt sich unter dem Einfluss der demographischen Probleme allmählich in eine Gerontokratie, in der die Alten das Sagen haben. Schon heute kann es keine Partei wagen, gegen die Interessen der Rentner zu agieren. Als die Riester-Reform durch den Bundestag gebracht wurde, wurde die SPD links von der CDU/CSU überholt und gezwungen, auf die Absenkung des Rentenniveaus und der Beiträge zu verzichten. Dieser Trend wird sich in der Zukunft verfestigen. Abbildung 10 zeigt, wie sich die strategischen Mehrheiten in der wahlberechtigten deutschen Bevölkerung in den nächsten Jahrzehnten entwickeln werden. Die Kurve des Medianalters der Wähler gibt jenes Lebensalter an, das die Gruppe der nach dem Alter aufgelisteten Wahlberechtigten in zwei gleich große Gruppen aufspaltet. In der Demokratie kann keine Entscheidung gegen die Interessen des Medianwählers durchgeführt werden, weil sie keine Mehrheiten fände, und die Parteien werden ungeachtet ihrer ideologischen Vorprägung stets bestrebt sein, Programme zu entwickeln, die den Präferenzen des Medianwählers möglichst nahe kommen. Heute ist der deutsche Medianwähler 47 Jahre alt, doch in zwanzig Jahren wird er bereits 54 Jahre alt sein. Dies wird eine signifikante Veränderung der Politik erzwingen.

Abbildung 10: Wann kippt Deutschland um?

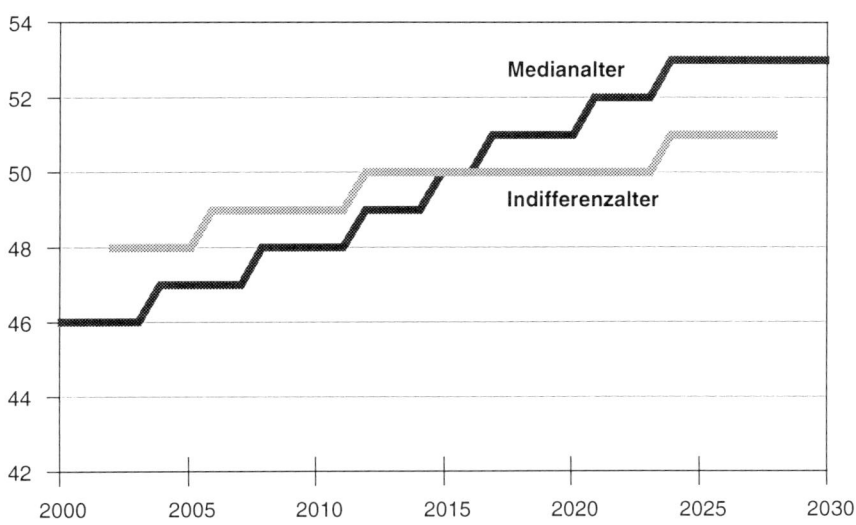

Quelle: H.-W. Sinn und S. Übelmesser: *Pensions and the Path to Gerontocracy in Germany*, European Journal of Political Economy 19, 2002, S. 153–158

Die als „Indifferenzalter" bezeichnete Kurve in der Abbildung bezieht sich auf eine parallele Renten- und Beitragskürzung, etwa von der Art, wie sie mit der Riester-Reform versucht und auch partiell vorgenommen wurde. Versicherungsmathematisch gesehen benachteiligt eine solche Reform die Rentner und die älteren Erwerbstätigen, die dem Rentenalter bereits nahe sind. Sie entlastet jedoch jüngere Versicherte, weil die Senkung der Beitragssätze für sie barwertmäßig einen größeren Vorteil bedeutet als die Kürzung ihrer eigenen Renten an Nachteilen mit sich bringt. Das Indifferenzalter ist jenes Lebensalter, in dem Vor- und Nachteile sich bezüglich der erwarteten Barwerte rechnerisch gerade aufheben. Liegt das Indifferenzalter über dem Medianalter, dann profitiert die Mehrheit der Wahlberechtigten von einer Reform à la Riester. Liegt es darunter, dann profitiert eine Mehrheit von einer weiteren Ausdehnung des umlagefinanzierten Rentensystems, also vom Gegenteil der Riester-Reform. Nach dem in der Abbildung dargestellten Ergebnis ist eine strategische Mehrheit für Rentenreformen vom Riester-Typ nur noch bis etwa 2015 gesichert. Danach sind solche Reformen kaum noch durchsetzbar. Dann kippt das politische System Deutschlands um.

3. Die ökonomischen Ursachen der demographischen Krise

Die demographische Krise Deutschlands ist das Ergebnis eines allgemeinen Wandels in den Einstellungen der Menschen zur Ehe, zu Kindern, zur Rolle der Frau und zu anderen Aspekten des Lebens, die ebenfalls Rückwirkungen auf die Kinderzahl haben. Der Wandel dieser Einstellungen ist freilich nicht gottgegeben und auch nicht nur auf die Zufälligkeiten kulturgeschichtlicher Entwicklungen zurückzuführen, sondern hat großenteils handfeste ökonomische Ursachen. Der Marxsche Leitspruch, dass das Sein das Bewusstsein bestimme, gilt sicherlich auch für den Wandel der Einstellungen zu Kindern und Familie.

3.1 Ökonomische Fertilitätsanreize:
der Beitritt des Saarlandes und der neuen Bundesländer

Wie stark die Fertilitätsentscheidung von ökonomischen Anreizen bestimmt wird, zeigt ein Blick auf die Geburtenentwicklung in der DDR nach der Einführung eines umfangreichen Programms zur Erhöhung der Fertilitätsanreize im Jahr 1972, das von einer Stärkung der Rechte der Mütter am Arbeitsplatz über ein breites Angebot an Betreuungseinrichtungen für Kinder ab dem Krippenalter und einer Erhöhung der finanziellen Beihilfen für junge Familien bis zur besseren Wohnraumversorgung für Familien mit Kindern reichte.[9] Wie Abbildung 11 darlegt, hatte dieses Programm eine durchschlagende Wirkung. Während die Fertili-

---

9   Vgl. H. Lampert: *Priorität für die Familie. Plädoyer für eine nationale Familienpolitik*, Duncker & Humblot: Berlin 1996, S. 200–206.

tätsentwicklung in West- und Ostdeutschland bis etwa 1972 sehr ähnlich verlief, zeigt sich für die DDR nach dem Beginn des Programms ein sehr deutlicher Anstieg der Geburtenrate.

Ein ähnliches Indiz liefert der Beitritt des Saarlandes zur Bundesrepublik Deutschland im Jahr 1957, das nach dem Krieg zunächst unter französischer Verwaltung stand. Während die Geburtenrate des Saarlandes bis zu diesem Zeitpunkt auf dem vergleichsweise hohen französischen Niveau lag, fiel sie nach dem Beitritt zur Bundesrepublik deutlich ab und näherte sich dem bundesrepublikanischen Durchschnitt in den Folgejahren mehr und mehr an. Abbildung 12 erläutert diesen Sachverhalt.

Die Ursache für diese Entwicklung kann darin gesehen werden, dass das umfangreiche französische Förderprogramm für Familien mit Kindern mit dem Beitritt durch die vergleichsweise mageren fiskalischen Anreize ersetzt worden war, die der westdeutsche Staat anbot. Noch heute ist die französische Familienpolitik sehr viel umfangreicher und großzügiger als die Deutsche mit der Folge, dass die Fertilitätsrate dieses Landes im Jahr 2001 mit 1,9 immer noch weit über der deutschen Fertilitätsrate von 1,3 liegt.[10]

Abbildung 11: Fertilitätsraten in Deutschland seit 1950

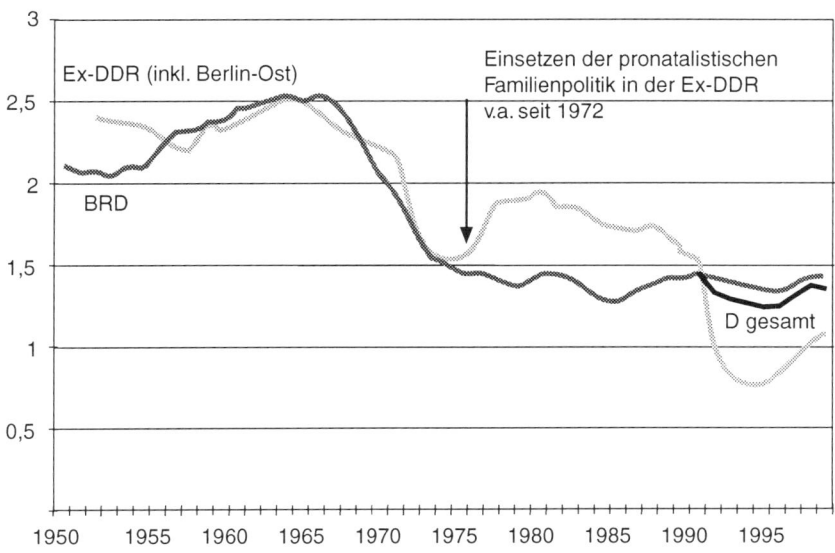

Fertilitätsrate definiert als durchschnittliche Geburten pro Frau.
Quelle: Statistisches Bundesamt: *Fachserie 1, R 1*, Wiesbaden 1998

---

10 Vgl. Eurostat: *Statistik kurz gefasst*, Nr. 17, 2002, S. 5 (vorläufige Schätzung)

Es ist übrigens bemerkenswert, dass sowohl die Geburtenrate des Saarlandes als auch die der neuen Bundesländer nach dem Beitritt zur Bundesrepublik zunächst sehr deutlich unter das bundesrepublikanische Niveau fielen. Das mag daran gelegen haben, dass der Regimewechsel bei den Betroffenen ein stärkeres Problembewusstsein geschaffen und insofern eine besonders starke Änderung des Reproduktionsverhaltens hervorgerufen hat.

Abbildung 12: Geburtenentwicklung in Saarland nach dem Beitritt zur Bundesrepublik

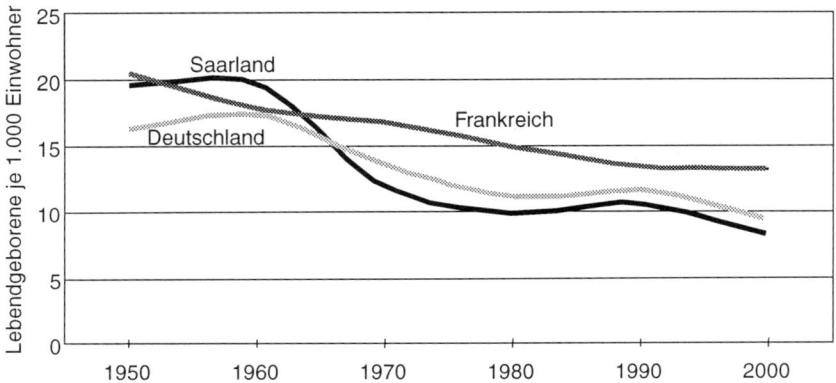

Quelle: Statistisches Bundesamt: *Statistisches Jahrbuch 2001 für das Ausland*, Wiesbaden, S. 195f., Statistisches Landesamt Saarland auf Anfrage, 2003.

3.2 Das Beispiel Frankreich

Es ist nicht einfach, die Unterschiede zwischen den Fördersystemen Frankreichs und Deutschlands zu objektivieren. Hervorzuheben ist jedoch neben der sehr viel bessere Versorgung mit Kindergärten und Kinderkrippen sowie der Ganztagsschule ganz allgemein der Umstand, dass in Frankreich ein anderes Grundverständnis bezüglich der Leistungsfähigkeit der Familien mit Kindern vorzuliegen scheint. Dieses Grundverständnis hat z.B. dazu geführt, dass die Kinder einer Familie in das Splitting-System der Einkommensteuer (quotient familial) einbezogen werden, ähnlich wie es in Deutschland bei Ehepartnern der Fall ist. Die in der deutschen Politik vorherrschende Vorstellung ist, dass die steuerliche Leistungsfähigkeit von der Kinderzahl unabhängig sei und dass der Staat die Kindererziehung mit festen, für alle gleichen Geldbeträgen bezuschussen solle. In Frankreich herrscht stattdessen die Meinung vor, dass Kinder die steuerliche Leistungsfähigkeit einer Familie reduzieren und deshalb durch einen Abzug von Freibeträgen und eine Absenkung der Progression des Einkommensteuertarifs Berücksichtigung finden sollten. Dort argumentiert man, das deutsche System sei ungerecht, weil es Familien mit gleicher Leistungsfähigkeit unterschiedlich stark besteuere, und zwar umso mehr, je höher die Zahl der Kinder sei. Die Unterschiede hätten zur Folge, dass sich in Deutschland die fiskalischen Anreize, Kinder in die Welt zu setzen, bei den ärmeren Familien bis hin in den Bereich der Asozialität konzentrierten, während sie in Frankreich auch bei mittleren und höheren Einkommensschichten erheblich seien. Der französische Weg sei insofern vorzuziehen, als er dazu führe, dass Kinder insbesondere auch in den sozial intakten Familien der Mittelschicht auf die Welt kommen und groß gezogen werden. Das führe zu einer besseren Ausbildung der Kinder und sorge beim Erbgang sozusagen automatisch, ohne staatliche Eingriffe, für eine gleichmäßigere Vermögensverteilung.

Das französische Kindersplitting greift insbesondere beim dritten Kind mit voller Kraft, weil erst dieses Kind mit vollem Gewicht in den entsprechenden Steuerformeln berücksichtigt wird.[11] Dies könnte einer der Gründe für den messbaren Erfolg der französischen Familienpolitik sein, denn viele Familien, die sich prinzipiell für Kinder entschieden haben, planen aus eigenem Antrieb bereits, zwei Kinder zu haben. Der finanzielle Anreiz für das dritte Kind führt zu einer signifikanten Verhaltensänderung und relativ starken Effekten auf die Geburtenziffern.

Berechnungen des ifo Instituts zeigen, dass in Frankreich die staatliche Entlastung durch das Kindergeld und durch Steuerersparnisse beim dritten Kind prozentual gesehen deutlich größer als in Deutschland ist. Ein französisches Ehepaar mit drei Kindern und einem Einkommensbezieher, der den Durchschnittslohn eines Industriearbeiters bekommt, hat ein um 9,1 % höheres Familieneinkommen als eine Familie mit zwei Kindern und dem gleichen Bruttoeinkommen. Für Deutschland beträgt der entsprechende Einkommenszuwachs nur 6,5 %. Erzielt auch der zweite Ehepartner ein Arbeitseinkommen in Höhe von einem Drittel des Durchschnitts, so beträgt die zusätzliche Entlastung für das dritte Kind in Frankreich 7,5 % und in Deutschland 5,9 %. Die Wirkung des Kindersplitting zeigt sich insbesondere auch daran, dass, falls das Arbeitseinkommen des zweiten Ehepartners zwei Drittel des Durchschnitts beträgt, die zusätzliche Entlastung in Frankreich 7,7 %, in Deutschland dagegen nur noch 4,8 % ausmacht. Gerade auch dann, wenn die Ehefrauen berufstätig sind, werden die Familien in Frankreich viel stärker entlastet, wenn sie sich für das dritte Kind entscheiden, als das in Deutschland der Fall ist.

3.3 Kindergärten und Ganztagsschulen

Im Vergleich zu Frankreich und anderen Ländern steht Deutschland auch bei den Sachleistungen zurück. Abbildung 13 vergleicht die Unterbringung von Kindern in Kindergärten. Das Land, das den Kindergarten erfunden und als eine Institution

---

11 Das erste und zweite Kind werden jeweils mit dem halben Gewicht, das dritte mit dem ganzen Gewicht bei der Splitting-Formel berücksichtigt.

mitsamt ihres Namens in alle Welt exportiert hat, liegt bei der Versorgung mit Kindergartenplätzen weit hinter vergleichbaren Ländern.

Ähnlich ist die Situation bei den Ganztagsschulen. Es gibt kaum noch Länder mit Halbtagsschulen, wie sie in Deutschland üblich sind. Die Ganztagsschule ist in den meisten OECD-Ländern die Regel. Wegen der fehlenden Ganztagsschulen werden in Deutschland junge Frauen vor die schwierige Entscheidung gestellt, entweder ihren Beruf auszuüben oder Kinder großzuziehen. Der Übergang zu Ganztagsschulen würde diesen Konflikt deutlich entschärfen, den Einkommensverzicht, der mit der Kindererziehung verbunden ist, verringern und die Geburtenraten erhöhen.

Die Wirkung von Kindergärten und Ganztagsschulen auf die Kinderhäufigkeit resultiert aus dem Umstand, dass ohne diese Einrichtungen die Frauen gezwungen sind, ihre Berufstätigkeit stark zurückzunehmen und vor die Alternative Karriere oder Kinder gestellt werden, wobei die Entscheidung zunehmend zugunsten der Karriere ausfällt. Das Fehlen von Kindergärten und Ganztagsschulen bedeutet einen erheblichen Einkommensverzicht der Frauen, wenn sie sich für Kinder entscheiden. Dieser Einkommensverzicht stellt vermutlich den größten Teil der Kosten der Kindererziehung dar und erklärt die internationalen Unterschiede in den Fertilitätsraten vermutlich in hohem Umfang.

Abbildung 13: Unterbringung in Kindergärten (Anteil Kinder zwischen 3 Jahren und Einschulung an gesamter Altersgruppe, ausgewählte Länder)

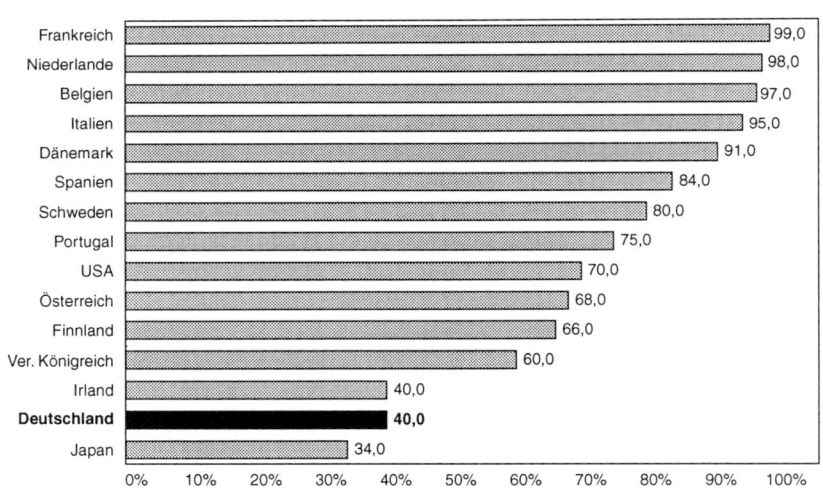

Werte von 1998/1999; berücksichtigt sind staatliche und private Einrichtungen;
Vereinigtes Königreich: Kinder zwischen 0–4 Jahre.
Quelle: Anhang zu OECD: *Society at a Glance – OECD Social Indicators*, Paris 2001

3.4 Die Löhne der Frauen

Dies gilt umso mehr, als die Lohneinkommen der Frauen relativ zu den Lohneinkommen der Männer in der Nachkriegszeit erheblich gestiegen sind. Abbildung 14
gibt einen Überblick über die Entwicklung in Deutschland.

Man sieht z.B., dass die Gehälter vollzeitbeschäftigter weiblicher Angestellter,
die noch im Jahre 1960 bei 55 % der Gehälter ihrer männlichen Kollegen lagen,
inzwischen auf über siebzig Prozent angestiegen sind.

Höhere Löhne für die Frauen bedeuten höhere Opportunitätskosten für die
Kindererziehung, und insofern kann in ihnen ein Grund für die im Zeitverlauf sinkenden Geburtenraten gesehen werden. Wie wichtig dieser Effekt für sich genommen ist, ist aber umstritten. Immerhin ist es bemerkenswert, dass die Geburtenraten in Frankreich höher als in Deutschland sind, obwohl dort die Relation von
Frauen- und Männerlöhnen höher als in Deutschland zu sein scheint. Eher ist zu
vermuten, dass die gestiegenen Einkommen der Frauen indirekt wirken, indem sie
den Effekt fehlender Kindergärten und Ganztagsschulen verstärken. Je höher die
Lohneinkommen der Frauen sind, desto größer ist der Anreiz, beim Fehlen solcher
Einrichtungen auf Kinder zu verzichten.

Abbildung 14: Lohnentwicklung bei Frauen

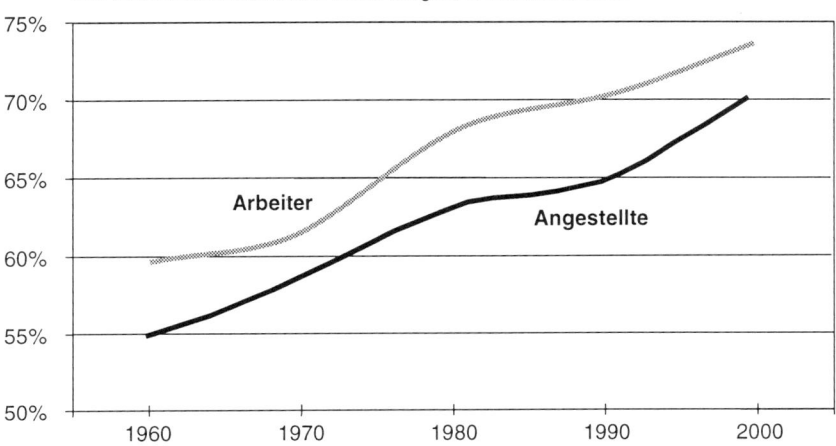

Durchschnittlicher Bruttomonatsverdienst vollzeitbeschäftigter Frauen in Prozent
des Verdienstes männlicher Beschäftigter, Westdeutschland

Betrachtet werden vollzeitbeschäftigte Arbeiter/-innen und Angestellte in Westdeutschland im Produ-
zierenden Gewerbe, Handel, Kredit- und Versicherungsgewerbe.
Quelle: Statistisches Bundesamt: Homepage (http://www.destatis.de/presse/deutsch/sach/pm04.htm;
dort: Verdienstunterschiede zwischen Frauen und Männern, Pressemitteilung vom 11. Juli 2002),
2003

3.5 Auch die Rentenversicherung gehört zu den Ursachen

Unter den ökonomischen Ursachen der Kinderlosigkeit der Deutschen ist die Rentenversicherung besonders hervorzuheben. Die Rentenversicherung leidet nicht nur unter den Folgen der demographischen Krise, sondern hat diese Folgen selbst mit hervorgebracht. Die Rentenversicherung nach dem Umlageverfahren ist eine Versicherung gegen Kinderlosigkeit und die daraus entstehende Altersarmut. Auch wenn man selbst keine Kinder haben kann, muss man im Alter nicht darben, weil man von den Kindern anderer Leute ernährt wird. Der gegenseitige Versicherungsschutz ist ein großer Vorteil für alle Beteiligten. Problematisch ist aber, dass diese Versicherung gegen Kinderlosigkeit die ökonomischen Gründe für den Kinderwunsch aus der Familienplanung ausblendet, indem sie die Leistungen der Kinder an die vorangehende Generation fast vollständig sozialisiert.

Nicht nur in den Entwicklungsländern haben Menschen Kinder, um sich vor Altersarmut zu schützen. Vor der Einführung der Rentenversicherung durch Bismarck war es auch in Deutschland üblich, Kinder zu bekommen, um den eigenen Alterskonsum sicherzustellen.

Dieses Motiv entfällt heute in Deutschland. Auf eigene Kinder kommt es bei der Versorgung im Alter nicht mehr an. Es reicht, wenn andere Leute Kinder in die Welt setzen, die später die Rente zahlen. Ob man selbst Kinder hat oder nicht, die eigene materielle Versorgung im Alter wird davon kaum berührt, und deshalb ist eines der wichtigsten Motive für den Kinderwunsch erloschen. Kaum ein junges Paar verbindet den Kinderwunsch heute mehr mit der Frage, wie der eigene Lebensabend zu sichern ist.

Der fehlende Zusammenhang zwischen Kinderwunsch und Rententhema in den Köpfen der Menschen zeigt in aller Deutlichkeit, auf welch dramatische Weise das staatliche Rentensystem auf die gesellschaftlichen Normen Einfluss genommen hat.

Es ist kein Zufall, dass Deutschland, welches als erstes Land eine umfassende staatliche Rentenversicherung eingeführt hat, heute zu den Ländern mit der niedrigsten Geburtenrate gehört. Generationen von Deutschen haben seit 1889 die Erfahrung gemacht, dass man auch ohne eigene Kinder im Alter zurecht kommt, und so haben sich auf dem Wege der Nachahmung von Generation zu Generation neue Lebensmuster verbreitet, die an die neuen institutionellen Verhältnisse angepasst sind. Das Single-Dasein ist zu einem attraktiven Lebensmuster geworden, und die Zahl der jungen Paare, die zumindest vorläufig keine Kinder haben wollen und auch die Heirat noch nicht einplanen, hat dramatisch zugenommen.

Früher erwuchs aus der Kinderlosigkeit eine Bedrohung für das eigene Leben, die es unter allen Umständen zu vermeiden galt. Heute entsteht aus der Kinderlosigkeit ein massiver materieller Vorteil, den immer mehr Menschen für sich reklamieren. Der neue Golf und der Urlaub auf den Malediven können mit dem Geld finanziert werden, das bei der Kindererziehung eingespart wurde oder das die Frau hinzuverdienen konnte, weil sie sich statt für Kinder für eine Berufstätigkeit entschied. Gerade auch die untere Mittelschicht der Gesellschaft, die früher hohe Geburtenraten aufwies, hat in der Kinderlosigkeit einen Weg entdeckt, den materiellen Aufstieg zu schaffen.

Die Bedrohung, die aus der Kinderlosigkeit erwächst, ist zwar auch heute noch vorhanden, aber sie verlagert sich diffus auf das gesamte Gemeinwesen. Deutschland vergreist, die Dynamik des Landes lässt nach, der Sozialstaat gerät in die Krise, und dennoch hat der Einzelne kaum etwas davon, wenn er seinen Beitrag zur Verhinderung dieser Entwicklung leistet.

Der Zusammenhang zwischen Kinderlosigkeit und Rentenversicherung ist unter dem Stichwort „Social Security Hypothesis" in der Literatur ausgiebig diskutiert und dokumentiert worden. So haben Ehrlich und Chong sowie Ehrlich und Kim in Studien, die 57 Länder umfassten, nachweisen können, dass die Einführung und der Ausbau von umlagefinanzierter Rentensysteme im Zeitraum von 1960 bis 1992 einen signifikanten negativen Einfluss auf Familienbildung und Geburtenziffer haben.[12] Ähnliche Resultate finden Cigno und Rosati[13], wobei sie in einer neueren Studie aus dem Jahr 2000 speziell auch für Deutschland zu eindeutigen, die Hypothese bestätigenden Resultaten kommen.[14]

Wie groß die fiskalischen Fehlanreize, die über das Rentenversicherungssystem laufen, wirklich sind, lässt sich sehr deutlich ermessen, wenn man einmal fragt, welchen fiskalischen Beitrag ein neu geborenes Kind, das eine durchschnittliche Erwerbsbiographie aufweist und selbst wieder für eigene Nachkommen sorgt, für andere Mitglieder des Rentensystems leistet. Das Kind wird erwachsen, zahlt dann bis zum eigenen Rentenalter Beiträge und bezieht anschließend eine Rente, die freilich auf dem Wege der Beitragszahlung von den eigenen Nachkommen aufgebracht wird.

Wie vom Autor in einer früheren Studie ausgeführt wurde, lag der Barwert des fiskalischen Beitrags eines neu geborenen Kindes für das Rentensystem im Jahr 1997 bei knapp 90.000 Euro, und selbst wenn man die staatliche Hilfen für die

---

12 Vgl. I. Ehrlich und J.-G. Chong: *Social Security and the Real Economy: An Inquiry into Some Neglected Issues*, American Economic Review 88, 1998, S. 151–157, bzw. I. Ehrlich und J. Kim: *Social Security, Demographic Trends, and Economic Growth: Theory and Evidence from the International Experience*, SUNY Working Paper, Buffalo, mimeo, 2001

13 Vgl. A. Cigno und F.C. Rosati: *Jointly Determined Saving and Fertility Behaviour: Theory, and Estimates for Germany, Italy, UK and USA*, European Economic Review 40, 1996, S. 1561–1589, bzw. A. Cigno und F.C. Rosati: *Rise and Fall of the Japanese Saving Rate – the Role of Social Security and Intra-family Transfers*, Japan and the World Economy 9, 1997, S. 81–92
Hinsichtlich der Effekte umlagefinanzierter Renten auf die private Ersparnis kommen die Studien allerdings zu unterschiedlichen Resultaten: Während Ehrlich und Chong sowie Ehrlich und Kim (a.a.O. 1998, 2001) einen negativen Zusammenhang finden, ergibt sich bei Cigno und Rosati (a.a.O. 1996, 1997) – bei etwas anderer Spezifikation der relevanten Variablen – ein positiver Zusammenhang.

14 Vgl. A. Cigno, L. Casolaro und F.C. Rosati: *The Role of Social Security in Household Decisions: VAR Estimates of Saving and Fertility Behaviour in Germany*, CESifo Working Paper Nr. 394, 2000

Kindererziehung einschließlich der freien Schulausbildung abzieht, kam man in diesem Jahr immer noch auf einen Betrag von etwa 35.000 Euro.[15]

Dabei handelt es sich um eine äußerst vorsichtige Schätzung, die die wahren Verhältnisse insofern untertreibt, als von einer Konstanz des Beitragssatzes zur Rentenversicherung ausgegangen wird. Der Barwert von 90.000 Euro ist eine positive fiskalische Externalität, die Eltern, die sich für ein Kind entscheiden, für andere Gruppen der Gesellschaft außerhalb ihrer eigenen Nachkommenschaft ausüben. Er ist einer Kindersteuer gleichzusetzen, die der Staat den Eltern bei der Geburt ihres Kindes auferlegt, jedoch verbunden mit dem Verlangen einer marktüblichen Verzinsung stundet, bis das Kind erwachsen ist. Würde der Staat die Wirkung dieser Steuer durch eine entsprechende Transferleistung von 90.000 Euro zum Zeitpunkt der Geburt eines Kindes kompensieren, so würden, das wird jedermann auch ohne die entsprechenden ökonometrischen Untersuchungen einleuchten, sicherlich sehr viel mehr Kinder geboren.

4. Politikimplikationen

Was sind die Politikimplikationen aus diesen Erkenntnissen? Man kann die staatlichen Politikmaßnahmen, die als Reaktion auf die demographische Krise diskutiert werden, in passive und aktive Politikmaßnahmen unterteilen. Passive Maßnahmen versuchen, die Konsequenzen der Krise für die staatliche Rentenversicherung und den Arbeitsmarkt aufzufangen. Aktive Maßnahmen zielen auf die Erhöhung der Geburtenraten ab.

4.1 Die Erhöhung des Rentenalters

Zu den passiven Maßnahmen zählt die Erhöhung der Altersgrenze für das Rentenalter. Statt der Frühverrentung und der Altersteilzeit, die skrupellose Politiker sich ausgedacht haben, um temporär die Arbeitsmarktstatistiken zu schönen und die nächsten Wahlen überstehen zu können, müssen die Deutschen länger arbeiten, um den fehlenden Nachwuchs an jungen Menschen zu kompensieren. So war es schon immer in der Geschichte der Menschheit. Wer keine Kinder hatte, die ihn im

---

15 Unterstellt wurde: Aufnahme einer sozialversicherungspflichtigen Beschäftigung im Alter von 20 Jahren; Entwicklung des jährlichen Arbeitseinkommens über die Erwerbsphase hinweg nach einem durchschnittlichen Lohnprofil, das auf Mikrodatenbasis hergeleitet wurde; Berücksichtigung der durchschnittlichen Wahrscheinlichkeit vorzeitiger Invalidität ab dem 54. Lebensjahr, definitives Ausscheiden aus dem Berufsleben mit 65 Jahren; das durchschnittliche Lohneinkommen aller Versicherten wächst real um 1,5 % pro Jahr, es wird ein Kapitalmarktzins von real 4 % und ein Beitragssatz zur Sozialversicherung von 20 % unterstellt, vgl. H.-W. Sinn: *The Value of Children and Immigrants in a Pay-as-you-go Pension System*, ifo Studien 47, 2001, S. 77–94

Alter ernähren, musste weiterarbeiten, so lange es ging, und trotz der Kollektivierung der Rentenversicherung hat sich an diesem Zusammenhang nichts geändert.

Freilich muss das Rentenalter ganz erheblich ausgedehnt werden, um die demographischen Verwerfungen, die Deutschland bevorstehen, zu kompensieren. Nach Berechnungen der Vereinten Nationen müsste das formelle deutsche Rentenalter von 65 auf 77 Jahre ansteigen, wollte man die Renten in Relation zu den Bruttolöhnen im Jahr 2050 konstant auf dem Niveau von 1995 halten, was freilich jenseits des auf absehbare Zeit gültigen Akzeptanzbereichs für die Politik liegen dürfte.[16]

4.2 Einwanderung

Eine bequemere Alternative scheint deshalb in der Einwanderung von neuen Beitragszahlern zu liegen. In der Tat leisten Einwanderer wie Kinder einen positiven fiskalischen Beitrag für den Rest der Gesellschaft. Eine permanente Zuwanderung, bei der auch die Kinder und Kindeskinder der Einwanderer im Land bleiben, hilft der Rentenversicherung am meisten. Bei einer solchen Einwanderung kann man davon ausgehen, dass die gesamten Bruttobeiträge während des Arbeitslebens der Einwanderer als Nettobeitrag für das Fiskalsystem zu rechnen sind, weil ja die Rentenansprüche der Einwanderer von deren eigenen Kindern bedient werden. Nach einer überschlägigen Rechnung war Ende der neunziger Jahre bei einem zwanzigjährigen Einwanderer ein barwertmäßiger Vorteil in der Größenordnung von bis zu 175.000 Euro zu verzeichnen.[17] Freilich ist die Einwanderung meistens nicht permanent. Schon nach 10 Jahren vom Zeitpunkt der Einwanderung gerechnet sind mehr als die Hälfte der Einwanderer wieder in ihr Heimatland zurückgekehrt, und nach 25 Jahren sind es bis zu 75 %.[18] Eine solche temporäre Einwanderung führt zu wesentlich kleineren Vorteilen für das Rentensystem, weil die Rentenansprüche der Migranten trotz der Rückkehr in ihr Heimatland erhalten bleiben und nicht durch deren eigene Kinder, sondern durch das Kollektiv der deutschen Beitragszahler abgedeckt werden. Man kann bei einem Einwanderer, der mit zwanzig Jahren kommt, dann bis zum fünfundsechzigsten Lebensjahr arbeitet und keine Kinder im deutschen Rentensystem belässt, mit schätzungsweise nur etwa 40 % des genannten Betrages, also mit bis zu 70.000 Euro rechnen.

Ohne Zweifel ist die Einwanderung eine Stütze für das deutsche Rentensystem. Allerdings darf man nicht übersehen, dass die Einwanderer nicht nur das

---

16 United Nations, Department of Economic and Social Affairs, Population Division: *Replacement Migration: Is it a Solution to Declining and Ageing Populations?*, New York 2001, S. 42

17 Die unterstellten Prämissen bei der Berechnung des Wertes entsprechen denen bei der Berechnung des fiskalischen Beitrages eines Kindes (laut Fußnote 15 auf Seite 78). Die Erwerbsphase beginnt allerdings direkt nach der Einwanderung; vgl. H.-W. Sinn: *The Value of Children...*, a.a.O.

18 Vgl. H.-W. Sinn und M. Werding: *Zuwanderung nach der EU-Osterweiterung: Wo liegen die Probleme?*, ifo Schnelldienst, Nr. 8, 2001, S. 18–27

Rentensystem entlasten, sondern dem Staat an anderer Stelle zur Last fallen. Einwanderer profitieren von der Umverteilung zugunsten ärmerer Beitragszahler in der Krankenversicherung und von staatlichen Leistungen wie der Sozialhilfe, dem Arbeitslosengeld und der Arbeitslosenhilfe, die sie überdurchschnittlich in Anspruch zu nehmen pflegen. Außerdem steht ihnen, und das ist ein ganz erheblicher Effekt, die breite Palette unentgeltlich angebotener, aber kostenträchtiger staatlicher Leistungen zur Verfügung, die von der Benutzung von Straßen, Brücken, Parks und anderen Elementen der öffentlichen Infrastruktur bis hin zum Schutz des Rechtsstaates durch seine Richter und Polizisten reichen. Dafür zahlen sie zwar Steuern, doch reichen diese Steuern nicht aus, die verursachten fiskalischen Kosten zu tragen. Zuwanderer haben ein unterdurchschnittliches Einkommen und gehören deshalb zu denjenigen Bevölkerungsgruppen, die im Sozialstaat deutscher Prägung mehr Ressourcen vom Staat erhalten, als sie an ihn in Form von Steuern und Beiträgen abgeben müssen. Nach Berechnungen, die das ifo Institut im Jahr 2001 auf der Basis des sozioökonomischen Panel für die bisher nach Deutschland Zugewanderten angestellt hat, lag die fiskalische Nettolast, die Zuwanderer für den Staat verursachen, pro Kopf und Jahr im Durchschnitt der ersten zehn Jahre bei 2.300 Euro.[19] Dabei sind auch die Vorteile für die Rentenversicherung barwertmäßig bereits berücksichtigt worden. So gesehen verändert sich das Bild, das ein alleiniger Blick auf die Rentenversicherung liefert, erheblich.

Damit die Zuwandernden den alternden Sozialstaat tatsächlich entlasten oder zumindest nicht weiter belasten, müsste ihnen zumindest temporär ein Teil der sozialstaatlichen Leistungen verwehrt werden, was eine Lockerung des in der europäischen Rechtsprechung verankerten Inklusionsprinzips für Arbeitnehmer verlangt. Der wissenschaftliche Beirat beim Bundesministerium der Finanzen und das ifo Institut haben deshalb im Zusammenhang mit der bevorstehenden Osterweiterung und der EU-Regierungskonferenz des Jahres 2004, bei der über die neuen rechtlichen Grundlagen der EU einschließlich einer Verfassung beraten werden soll, vorgeschlagen, das EU-Recht in Richtung eines Prinzips der „verzögerten Integration" der Einwanderer in den Sozialstaat zu verändern.

Vermutlich wird dort aber eine ganz andere Entwicklung einsetzen, denn wenn, wie es offenbar einige Länder erwägen, eine EU-Staatsbürgerschaft eingeführt wird, dann wird das Inklusionsprinzip eher noch erweitert. Derzeit genießen nur einwandernde Arbeitnehmer den Schutz der Sozialgesetze des gastgebenden Landes. Wer nicht als Arbeitnehmer, sondern aus anderen Gründen einwandert, hat keinerlei Anspruch auf Sozialhilfe oder andere soziale Leistungen, ausgenommen den Krankenversicherungsschutz. Wird die europäische Staatsbürgerschaft eingeführt, so folgt zwingend, dass alle Zuwanderer in den Genuss sozialstaatli-

---

19 H.-W. Sinn, G. Flaig, M. Werding, S. Munz, N. Düll und H. Hofmann (in Zusammenarbeit mit dem Max-Planck-Institut für ausländisches und internationales Sozialrecht): *EU-Erweiterung und Arbeitskräftemigration: Wege zu einer schrittweisen Annäherung des Arbeitsmarktes*, Studie im Auftrag des Bundesministeriums für Arbeit und Sozialordnung, ifo Beiträge zur Wirtschaftsforschung, Band 2, ifo Institut: München 2001, S. 226 f.

cher Leistungen kommen, nicht nur die zuwandernden Arbeitnehmer. Die Zuwanderung ist unter diesen Verhältnissen kein Beitrag zur Lösung, sondern ein Beitrag zur Vergrößerung der Probleme des Sozialstaats.

Dass die Zuwanderung keine Lösung den Rentenproblems bietet, wird auch klar, wenn man sich vor Augen führt, wie viele Menschen zuwandern müssten, wollte man das Rentensystem durch eine Zuwanderung in dem Sinne stabilisieren, dass der Altersquotient der Bevölkerung, also das Verhältnis von Alten (ab 60 Jahren) und Jungen (20 bis 59 Jahre) konstant bleibt. Unterstellt man einmal fiktiv, dass alle Zuwandernden nicht altern und dem Rentensystem dauerhaft als Beitragszahler zur Verfügung stehen, so ergibt sich rechnerisch bis zum Jahr 2035 eine notwendige Nettoeinwanderung von 43 Millionen Menschen nach Deutschland. Die Gesamtbevölkerung der in Deutschland ansässigen Menschen müsste dann auf ca. 100 Millionen ansteigen. Berücksichtigt man, dass heute bereits 7 Millionen Ausländer in Deutschland vorhanden sind, so bestünde die in Deutschland ansässige Population zur Hälfte aus Ausländern und zur Hälfte aus Inländern, wenn man von der rechtlich möglichen Änderung der Staatsbürgerschaft einmal absieht.

Aber natürlich ist die Annahme, dass die Ausländer nicht altern, nicht realistisch. Die aus dem Ausland hereinströmenden Populationen sind nicht frei von den demographischen Problemen, unter denen Deutschland leidet. Auch die Zuwanderer werden älter und gehen irgendwann in Rente, ohne dass sie durch eigene Nachkommen für den vollen Ersatz sorgen könnten. Wenn die zuwandernden Populationen die gleiche Altersstruktur wie die bereits vorhandene Population aufweisen, ist nichts gewonnen; sie müssten schon deutlich jünger sein. Berechnungen der Vereinten Nationen zum Umfang der zur Stabilisierung des Rentensystems notwendigen Ersatz-Einwanderung (replacement migration), bei denen diese Effekte berücksichtigt werden, zeigen ein extrem problematischeres Bild. Danach sind bis zum Jahr 2050 nicht weniger als 190 Millionen Zuwanderer oder 3,4 Millionen Personen pro Jahr erforderlich, um das Verhältnis von Alten und Jungen in Deutschland, also den Altersquotienten, auf dem Niveau des Jahres 1995 zu stabilisieren.[20] Die in Deutschland lebende Bevölkerung müsste dementsprechend auf 299 Millionen Personen ansteigen. 80 % dieser Bevölkerung wären dann seit dem Jahr 1995 nach Deutschland Eingewanderte und deren Nachfahren. Das sind astronomisch hohe Zahlen, die so natürlich niemals realisiert werden und auch keinesfalls als Empfehlungen interpretierbar sind. Gerade die Größe der Zahlen zeigt in aller Deutlichkeit, wie gering der Beitrag zur Lösung der demographischen Probleme Deutschlands ist, den man von der Zuwanderung erwarten kann. Das Thema wird in der öffentlichen Diskussion total überschätzt, und es wird missbraucht, um heute schon aus ganz anderen Gründen billige Arbeitskräfte ins Land zu holen.

---

20 United Nations, Department of Economic and Social Affairs, Population Division: *Replacement Migration – Is it a Solution to Declining and Ageing Populations?*, New York 2001, Scenario VI, S. 42

Dabei braucht auch der Arbeitsmarkt selbst vorläufig keine Einwanderung. Einerseits leidet Deutschland unter einer Massenarbeitslosigkeit, also einem Mangel an Stellen, und nicht einem Mangel an Menschen. Andererseits ist der Zeitpunkt noch nicht gekommen, an dem das Erwerbspersonenpotenzial aus demographischen Gründen abzubröckeln beginnt. In der Abbildung 15 sind entsprechende Projektionen des IAB Nürnberg dargestellt.

Man sieht, dass bei einer mäßigen Zuwanderung von 100 bis 200 Tausend Personen pro Jahr, wie sie derzeit stattfindet, erst ab etwa 2015 eine Abnahme der Erwerbsbevölkerung zu erwarten ist. Will man diese Abnahme kompensieren und die Erwerbsbevölkerung stabilisieren, so ist etwa von diesem Zeitpunkt an eine Zuwanderung erforderlich. Heute wird die Zuwanderung indes noch nicht gebraucht. Ließe man jetzt schon eine Zuwanderung von 500 Tausend Personen pro Jahr zu, so stiege die Zahl der Erwerbspersonen in den nächsten Jahren sogar rasch an und würde bis zum Jahr 2018 ein Maximum erreichen, das um etwa 4 Millionen Personen oder 10 % über dem heutigen Wert liegt. Auch diese Zahlen zeigen, dass die Zuwanderungsdebatte in Deutschland von falschen Voraussetzungen ausgeht.

Abbildung 15: Entwicklung des Erwerbspersonenpotenzials in Deutschland

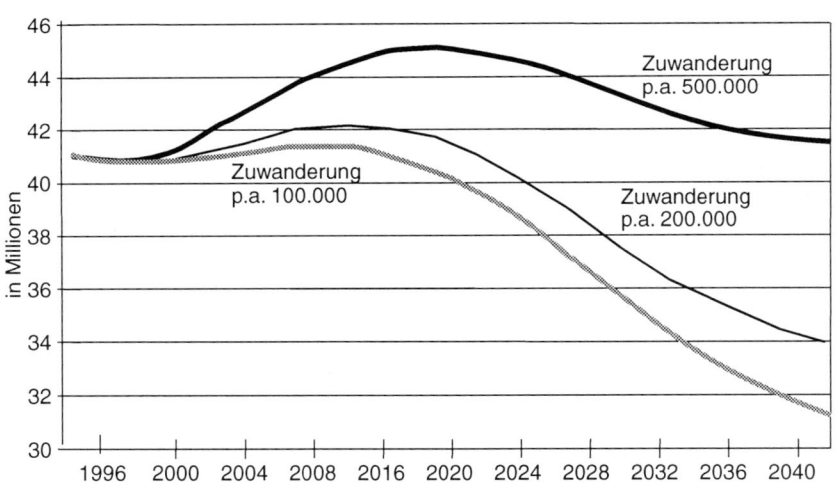

Datenbasis nach dem Wohnortkonzept. Es wird unterstellt, dass der Frauenanteil am Erwerbspersonenpotential von 1996 bis 2016 um 2 Prozentpunkte zunimmt.
Quelle: Institut für Arbeitsmarkt- und Berufsforschung: *IAB-Kurzbericht Nr. 4*, 20.5.1999

4.3 Teilkapitaldeckung der Rentenversicherung

Zu den sinnvollen passiven Reformen zur Milderung der Konsequenzen der demographischen Krise gehört die Teilumstellung der Rentenversicherung vom Umlagesystem auf ein Kapitaldeckungssystem. Jede Generation wird einmal alt, und dann kann sie nur leben, wenn sie in ihrer Jugend selbst vorgesorgt hat. Entweder muss sie Humankapital gebildet haben, indem sie Kinder in die Welt gesetzt und groß gezogen hat. Oder sie muss gespart und somit direkt oder indirekt Realkapital gebildet haben, um vom Verzehr dieses Kapitals zu leben. Eine Generation, die weder Human- noch Realkapital gebildet hat, muss hungern.

Die Deutschen bilden derzeit aus den genannten Gründen viel weniger Humankapital, als es ihre Vorfahren taten. Der relative Einkommensverzicht, den junge Menschen heute für die Kindererziehung in Kauf nehmen, ist wesentlich geringer als er es früher war. Wenn sie gleichwohl im Alter nicht darben wollen, so bleibt nur die Möglichkeit, heute schon erhebliche Teile des Einkommens zu sparen, um sich auf dem Wege der Kapitalbildung eine Rente zu sichern, deren Finanzierung man den wenigen zukünftigen Beitragszahlern nicht mehr zumuten kann. Realkapital muss in dem Maße gebildet werden, wie es an Humankapital fehlt. Dies ist der richtige Gedanke, der der Rentenreform des Jahres 2000 zu Grunde liegt, die mit dem Namen Riester verbunden ist und vom Wissenschaftlichen Beirat beim Bundesministerium für Wirtschaft vorbereitet war.[21]

Nach Berechnungen des CES reicht bereits eine vierprozentige Ersparnis aus, um bis zum Jahr 2036, dem Maximum der demographischen Krise, so viel Kapital zu bilden, dass daraus ein Viertel der Altersrenten finanziert werden kann.[22] Und bis zum Jahr 2075, wenn alle Rentner während ihres gesamten Lebens in die kapitalgedeckte Zusatzversorgung eingezahlt haben, kann die Hälfte der Altersrente gedeckt werden. Die Teilkapitaldeckung, die der Beirat vorgeschlagen hatte und die inzwischen Gesetz geworden ist, bietet tatsächlich einen gangbaren Weg zur Überwindung der Probleme des deutschen Rentenversicherungssystems.

Allerdings darf die Entscheidung über das Riester-Sparen nicht in das eigene Belieben der Beitragszahler gestellt werden. Freiwillig kommt die notwendige Ersparnis nicht zustande, wie die geringe Beteiligungsquote bei der Riesterrente von nicht einmal 10 % im ersten Jahr nach der Einführung der Riester-Rente zeigt. Der Grund liegt nicht in der Unmündigkeit der Bürger, sondern in Wechselwirkungen mit dem restlichen Sozialsystem. Wenn ein Geringverdiener freiwillig spart, wird ihm das nicht viel nützen, weil er dadurch nur den Anspruch auf ergänzende Sozialhilfe verringert, den er ohnehin im Alter hat. Außerdem muss der Sparer immer

---

21 Wissenschaftlicher Beirat beim Bundesministerium für Wirtschaft: *Grundlegende Reformen der gesetzlichen Rentenversicherung*, Gutachten, Bundesministerium für Wirtschaft: Bonn 1998

22 Vgl. H.-W. Sinn: *Die Krise der Gesetzlichen Rentenversicherung und Wege zu ihrer Lösung*, Jahrbuch der Bayerischen Akademie der Wissenschaften, Vortrag auf der Jahrestagung 1998, C.H. Beck: München 1999, sowie Wissenschaftlicher Beirat beim Bundesministerium für Wirtschaft, a.a.O.

befürchten, dass ihm bei weiteren Rentenreformen im Alter die Umlagerente mit der Begründung versagt wird, dass er ja über eigene Mittel verfüge. Deswegen muss das Riester-Sparen auch im Falle einer kindergerechten Ausgestaltung zur Pflicht gemacht werden, und so war es von Seiten der Wissenschaft ja auch empfohlen worden.

4.4 Riesterrente für Kinderlose

Statt nur passiv auf die abnehmenden Geburtenraten zu reagieren und die Konsequenzen für die Sozialsysteme anderweitig abzufedern, kann man versuchen, den Ursachen des Bevölkerungsschwunds entgegenzuwirken, also eine aktive Bevölkerungspolitik zu betreiben. Dies ist seit dem Missbrauch der Bevölkerungspolitik in der Nazi-Zeit ein heikles Thema. Aber man kann es nicht weiter tabuisieren und die zu erwartenden Probleme sehenden Auges auf sich zu kommen lassen. Es ist Zeit, dass Deutschland sein Tabu überwindet.

Das heißt nicht, dass einer staatlichen Bevölkerungspolitik das Wort geredet werden soll, deren Ziel es ist, in die freien Entscheidungen der Menschen einzugreifen und sie bei der Kinderwahl zu bevormunden. Es kann nicht Aufgabe des Staates sein, lenkend in die Familienplanung einzugreifen, wie es ja noch nicht einmal zu seinen Aufgaben gehört, die Bürger bei normalen ökonomischen Entscheidungen zu bevormunden. Aber das genau ist der Punkt. Heute greift der Staat auf dem Wege über das Rentensystem ganz massiv in die Familienplanung ein, indem er die Beiträge der Kinder zur Rentenversicherung sozialisiert und so die natürlichen ökonomischen Motive für den Kinderwunsch aus den Köpfen der Menschen vertreibt. Diese massive Staatsintervention erfolgte aus anderen Gründen, sicherlich nicht mit der Absicht, die Kinderzahl zu reduzieren. Faktum ist aber, dass sie diese Wirkung hat und die Fertilitätsentscheidung verzerrt. Insofern kommt die Politik heute nicht mehr an der Frage vorbei, wie sie die ungewollten Verzerrungen vermindern kann. Nicht mehr, sondern weniger Staatseinfluss auf die Familienplanung ist zu fordern.

Auf den ersten Blick spricht vieles dafür, den Kinderwunsch dadurch zu stärken, dass den jungen Familien in Zukunft mehr geholfen wird, als es in der Vergangenheit der Fall war. So ist daran zu denken, die Zahl der Kindergärten pro Kind im entsprechenden Alter wieder auf das internationale Niveau zu erhöhen, das Ehegattensplitting um ein Kindersplitting nach französischem Muster zu erweitern oder den sogenannten Familienlastenausgleich durch pekuniäre Ausgleichszahlungen wie z.B. das von der CDU/CSU vorgeschlagene Familiengeld zu erweitern. Das alles sind sinnvolle und erwägenswerte Maßnahmen, die bei der Nachwuchsplanung die gewünschten Wirkungen entfalten werden.

Das Problem ist aber, dass sie alle auf eine doppelte Intervention des Staates hinauslaufen. Durch die staatliche Rentenversicherung wird der Kinderwunsch vertrieben, und durch andere, kompensierende staatliche Ausgaben wird er von neuem geweckt. Eine solche doppelte Intervention ist für sich genommen nicht sinnvoll, denn bei beiden Interventionen gibt es noch andere Verzerrungen im Verhalten, die sich nicht kompensieren, sondern addieren und per saldo zu Nachteilen für die Staatsbürger führen. So ruft z.B. die Rentenversicherung künstliche Anreize zur Frühverrentung, zum Verzicht auf Arbeit oder zur Schwarzarbeit hervor, und beim Familiengeld muss man mit künstlichen Anreizen für die Immigration Kinderreicher sowie mit einem Anstieg der Schwarzarbeit und einer Leistungsverweigerung bei denjenigen rechnen, die dieses Familiengeld durch ihre Steuern finanzieren sollen. Angesichts der ohnehin schon exorbitant hohen Steuerbelastung der deutschen Arbeitnehmer kann dies kein gangbarer Weg sein.

Besser ist es, die primäre Intervention in die Familienplanung zurückzufahren, die im Rentensystem angelegt ist, indem das Ausmaß der fiskalischen Umverteilung von den Familien mit Kindern zu den Personen ohne Kinder reduziert wird. Einen Ansatzpunkt für die möglichen Reformen liefert die Riester-Rente, die mit der Rentenreform des Jahres 2000 eingeführt wurde. Wie erläutert, ist die richtige Erwägung hinter dieser Reform, dass die Deutschen heute weniger Humankapital bilden, als es frühere Generationen taten, und heute zum Ausgleich zusätzliches Realkapital ansparen müssen. Die Riesterrente ist aber noch nicht zu Ende gedacht. Sie kuriert die Symptome der deutschen Krankheit, doch nicht ihre Ursachen. Sie verringert die Fehlanreize für die Familienplanung nicht und führt zu kaum erträglichen Lasten bei denjenigen, die durch die Erziehung von Kindern bereits den vollen Beitrag zur Finanzierung der Umlagerenten leisten.

Statt eine ganze Generation kollektiv in die Verantwortung zu nehmen, sollten die notwendigen Rentenkürzungen und das kompensierende Riester-Sparen auf die Kinderlosen konzentriert werden. Wer keine Kinder in die Welt setzt und großzieht, dem kann eine erhebliche Rentenkürzung zugemutet werden. Die Rente sollte nicht auf Null reduziert werden, denn das würde ihre ökonomische Hauptfunktion als Schutz gegen die ökonomischen Konsequenzen der Kinderlosigkeit negieren und unberücksichtigt lassen, dass die Kinderlosen auf dem Wege des Familienlastenausgleichs einen gewissen, wenn auch geringen Beitrag zur Mitfinanzierung der Kinder leisten. Doch erscheint beim durchschnittlichen Rentenbezieher eine Kürzung der Rente auf die Hälfte als angebracht. Nur wer mindestens drei Kinder großzieht und durchschnittliche Beiträge gezahlt hat, dem kann die umlagefinanzierte Rente im bisher erwarteten Umfang erhalten bleiben. Wer ein Kind oder zwei Kinder hat, dem kann eine anteilige Rentenkürzung zugemutet werden. Die Rentenbeiträge sind demgegenüber nicht zu verändern, weil sie zur Finanzierung der jetzt Alten gebraucht werden.

Die Betroffenen müssen angehalten werden, in dem Maße eine Riesterrente anzusparen, wie ihnen die umlagefinanzierte Rente gekürzt wird. Dabei wird die derzeit vorgesehene Ersparnis von nur 4 % bei Kinderlosen nicht ausreichen, um den Verlust der Hälfte der Umlagerente wettzumachen. Es ist sicherlich von einem Betrag in der Größenordnung von 6 bis 8 % auszugehen, wenn eine solch umfangreiche Rentenkürzung kompensiert werden soll.

Die Staffelung von Umlagerente und Riesterrente nach der Kinderzahl wird zu der wünschenswerten Änderung der Familienplanung führen. Wenn Kinderlose

6 bis 8 % ihres Bruttoeinkommens für ein bloß kompensierendes Riester-Sparen verwenden müssen, erhalten Kinder in der Lebensplanung wieder ein stärkeres Gewicht. Manch ein bislang noch unschlüssiges junges Paar wird sich unter diesen Umständen vielleicht doch für Kinder entscheiden. Und wie gesagt: Es geht nicht darum, den Staat bei der Familienplanung mitreden zu lassen, sondern ganz im Gegenteil, ihn wieder ein Stück weit aus der Familienplanung herauszunehmen.

Bei der Rentenkürzung für Kinderlose dürfen allerdings die bereits aufgebauten Anwartschaften nicht angetastet werden. Es geht nur um die heute noch jüngeren Menschen. Sie haben Zeit genug, sich auf dem Wege des Riester-Sparens eine auskömmliche Rente zu sichern, falls sie keine Kinder haben können oder wollen. Je älter man ist, desto mehr Anwartschaften hat man im alten System erworben, und desto geringer sind die Möglichkeiten, die Riesterrente anzusparen. Ältere Menschen werden deshalb von der notwenigen Reform kaum erfasst, und wer schon Rente bezieht, den betrifft sie gar nicht.

Um die Reform politisch und rechtlich korrekt darzulegen, sollte man sie im Übrigen so durchführen, dass zunächst alle betroffenen Renten um einen einheitlichen Prozentsatz gekürzt werden und hernach eine Sonderrente in Abhängigkeit von der Kinderzahl eingeführt wird, die zu der gekürzten Normalrente additiv hinzutritt. Der Rentenanspruch würde dann zum einen auf der Zahlung von Beiträgen an Rentner und zum anderen auf der Erziehungsleistung gründen.[23]

Die Einführung einer von der Kinderzahl abhängigen Rente ist nicht nur geeignet, die Staatsintervention in die Familienplanung zurückzunehmen und die natürlichen Motive für den Kinderwunsch wieder stärker zur Geltung kommen zu lassen. Sie ist zudem auch gerecht, denn sie folgt dem Verursacherprinzip und dem Leistungsfähigkeitsprinzip.

Wer keine Kinder hat und insofern zu wenig tut, um seine eigene Rente im Umlagesystem zu sichern, muss die Konsequenzen tragen und selbst auf dem Wege der Ersparnis für Ersatz sorgen.

Und wer keine Kinder hat, kann sparen, weil er keine Ausgaben für die Kindererziehung leisten muss. Er ist vergleichsweise liquide und kann die bei der Kindererziehung eingesparten Geldmittel am Kapitalmarkt anlegen, um auf diese Weise seine gekürzte Umlagerente zu ergänzen.

Man mag gegen den Vorschlag einwenden, mit der Zahlung des Rentenbeitrages erbrächten junge, kinderlose Bürger bereits eine Leistung für die eigene Rente,

---

23 Überlegungen, die Rentenansprüche an der „Qualität" der Humankapitalinvestition, also beispielsweise am Einkommen und den Beiträgen der eigenen Kinder auszurichten, drängen sich auf, um auf diese Weise entsprechende Anreize für eine gute Ausbildung der eigenen Kinder zu setzen. Indes würde eine solche Differenzierung des Vorschlages politisch wahrscheinlich eine Überfrachtung bedeuten. Ihr könnte auch mit dem Argument entgegengetreten werden, dass die durch eigene Anstrengungen der Eltern begründeten Unterschiede im Einkommensniveau der Kinder minimal sind. Zum größten Teil resultieren solche Unterschiede vermutlich aus angeborenen Unterschieden in der Intelligenz oder Leistungsfähigkeit. Eine weitgehende Versicherung der Eltern gegenüber solchen Unterschieden erscheint als angebracht.

und insofern sei es ungerecht, sie auf dem Wege des Riester-Sparens zu einer zweiten Leistung zu zwingen. Dieses Argument verkennt, dass es im Generationenzusammenhang zu den normalen Pflichten einer jeden Generation gehört, zwei Leistungen zu erbringen: In der leistungsfähigen Lebensphase muss man seine Eltern und seine Kinder ernähren. Die erste dieser beiden Leistungen wird in Form der Rentenbeiträge erbracht, die ja in vollem Umfang an die heutigen Rentner fließen. Doch die zweite Leistung wird von vielen Menschen nicht erbracht, weil sie sich gegen Kinder entscheiden. So gesehen ist es sehr wohl gerecht, nun auch diesen Menschen eine zweite Leistung in Form des Riester-Sparens abzuverlangen. Dadurch sichern sie sich die Rente, deren Vollfinanzierung man den wenigen zukünftigen Beitragszahlern nicht mehr zumuten kann, und es wird möglich, den Eltern einen größeren Teil der von ihren eigenen Kindern gezahlten Rentenbeiträge zu belassen. Menschen, die mehrere Kinder großziehen, an der Riesterrente zu beteiligen, hieße indes, ihnen eine dreifache Last aufzuerlegen. Als Beitragszahler ernähren sie die jetzt Alten, als Eltern finanzieren sie über die Kosten der Kindererziehung die Renten aller zukünftigen Rentenbezieher, und als Riester-Sparer müssten sie zusätzlich ihre eigenen Renten finanzieren.

5. Schlussbemerkung

Dieser Artikel kommt zu spät, denn die am stärksten besetzten Alterskohorten der Deutschen sind gerade dabei, in ihr fünftes Lebensjahrzehnt einzutreten. Diese Kohorten werden die Kinder nicht mehr zur Welt bringen, die Deutschland braucht, wenn es sich als dynamisches Volk und Wirtschaftsnation nicht von der Weltbühne verabschieden möchte. Politisch korrekt ist es nicht, dies in einem Land zu beklagen, das negative Erfahrungen mit einer staatlichen Bevölkerungspolitik hat machen müssen. Aber es ist notwendig, denn eine politische Korrektheit, die von den Wellen bloßer Illusionen und gesellschaftlicher Ideologien getragen wird, wird ohnehin eines Tages an den Klippen der ökonomischen Wirklichkeit zerschellen.

Ein pragmatischer Umgang mit dem Thema Familienplanung und Fertilität ist dringend geboten, um den Schaden, der aus einer Vergreisung des Landes zu entstehen droht, zu begrenzen. Dazu muss auch der Staat umsteuern, denn er ist es, der durch seine sozialen Sicherungssysteme, die das Schicksal des Einzelnen von den Konsequenzen seiner Fertilitätsentscheidungen abgetrennt haben, ganz maßgeblich zur Änderung des gesellschaftlichen Wertes der Familie und zur Kinderlosigkeit der Deutschen beigetragen hat. Richtig ist es, wenn der Staat sich stärker an den Kosten der Kindererziehung beteiligt und die Kinder auch steuerlich stärker berücksichtigt. Die verstärkte Bereitstellung von Kindergärten, der Übergang zu Ganztagsschulen und das Kindersplitting nach französischem Muster sind Maßnahmen, die sich aufdrängen und den gewünschten Erfolg haben werden.

Man darf aber nicht verkennen, dass es sich dabei teilweise um Maßnahmen handelt, die durch die Idee der doppelten Intervention des Staates begründet werden und deshalb auch unerwünschte Nebeneffekte zur Folge haben könnten. Vieles spricht dafür, dass sich der Staat zurücknimmt, indem er das Ausmaß der Sozialisierung der Rentenbeiträge, die Kinder an die Generation ihrer Eltern zahlen, reduziert. Auch das Bundesverfassungsgericht hat dies in seinem Mütterrentenurteil von 1992 ausdrücklich gefordert, wenngleich bei ihm die Rückwirkungen auf die Familienplanung nicht im Vordergrund standen. Wer keine Kinder hat, kann das bei der Kindererziehung eingesparte Geld am Kapitalmarkt anlegen, um sich so die Rente zu sichern, deren Zahlung er den Kindern anderer Leute in voller Höhe nicht mehr zumuten kann. Das muss die Devise für eine neue Rentenreform sein, bei der die Rente allgemein gekürzt und durch einen kinderbedingten Rentenanspruch nach dem Umlagesystem oder eine selbst anzusparende Riester-Rente ergänzt wird.

Die Reformen verlangen mehr Mut von den Politikern und den Vertretern der Rentenversicherungssysteme, als heute erkennbar ist. Der Erkenntnisprozess der Wähler ist in dieser Hinsicht noch nicht weit genug gediehen. Viel Wasser wird den Rhein herunterfließen, bis energische Politikmaßnahmen ergriffen werden können. Aber die Politiker und Verbandsvertreter, die sich sperren, das Thema weiter tabuisieren oder es mit kleinmütigen juristischen Argumenten beiseite schieben, machen sich schuldig an der Zukunft des deutschen Volkes.

Die Bedeutung der Humanvermögensbildung in der Familie für die Zukunft von Wirtschaft und Gesellschaft

Gary S. Becker

Ich habe im folgenden vor, mich mit der wirtschaftlichen Rolle der Familie zu beschäftigen, wobei ich wirtschaftlich in einem sehr weiten Sinne verstehe. Die Familie ist eine der ältesten Institutionen, die wir kennen. Schon vor 50.000 Jahren soll die Familie – wenn auch in einer primitiven Form – existiert haben. Sie ist m.E. immer noch die bedeutendste Institution in der Gesellschaft – trotz aller Veränderungen, die ihr widerfahren sind. Sie zieht die Kinder auf, sie investiert in deren Bildung und deren Wertorientierungen – das, was wir Humankapital nennen. Und natürlich: sie stellt die Ernährung und Kleidung der Heranwachsenden sicher, hilft in Notfällen aus und kümmert sich um die Alten, wenn es nötig ist.

Was ich im folgenden vorhabe, ist, die tiefgreifenden Veränderungen in der Familie zu diskutieren, die jeden betreffen. Daran anschließend werde ich meine Erklärung dafür, warum diese Veränderungen eingetreten sind, geben. Zum Schluss gehe ich darauf ein, wie die Familien- und Bildungspolitik auf diese Veränderungen reagieren sollte.

Tiefgreifende Veränderungen in den Familienstrukturen

Die typische Familie heute unterscheidet sich natürlich fundamental von der, wie sie vor 50 Jahren existierte, ganz zu schweigen von noch früheren Zeiten. Über einen langen Zeitraum vollzogen sich diese Veränderungen in Europa oder in Amerika sehr langsam. Aber in den letzten 50 Jahren haben sie sich deutlich beschleunigt. Die Familie hat sich dadurch m.E. in den letzten 50 Jahren radikaler gewandelt als in jeder vergleichbaren Periode in der Vergangenheit.

Zu Beginn des 20. Jahrhunderts hatte die typische Familie in vielen Ländern – so in Europa und den USA, aber auch in den meisten anderen Weltregionen – 4 bis 6 Kinder. Das war normal. Einige hatten mehr, andere weniger; aber das war in etwa die Norm. Die Geburtenhäufigkeit begann seit dem frühen 19. Jahrhundert in Frankreich, den USA und in einigen anderen Ländern zu sinken. Dieser Rückgang beschleunigte sich während des 20. Jahrhunderts und speziell während dessen zweiter Hälfte.

Die Hälfte der Weltbevölkerung hat heute Geburtenraten, die nicht für den Bevölkerungserhalt ausreichen. Das gilt bekanntlich für Deutschland, Spanien, Portugal, Griechenland, Frankreich und einen Großteil des restlichen Westeuropas.

Betroffen davon sind auch die meisten Länder Zentral- und Osteuropas. Aber auch Japan, Korea, Taiwan sowie Hongkong und China haben eine Geburtenziffer unterhalb der Reproduktionsrate. In China ging der Rückgang der Fertilität auf scharfe staatliche Vorgaben zurück, beruhte also nicht auf den freien Entscheidungen der Menschen. Mit der einzigen Ausnahme von China weisen die Entwicklungsländer weiter ein Bevölkerungswachstum auf – im Unterschied zu den Industrieländern, deren Geburtenrate nicht mehr für den Bevölkerungserhalt ausreicht.

Die sinkende Geburtenrate ist nur eine von vielen fundamentalen Veränderungen, die sich in vielen Ländern vollzogen haben. In einem Land wie den USA liegt der Anteil der nicht-ehelichen Kinder bei über 30 Prozent aller Geburten. Es kommt bei den Müttern dieser Kinder auch nicht später zu einer Heirat; sie bleiben unverheiratet. Etwas geringer, aber durchaus vergleichbar ist der entsprechende Anteil in Großbritannien und in Skandinavien. Der Anteil unehelicher Geburten an allen Geburten hat in vielen Ländern erheblich zugenommen. Die Arbeit der Frauen hat sich geändert. Ich sage hier nicht, dass die Frauen jetzt arbeiten und dass sie vorher nicht gearbeitet haben. Denn sie haben immer schon sehr hart gearbeitet. Aber sie arbeiteten auf andere Weise. Sie arbeiteten auf einem Bauernhof. Sie zogen die Kinder auf – und das ist wirklich harte Arbeit. Ich habe einige Kinder großgezogen. Ich weiß also, wie hart das ist.

Frauen sind weiter hauptverantwortlich für die Kindererziehung in nahezu allen Ländern der Erde. Das gilt auch für die Länder, die mit der Gleichstellung der Frauen am weitesten vorangekommen sind, wie Schweden, Norwegen, etc. Umfragedaten zeigen, dass Frauen auch in Schweden 70 Prozent der Familien- und Erziehungsarbeit leisten. Aber heute kommt eben hinzu, dass Frauen zu einem hohen Anteil erwerbstätig sind. In den USA liegt dieser Anteil bei 75 Prozent. Und er ist sehr hoch in einer Reihe europäischer Länder und in Asien. In anderen Ländern Westeuropas wie etwa Italien und Spanien ist der Frauenanteil an der Erwerbsarbeit deutlich niedriger. Die Arbeitsmärkte in diesen Ländern sind extrem rigide. Es gibt kaum attraktive Teilzeitangebote für Mütter. Ein Großteil der Frauen in diesen Ländern muss sich mehr oder weniger für einen Vollzeitjob entscheiden oder zuhause bleiben, um dort Vollzeit Familien- und Erziehungsarbeit zu leisten.

Heute hat sich überall herumgesprochen, dass der Anteil der Bevölkerung über 60 Jahre stark angestiegen ist. Dieser Anteil wird weiter ansteigen, und zwar aus zwei Gründen. Die niedrigen Geburtenraten führen dazu, dass sich das Gewicht innerhalb der Altersverteilung der Bevölkerung hin zu den Alten verlagert. Hinzu kommt, dass die Menschen heute länger leben. Auch auf dieser Konferenz sprachen einige dieses Altersproblem an. Ich glaube nicht, dass es ein Problem ist, wenn Menschen länger leben. Meines Erachtens ist dies eine der Errungenschaften des modernen Lebens. Menschen, die jetzt das Alter von 60, 70 oder 80 Jahren erreichen, kann es sehr gut gehen – körperlich und geistig. Der Anstieg der Lebenserwartung wird nach allen Voraussagen auch weiter vorangehen. In den zurückliegenden Jahrzehnten ist die Lebenserwartung pro Dekade im Durchschnitt um zwei Jahre gestiegen. Bevölkerungswissenschaftler gehen davon aus, dass sie auch in Zukunft weiter – und vielleicht sogar beschleunigt – steigen wird. Das ist eine großartige Entwicklung in der Gesellschaft.

Ältere Menschen sind heute nicht mehr so alt wie früher. Ich denke an meinen Vater, – und mein Vater war ein alter Mann, als er starb. Ich sehe mich in diesem Punkt eher als Mann in den mittleren Jahren. Und das charakterisiert einen fundamentalen Wandel in unserer Gesellschaft. Also ist die Zunahme der Lebenserwartung tatsächlich kein Problem , sondern sie ist eine der großen Leistungen des modernen Lebens. Sicherlich bringt die Alterung Fragen hinsichtlich der Finanzierung der sozialen Sicherheit mit sich. Aber dies sind kleine Herausforderungen im Vergleich zu den großen Leistungen, die wir in den letzten Jahrzehnten erreicht haben. Wir sollten dies nicht aus dem Auge verlieren.

Andere Aspekte des familiären Wandels variieren von Land zu Land. Scheidungen und Trennungen haben stark zugenommen. Ca. 40 Prozent aller Erst-Ehen in den Vereinigten Staaten enden heute mit einer Scheidung. Bei Zweit- und Dritt-Heiraten ist der Anteil noch höher. Die Scheidungsraten sind überall angestiegen, sogar in Japan, das noch vor 10 bis 20 Jahren eine sehr niedrige Scheidungsrate hatte. Sie hat stark zugenommen. Aber sie liegt immer noch unter der Westeuropas – und erheblich unter jener der Vereinigten Staaten, aber sie steigt. Die Zunahme von Scheidungen ist heute ein brisantes Thema in Japan. Die Vorstellung, dass Mann und Frau heiraten und so lange verheiratet bleiben würden, bis sie durch den Tod eines Partners getrennt werden, war auf der ganzen Welt verbreitet. Für einen erheblichen Teil der Bevölkerung ist dies heute keine normale Perspektive mehr. Auch dies ist eine wichtige Facette des heutigen Lebens.

Ursachen für die Umbrüche im Familienbereich

Es stellt sich die Frage: Worin liegen die Ursachen all dieser Veränderungen? Man mag zu ihnen positiv oder negativ stehen. Wenn man sinnvolle Ansatzpunkte für politisches Handeln – gerade dann, wenn man diese Veränderungen kritisch sieht – gewinnen will, dann muss man die Ursachen dieser Veränderungen verstanden haben. Die politischen Maßnahmen, die man ergreift, variieren nämlich in Abhängigkeit von der konkreten Ursachendiagnose. Wir müssen also ein Verständnis dieser Veränderungen gewinnen. Ich denke, dass wir heute insgesamt das, was geschehen ist, recht gut verstehen.

Bei der Ursachendiagnose setze ich an der Familie als wirtschaftlicher Größe an. Wenn ich „wirtschaftlich" sage, dann meine ich nicht bloß die materiellen Aspekte. Natürlich sind sie wichtig, aber sie machen nicht das gesamte Leben aus und schon gar nicht das gesamte Eheleben. Wenn man glaubt, dass Ökonomen bei der Analyse der Familie ihr Augenmerk ganz oder hauptsächlich auf die materiellen Aspekte des Lebens legen, dann unterliegt man einem Missverständnis. Wenn wir uns darauf beschränken würden, dann hätten wir nicht sehr viel über die Familie zu sagen. Ich verwende den Begriff „Wirtschaft" sehr viel weiter, als es in der traditionellen Wirtschaftswissenschaft gebräuchlich ist.

Lassen sie mich zuerst die Frage der Geburtenrate ansprechen. Früher hatten die Familien eine hohe Geburtenrate aus einer Reihe von Gründen. So war der Anteil der Kinder, die in den ersten Lebensjahren starben, früher sehr hoch. 25 bis 50 Prozent aller neugeborenen Kinder starben früh, bevor sie das Alter von 5 Jahren erreichten. Das war so bis zum Beginn des 20. Jahrhunderts, sogar in den reichsten Ländern. Entsprechend mussten sich die Familien darauf einstellen, dass im Durchschnitt etwa die Hälfte der neugeborenen Kinder aufgrund verschiedenster Kinderkrankheiten oder von Unter- bzw. Fehlernährung die Kindheit nicht überleben würde.

Der ökonomische Wert von Kindern

Besonders in agrarischen Gesellschaften hatten Kinder für Familien einen ökonomischen Wert. Sie begannen in vielen Ländern, im Alter von 10 bis 12 Jahren zu arbeiten. Und ihr Beitrag zur Produktion entsprach oft schon dem Aufwand für ihre Versorgung und Erziehung. Adam Smith beschrieb vor über 200 Jahren, im Jahre 1776, in seinem Hauptwerk „Der Wohlstand der Nationen" die Situation einer Witwe, die drei erwachsene Söhne hatte. Der Fall spielte sich in Amerika, in den damaligen Kolonien, die heute die Vereinigten Staaten sind, ab. Eine Witwe mit drei erwachsenen Söhnen repräsentierte damals einen hohen wirtschaftlichen Wert. Dies nicht so sehr ihretwegen, sondern wegen ihrer drei erwachsenen Söhne, die in der Landwirtschaft arbeiten könnten. Entsprechend war die Witwe sehr gefragt.

Diese Geschichte ist natürlich typisch für eine überwiegend agrarische Gesellschaft. Aber auch in städtischen Regionen wurden Kinder oft im Alter von 10 oder 12 Jahren zur Arbeit geschickt und trugen dadurch erheblich zum Einkommen der Familie bei. Die Familie waren in der Regel arm. Die Kinder trugen zwar wenig bei, aber das war dennoch für das Familieneinkommen von nicht unerheblicher Bedeutung.

Kinder waren verantwortlich für die Unterstützung der Eltern im Alter. Eltern hatten auch deshalb Kinder, weil es nicht einfach war, in anderen Vermögensformen zu sparen. Wenn die Familien nur Grund und Boden besaßen und der Wert dieses Bodens unsicher war, dann waren letztlich und typischerweise ihre erwachsenen Kinder ihre letzte Sicherheit. Das war besonders wichtig für Witwen, die oft wenig Möglichkeiten hatten, um für sich vorzusorgen. Die Notlage von Witwen in vielen Gesellschaften, die keine Kinder hatten, die sich um sie kümmern konnten, war ein furchtbares Schicksal. So waren sie in einer erheblich besseren Position, wenn sie erwachsene Kinder hatten, die sie unterstützen könnten. Gleiches galt natürlich für Väter, die Unterstützung brauchten.

Klare Arbeitsteilung zwischen Männern und Frauen

Schauen wir uns die Tätigkeiten von Männern und Frauen an. Egal, ob wir weit in die Geschichte zurückblicken oder uns auf den verschiedenen Kontinenten umsehen, so hat es immer eine klare Arbeitsteilung zwischen den Aktivitäten von Männern und Frauen gegeben. Frauen zogen schon immer die Kinder auf; sie bekamen sie nicht nur, sie zogen sie auch groß. Und zusätzlich hierzu übten Frauen in vielen Gesellschaften eine Reihe anderer Tätigkeiten aus. Sie arbeiteten in der Landwirtschaft. Sie kochten, sie machten die Hausarbeit, sie halfen auf dem Bauernhof aus. Das Los von Frauen war schwer und hart. Letzlich war das Leben aller voller Mühsal, weil die Menschen früher in armen Gesellschaften lebten und das Leben beschwerlich war. Frauen allerdings hatten eine besonders schwere Last zu tragen. Sie hatten viele Kinder, von denen viele im frühen Kindesalter starben. Sie waren hauptverantwortlich für die Versorgung und Erziehung der Kinder und darüber hinaus mussten sie viele andere Arbeiten erledigen. Auch das Leben der Männer war nicht einfach. Aber sie konzentrierten sich auf die Arbeit auf dem Bauernhof. Und wenn sie in der Stadt arbeiteten, dann konnten sie mit ihrem Einkommen die Lebenshaltung der Familie bestreiten.

Diese Art der Arbeitsteilung kristallisierte sich in der damaligen agrarischen Gesellschaft heraus. Meines Erachtens ist der Hauptgrund dafür der Umstand, dass Frauen bei einer Reihe von Tätigkeiten im Haushalt überlegen waren, insbesondere was das Aufziehen der Kinder angeht. Von daher war es natürlich, dass sie sich dann hauptsächlich diesen Tätigkeiten widmeten. Das bedeutet natürlich nicht, dass sie einen fairen Anteil am – wenn man so will – Gesamtprodukt des Haushalts erhielten. Eine Fülle von Gesetzen benachteiligte die Frauen. In vielen Gesellschaften konnten verheiratete Frauen kein Eigentum im eigenen Namen besitzen. Das war die anglo-sächsische Tradition in Großbritannien. In der islamischen Tradition konnten sie Eigentum besitzen. Sie mussten aber andere Nachteile hinnehmen. Und in den meisten Ländern hatten die staatlichen Gesetze und religiösen Vorschriften eine klare Ausrichtung: sie diskriminierten definitiv Frauen. Ich glaube nicht, dass das der Grund für die Art der Arbeitsteilung war; aber sicherlich beeinflusste dies, wieviele der gemeinsam in der Familie geschaffenen Werte ihnen zustanden.

Die Familie war noch in einem anderen Sinne ein wichtiger Halt. Sie war die einzige Kraft, die traditionell in Notfällen aushalf. Wenn jemand krank wurde, dann kümmerten sich andere Familienmitglieder um ihn oder sie, wobei hier auch der weitere Familienverband Verantwortung übernahm. Wenn jemand in wirtschaftliche Schwierigkeiten geriet, dann konnte man sich auf Eltern, Cousins oder Onkel, die aushalfen, verlassen. Die Familie war also – in der Begrifflichkeit der Wirtschaftstheorie – die wichtigste Form der Versicherung in der Gesellschaft. Sie spielte eine zentrale Rolle beim Überstehen schlechter Zeiten.

Verschiebung der Relation von
Kosten und Nutzen des Kinderhabens

Wenn man so auf die Familie schaut, dann – denke ich – ist es möglich zu erklären, warum diese Veränderungen eingetreten sind und warum sie sich in den letzten 40 Jahren so beschleunigt haben. Die Relation zwischen Kosten und Nutzen des Kinderhabens hat sich dramatisch verschoben. Und in der Folge trafen die Familien Entscheidungen, die besser auf die Lebensumstände im 20. Jahrhundert angepasst waren. Es fällt nicht schwer zu verstehen, warum Familien jetzt typischerweise weniger Kinder hatten, wenn man sich die Einflussfaktoren, die ich vorher erwähnt habe, vergegenwärtigt. Glücklicherweise sanken die Todesraten bei Kindern. Der Tod eines Kindes ist heute eine schreckliche Tragödie und nichts, auf das man sich einstellen muss, wie es früher der Fall war. Also müssen Eltern nicht mehr eine größere Anzahl von Kindern haben, um sich gegen eine hohe Kindersterblichkeit zu schützen.

Kinder haben in der heutigen Wirtschaft einen viel geringeren wirtschaftlichen Nutzen. Das gilt auch für den Bereich der modernen Landwirtschaft. Sie ist mechanisiert. Man macht sich dabei den Rücken nicht mehr kaputt. Die heutige Landwirtschaft ist völlig anders. Wenn man in die Vereinigten Staaten reist und an Feldern mit Weizen und anderem Getreideanbau vorbeifährt, dann sieht man keine Arbeiter. Die Landwirtschaft ist heute so modernisiert, dass die eigentliche Arbeit auf die Ernte- und Pflanzzeit bzw. die Zeit der Aussaat beschränkt ist. Sonst ist alles mechanisiert. Die Bewässerung ist mechanisiert ebenso wie eine Reihe anderer Arbeiten. Entsprechend haben Kinder in einem derartigen wirtschaftlichen Kontext einen geringeren wirtschaftlichen Wert. Das gilt umso mehr für den städtischen Bereich. In unserer heutigen Wirtschaft kann ein 14- oder 15-jähriges Kind ohne Ausbildung nur sehr wenig verdienen. Entsprechend ist der wirtschaftliche Nutzen, den die Eltern sich von ihnen versprechen können, heute deutlich geringer.

Als weiterer Faktor kommt die Versorgung im Alter dazu. Mit der Entwicklung der Sozialversicherung, die in Deutschland Ende des 19. Jahrhunderts unter Bismarck ihren Anfang nahm und die dann von anderen Ländern insbesondere in der Form des Umlageverfahrens übernommen wurde, nahm der Vorteil von Kindern für die Altersversorgung schlagartig ab. In der Folge dieser Veränderungen prägte sich die soziale Konstellation, die es nahelegte, weniger Kinder zu haben, immer stärker aus.

Zusätzlich sind zwei andere Einflussfaktoren zu bedenken, die möglicherweise sogar bedeutsamer sind als die bisher genannten. Die heutige Wirtschaft profitiert nicht davon, dass die Familien viele Kinder haben, sondern dass sie hervorragend ausgebildete und beruflich bestens vorbereitete Kinder haben. Die heutige Wirtschaft wird immer mehr zu einer Wissensökonomie. Familien halten es für besser, weniger Kinder zu haben und viel Zeit und Geld in deren Erziehung und Ausbildung zu investieren, als viele schlecht erzogene und ausgebildete Kinder zu haben. Diese Abkehr von einer großen Zahl von Kindern hin zu weniger Kindern mit stärkerer qualitativer Förderung, die also besser erzogen sind und damit ein größeres Humankapital verkörpern, hatte einen großen Einfluss auf die Entwicklung hin zu niedrigen Geburtenraten.

Ein weiterer Faktor sind die ständige Verbesserung der Ausbildung und die wachsenden beruflichen Fähigkeiten von Frauen, die mit dem Strukturwandel der Wirtschaft vom Verarbeitenden Gewerbe zu einem expandierenden Dienstleistungssektor parallel gehen. Dies beförderte einen starken Anstieg der Erwerbsquote verheirateter Frauen in vielen Ländern. Eine höhere Erwerbsbeteiligung von Frauen bedeutete gleichzeitig, dass es kostspieliger wurde, Kinder zu haben. Kostspieliger vor allem wegen der Zeit, der Zeit von Müttern und Vätern, die heute einen höheren wirtschaftlichen Wert hat als früher. Die Kinderkosten werden heute weniger durch die Versorgungskosten der Kinder bestimmt als durch die Zeitkosten der Eltern, weil beide Partner einen Teil ihrer Zeit einer bezahlten Erwerbsarbeit widmen wollen. Vor allem angesichts der gestiegenen Zeitkosten des Kinderhabens reagierten Eltern darauf, indem sie weniger Kinder bekamen.

Investitionen der Familie in das Humankapital ihrer Kinder

Ich möchte noch etwas zu den Investitionen der Familie in das Humankapital ihrer Kinder hinzufügen, also zur Erziehung, zur Ausbildung, zur Informationsvermittlung, zur gesunden Lebensweise und zu den Wertorientierungen der Kinder. All das sind Aspekte des Humankapitals, und das ist etwas, worauf Eltern einen enormen Einfluss haben. Familien spielen eine bedeutsame Rolle bei den Investitionen in das Humankapital. Das ist deswegen so wichtig, weil die heutige Wirtschaft, in der wir leben, fundamental wissensabhängig ist. Sie ist eine Wissensökonomie. Die Produktivität der modernen Wirtschaft hängt von deren Fähigkeit ab, das vorhandene Wissen und die Informationsverarbeitungskapazität der Menschen erfolgreich im Produktionsprozess zu nutzen. Es geht nicht mehr um Körperkraft. Sie ist heute unwichtig. Viele von uns – mit einigen Ausnahmen – würden sich schlecht anstellen, wenn die Wirtschaft immer noch auf Körperkraft aufbauen würde. Sie gründet heute auf Wissen.

Eltern und Familien sind wichtige Träger von Investitionen in den Wissenserwerb. Zweifellos sind Schulen wichtig. Gegenwärtig gibt es sowohl in Deutschland als auch in den USA eine große Diskussion über die Qualität von Schulen. Aber wir sollten nicht die Tatsache aus dem Blick verlieren, dass die Familien immer noch ganz entscheidend zu den Investitionen in Wissen und den Erwerb von Fähigkeiten beitragen. Schulen ergänzen dies. Aber Schulen haben die Familie nicht ersetzt, und dies sollte m. E. auch nicht das Ziel sein.

Die Wirtschaft in Europa und den USA begann sich in der Mitte des 19. Jahrhunderts mit der industriellen Revolution zu modernisieren. Die industrielle Revolution war im Kern eine Revolution, in der wissenschaftliche Erkenntnisse in der Wirtschaft angewendet wurden. Es ging primär um die Anwendung von Erkenntnissen der Ingenieurwissenschaften und der Chemie, bei der Deutschland Ende des 19. Jahrhunderts und in der ersten Hälfte des 20. Jahrhunderts führend war. Es war die Anwendung wissenschaftlicher Erkenntnisse in der Wirtschaft, die zu einem massiven Anstieg der Produktivität führte. Gleichzeitig machte die Verwissenschaftlichung der Produktion es erforderlich, dass die Menschen über das Wissen und die Ausbildung verfügten, um mit den neuen Produktionsmethoden in effektiver Weise umgehen zu können. Und das ist auch der Grund dafür, warum im Verlaufe des letzten Jahrhunderts die in der Ausbildung erworbenen Kenntnisse und Fähigkeiten immer wichtiger für die Produktivität der Arbeitskräfte, für ihren Arbeitsplatz und ihr Einkommen wurden.

Wir leben im Zeitalter des Humankapitals

Ich bezeichne unsere Zeit als Zeitalter des Humankapitals. Für dieses gilt, dass das Humankapital zur zentralen Determinante von Wohlstand und Reichtum geworden ist. Das 21. Jahrhundert wird eher noch stärker vom Humankapital geprägt sein. Länder, deren Wirtschaft unzureichend in deren Menschen investiert, sowie Familien, die dabei versagen, adäquat in ihre Kinder zu investieren, sorgen schlecht für die kommende Generation vor. Familien müssen heute ihre Kinder mit den erforderlichen Voraussetzungen ausstatten, damit sie in der Schule und auch später erfolgreich sein können sowie effektive Arbeitsgewohnheiten und auch sonst adäquate Verhaltensweisen aufweisen. Unabhängig davon, wie gut ihre körperlichen und geistigen Anlagen sind, werden sie ohne adäquate Förderung nicht in der Lage sein, sich erfolgreich zu entwickeln.

Erziehung und Ausbildung sind nicht nur wichtig für Wachstum und Effizienz, sondern können auch dazu beitragen, Ungleichheiten zu bekämpfen und die Nachteile des Aufwachsens in bildungsfernen Familien zu vermindern, wenn nicht gar auszugleichen. Wir alle wissen, dass Kinder in Familien mit sozial und bildungsmäßig unterschiedlichem Hintergrund aufwachsen. Einige Familien weisen einen höheren Bildungsstand auf als andere. Einige Familien sind stabiler als andere. In einigen Familien gibt es nur einen Elternteil. In einem Teil der Familien kümmern sich die Eltern kaum um ihre Kinder. So besteht eine große Ungleichheit in der sozialen Herkunft der Kinder.

Erziehung und Ausbildung bilden das effektivste Mittel für fähige junge Menschen aus sozial schwachen Schichten, um in der wirtschaftlichen Hierarchie aufzusteigen. Denn Erziehung und Ausbildung – und ich meine damit alle Formen der Ausbildung – bilden die Hauptform des Kapitals in einer modernen Wirtschaft. Entsprechend ist die Frage der Einkommensungleichheit in weitem Maße eine Frage, wie man für eine Gleichheit der Startbedingungen beim Zugang zu Investitionen in das Humankapital sorgt.

Erbschaften spielen natürlich eine Rolle bei der Entstehung von Ungleichheiten, aber eine geringere, als oft angenommen wird. Viel wichtiger als Quelle der Ungleichheit des Einkommens in einer modernen Wirtschaft ist die Ungleichheit in der Art der Erziehung, Fürsorge und Betreuung, die Kinder von ihren Eltern in den Familienhaushalten erfahren. Denn diese wirkt sich auch auf die Art der Ausbildung aus, die die Kinder während der Schulzeit erhalten. Die Schule baut auf dem auf, was von der Familie geleistet worden ist. Kommt man aus einer Familie, die ihre Kinder schlecht für das weitere Leben vorbereitet hat, so fallen sie mit der Zeit immer weiter hinter die anderen zurück, die von ihrer Familie mit viel besseren Voraussetzungen versehen worden sind. Das ist das zentrale Problem, das die Gesellschaft m.E. angehen muss, um die strukturellen Nachteile bestimmter Familien zu überwinden.

Folgerungen für die staatliche Familien- und Bildungspolitik

Im letzten Teil meines Vortrags möchte ich einige Überlegungen zu möglichen Folgerungen für die staatliche Familien- und Bildungspolitik anstellen.

1. Wo sollte der Staat ansetzen, wenn er eine Verbesserung des Bildungsstandes erreichen und die Nachteile, denen ein Teil der Familien ausgesetzt ist, überwinden will? Je nachdem, ob es sich um ein armes oder ein wohlhabendes Land handelt, wird man unterschiedliche Maßnahmen ergreifen.

Finanzielle Anreize zur Sicherstellung des Schulbesuchs armer Kinder in Mexiko

Ich möchte hier über ein Beispiel aus Mexiko, dem Nachbarland der Vereinigten Staaten, berichten. Mexiko ist ein sehr armes Land. Sicherlich nicht das ärmste auf der Welt, aber zweifellos gemessen an den Standards von Deutschland oder den USA. Und in Mexiko gibt es natürlich viele sehr arme Familien. Mexiko hat kürzlich ein ziemlich umfassendes familien- und bildungspolitisches Programm umgesetzt, – ein Programm, an dessen Ausarbeitung ich auch beteiligt war. Zielgruppe dieses Programms, das den Namen *Progreso* trägt, sind zwei Millionen Familien. Dabei geht es hauptsächlich um Familien im ländlichen Süden des Landes, der als der ärmste Teil des Landes gilt. Über viele der dort herrschenden Probleme ist in der internationalen Presse ausführlich berichtet worden, als dort eine Guerillabewegung entstanden war.

Kern des Programmes war die Zahlung finanzieller Zuwendungen an diese extrem armen Familien. Diese war allerdings an eine Voraussetzung gebunden. Die Familien sollten sicherstellen, dass ihre Kinder weiter die Schule besuchen würden. Die Schulen waren gehalten zu kooperieren, indem sie über die Teilnahme der Schüler Bericht erstatteten. Darüber hinaus waren die Eltern dafür verantwortlich, dass ihre Kinder sich regelmäßig Gesundheitsuntersuchungen unterzogen. Nachdem das Programm über 4 bis 5 Jahre gelaufen war, ergab sich aus den vorliegenden Daten, dass diese Familien ihre Kinder tatsächlich länger in der Schule behalten, also sie nicht frühzeitig als Arbeitskraft dem Arbeitsmarkt zur Verfügung gestellt haben.

Faktisch „besticht" dieses Programm die Eltern. Es bietet ihnen einen finanziellen Anreiz, entsprechend zu handeln. Es reicht nicht, die Schulpflicht für alle einzuführen. In Mexiko besteht allgemeine Schulpflicht; aber die Eltern handeln nicht entsprechend, weil sie ihre Kinder zur Arbeit schicken. Diese verdienen nur wenig, aber dieses wenige ist eine ganze Menge für die armen Haushalte. Das Programm ist äußerst realitätsbezogen. In Kenntnis der vorherrschenden Verhaltensweisen der Armen versucht das Programm, neue Verhaltensspielräume zu eröffnen. Es erkennt die Verhaltensengpässe der armen Familien an und versucht, diese aufzubrechen. Die Widerstände sind nicht völlig beseitigt worden. Aber vier Jahre Programmerfahrung zeigen, dass das Programm bei der Verbesserung der schulischen Bildung dieser Kinder aus armen Familien wirksam war. Dies wird letztlich das Einkommen und den beruflichen Erfolg dieser Kinder in der Zukunft positiv beeinflussen.

Das Programm hatte noch einen sehr interessanten Nebenzweig. In armen Gesellschaften werden Mädchen in der Regel schlechter als Jungen ausgebildet und das gilt auch für Mexiko. Entsprechend war das Programm so ausgelegt, dass Familien einen etwas höheren Förderbetrag erhalten sollten, wenn sie sicherstellten, dass ihre Töchter weiter die Schule besuchten. Mit diesem zusätzlichen Förderbetrag gelang es dem Programm, den Erziehungs- und Bildungsunterschied zwischen Jungen und Mädchen in der Zielgruppe der armen Familienhaushalte zu vermindern.

Förderung von Kleinkindern aus benachteiligten Familien in den USA

Wohlhabendere Länder haben nicht dieses Problem. In diesen Ländern ist eher der Umstand problematisch, dass die Kinder in ihren jeweiligen Familien unterschiedlich gut auf die Schule und alle weiteren Herausforderungen im Leben vorbereitet werden. Wie kann man dieses Problem politisch angehen? Wenn die Kinder 10 oder 15 Jahre alt sind, ist es oft zu spät, hier noch gegensteuern zu können. Das haben Untersuchungen eindeutig gezeigt. Man muss also sehr viel früher beginnen. Wie man da vorgeht, ist allerdings nicht einfach zu sagen.

In den USA haben wir eine Reihe von sehr kostspieligen Programmen unter dem Namen „Head Start" auf den Weg gebracht. Zielgruppe sind Kinder im Alter von 3 Jahren, die aus afrikanisch-amerikanischen Familien oder aus anderweitig benachteiligten Familien stammen. Diese Kinder erhalten eine besondere Form der Förderung. Ziel ist die Beseitigung der schon erkennbaren Defizite. Eine Evaluation dieser mit erheblichen Mitteln ausgestatteten Programmreihe hat ergeben, dass sie schon auf kurze Frist erfolgreich zu sein schien. Jetzt, nachdem sie 10 oder 15 Jahre gelaufen ist, weiß man auch, dass die frühen Förderungsmaßnahmen langfristig erfolgreich waren.

2. Bei einer Vielzahl von Gelegenheiten habe ich angemahnt, unsere Volkseinkommensstatistik, die große Mängel aufweist, zu verändern. So werden Ausgaben für Erziehung und Ausbildung in Familie und Schule nicht als Investitionsausgaben verbucht. Wenn man also wissen will, wie hoch die Investitionen in Deutschland sind, dann erhält man Angaben über die Ausgaben für maschinelle Ausrüstungen, Produktionsgebäude und Infrastruktureinrichtungen. Aber was ist z.B. mit den Personalausgaben im schulischen Bereich? Wir leben in modernen Volkswirtschaften. Der größte Teil der Investitionen in den heutigen Industrieländern fließt nach meinen Berechnungen in das Humankapital, nicht in das materielle Produktivkapital. Maschinen und Produktionsgebäude sind wichtig, aber nicht so wichtig wie Humankapital. Aber unsere Berechnungen in der Volkswirtschaftlichen Gesamtrechnung (VGR) werden diesem Bedeutungswandel nicht gerecht. Dies ist eine Unzulänglichkeit, deren Korrektur ich für nötig halte. Und es stimmt nicht, dass dies nicht machbar wäre.

Wert der Erziehungs- und Familienarbeit von Müttern
bleibt im Sozialprodukt unberücksichtigt

Ein weiteres Defizit der VGR betrifft die Arbeitszeit von Frauen im privaten Haushalt. Wir können sie berechnen. Wirtschaftsforscher haben Schätzungen über den monetären Beitrag der Hausfrauenarbeit in einer richtig berechneten Volkseinkommensziffer vorgenommen. Wenn die Zeit, die Mütter für die Erziehung und Versorgung ihrer Kinder aufwenden, mit einem monetären Wert belegt wird, dann hat man einen wichtigen Teil der volkswirtschaftlichen Investitionen berechnet. Es geht hier also um einen Zeitaufwand, der investiven Charakter hat. Sicherlich sind derartige Schätzungen schwieriger als die Berechnungen der Investitionen in die schulische Ausbildung. Aber man kann hier vorankommen. Es gibt genügend Untersuchungen für eine Vielzahl von Industrie- und Entwicklungsländern. Die Untersuchungen legen nahe, dass ein adäquat berechnetes Volkseinkommen um ca.15 bis 25 Prozent höher liegen würde, wenn man die Zeit von Hausfrauen und Müttern, die auf die Erziehungs-, Haus- und Familienarbeit entfällt, angemessen bewerten würde.

Aber, was würde das bringen? Für sich genommen ist es nur eine Berechnung. Aber darüber hinaus wäre es eine Anerkennung, eine überfällige Anerkennung der Tatsache, dass Frauen, die sich primär um die Versorgung und Erziehung der Kinder kümmern, nicht nur einer Arbeit nachgehen, sondern dass sie erheblich zum Humankapital der Gesellschaft beitragen. Das ist etwas, was wir anerkennen, wenn wir darüber auf wissenschaftlichen Kongressen reden. Aber bis heute bleibt der Wert der Hausfrauenarbeit in der Volkseinkommensstatistik unberücksichtigt. Ich plädiere dafür, dass man mit Versuchen zu dessen Einbeziehung in die VGR beginnen sollte. Das ist sicherlich kein einfaches Unterfangen. Ich kann mir aber nicht eine adäquate Berechnung zum Ziel nehmen, wenn man nicht damit anfängt. Aber man muss sie wollen.

Berechnungen und Schätzungen sind wesentlich Erfahrungssache. Und die Erfahrung zeigt, dass fast alles gemessen und berechnet werden kann. Nicht konzeptionelle Dinge stehen dem entgegen. Es ist eine Frage, wie man den Konservativismus von Leuten überwindet, die in den Statistischen Ämtern der Welt mit der Berechnung des Volkseinkommens befasst sind. Man muss weiter Druck auf die amtliche Statistik ausüben, indem man immer wieder auf die Wichtigkeit dieser Neuerungen in einer erweiterten Volkseinkommensstatistik hinweist. Einerseits benötigen Wirtschaftswissenschaftler und Soziologen diese Berechnungen, aber auch Frauengruppen erheben dafür ihre Stimme. Die Berechnungen mögen am Anfang unbefriedigend sein. Aber im Zeitverlauf werden sie immer besser. Das hat die Geschichte der Volkseinkommensberechnung gezeigt. Man begann damit etwa um 1930. Sie sind heute vergleichsweise ausgereift, obwohl sie immer noch Unzulänglichkeiten aufweisen. Wenn wir also weitere Fortschritte in der beschriebenen Richtung machen wollen, dann müssen wir vor allem die Bedeutung dessen anerkennen, was wir berechnen wollen.

Einwanderung ist ökonomisch sinnvoll

3. Der dritte Bereich betrifft die Frage der niedrigen Geburtenraten. Dabei sind eine Reihe von Aspekten zu beachten. Über einen – nämlich die Einwanderung – wurde gestern gestritten. Einwanderung kann nicht das Geburtenproblem in einem Land vollkommen lösen. Ich stimme aber nicht mit der Auffassung überein, dass Einwanderung für die Gesellschaft nicht von Nutzen sein könnte. Deutschland hat vor einigen Jahrzehnten ein hohes Maß an Immigration erlebt. Es hat vielleicht einen höheren Anteil an Auslandsstämmigen als die Vereinigten Staaten, die als Einwanderungsland gelten. Immigration kann helfen. Ein Großteil der Argumente, die gestern gegen Immigration vorgebracht worden sind mit der Stoßrichtung, dass sie für das Herkunftsland der Einwanderer schädlich sei, ist unsinnig. Da nehme ich kein Blatt vor den Mund. Das ist vollkommener Unsinn.

Ich glaube, dass Einwanderung auch den Herkunftsländern hilft. Die geschichtliche Erfahrung zeigt, dass die Länder, die eine große Zahl von ausgebildeten Arbeitskräften an das Ausland abgegeben haben, letztlich doch schneller wirtschaftlich gewachsen sind als andere Länder. Woran liegt das? Einige der Arbeitskräfte kehren zurück; auch die Geldüberweisungen der Einwanderer spielen eine große Rolle. In einem allgemeineren Sinne übertragen sie Gewohnheiten und Lebensstile der entwickelten Industrieländer auf ihre Länder, was dort einen dynamisierenden Effekt hat. Nach meinem Urteil ist der „brain drain" (die Übertragung von Intelligenz und Kompetenzen von den Herkunfts- in die Aufnahmeländer, d. Ü.) nicht als erheblich einzustufen. Einwanderung ist generell für ein Land förderlich. Und ein Land wird dazu in der Lage sein, seine Emigranten wieder zurückzuholen, wenn es ihnen eine attraktive Umwelt bietet. Wenn ein Land das nicht schafft, hat es auch nicht verdient, dass die Emigranten wieder zurückkommen.

Für allgemeine, unkonditionierte staatliche Geldleistungen
zur Förderung der Geburtenzahl

Eine weitere Frage, die sich aus der Tatsache der niedrigen Geburtenrate ergibt, ist, ob man politisch die Geburtenzahl durch monetäre Förderungsmaßnahmen anregen sollte? Eine allgemeine finanzielle Förderung von Familien durch den Staat ist in dem Maße gerechtfertigt, in dem sie mit der Kindererziehung einen Nutzen für die Gesellschaft erzeugen. Ich möchte hier nicht ausführlich die Pros und Contras erörtern. Aber in einer Sache ist meine Auffassung ganz klar. Wenn man mit monetären Mitteln die Geburtenzahl fördern will, dann sollte man dies mit allgemeinen, unkonditionierten Förderungsmaßnahmen machen. Das mag sehr großzügig klingen. Ich bin allerdings nicht der Meinung, dass spezifische Maßnahmen besser wären. Ob eine staatliche Geldleistung an die Eltern einkommensabhängig oder einkommensunabhängig sein sollte, verdient eine intensive Diskussion. Wenn man ersterem zustimmt, würde dies einen größeren Anreiz zu mehr Geburten für Menschen aus den unteren Einkommensgruppen als für solche aus den höheren bedeuten. Gleichzeitig wird heute beklagt, dass die Geburtenrate höher gebildeter Frauen und solcher mit höherem Einkommen in vielen westeuropäischen Ländern zu niedrig ist, dass es also eine negative Korrelation zwischen dem Ausbildungsniveau und dem Einkommen eines Haushalts und dessen Geburtenzahl gibt. Wenn jetzt ein derartiger einkommensabhängiger monetärer Transfer eingeführt würde, würde sich wahrscheinlich die Schere zwischen den Geburtenraten am unteren und oberen Einkommensende weiter öffnen.

Meines Erachtens sollte eine staatliche Geldleistung als generelle Förderung vorgesehen werden, so dass die Familien selbst entscheiden könnten, wie sie mit den Förderungsbeträgen umgehen wollen. Das hängt im Einzelfall davon ab, wie die Frau ihre Rolle im Haushalt definiert, ob sie lieber zuhause bleiben und sich um die Kinder kümmern will oder ob sie einer Erwerbsarbeit nachgehen will und dann auf dem Betreuungsmarkt Betreuungsleistungen einkauft.

Gestern wurde behauptet, dass die niedrige Geburtenrate in Deutschland damit zusammenhängen würde, dass es kein öffentliches Betreuungsangebot für Kinder im Alter von 0 bis 5 Jahren gibt. In den Vereinigten Staaten gibt es überhaupt kein öffentliches Angebot für Kinderbetreuung. Und wir haben eine viel höhere Geburtenrate als Deutschland. Der Großteil der Familien sucht sich auf dem Markt Betreuungspersonen. Arme Familien müssen ihre Kinder eher einfachen Betreuungseinrichtungen überlassen. Die wohlhabenderen Familien wollen natürlich beim Kindergarten den Mercedes-Standard. Sie geben dafür sehr viel Geld aus. So zeichnet sich der Betreuungsmarkt durch eine große Vielfalt aus. Der Markt – vorausgesetzt, dass er flexibel reagieren kann – kann das leisten.

Natürlich ist es legitim, sich gegen großzügige monetäre Zuwendungen des Staates zugunsten kindererziehender Eltern auszusprechen. Meines Erachtens sollten die geldlichen Leistungen jedoch in allgemeiner Form vergeben werden. Und die Entscheidung, wie darüber verfügt wird, sollte der Familie überlassen werden.

Trend zur Frühverrentung führt zur Vernichtung eines Großteils des Humankapitals

Eine weitere Implikation der niedrigen Geburtenraten in Industrieländern betrifft die Auswirkungen auf die Altersversorgung. Eines der großen Probleme, die Europa angehen muss, liegt m.e. nicht nur im vorherrschenden Umlageverfahren der Rentenversicherung, obwohl ich ein kapitalbasiertes System favorisiere.

Ich denke, das große Problem in Europa liegt im niedrigen Durchschnittsalter von 58 Jahren bei der Verrentung. Das scheint mir sehr seltsam zu sein in einer Welt, in der es den Menschen physisch und mental immer besser im Vergleich zu früher geht. Wir sind geistig gesünder und wir sind körperlich gesünder. Viele Leute, die Mitte 50 sind, würden gerne weiterarbeiten. Ich bin selbst ein gutes Beispiel dafür. Aber viele Systeme der sozialen Sicherheit sind so strukturiert, dass es viel attraktiver ist, sich frühzeitig verrenten zu lassen als noch weiter zu arbeiten.

Durch diesen Trend zur Frühverrentung vernichtet jede Gesellschaft einen Großteil ihres Humankapitals, und zwar von Menschen mit großer Erfahrung und Begabung. Immer wieder hört man, dass man für wirtschaftliche Innovationen jüngere Leute braucht. Das ist bis zu einem bestimmten Ausmaß richtig. Aber ältere Menschen verkörpern einen großen Erfahrungsreichtum und vielfältiges Wissen, was in mehrfacher Hinsicht wichtiger ist als die Fähigkeiten oder die Flexibilität von jüngeren Menschen. Eine gesunde Wirtschaft ist nicht eine Wirtschaft, die sich ausschließlich auf junge Leute stützt. Eine gesunde Wirtschaft zeichnet sich durch eine Mischung älterer und jüngerer Arbeitskräfte aus.

Wenn Arbeitskräfte heute mit 55 Jahren in Rente gehen und sie eine Lebenserwartung von 85, bald vielleicht von 90 Jahren haben, dann bedeutet das, dass sie ca. 35 Jahre im Ruhestand verbringen werden. Das ist auch in Ordnung, wenn jemand es so will. Aber man sollte das System der Altersversorgung nicht so strukturieren, dass man einen künstlichen Anreiz zur Frühverrentung schafft. Meines Erachtens ist das das Problem in vielen europäischen Ländern.

Auch in den Vereinigten Staaten ist es ein Problem, wenn auch weniger gravierend. Wir sind dabei, das Ruhestandsalter auf 67 und 68 Jahre anzuheben. Wenn man in Zukunft das Alter von 68 Jahren erreicht haben wird, kann man, wenn man will, weiter arbeiten, so lange man will, und gleichzeitig die volle Rente beziehen. Derartige Reformen im System der Altersversorgung können die Belastungen durch eine anhaltend niedrige Geburtenrate vermindern. Gleichzeitig bliebe der Gesellschaft ein wichtiger Teil des Humankapitals erhalten. Letztlich stehen sich – das ist meine Meinung – alle durch solche Maßnahmen besser.
(aus dem Englischen übersetzt von Christian Leipert)

Der verfassungsrechtliche Auftrag zu einer familiengerechten Wirtschafts- und Steuerordnung

Paul Kirchhof

Wenn wir uns die Zukunft einer humanen Gesellschaft erhoffen, wird uns bewusst, dass dieses Humanum nur in einer freiheitsfähigen Jugend liegen kann, die unsere hohen kulturellen, wirtschaftlichen und politischen Standards aufnimmt und weiter entwickelt. Die Voraussetzungen für eine solche Zukunft in Deutschland sind allerdings nicht günstig. Wir haben zu wenig Kinder, zu wenig erziehungsbereite Eltern, zu wenig kindgerechte Programmdisziplin bei den Miterziehern der modernen Medien, eine hohe Jugendkriminalität und deutliche Wertungsschwächen in Staat, Wirtschaft und Gesellschaft. Eine Gesellschaft ohne freiheitsfähige Jugend aber wäre eine Gesellschaft ohne Zukunft. Deshalb stellt sich uns gegenwärtig die Grundsatzfrage, wie wir das vor uns liegende Jahrhundert in der Verantwortung unserer Demokratie, unseres Wirtschaftssystems und unserer Kulturstaatlichkeit so organisieren, dass die jungen Menschen ihre Bereitschaft zum Kind entfalten und durch die rechtlichen und wirschaftlichen Rahmenbedingungen nicht an der Gründung einer Familie gehindert werden.

Eine freiheitliche Verfassung gibt die Entscheidung für die Ehe und für das Kind, damit die Familie in die Verantwortlichkeit der freiheitsberechtigten Menschen. Wie das Gelingen einer freien Marktwirtschaft von der Bereitschaft zur Erwerbsanstrengung abhängt, die Entfaltung des Kulturstaates von der individuellen Kraft zu Wissenschaft, Kunst und Religion, der Erfolg der Demokratie von der Beteiligung an Wahlen und der Mitwirkung in Staatsorganen, so gewinnt ein freiheitlicher Staat seine Zukunft nur, wenn die Staatsbürger sich für das Kind und für die Elternverantwortung entscheiden.

1. Trend und Wertekontinuität

Deshalb muss der Verfassungsstaat günstige Rahmenbedingungen für Familien schaffen und die Zukunftsbereitschaft der Menschen festigen. Gegenwärtig allerdings scheint sich eine gegenläufige Entwicklung der Zukunftsvergessenheit und Selbstaufgabe anzubahnen. Wenn wir einen Trend zu immer weniger Geburten, einer sich verringernden Leistungsfähigkeit unserer Kinder, weniger Eheschließungen und wachsender Scheidungsraten beobachten, veranlasst diese Entwicklung bisher kaum energische Gegenwehr, sondern führt zu der normativen Todsünde, einen Trend zum Wertewandel zu erklären. Die Fehlentwicklung wird mit einem entsprechenden Wandel der Werte gleichgesetzt, damit der Maßstab für richtig oder falsch, für gut oder schlecht aufgegeben und so eine kritische Würdigung unserer Gegenwart, ihrer Ursachen und der Verantwortlichen erübrigt.

Diese Gleichsetzung von Fehlentwicklung und Wertewandel ist genauso töricht wie etwa die Behauptung, wegen der täglichen Verkehrstoten in Deutschland sei der Schutz des Lebens als ein Grundsatzwert unserer Verfassung aufgegeben worden. Wenn Werte verletzt werden, müssen die Anstrengungen zur Beachtung der Werte gesteigert, nicht aber die Werte in Frage gestellt werden. Der Wertewandel bemisst sich nicht allein nach einem faktischen Verhalten der Menschen, sondern wird in der Regel durch eine Änderung der Verfassung vollzogen, die gesteigerte Anforderungen an eine Vergewisserung über die gegenwärtigen Werte, ihre demokratische Legitimation und ihre Abänderbarkeit im Rahmen universaler Menschenrechte voraussetzt.

Im Übrigen fehlt der These, der Wert von Ehe und Familie sei gegenwärtig in Deutschland nicht mehr anerkannt, die tatsächliche Grundlage. Empirische Erhebungen und persönliche Erfahrungen lehren, dass die jungen Menschen sich vor allem ein Kind wünschen, die älteren ein Enkelkind. Dieser Wille wird nur dann nicht hinreichend zur Geltung gebracht, wenn die Entscheidung für das Kind und seine Erziehung den endgültigen Abschied aus dem Berufsleben bedeutet, das Kind zu einem Armutsrisiko wird, die Kulturleistung der Eltern für das Kind im Vergleich zur beruflichen Erwerbsleistung gering geschätzt wird. Hätten wir heute noch die Lebensverhältnisse des 19. Jahrhunderts, in dem Familientätigkeit und Erwerbstätigkeit am selben Ort – im landwirtschaftlichen und gewerblichen Betrieb – gemeinsam von den Eltern ausgeübt wurde und Kinderreichtum die alleinige Sicherheit für Alter, Krankheit und Arbeitslosigkeit bot, so hätten wir die Rahmenbedingungen, nach denen sich das individuelle Glück des eigenen Kindes und die gemeinsame Zukunftsoffenheit in einer freiheitsfähigen Jugend entfalten kann.

Nun wird niemand den Weg zurück ins 19. Jahrhundert beschreiten, wohl aber unsere Zukunft in Familie und Kind sichern wollen. Das Grundgesetz stellt Ehe und Familie unter den besonderen Schutz der staatlichen Ordnung, verlangt also rechtliche, soziale und wirtschaftliche Vorkehrungen, so dass die jungen Menschen die Lebensform der Ehe, also der Gemeinschaft von Mann und Frau und damit der potentiellen Elternschaft wählen und in dieser Ehe sich für Kinder entscheiden und diesen die Geborgenheit ihrer Familien bieten. Der Gesetzgeber allerdings hat durch die so genannten „Lebenspartnerschaft-Gesetze" Anreize für Lebensformen geschaffen, aus denen keine Kinder hervorgehen können. Zugleich lenkt er von der Verfassungserwartung allgemeiner Elternverantwortlichkeit ab und stärkt die Zukunftsvergessenheit, wenn er die Öffentlichkeit Glauben machen will, unsere demokratische, wirtschaftliche und kulturelle Zukunft sei durch Einwanderung zu lösen. Selbst wenn der Staat Einwanderer gewinnen würde, die sich sogleich integrieren und unsere hohen Maßstäbe des Rechts, der Kultur, der Wirtschaft und Technik mittragen und fortentwickeln könnten, würde unsere Gesellschaft weiterhin überaltern. Zudem wird der Staat dieses Personal nicht aus

Ländern mit ähnlichen Lebensverhältnissen, sondern nur aus Schwellenländern gewinnen, diesen Ländern also einen Teil ihrer leistungs- und freiheitsfähigen Jugend nehmen. Auf ein solches Konzept der Ausbeutung sollte ein Staat seine Zukunft nicht stützen.

2. Familientätigkeit und Erwerbstätigkeit

Geboten ist stattdessen die Wiederherstellung einer Wirtschafts- und Rechtsordnung, die ihre eigene Zukunft in sich selbst findet. Deshalb muss der Gesetzgeber – wie das Bundesverfassungsgericht sagt – Grundlagen dafür schaffen, dass Familientätigkeit und Erwerbstätigkeit aufeinander abgestimmt werden können und die Wahrnehmung der familiären Erziehungsaufgabe nicht zu beruflichen Nachteilen führt. Vor allem die Erziehungsleistung der Eltern muss anerkannt und das heißt in einer Gesellschaft, in der Honor und Honorar eng beieinander liegen, durch Zahlung eines Familiengeldes oder Erziehungsgehaltes gewürdigt werden. Solange ein Wirtschaftssystem die Leistungen der Lehrerin, der Kindergärtnerin oder Sozialtherapeutin durch Einkommenszahlung entgilt, eine entsprechende Leistung der Mutter ohne zeitliche Beschränkung und Urlaubsanspruch im Stichwort der „Schattenwirtschaft" aber nur als Schatten zur Kenntnis nimmt, ist der Verfassungsauftrag des Schutzes von Ehe und Familie und des besonderen Schutzes der Mutter unerfüllt.

Praktische Erfahrungen mit einer betrieblichen Rückkehrgarantie, die den Eltern nach Erfüllung ihres Erziehungsauftrages die Rückkehr in ihren vormaligen Beruf rechtlich sichern, sind ermutigend. Sie fördern die Familie und sind auch betriebswirtschaftlich für den einzelnen Betrieb ein Gewinn, weil der Betrieb Arbeitskräfte zurückgewinnt, die in der Begleitung, Betreuung und Erziehung des Kindes wertvolle Lebenserfahrung und Berufsdisziplin in die Betriebe tragen. Allerdings wird der Gesetzgeber zu erwägen haben, ob er die Finanzierung eines solchen Zukunftsprojektes überbetrieblich organisieren muss, weil die Betroffenheit der einzelnen Betriebe durch Mutter- und Elternschaft sehr unterschiedlich ist, sie im Übrigen je nach Art und Größe der Betriebe auch nur sehr unterschiedlich aufgefangen werden kann.

Art. 6 Abs. 4 GG gibt jeder Mutter einen Anspruch auf den Schutz und die Fürsorge der Gemeinschaft und verpflichtet derzeit den Gesetzgeber insbesondere, „Grundlagen dafür zu schaffen, dass Familientätigkeit und Erwerbstätigkeit aufeinander abgestimmt werden können und die Wahrnehmung der familiären Erziehungsaufgaben nicht zu beruflichen Nachteilen führt". „Dazu zählen auch rechtliche und tatsächliche Maßnahmen, die ein Nebeneinander von Erziehungs- und Erwerbstätigkeit für beide Elternteile ebenso wie eine Rückkehr in eine Berufstätigkeit und einen beruflichen Aufstieg auch nach Zeiten der Kindererziehung ermöglichen".

Gerade die jungen Familien leiden heute daran, dass die vom Grundgesetz angebotene Familien- und Berufsfreiheit nicht gleichzeitig wahrgenommen werden kann. Die durch die Erfordernisse der Industriegesellschaft bedingte Trennung der Orte für Erwerbstätigkeit und Familientätigkeit hat zur Folge, dass die Eheleute sich jeden Morgen entscheiden müssen, ob sie in der Familienwohnung bleiben und die Kinder erziehen oder aber den Arbeitsplatz aufsuchen und damit für die Kindererziehung nicht zur Verfügung stehen. Diese räumliche Trennung von Familienwohnung und Arbeitsplatz zwingt zu einer Entscheidung zwischen Familien- und Berufstätigkeit. Diese schroffe Alternativität sucht das Bundesverfassungsgericht mit der Forderung nach einer detaillierten Abstimmung von Familientätigkeit und Erwerbstätigkeit zu überwinden.

3. Das Rentenrecht

Als wirtschaftlicher Wert der Erziehungsleistung verbleibt der Unterhaltsanspruch der Eltern gegen ihre Kinder, der ihnen in Notfällen – insbesondere bei Krankheit, Arbeitslosigkeit, Invalidität und Alter – Unterhalt und Beistand durch ihre Kinder sichert.

Dieser wirtschaftliche Wert der Erziehungsleistung ist aber im Generationenvertrag der öffentlichen Sozialversicherung kollektiviert und von der familiären Erziehungsleistung sogar weitgehend gelöst worden. Die sozialstaatliche Errungenschaft der öffentlichen Sozialversicherung, die auch den Kinderlosen wirtschaftliche Sicherheit im Krisenfalle bietet, wird zu einem rechtsstaatlichen Skandalon, wenn dieser Generationenvertrag die alleinigen Träger dieses sogenannten Vertrages, die Eltern und in erster Linie die Mütter, aus eigenem Recht kaum beteiligt. Hier fordert der Verfassungsauftrag des Familienschutzes und der Gleichberechtigung von Mann und Frau strukturelle Veränderungen.

Die gesetzgeberische Entscheidung, dass die Kindererziehung als Privatsache, die Alterssicherung dagegen als gesellschaftliche Aufgabe gilt, benachteiligt die Familie, ohne dass es dafür angesichts der Förderungspflicht aus Art. 6 Abs. 1 GG einen zureichenden Grund gibt. Der Gesetzgeber hat deshalb „jedenfalls sicherzustellen, dass sich mit jedem Reformschritt die Benachteiligung der Familie tatsächlich verringert".

Das System der Sozialversicherung ist so auszugestalten, dass Erziehungsleistung und Erwerbsleistung gleichwertig berücksichtigt werden. Wenn gegenwärtig eine Beteiligung der Mütter am Generationenvertrag als „versicherungsfremde Leistung" missdeutet wird, so verweist die Verfassung demgegenüber auf die materielle Gleichwertigkeit von Kindererziehung und monetärer Beitragsleistung. Beiden Leistungen liegt eine vergleichbare Arbeitsanstrengung, ein gleicher Konsumverzicht und das gleiche Angewiesensein auf Sicherheit und Bedarfsdeckung zu Grunde. Kindererziehung und monetäre Beitragsleistung sind deshalb beides Grundlagen der öffentlichen Sozialversicherung, die zu gleichwertigen Leistungen führen. Vertretbar wäre es allerdings, die besondere Leistung der Eltern für den Generationenvertrag durch bevorzugte Leistungsansprüche zu berücksichtigen.

4. Das Steuerrecht

Ehe und Familie erfahren zudem nur einen ausreichenden verfassungsrechtlichen Schutz, wenn der steuerliche Zugriff auf das individuelle Einkommen ehe- und familiengerecht gestaltet wird. Auch hier ist der Begriff von Ehe und Familie ein wesentlicher Ausgangs- und Orientierungspunkt für die Entwicklung des Steuerrechts.

Die Ehe ist eine Erwerbsgemeinschaft, die auch vom Einkommensteuergesetzgeber im Splittingverfahren aufgenommen und anerkannt werden muss. Das Ehegattensplitting ist deshalb „keine beliebig veränderbare Steuervergünstigung", sondern „unbeschadet der näheren Gestaltungsbefugnis des Gesetzgebers eine an dem Schutzgebot des Art. 6 Abs. 1 GG und der wirtschaftlichen Leistungsfähigkeit der Ehepaare (Art. 3 Abs. 1 GG) orientierte sachgerechte Besteuerung". Das Einkommensteuerrecht findet eine von Art. 6 Abs. 1 GG geschützte eheliche Gemeinschaft vor, in der allein die Ehegatten eheintern die Aufgaben der Erwerbs- und Ehegestaltung verteilen, dem Staat gegenüber aber gemeinsam als Erwerbs- und Lebensgemeinschaft auftreten.

Damit wird die eheliche Erwerbsgemeinschaft, an der dem Staat wegen seiner eigenen Zukunft besonders gelegen ist (Art. 6 Abs. 1 GG), lediglich den sonstigen Erwerbsgemeinschaften, etwa der Gesellschaft des bürgerlichen Rechts, der OHG oder der KG gleichgestellt.

Auch in diesen Erwerbsgemeinschaften werden steuerpflichtige Einkommen gemeinsam erzielt, dann aber für den Zweck der Individualbesteuerung auf die einzelnen Beteiligten aufgeteilt. Deswegen fordert der allgemeine Gleichheitssatz – insoweit nicht anders als der besondere Gleichheitssatz des Art. 6 Abs. 1 GG – eine Gleichstellung all dieser Erwerbsgemeinschaften.

Im übrigen hätte die These, das Einkommen des einen Ehegatten dürfe dem anderen nicht anteilig zugerechnet werden, zur Folge, dass dann ein Ehegatte einkommenslos und deshalb sozialhilfeberechtigt wäre. Damit würde das Sozialrecht in ungewollter Weise zu einem Instrument der Familienfinanzierung.

Im Gegensatz zur Ehe ist die Familie keine Erwerbsgemeinschaft, sondern eine Unterhaltsgemeinschaft. Die Kinder haben in der Realität moderner Bildungs- und Ausbildungsansprüche kaum zum Unterhalt der Familie beizutragen, beanspruchen vielmehr selbst Unterhalt durch ihre Eltern. Deshalb erfasst das Einkommensteuerrecht das Kind nicht als Steuerpflichtigen, der einen Teil des elterlichen Einkommens mitverdient hat, sondern als Unterhaltsberechtigten, der die steuerliche Leistungsfähigkeit der unterhaltspflichtigen Eltern mindert.

Haben die Eltern einen Teil ihres Einkommens zur Erfüllung ihrer Unterhaltsschuld an ihre Kinder weiterzugeben, so steht das zum Kindesunterhalt verwendete Einkommen nicht zur Verfügung der Eltern, kann von diesen deshalb auch nicht zur Zahlung von Steuern verwendet werden. Die finanziellen Leistungsfähigkeit der Eltern ist in Höhe des Kindesunterhalts verringert. Deshalb muss der Unterhaltsbedarf der Kinder die einkommensteuerliche Bemessungsgrundlage bei den Eltern realitätsgerecht mindern. Das für die Eltern nicht disponible Einkommen ist nicht besteuerbar. Dadurch werden die Eltern den kinderlosen Personen mit gleichem Einkommen – horizontal – gleichgestellt.

Die Höhe des einkommenssteuerlich zu berücksichtigenden Kindesunterhalts bestimmt sich in einer folgerichtigen und widerspruchsfreien Rechtsordnung nach den zivilrechtlichen Vorgaben. Deshalb hat die Forderung, den notwendigen Kindesunterhalt voll abzuziehen, durchaus eine gewisse Plausibilität für sich. Doch erscheint es im Rahmen gesetzlicher Typisierung vertretbar, nicht den einkommensabhängigen Standard persönlicher Lebensführung, der für die Einkommenssteuer grundsätzlich unerheblich ist, zum Maßstab zu wählen, sondern den Unterhaltsbedarf im erforderlichen Minimum zu bestimmen und diesen in Anlehnung an das Sozialhilferecht zu berechnen.

Die Mindesterfordernisse eines Kindesunterhalts beschränken sich heute allerdings nicht auf ein bloßes sachliches Existenzminimum, das dem Kind Obdach, Kleidung und Nahrung sichert. Dieses Existenzminimum mag in der Nachkriegszeit bei Inkrafttreten des Grundgesetzes zutreffend gewesen sein, ist aber heute in unserer reichen Wirtschafts- und Kulturgesellschaft nicht mehr sachgerecht. Deshalb hebt das Bundesverfassungsgericht in einer neueren Entscheidung hervor, dass der Mindestbedarf derzeit neben dem Existenzbedarf auch einen Erziehungs- und Betreuungsbedarf umfasst. Der Erziehungsbedarf deckt die Aufwendungen, die Eltern aufzubringen haben, „um dem Kind eine Entwicklung zu ermöglichen, die es zu einem verantwortlichen Leben in dieser Gesellschaft befähigt", es also etwa in die moderne Welt der Mehrsprachigkeit einführt, an der Entwicklung des Computer- und Telekommunikationswesens teilhaben lässt, seine Bedürfnisse nach Reisen und internationalen Begegnungen maßvoll erfüllt. Der Betreuungsbedarf entsteht dadurch, dass die Kinder der persönlichen Zuwendung, Erziehung und Begleitung bedürfen (Art. 6 Abs. 2 GG), dies aber bei nicht eigenhändiger Erbringung durch die – beide erwerbstätigen – Eltern eine Finanzierung der zeitweisen Ersatzeltern, bei der Betreuung durch einen Elternteil dessen Einkommensverzicht zur Folge hat. Das Existenzminimum wird in Anlehnung an das Sozialhilferecht berechnet, der Erziehungsbedarf ähnlich dem bisherigen Haushaltsfreibetrag (§ 32 Abs. 7 EStG) bemessen, der Betreuungsbedarf in Anlehnung an den Abzugsbetrag für Kinderbetreuungskosten (§ 33 c EStG) quantifiziert.

5. Elterlicher Erziehungsauftrag und staatliche Schulhoheit

Die Zugehörigkeit von Eltern und Kindern begründet vor allem elterliche Pflichten, die von einem Schutzauftrag des Staates gestützt und ergänzt werden. Das Grundgesetz vermittelt eine Sicht des Menschen, der in das soziale Zusammenleben eingebettet und insoweit in seiner Beliebigkeit beschränkt ist. Der mit Würde und Freiheit begabte Mensch lebt nicht in der Vereinzelung, sondern in der Gebundenheit und Betreuung der Familie. Dementsprechend sind die Pflege und die Erziehung der Kinder nach Art. 6 Abs. 2 GG das natürliche Recht der Eltern und die zuvörderst ihnen obliegende Pflicht. Das Elternrecht ist dienendes Grundrecht, die

Familie grundrechtserfüllter Auftrag. Das Elternrecht ist eingebunden in die rechtliche und gesellschaftliche Ordnung, auf das Zusammenwirken mit privaten, gesellschaftlichen und öffentlichen Einflüssen angelegt, in den Rahmen der Wertungen der Rechts- und Kulturordnung gestellt, die für die jeweilige Gegenwart wesentlich durch die Familien geformt und an die nachfolgende Generation weitergegeben wird. Dementsprechend verweist Art. 6 Abs. 2 GG die „staatliche Gemeinschaft" in ein Wächteramt, das die Erziehung den Eltern anvertraut und den Staat lediglich zu einer Korrektur grober Fehler ermächtigt.

Die elterliche Erziehung wird so zu einer verlässlichen Quelle für Rechtskontinuität, Wertungssicherheit und Gestaltungskraft. Das Elternhaus vermittelt eine wertgebundene Weltsicht und sinnerfüllte Lebensweise, befähigt die Kinder zur Freiheit, gibt ihnen die Erfahrung und die Urteilskraft, um die vielfältigen Angebote unter einer freiheitlichen Verfassung auch tatsächlich wahrnehmen zu können.

Neben die elterliche Erziehung tritt für das Kind im schulpflichtigen Alter die staatliche Schulhoheit, die Wissen vermittelt, aber auch persönlichkeitsbezogen erzieht. Der staatliche Erziehungsauftrag bündelt das Elternrecht zu gemeinsamer, aufeinander abgestimmter Ausübung und steht gleichgeordnet neben dem elterlichen Erziehungsauftrag. In dieser staatlichen Erziehungskompetenz ist der Auftrag angelegt, alle Kinder zum Verständnis der Verfassung zu erziehen und den Kindern in der pluralistischen Gesellschaft die tragenden Grundwerte der Verfassung zu vermitteln. Die Erziehung zur Achtung der Menschenwürde, zum verantwortlichen Gebrauch der Freiheit, zur Vertrauenswürdigkeit, zu Leistungsbereitschaft und Pflichtbewusstsein, zu mitmenschlicher Rücksichtnahme und Schonung der materiellen und immateriellen Lebensgrundlagen ist nicht allein der Wahrnehmung des Elternrechts überlassen, sondern auch Inhalt des eigenständigen schulischen Erziehungsauftrages des Staates.

6. Familiäre Selbsthilfe und staatliche Intervention

Der verfassungsrechtliche Schutz von Ehe und Familie nimmt die in der Wirklichkeit vorgefundene Gemeinschaft der Ehegatten und die von Eltern und Kindern auf und macht sie zum Gegenstand einer Institutsgarantie, eines subjektiven Rechts und einer wertewahrenden Grundsatznorm. Die Ehe ist die rechtliche Form umfassender Bindung zwischen Mann und Frau, eine Lebens-, Haus-, Erwerbs-, Unterhalts- und Beistandsgemeinschaft, die grundsätzlich auf das Kind angelegt ist. Sie ist, wie das Bundesverfassungsgericht sagt, „alleinige Grundlage einer vollständigen Familiengemeinschaft und als solche Voraussetzung für die bestmögliche körperliche, geistige und seelische Entwicklung von Kindern". Die Familie ist die Gemeinschaft von Eltern und Kindern, die zunächst und zuvörderst als Lebens- und Erziehungsgemeinschaft geschützt wird, mit dem Heranwachsen des Kindes dann zur Hausgemeinschaft, später zur bloßen Begegnungsgemeinschaft werden kann. Ehe und Familie sind die Gemeinschaftsformen, in denen die

„auf Dialog angelegte geistige Natur des Menschen" ihre Entwicklungs- und Entfaltungsmöglichkeit findet, sind „Raum für Ermutigung und Zuspruch", „seelischen Beistand und seelische Stabilisierung". Daneben ist die Lebenshilfe, die der Einzelne in Ehe und Familie erhalten kann, von grundlegender Bedeutung für die Ordnung des Gemeinschaftslebens.

Verantwortliche Elternschaft und Erziehung erübrigt weitgehend staatliche Kinderbetreuung und Lebensbegleitung. Familiärer Unterhalt erspart öffentliche Sozialhilfe. Private Pflege ersetzt Dienstleistungen von Seniorenheim und Krankenhaus durch persönliche Zuwendung. Der eheliche und familiäre Dialog macht eine psychologische und therapeutische Beratung überflüssig. Ehe und Familie wirken bei Rechtsferne und drohender Rechtsverletzung ausgleichend und friedenstiftend und schützen so vor polizeilichen Eingriffen. Ehe und Familie sind damit Bedingungen der Freiheit, Voraussetzung für Rechtsstaat und Sozialstaat, der in seinen rechtlichen und ökonomischen Gestaltungsmöglichkeiten gänzlich überfordert wäre, würde das Kind nicht in der Geborgenheit der Familie zur Freiheitsfähigkeit erzogen, die Gesellschaft nicht in den Gemeinschaften von Ehen und Familien verantwortlich geformt, würden in einer arbeitsteiligen Gesellschaft und Wirtschaft nicht wesentliche Beistands- und Unterhaltspflichten der Ehe und Familie zugeteilt.

Wenn gegenüber diesen wirtschaftlichen Erwägungen eingewandt wird, das Glück, Kinder zu haben, sei für die Eltern Belohnung genug und bedürfe keiner Ergänzung durch geldwerte Zuwendung, so ist dieser Hinweis ebenso wenig überzeugend wie die Tatsache, dass das Glück, einen Beruf auszuüben, viel Freude an der eigenen Leistung, der Begegnung und der Anerkennung vermittelt und deshalb den Verzicht auf das Berufseinkommen nahe legt. Richtig ist das Gegenteil: Das Glück der Kinder wie das Glück des Berufs hat nicht Einkommensverzicht und Armut zur Folge, sondern muss innerhalb unserer Wirtschaftsordnung und deshalb unter Beteiligung an den Einkommensströmen erlebt werden können. Ehe und Familie sind von Verfassungs wegen auch in der jeweiligen Wirtschafts- und Sozialordnung zu schützen. Dies gilt insbesondere in einer Gesellschaftsordnung, in der Anerkennung, Einfluss und Existenzgrundlage durch Einkommen vermittelt werden.

Der Staat findet seine Zukunft in den Familien. Er baut auf die familiäre Bindung unter den Freiheitsberechtigten und die familiären Leistungen der Erziehung, des Beistandes, der Hausgemeinschaft, der privaten Pflege und auch des familiären Unterhalts, die der Staat nicht ersetzen könnte. Gäbe es die Ehen und Familien nicht, könnte der Rechtsstaat seine Freiheitlichkeit nicht bewahren, der Sozialstaat würde seine Leistungskraft überfordern. Mit den Familien steht deshalb auch der soziale Rechtsstaat auf dem Spiel.

Demographischer Wandel ist auch eine Chance

Georg Milbradt

1. Demographischer Wandel – in Ostdeutschland früher und intensiver

Der demographische Wandel ist endlich zum Thema geworden, dabei ist es nicht so, dass die Bevölkerungsfrage in den vergangenen Jahrzehnten keine Rolle gespielt hätte; unsere Archive und Bibliotheken belegen dies.

Die Folgen des demographischen Wandels sind bereits vor 30 Jahren aus den verschiedensten gesellschaftlichen Blickwinkeln betrachtet worden: Ökonomen, Soziologen, Mediziner, Geographen und Rechtswissenschaftler haben dazu wichtige Beiträge geliefert, aber es handelte sich dabei meist um Teilbetrachtungen. Man hat sich also mit Einzelproblemen befasst. Das gesamte Ausmaß der Entwicklung und die vielfältigen, sich gegenseitig bedingenden Folgen haben nur wenige gesehen und/oder auch sehen wollen.

Sie, meine Damen und Herren, haben sich heute bereits den ganzen Tag mit der Bevölkerungsentwicklung und ihren Folgen befasst. Ich möchte als jemand, der seit über zehn Jahren im Osten unseres Landes politisch arbeitet und sich früher an der Hochschule mit finanzwissenschaftlichen Fragen beschäftigt hat, versuchen, einige Aspekte zu ergänzen. Gerade im Osten unseres Landes sind die Konsequenzen der Bevölkerungsentwicklung bereits heute zu spüren und wir sind gefordert, Pionierarbeit in der politischen Umsetzung zu leisten.

Bevor ich zu einigen aus meiner Sicht wichtigen Schlussfolgerungen komme, möchte ich auf einzelne, insbesondere auch für Ostdeutschland aufschlussreiche Indikatoren eingehen: Der einstige Kinderreichtum in Europa wurde innerhalb nur einer einzigen Generation drastisch reduziert. In den ostdeutschen Ländern kam es nach der Wende zu einem extrem ausgeprägten Geburtenrückgang. Hier muss man schon fast von einem Verzicht auf Kinder überhaupt sprechen. Die tatsächliche Kinderzahl je Frau sank z. B. in Sachsen im Jahre 1994 auf die weltweit bemerkenswerte Größe von 0,77. Die Kinderzahl ist seither wieder angestiegen. Sie lag mit 1,27 in Sachsen im Jahre 2000 aber noch immer unter dem deutschen Durchschnittswert von 1,36 Kindern, und damit weit unter dem sogenannten „Bestandserhaltungsniveau" von 2,1 Kindern je Frau. Mit anderen Worten: Wir sind weit davon entfernt, die vorausgegangene Generation zahlenmäßig ersetzen zu können.

In Ostdeutschland, also auf dem Gebiet der früheren DDR, leben heute bereits weniger Menschen als vor dem Zweiten Weltkrieg. In Mitteleuropa ist das bislang eine einmalige Situation – eine Situation, die ein Umdenken erfordert, denn wir waren es in Politik und Gesellschaft jahrzehntelang gewohnt, mit Wachstum umzugehen, ja Wachstum zu verwalten. Uns fehlt die Erfahrung, wie man mit einer abnehmenden Bevölkerung als Land leistungsfähig bleibt. Zudem ist die Bevölkerung im Osten Deutschlands im Durchschnitt älter als im Westen: Mit einem Alter von 42,9 Jahren waren beispielsweise die Einwohner Sachsens im Jahre 2000 fast zwei Lebensjahre älter als im gesamtdeutschen Durchschnitt. Und die Bundesrepublik steht, wie Sie wissen, beim Durchschnittsalter zusammen mit Italien an der Spitze der EU-Staaten. Ostdeutschland gehört deshalb zu den Regionen, die früher als andere Regionen in Europa vor der umfassenden demographischen Herausforderung stehen. Gewiss ist aber, dass früher oder später alle Regionen vor einer vergleichbaren Herausforderung stehen werden.

Wenn wir schon früher als andere gezwungen sind, uns mit einer alternden Gesellschaft dem Wettbewerb der Regionen zu stellen, wollen wir in Sachsen auch die unfreiwillige „Pole-Position" nutzen und versuchen, den demographischen Wandel als Chance zu begreifen. Wir gehen davon aus, dass die Gesellschaft, die sich früher als andere auf eine alternde Bevölkerung einstellt, künftig deutliche Wettbewerbsvorteile haben wird. Um das vorweg zu nehmen: Sich auf eine alternde Bevölkerung einzustellen, erfordert viel mehr als was unter dem Modewort „nachhaltige Politik" verstanden wird. Selbstverständlich dürfen wir die nachfolgende Generation nicht so mit Schuldenbergen belasten, dass sie keinen Gestaltungsraum mehr hat, aber das allein genügt nicht. Vielleicht lässt sich das am besten am Beispiel der Bildungspolitik illustrieren, denn hier stehen wir im Osten Deutschlands schon jetzt vor ganz anderen Anforderungen als in Westdeutschland oder beispielsweise in Frankreich.

2. Schule und Hochschule

Die Zahl der Schüler nimmt in Ostdeutschland – und damit auch in Sachsen – bereits seit 1996 deutlich ab. Heute liegen die Schülerzahlen in Sachsen schon rund ein Fünftel unter dem Stand von 1993 und eine weitere rasante Abnahme der Schülerzahlen steht uns noch bevor: Im Jahre 2010 werden wir in Sachsen nur noch halb so viele Schüler wie 1993 haben. Anders im Westen: Dort wird aus verschiedenen Gründen die Schülerzahl bis 2010 nicht unter das Niveau von 1993 absinken.

Der demographische Wandel hat auch enorme Folgen für den Hochschulsektor. Nach Jahren des Wachstums wird der Anstieg der Studentenzahlen an den Hochschulen in Sachsen spätestens in drei bis vier Jahren beendet sein. Danach wird es zu einem Rückgang kommen, der nach einem Höchststand von etwa 75.000 Studenten im Jahr 2005 ein Absinken auf eine Größenordnung von nur noch 35.000 im Jahre 2015 befürchten lässt. Und dieser Rückgang ist vielleicht noch zu optimistisch eingeschätzt: Denn die Zahl der Abiturienten geht in Sachsen von knapp 22.000 im Jahr 1999 bis 2010 auf knapp die Hälfte zurück. Die Entwicklung im Osten verläuft also im Zeitraffertempo.

Wir haben in den vergangenen Jahren bereits damit begonnen, das Bildungsangebot kontinuierlich an die geringere Nachfrage anzupassen. Wir haben Schulen schließen und Lehrer zu Teilzeitarbeitsmodellen bewegen müssen. Gegenwärtig legen wir in Sachsen ein neues Schulnetz fest. Ein Schulnetz, das einerseits noch finanzierbar ist und andererseits in erreichbarer Entfernung qualitativ gute Schulangebote gewährleistet. Dies ist gerade im ländlichen Raum mit erheblichen Widerständen auch bei den Kommunen verbunden. Wir erleben das bei fast jeder Schule, die geschlossen werden muss.

Auch bei den Hochschulen, die wir nach 1990 mit erheblichem Aufwand personell und materiell wieder aufgebaut haben, sind bereits jetzt schmerzliche Eingriffe unvermeidbar. Weniger Schüler, weniger Studenten – das kann nicht heißen: gleich bleibende Anzahl von Lehrern oder gleich bleibende Anzahl von Professoren, es muss aber auch nicht lineare Anpassung an den Schüler- und Studentenrückgang bedeuten.

Wir in Sachsen nutzen den Schülerrückgang, um unser Bildungsangebot weiter qualitativ zu verbessern. Wir wollen weniger Kinder besser unterrichten. Wir wollen also die Qualität unserer Schulen durch relativ mehr Lehrer verbessern. Dieses Prinzip gilt auch für die Hochschulen: „Klasse statt Masse" beim Bildungsangebot. Das ist zwar mit schmerzlichen Eingriffen bei Institutionen verbunden, bietet aber für die künftigen Schüler- und Studentengenerationen große Vorteile, denn eines ist uns sehr wohl bewusst: Bei der knappen Ressource „Jugend" kann es sich keine Gesellschaft leisten, Begabungen nicht zu erkennen und nicht zu entwickeln.

3. Demographie und Wirtschaft

Wie aber soll unsere Wirtschaft mit dem trotz aller Anstrengungen rückläufigen Angebot an qualifiziertem jungen Personal zurecht kommen? Wie kann sich Deutschland, wie kann sich Europa mit einer alternden Bevölkerung im künftigen globalen Wettbewerb behaupten? Zuwanderung kann das Problem nicht lösen, allenfalls mindern, das wissen wir. Deshalb müssen wir uns schon überlegen, wie wir ohne fremde Hilfe wettbewerbsfähig bleiben können. Wie kann eine alternde Gesellschaft wirtschaftlich wettbewerbsfähig bleiben? Das ist für mich die entscheidende Frage. Wir müssen höchst wettbewerbsfähig bleiben, da unsere Sozialversicherungen immer noch auf dem Umlageverfahren beruhen. Weil wir nicht vorgesorgt haben, muss künftig jeder Erwerbsfähige so viel erwirtschaften, dass er selbst und noch eine weitere Person davon leben können. Weniger und Ältere müssen künftig also noch mehr pro Kopf erwirtschaften. Kann diese Rechnung überhaupt aufgehen? Oder stellen wir uns besser bereits heute auf sinkenden Wohlstand und heftige Verteilungskämpfe ein? Verteilungskämpfe vor allem zwischen den Generationen. Das allerwichtigste ist, dass wir an uns selbst glauben und das heute fast unmöglich Erscheinende für möglich halten. Ansonsten kann diese Rechnung nicht aufgehen.

Angesichts des zunehmenden Lebensalters großer Teile der Bevölkerung und der Fortschritte bei der Erhaltung von Leistungsfähigkeit und Vitalität ist das Lebensalter immer weniger Indiz für die Leistungsfähigkeit eines Menschen. Wir müssen uns also auch hier von den Zwängen, Gegebenheiten und Vorstellungen der traditionellen Industriegesellschaft frei machen. Arbeit ist körperlich immer weniger anstrengend, Kreativität ist kein Privileg der Jugend und die Menschen können heute sehr viel länger leistungsfähig bleiben. Die Innovationskraft und Wettbewerbsfähigkeit einer Gesellschaft nimmt deshalb heute nicht mehr zwangsläufig mit dem Anstieg ihres Durchschnittsalters ab.

Allerdings setzt dies Veränderungsbereitschaft voraus: Selbstverständlich brauchen wir eine Arbeitsorganisation, die auf Ältere zugeschnitten ist und wir brauchen neue Methoden, die lebenslanges Lernen ermöglichen. Natürlich brauchen wir neue Formen, um Arbeits- und Qualifikationsphasen miteinander in Einklang zu bringen und neue Modelle, um Familien- und Berufspflichten miteinander vereinbaren zu können. Darüber hinaus haben wir alle Möglichkeiten der Telearbeit zu nutzen. Selbstverständlich brauchen wir neue Formen, um einen gleitenden Übergang vom Erwerbsleben in den Ruhestand zu ermöglichen. Nicht zuletzt brauchen wir ein Höchstmaß an Flexibilität, um die Menschen ihren Fähigkeiten und ihrem Alter gemäß einzusetzen.

Die Alterspyramide steht auf dem Kopf. Das zwingt uns, auch alle anderen Regeln, Schemata und Schablonen auf den Kopf zu stellen. Ich bin davon überzeugt: Wenn wir es richtig machen, braucht eine ältere Gesellschaft den Wettbewerb mit jüngeren Gesellschaften nicht zu fürchten. Ich bin davon überzeugt, dass eine Gesellschaft, wenn sie es nur will, jung bleiben kann. „Aus Erfahrung jung", könnte man sagen. Ich finde es gut, dass sich der Kongress auch mit dieser Thematik umfassend beschäftigt. Wenn von der begrüßenswerten Diskussion hier und anderswo aber die Signale ausgehen sollten, die Entwicklung müsse zwangsläufig zu weniger Innovationskraft, zu weniger Wirtschaftswachstum und zu weniger Wohlstand führen, dann laufen wir Gefahr, eine sich selbst erfüllende Prophezeiung zu schaffen, dessen sollten wir uns immer bewusst sein.

4. Politik für Familien

Politik und Wirtschaft müssen einerseits möglichst frühzeitig und intelligent auf den Bevölkerungsrückgang reagieren. Andererseits muss sich Politik selbstverständlich auch mit den Ursachen der Bevölkerungsentwicklung selbst befassen, also mit der Kinderlosigkeit eines immer größeren Teils der Bevölkerung.

Was können und müssen wir tun, damit wieder mehr junge Leute Mut und Freude daran haben, Kinder in die Welt zu setzen? Das bedeutet nicht mehr und nicht weniger, als nach dem Stellenwert der Familie in einer modernen Gesellschaft zu fragen. Aber ist es nicht ein Armutszeugnis, wenn wir erst eine dramatische demographische Entwicklung brauchen, um in einer breiten Öffentlichkeit über den Stellenwert von Familie neu nachzudenken? Die Familie ist nach wie vor die zentrale Säule unserer Gesellschaft. Alle ideologisch begründeten Experimente, dies zu ändern, sind gescheitert, sowohl an den Menschen als auch an dem Vakuum, das die Ideologie nicht zu füllen vermochte. In dem auch für Kinder überschaubaren Lebenskreis der Familie werden durch das vorgelebte Beispiel und die Erziehung gemeinsame Werte vermittelt. Es werden kulturelle und moralische Grundwerte geschaffen. Wo, wenn nicht in der Familie, lernen Kinder soziales Verhalten mit Rücksichtnahme, Toleranz und Solidarität zwischen den Generationen? Diese Werte sind die Garantien unserer Gesellschaft.

Die Politik kann die Stellung der Familie in der Gesellschaft nicht garantieren. Sie muss sie aber zusammen mit anderen Gesellschaftsgruppen stärken. Daran hat bei einer finanzorientierten Sichtweise, die ja unser Handeln so vielfältig bestimmt, auch der Staat ein elementares Interesse.

Die Familie ist in gesamtwirtschaftlicher Hinsicht durchaus eine Größe. Der Staat merkt dies immer dann, wenn er beim Ausfall intakter Familienstrukturen „einspringen" muss: Der Freistaat Sachsen wendet z.B. für jeden Heimplatz durchschnittlich 75 Euro je Tag auf. Das entspricht fast 30.000 Euro im Jahr. Welche Familie kann zur Erziehung eine solche Summe aufwenden? Wissenschaftliche Untersuchungen zeigen, dass die Leistungen der Eltern für die Erziehung und Betreuung von zwei Kindern bis zum 18. Lebensjahr eine Summe von etwa 450.000 Euro ergeben, also den Gegenwert von mehr als einem großen Einfamilienhaus. Dabei resultieren 150.000 Euro aus dem finanziellen Aufwand für die Versorgung der Kinder und 300.000 Euro aus dem monetären Wert der Betreuungskosten.

Auch wenn man derartige Zahlen mit der gebotenen Vorsicht interpretieren muss, vermitteln sie zumindest einen Eindruck von den finanziellen Aufwendungen der Kindererziehung. Diese große Leistung wird bei uns immer weniger gesellschaftlich honoriert. Eltern mit mehreren Kindern werden sogar oft belächelt. Wir sind also noch weit davon entfernt, Erwerbstätigkeit und Erziehungsleistung als gleichwertig anzuerkennen.

In der heutigen Zeit, die von einer weit gehenden Relativierung der gesellschaftlichen Bewertung der Familie gekennzeichnet ist, haben auch die wirtschaftlichen Aspekte der unterschiedlichen Lebensformen wachsendes Gewicht: Zwar haben sich die Familienverbände nicht aufgelöst, ihre Bedeutung ist aber zurückgegangen. Viele früher von der Familie erbrachte Leistungen können heute auf dem Markt als Dienstleistung eingekauft oder durch den technischen Fortschritt wesentlich effektiver selbst erstellt werden. Nutznießer sind die wachsende Gruppe von Single- und Zwei-Personen-Haushalten mit Doppeleinkommen. In Deutschland wird diese Lebensform mittlerweile von fast 38 % der Bevölkerung praktiziert (21,8 % Haushalte mit Ehepaaren ohne Kinder, 15,7 % „Single"-Haushalte) – und ihre Zahl steigt weiter.

Vom Nutzen der durch die Familie erbrachten Leistungen profitiert auf der anderen Seite in großem Maße die Allgemeinheit. Besondere Konsequenzen aus dieser Entwicklung ergeben sich für die kollektiven Sicherungssysteme. Der von der Individualisierung ausgelöste Bedeutungswandel der Familie hat den alten natürlichen „Drei-Generationen Vertrag" durch einen kollektiven „Zwei-Generationen Vertrag" abgelöst. Während früher die Kinder für die finanzielle Sicherung und Pflege der Eltern aufkamen und daher die Eltern ein eigenes wirtschaftliches Interesse an Kindern hatten, sind an deren Stelle die kollektiven Sicherungssysteme getreten. In unserem System wird der Nutzen der eigenen Kinder für die Alterssicherung mit der Gesellschaft geteilt. Die Kosten der Erziehung jedoch verbleiben zum großen Teil in der Familie. Familien werden also gegenüber den anderen Haushaltsformen benachteiligt, was nicht ohne Auswirkungen auf die Familienbildung bleiben kann.

Eine Untersuchung des Deutschen Instituts für Wirtschaftsforschung belegt, dass es in den letzten Jahren zu einer wachsenden finanziellen Schieflage zwischen Haushalten mit Kindern und solchen ohne Kinder gekommen ist. In einer repräsentativen Befragung zur Einkommenssituation privater Haushalte in Deutschland hat sich herausgestellt, dass das Nettoeinkommen bei Ehepaaren mit Kindern um ein Viertel unter dem Vergleichswert des kinderlosen Ehepaars lag. Haushalte von Alleinerziehenden verfügen sogar nur über wenig mehr als die Hälfte. Eine Gesellschaft, die Individualität, Leistungen im Erwerbsleben, Wohlstand und Genuss zu Wertmaßstäben macht, entscheidet sich damit faktisch gegen Kinder. Man mag solche Werte zu Recht beklagen – sie sind aber bestimmend. Familienpolitik kann sie nicht ignorieren.

Die Politik reagiert mit einer Vielzahl von Maßnahmen und unterschiedlichen Leistungen auf diese Entwicklungen. Allein der Bund wendet jährlich weit über 45 Mrd. Euro auf. Doch auch mit einem komplizierten Regelwerk und einer Vielzahl zuständiger Ämter konnte die Ungerechtigkeit zu Lasten der Familie nicht beseitigt werden. Wir müssen heute konstatieren: Das gegenwärtige System ist ineffizient, weil es – aufgesplittet in viele Einzelprogramme – nicht zielgenau fördert. Von einer in sich geschlossenen familienpolitischen Konzeption kann angesichts der Vielzahl der Instrumente nicht mehr gesprochen werden und dieses System trägt den Anforderungen an eine gerechtere Lastenteilung in der Gesellschaft nicht ausreichend Rechnung.

Wir haben uns in Sachsen schon frühzeitig mit der Frage einer Neuordnung und Verbesserung der Familienpolitik beschäftigt. Sozialminister Hans Geisler wird darauf sicherlich bereits heute Nachmittag hingewiesen haben, denn er hat daran ganz maßgeblich mitgewirkt. Wir sehen in einem monatlichen Familiengeld den richtigen Weg für eine modernere Familienpolitik. Ich muss hier darauf verzichten, Einzelheiten der Ausgestaltung darzustellen – darum geht es auch nicht vorrangig. Grundlage für die Finanzierung des Familiengeldes sind die bestehenden finanziellen Leistungen des Staates gegenüber den Familien. Diese erschöpfen sich keineswegs in den Kinderfreibeträgen, Kindergeld und bestehenden Erziehungsgeldzahlungen, sondern umfassen auch Zuschüsse an Kindergärten, Tagesstätten, Wohngeldleistungen und zahlreiche weitere Positionen. Insgesamt summieren sich die familienpolitischen Leistungen je nach Abgrenzung auf ein Volumen von bis zu 120 Mrd. Euro in Deutschland. Wesentlich mehr zu finanzieren, dürfte kaum möglich sein.

Die wichtigsten Vorteile eines Familiengeldes sind:

1. Mit Familiengeld wird die staatliche Umverteilung rationeller und transparenter. Der Abbau unnötiger Bürokratie erspart Finanzmittel, die an die Familien weitergereicht werden können.

2. Die Bereitstellung von Kindergärten und Kindertagesstätten wird heute noch in großem Umfang von der öffentlichen Hand finanziert. Die Art der Finanzierung aber führt zu verzerrten Preisen, die eine Konkurrenz privater Anbieter zu den staatlich geförderten Einrichtungen verhindert. Fehlende Konkurrenz schafft Effizienzverluste, die sich in Kostensteigerungen und einer Begrenzung der Angebotsvielfalt widerspiegeln. Auch ist zweifelhaft, ob mit diesen Objektsubventionen eine gleichmäßige Entlastung der Familien erreicht wird. Nur der kommt in den Genuss einer Preissubvention, der das angebotene öffentliche Gut auch nutzt. Das Familiengeld gibt den Eltern die Entscheidung über die Art der Kinderbetreuung zurück. Und das ist ausschlaggebend auf dem Weg zurück zum mündigen Bürger. Der Markt für eine qualifizierte Kinderbetreuung wird zudem belebt. Die Vielfalt des Angebots wird sich vergrößern, die Betreuungsformen werden differenzierter. Durch den Übergang der direkten Finanzierung der Tagesstätten und Kindergärten vom Staat auf die Eltern eröffnet sich ein neuer Markt für qualifizierte häusliche und außerhäusliche Betreuungsarbeit. Dadurch könnten auch neue Beschäftigungsmöglichkeiten geschaffen werden.

3. Das Familiengeld ist eine materielle Anerkennung der Familienarbeit in einer ordnungspolitisch richtigen Form. Die Gesellschaft erkennt die Gleichwertigkeit von Familien- und Erwerbsarbeit an und stärkt damit die Rolle der Familie. Während das gegenwärtige System im wesentlichen eine staatliche Bevormundung darstellt, ermöglicht das Familiengeld den Eltern die eigenverantwortliche Entscheidung. Den Eltern eröffnet sich damit die Chance, frei zwischen Erwerbs- und Familienarbeit entscheiden zu können. Das Familiengeld entspricht damit dem Gebot der Neutralität der Förderung.

Wenn auch nicht auf Anhieb erkennbar, leistet der Staat damit auch einen Beitrag zur Wertediskussion. Mit der neutralen Förderung und Stärkung erhöht er den Wert der Familie als Ansprechpartner für alle sozialen Gruppen. Er entledigt das Objekt Familie von einem Teil der sozial begründeten Fesseln und macht es zum handelnden Subjekt, auf dessen Bedürfnisse die Anbieter betreuender Leistungen flexibel reagieren müssen. Dies ist ein neuer Ansatz.

In unserer wenig veränderungswilligen Gesellschaft mit ihren Besitzstandsstrukturen ist eine vollständige Umstellung auf ein System des Familiengeldes kurzfristig wohl nicht zu realisieren. Wichtig ist, dass bei den einzelnen Reformschritten die Richtung zu einer insgesamt modernisierten Familienpolitik stimmt.

5. Vertrauen in die eigene Zukunft

Die Welt verändert sich mit wachsender Geschwindigkeit: Globalisierung und technischer Wandel sind die Schlagworte dafür. Die Möglichkeit des Einzelnen, sein Leben zu gestalten, nehmen in gleicher Weise wie die Ungewissheiten zu; Möglichkeiten und Ungewissheiten sind geradezu explodiert, wenn man den Vergleich zum zurückliegenden Jahrhundert zieht. Wie können junge Menschen in einer Welt voller Möglichkeiten und Ungewissheiten das notwendige Vertrauen in die eigene Zukunft gewinnen? Wie können sie in einer Welt, in der berufliche und private Entwicklungen nicht mehr wie in der traditionellen Industriegesellschaft im wesentlichen vorbestimmt sind, optimistisch und erfolgreich ihren Lebensweg beschreiten? Das sind für mich wesentliche Fragen. Denn ohne Vertrauen in die eigene Zukunft können auch noch so gute und perfekte familienpolitische Angebote des Staates nicht die gewünschte Wirkung zeigen.

Ich appelliere deshalb an diesen Kongress, nicht nur wie gebannt auf die Kinderlücke zu schauen und nur über einzelne familienpolitische Maßnahmen und wirtschaftliche Notwendigkeiten zu diskutieren, so wichtig sie auch immer sein mögen. Letztendlich geht es vor allem darum, in Europa die Voraussetzungen zu schaffen, damit junge Menschen auch in einer Zeit des permanenten Wandels ein stabiles Vertrauen in ihre eigene Zukunft haben.

Zeit für Kinder

Carsten Stahmer und Christian Leipert[1]

1. Einleitung

In diesem Beitrag stellen wir das Konzept und ausgewählte Ergebnisse des Projektes „Zeit für Kinder. Ökonomische Bedeutung der Erziehung und Versorgung von Kindern und Jugendlichen" vor. Dieses Projekt ist vom Deutschen Arbeitskreis für Familienhilfe e.V. (Kirchzarten) an das Statistische Bundesamt vergeben und dort federführend von Carsten Stahmer bearbeitet worden. Christian Leipert hat das Projektteam beraten, soweit es Fragen der Familienforschung und der Familienpolitik betraf.[2] Der Endbericht ist Ende 2002 vorgelegt worden.[3]

Was war der Auslöser für die Untersuchung, die wir Ihnen im Folgenden vorstellen? Es war die gesicherte Erkenntnis, dass das Aufziehen von Kindern sehr zeitintensiv ist, und die Frage, wie dieser Umstand in einer Zeit anhaltend hoher Arbeitslosigkeit und sinkender Geburtenzahlen einzuschätzen ist. Wie hoch ist der Zeitaufwand, der insgesamt für Kinder und Jugendliche aufgebracht wird, und wie ist er in Relation zum gesamtwirtschaftlichen Arbeitsvolumen – also der Zahl aller jährlich in der Erwerbswirtschaft geleisteten Arbeitsstunden – zu beurteilen? Und wie hoch ist der jährliche Zeitaufwand pro Kind, ausgedrückt in Äquivalenten der durchschnittlichen jährlichen Arbeitszeit eines Erwerbstätigen?

Unser Anliegen war also, zu Aussagen zu gelangen, die das Großziehen von Kindern in einen auch gesamtwirtschaftlich bzw. gesamtgesellschaftlich relevanten Zusammenhang bringen.

Wir haben in diesem Projekt die Zeitdimension gewählt und ganz bewusst nicht Kosten- und Geldgrößen. Was letztere angeht, so sind ja vor allem von Heinz Lampert[4] und Hans-Günther Krüsselberg[5] Berechnungen der Kinderkosten vorgelegt worden, – auch an sehr prominenter Stelle im 5. Familienbericht des Wissenschaftlichen Beirats des Bundesministeriums für Familie, Senioren, Frauen und

---

1 Die Autoren danken Ingo Mecke und Inge Herrchen für die Mithilfe bei den Berechnungen, Inge Herrchen für die Erstellung der Abbildungen und Tabellen sowie Ursula Kohorst für die Textverarbeitung.
2 Siehe auch Hatzold, Leipert 1996; Leipert, Opielka 1999; Leipert 1994, 1996, 2001.
3 Stahmer et al. 2002.
4 Lampert 1996 und 2000.
5 Krüsselberg (2000).

Jugend (BMFSFJ)[6], der der Bedeutung der Humanvermögensbildung in der Familie für die Gesellschaft gewidmet war.

Die Ergebnisse dieser Forscher sind seit spätestens Mitte der 90er Jahre zu festen Topoi in der familienpolitischen Debatte geworden. Die leitende Frage war: Wie hoch ist der monetäre Aufwand für die Versorgung, Erziehung und Betreuung eines oder mehrerer Kinder in einer Familie, und zwar nicht nur für ein Jahr, sondern bis zur Erreichung des Erwachsenenalters, also über einen Zeitraum von 18 Jahren? Letztlich geht es hier um die Anstrengungen der Eltern zugunsten ihrer Kinder, und zwar wohlgemerkt in Form von Geld und von Zeit, die für diese Berechnungen in Geld umgerechnet wurde. Zu dem elterlichen Aufwand zählen nicht nur Geldausgaben für den Unterhalt der Kinder, sondern auch geldwerte Kosten der aufgewendeten Zeit für Erziehungs-, Betreuungs- und Hausarbeit.

Seit diesen Berechnungen weiß man, dass die Kosten des Großziehens eines Kindes in der Größenordnung von mehreren Hunderttausend Mark – je nach Bewertung der Betreuungs- und der kinderbezogenen Hausarbeit – liegen. Diese Berechnungen waren die Grundlage für Kalkulationen des volkswirtschaftlichen Wertes des Humanvermögens, das in den Familien primär durch den Einsatz der Eltern gebildet wird.

Komplementär hierzu liegt unser Anliegen in der Ermittlung der Zeit für Kinder, die insgesamt in der Gesellschaft in einem Jahr aufgewendet wird. Einbezogen werden alle Kinder im Alter bis zu 18 Jahren. Angestrebt werden neben der Gesamtgröße des Zeitaufwands für alle Kinder in einem Jahr auch Durchschnittswerte des jährlichen Zeitvolumens pro Kind.

Idealtypisch sollte die Zeit für Kinder überall dort ermittelt werden, wo direkt und indirekt Arbeitszeit für Kinder aufgewendet wird. Das war natürlich im ersten Anlauf nicht durchgängig möglich. Unsere Untersuchung bezieht folgende Bereiche ein:
1) den Zeitaufwand für und mit Kinder(n) im Haushalt primär durch die Eltern und sekundär durch mithelfende Dritte wie Großeltern oder Freunde,
2) den Aufwand an Erwerbsarbeit, der direkt und indirekt mit der Produktion der Güter und Dienstleistungen für den Unterhalt der Kinder in den Familien verbunden ist, und
3) die Erwerbsarbeitszeit, die direkt und indirekt im institutionellen Bildungsbereich für die schulische Ausbildung der Kinder aufgewendet wird. Darin enthalten ist auch die vorschulische Betreuung im Kindergarten, auch in Krippen – soweit vorhanden.

Außen vor bleiben bestimmte Sparten staatlicher Leistungen für Kinder und Jugendliche wie z.B. die Verfügbarkeit von Spielplätzen oder die Arbeit der Jugendhilfe, von Jugendzentren und der staatlichen Gesundheitsversorgung. Unberücksichtigt sind auch Arbeitszeiten im Ausland, die zur Erstellung von importierten Konsumgütern eingesetzt wurden. Auch wenn wir diese nicht in unsere Berech-

---

6   BMFSFJ 1994.

nungen aufgenommen haben, so hat das Statistische Bundesamt doch Schätzungen des damit verbundenen Arbeitszeitvolumens vorgenommen, auf die wir gleich eingehen.

Wir verwenden die Begriffe „Zeit bzw. Zeitaufwand für Kinder" und „Arbeitszeit" für Kinder alternativ. Der Zeitaufwand der Eltern im Zusammenhang mit dem Großziehen ihrer Kinder ist gesellschaftlich unbedingt notwendig. Die Gesellschaft kann auf diesen Zeitaufwand, der in der Familie geleistet wird, nicht verzichten, es sei denn, sie würde sich selbst aufgeben. Wenn die Eltern für diese Leistungen nicht zur Verfügung stehen würden, müssten andere diese Arbeit übernehmen, die diese dann als bezahlte Erwerbsarbeit verrichten würden. Vor diesem Hintergrund sprechen wir hier auch einheitlich von Arbeitszeit für Kinder und bilden eine Gesamtgröße, die sich aus unbezahlter Arbeit im Familiensektor und bezahlter Arbeit im Erwerbssektor zusammensetzt.

Funktionell stehen die verschiedenen Zeitverwendungsarten für Kinder auf einer Stufe, da auf keine zur erfolgreichen Erreichung des Ziels des Großziehens einer neuen leistungsfähigen jungen Generation verzichtet werden könnte. Zusammenfassend: Wir binden den Arbeitsbegriff nicht an die Frage, ob eine Tätigkeit aktuell bezahlt wird oder nicht, sondern daran, ob bei einer Tätigkeit das Kriterium der gesellschaftlichen Unverzichtbarkeit erfüllt ist.

In unserer Untersuchung liegt der Blickwinkel auf der Frage nach der Zeit insgesamt, die für Kinder aufgewendet wird, und nicht auf der Frage nach der Aufteilung dieser Zeit auf Frauen und Männer. Das hat insbesondere bei der Ermittlung des Zeitaufwands in den Familien zur Konsequenz, dass die Zeit insgesamt pro Haushalt erfasst wird. Damit werden nicht die großen Unterschiede im Zeitaufwand für die Kinderbetreuung und die Hausarbeit zwischen Müttern und Vätern deutlich, über die wir aus anderen Untersuchungen sehr gut informiert sind.

Unsere Untersuchung stützt sich ganz wesentlich auf die Ergebnisse der Zeitbudgetstudie des Statistischen Bundesamtes von 1991/92 für die alten Bundesländer.[7] Dies war die erste Untersuchung, die repräsentative Ergebnisse über die Zeitverwendung der Bevölkerung im Detail – und damit auch der Teilgruppe der Eltern – geliefert hat. Allerdings musste die Zeitverwendung von Kindern unter 12 Jahren hinzugeschätzt werden. Die Ergebnisse wurden für die Schätzung der Zeitverwendung in den privaten Haushalten in den beiden Eckjahren unserer Untersuchung 1990 und 1998 herangezogen. Für 1998 hatten wir also keine neuen Zahlen für die private Zeitverwendung zur Verfügung. Genauere Aufschlüsse zur Entwicklung in den Neunziger Jahren wird die neue Untersuchung des Statistischen Bundesamtes über die Zeitverwendung der Bevölkerung liefern, die gegenwärtig für die Jahre 2001/02 durchgeführt wird.

Etwaige Ergebnisunterschiede im Jahre 1998 bei der Zeitverwendung für Kinder in der Familie gegenüber 1990 können also nur durch die Verschiebung der quantitativen Bedeutung der einzelnen Familientypen im Verhältnis zu allen Pri-

---

7   Blanke et al. 1996.

vathaushalten mit Kindern unter 18 Jahren erklärt werden, etwa durch den starken Anstieg der Zahl der Alleinerziehenden im Gefolge der Wiedervereinigung oder die Zunahme der Zahl der Familien mit zwei erwerbstätigen Elternteilen. Dagegen konnten für die Berechnung der kinderbezogenen Erwerbsarbeitszeiten aktuelle Zahlen herangezogen werden.

2. Konzepte

In unserer Untersuchung untergliedert sich die Zeit für Kinder in verschiedenen Zeitkomponenten, die man im Hinblick auf die Bezahlung der Leistungen bzw. die Frage der Zurechenbarkeit zusammenfassen kann (siehe Abbildung 1).

Abbildung 1: Zeit für Kinder

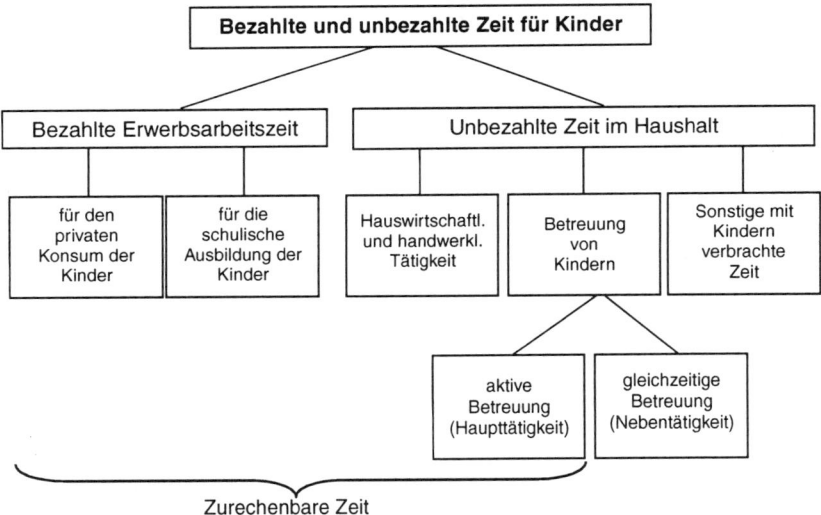

Das Konzept der *zurechenbaren Arbeitszeit* für Kinder umfasst zwei Kategorien unbezahlter und zwei Kategorien bezahlter Arbeit. Es beschränkt sich auf Kategorien der Arbeitszeit für Kinder, in denen die Kinderorientierung der aufgewendeten Zeit von Erwachsenen völlig eindeutig ist. Bei den beiden Kategorien unbezahlter Arbeit handelt es sich um Tätigkeiten im familiären Haushalt, und zwar um die aktive Betreuung von Kindern als Haupttätigkeit, wie es in der genauen Sprache der Statistiker heißt, und um die Hausarbeit für Kinder, also die kinderbezogenen hauswirtschaftlichen und handwerklichen Leistungen im familiären Haushalt. Als Kategorien der bezahlten Arbeit wurden die Erwerbsarbeit, die mit der Produktion von Konsumgütern für Kinder verbunden ist, und die Erwerbsarbeit, die direkt und indirekt bei der Leistungserstellung im Bildungswesen erbracht wird, einbezogen.

Unter die aktive Kinderbetreuung fallen neben der Kinderpflege (u. a. Zubettbringen, Trösten, Waschen und Anziehen von Kindern) das Lernen, Vorlesen, Spielen, Gespräche und Spazierengehen mit Kindern sowie Fahrdienste für sie.

Erstmalig wird in einer Untersuchung über die Zeit, die in einer Gesellschaft für Kinder aufgewendet wird, auch die durch Kinder induzierte Hausarbeit einbezogen. Zu diesen Tätigkeiten zählen u. a. die Zubereitung der Speisen, Geschirrreinigung, Wäschepflege, Wohnungsreinigung sowie Einkäufe. In bisherigen Untersuchungen wurde die kinderorientierte Hausarbeit nicht berücksichtigt, weil hierzu keine zweifelsfreien Angaben vorlagen. In der Zeitbudgetstudie von 1991/92 wird die gesamte von den Eltern in einem Haushalt für Hausarbeit aufgewendete Zeit ausgewiesen, ohne eine personenbezogene Aufschlüsselung vorzunehmen. Da die Hausarbeit gleichermaßen für alle Familienmitglieder erbracht wird, spricht viel dafür, jedem Haushaltsmitglied den gleichen Zeitanteil zuzuordnen. Entsprechend sind wir verfahren.

Das *zweite Konzept der Zeit für Kinder* beschränkt sich auf die *unbezahlte Zeit in der Familie*, ist dort aber *umfassender* und enthält über die bisher genannten Kategorien hinaus noch zwei weitere Kategorien, nämlich den Zeitaufwand für die Kinderbetreuung als gleichzeitige Aktivität und die sonstige mit Kindern verbrachte Zeit. Gemeinsam ist diesen beiden Kategorien der Elternzeit für und mit Kindern, dass die Eltern gleichzeitig zwei Dinge im Visier haben: eine kinderunabhängige Tätigkeit wie das Vorbereiten des Essens oder die Einnahme einer Mahlzeit *und* die Gleichzeitigkeit der Betreuung des Kindes oder des Zusammenseins mit einem oder mehreren Kindern.

Beispiel für die Kinderbetreuung als gleichzeitige Aktivität mag eine Mutter sein, die während des Kochens ihr ebenfalls in der Küche anwesendes Kind bei der Erlegigung der Schulaufgabe betreut. Kinderbezogene Nebentätigkeiten nehmen ähnlich wie die zeitgleichen Hauptaktivitäten einen Teil der Aufmerksamkeit und Zeitverwendung der Eltern in Anspruch. Sie müssten alternativ als alleinige Haupttätigkeit ausgeführt werden und können daher als Zeitverwendung für Kinder und Jugendliche angesehen werden.

In der sonstigen mit Kindern verbrachten Zeit stehen andere als direkt mit der Kinderbetreuung verbundene Aktivitäten im Vordergrund, wie gemeinsame Mediennutzung, gemeinsame Mahlzeiten, Kino- oder Theaterbesuche, gemeinsame Ausflüge und Spaziergänge. Diese Aktivitäten werden zwar statistisch primär als Tätigkeiten für die Eltern selbst gewertet. Gleichwohl dürften sie in jedem Fall auch mit Erziehungs- bzw. Beziehungsarbeit verbunden sein. Die Gespräche, die währenddessen mit den Kindern geführt werden, sind für deren Entwicklung oft sehr wichtig. Sie erleben das Gefühl der Aufmerksamkeit und der Zuwendung, auch der Geborgenheit. Dabei können auch Konflikte ausgetragen werden. Je älter die Kinder und Jugendlichen sind, um so wichtiger werden diese gemeinsam mit den Kindern verbrachten Zeiten für deren Entwicklung. Aktivitäten der direkten Betreuung werden regelrecht ersetzt durch gemeinsame Aktivitäten mit einem oder beiden Elternteilen. Die dabei laufenden Gespräche und gemachten Erfahrungen sind für die Kinder und Jugendlichen oft wichtiger als manche zur aktiven Betreuung rechnenden Tätigkeiten. Vor diesem Hintergrund spricht viel dafür, diese Zeiten auch als Zeitverwendung für Kinder zu werten. Da sie aber nicht ungeschmälert den Kindern zuzurechnen ist, haben wir sie nicht in das Kernkonzept der eindeutig auf Kinder zurechenbaren Zeit aufgenommen.

Mit der Berücksichtigung dieser beiden weiteren Kategorien des unbezahlten Zeitaufwands in der Familie wird die zeitliche Beanspruchung der Eltern durch Kinder umfassender und realitätsgerechter abgebildet als lediglich durch die Zeiten für die aktive Kinderbetreuung und die kinderbezogene Hausarbeit. Aber auch damit ist noch nicht die gesamte durch Kinder beanspruchte Zeit abgebildet. Dazu wäre es nötig, insbesondere bei Kleinkindern, auch *Bereitschaftszeiten* einzubeziehen, was aber statistisch nicht machbar erscheint. Es geht hier um Zeiten auf Abruf, die nicht mit dem Kind gemeinsam verbracht werden, aber dennoch den eigenen Aktivitätsspielraum einengen. Beispielsweise gehört dazu das Zuhausebleiben, während das Baby schläft, um ständig verfügbar zu sein.

3. Berechnungsgrundlagen und -methoden

Die Berechnung der Zeiten für Kinder 1990 und 1998 beruht auf vier wichtigen *Datenquellen*, die in teilweise sehr komplexen Rechenschritten ausgewertet und miteinander kombiniert wurden:
1. Ergebnisse einer Sonderauswertung der *Zeitbudgeterhebung 1991/92*[8], die für unsere Berechnungen auf das Berichtsjahr 1990 zurückgeschrieben bzw. auf 1998 fortgeschrieben werden mussten. Im Rahmen der Sonderauswertung wurde insbesondere die Zeitverwendung der Personen in Privathaushalten mit Kindern unter 18 Jahren erfasst. In der tiefsten Gliederung wurden 80 Typen von Privathaushalten mit ledigen Kindern berücksichtigt. Bei der Aufgliederung der Haushalte wurde unterschieden, ob es sich um Alleinerziehende oder Ehepaare mit Kindern handelt, ferner, ob die Bezugspersonen erwerbstätig waren. Weitere Gliederungsmerkmale waren Anzahl und Alter der im Haushalt lebenden ledigen Kinder.

Die Zeitbudgeterhebung erfasst primär nur die geleisteten Zeiten der Personen im Haushalt, nicht aber die Nutznießer ihrer Tätigkeiten. Viele Aktivitäten, wie z.B. hauswirtschaftliche und handwerkliche Arbeiten, kommen allen Haushaltsmitgliedern zu Gute. Bei mehr als einem Kind lässt es sich auch nicht bestimmen, in welchem Maße die Kinderbetreuung den einzelnen Kindern gilt. Die Zuordnung der Zeitverwendung zu Nutznießern kann daher nur sehr grob und unter Verwendung vereinfachender Annahmen erfolgen. Bei der Aufgliederung der Kinderbetreuungszeiten in Familien mit mehreren Kindern wurde das Alter der Kinder in den verschiedenen Haushaltstypen berücksichtigt, da

---

8   Siehe Blanke et al. 1996.

der Betreuungsaufwand bei jüngeren Kindern höher ist. Zeiten für haus- und handwerkliche Tätigkeiten wurden mit gleichem Anteil auf alle Personen im Haushalt verteilt.

2. Die Bedeutung der einzelnen Haushaltstypen mit und ohne Kinder konnte mit Hilfe einer Sonderauswertung des *Mikrozensus 1990* ermittelt werden. Die detaillierten Informationen für 1990 (früheres Bundesgebiet) wurden anschließend mit Hilfe von Angaben des Mikrozensus 1998 (für Deutschland) fortgeschrieben. Im Rahmen dieser Auswertung wurde die Anzahl der Haushalte je Haushaltstyp sowie bestimmte Personengruppen in den Haushalten erfasst. Bei den Personen in Haushalten mit Kindern wurden nicht nur die Eltern bzw. Elternteile und ihre Kinder einbezogen, sondern auch sonstige Personen im Haushalt, z.B. Großeltern oder die Partner in nichtehelichen Lebensgemeinschaften.

   Mit Hilfe der Daten des Mikrozensus konnten die Informationen der Zeitbudgeterhebung zu Größen für das gesamte Bundesgebiet hochgerechnet werden. Dabei musste allerdings die Zeitverwendung der Kinder unter 12 Jahren hinzugeschätzt werden. Es fehlen auch in der Zeitbudgeterhebung ebenso wie im Mikrozensus Informationen über die Anstaltshaushalte (z.B. Kinder- und Altersheime, psychiatrische Heilanstalten und Gefängnisse). Hier konnten nur recht grobe Schätzungen vorgenommen werden.

3. Ziel des Forschungsprojekts war es, neben den unbezahlten Zeiten im Privathaushalt auch die Erwerbsarbeitszeiten zu ermitteln, die direkt oder indirekt nötig waren, um Waren und Dienstleistungen für die Kinder bereitzustellen. Dazu war es zunächst nötig, den privaten Konsum nach Haushaltstypen aufzugliedern. Hierfür wurden Ergebnisse einer Sonderaufbereitung der *Einkommens- und Verbrauchsstichprobe (EVS) 1988* verwendet, die mit Hilfe von Angaben der Volkswirtschaftlichen Gesamtrechnungen nach 1990 (früheres Bundesgebiet) bzw. 1998 (Deutschland) fortgeschrieben wurden.

   Bei der Sonderauswertung der EVS wurde die gleiche Gliederung der Haushaltstypen verwendet wie bei den beiden anderen Sonderauswertungen (Zeitbudgeterhebung bzw. Mikrozensus). Um die Kosten der Kinder innerhalb des Privathaushaltes zu ermitteln, ergaben sich allerdings ähnliche Schwierigkeiten wie bei der Zuordnung der Zeiten. Der Privathaushalt ist dadurch gekennzeichnet, dass gemeinsam gewirtschaftet und daher für jedes einzelne Haushaltsmitglied keine getrennte Ausgabenrechnung vorgenommen wird. Es gibt zwar einzelne Kosten, die eindeutig bestimmten Personen zugeordnet werden können, z.B. Kleidung und bestimmte Ausstattungsgegenstände, die ausschließlich von einer Person genutzt werden. Der überwiegende Anteil der Kosten (z.B. für die Wohnung und den Pkw) kommt aber allen Haushaltsmitgliedern zugute. Hier mussten – ähnlich wie bei der Zeitverwendung – recht grobe Schlüssel (Äquivalenzziffern) verwendet werden, die davon ausgehen, dass die Kostenanteile mit zunehmendem Alter der Kinder ansteigen.

4. Neben der Erwerbsarbeitszeit für Konsumgüter wurden auch die Zeiten geschätzt, die im institutionellen *Bildungsbereich* (vom Kindergarten bis zur

Universität) für die Kinder aufgewendet wurden. Dazu zählen nicht nur die Zeiten der Lehrer, sondern auch die Erwerbsarbeitszeiten, die zur Herstellung der im Bildungsbereich verwendeten Güter nötig waren (z.b. zur Herstellung der Schulgebäude oder für die verwendete Energie).

Zur Erfassung der Ausbildungsleistungen konnte auf die Ergebnisse eines Forschungsprojekts zurückgegriffen werden, in dem für 1990 (früheres Bundesgebiet) die gesamtwirtschaftliche Bedeutung der Bildung untersucht wurde.[9] In dieser Studie wurden zehn Arten von Ausbildungsformen unterschieden. Für die Abschätzung der Ausbildungszeiten 1998 (Deutschland) wurden diese detaillierten Angaben mit Hilfe der Bildungs- und Finanzstatistik sowie von Daten des Mikrozensus 1998 über Schüler fortgeschrieben.

Soweit Angaben über unbezahlte Zeiten im Haushalt für Kinder verwendet wurden, konnte unmittelbar auf die Schätzergebnisse auf der Grundlage der Zeitbudgeterhebung und des Mikrozensus zurückgegriffen werden. Die Erwerbsarbeitszeiten für private Konsumgüter und für die Ausbildung der Kinder konnten dagegen nur mit Hilfe der *Input-Output-Analyse* ermittelt werden. Sie basiert auf Input-Output-Tabellen, die ein Bild der güter- und produktionsmäßigen Verflechtung in der Volkswirtschaft geben.[10] Nur mit diesen Tabellen können auch Arbeitszeiten Berücksichtigung finden, die auf vorgelagerten Produktionsstufen für die Herstellung von Gütern für Kinder nötig waren. So benötigt ein Kinderstuhl nicht nur Arbeitszeiten in der Möbelindustrie, sondern auch bei der Bereitstellung der Vorprodukte, z.B. von Holz in der Forstwirtschaft und von Lack in der chemischen Industrie. Bei allen Herstellungsprozessen ist Energie nötig, deren Gewinnung ebenfalls Arbeitsstunden erfordert.

Um die direkten und indirekten Arbeitsinputs modellmäßig zu bestimmen, wurden die traditionellen Input-Output-Tabellen für 1990 (früheres Bundesgebiet) erweitert. Dabei wurden alle Aktivitäten der privaten Haushalte (d.h. der 24-Stunden-Tag) als Produktionsaktivitäten behandelt. Dies entspricht den *umfassenden Produktionskonzepten* von Gary Becker und Kelvin Lancaster.[11] Der *Private Konsum* wurde nach *Haushaltstypen* (weiter untergliedert nach den verschiedenen Personengruppen im Haushalt) aufgeteilt. Eine derartig differenzierte Analyse des Privaten Konsums nach Familientypen und Familienmitgliedern wurde erstmals für die Bundesrepublik Deutschland vorgenommen.

Durch Verknüpfung der Informationen über die ökonomischen Produktionsaktivitäten entsprechend dem umfassenden Produktionskonzept mit den tiefgegliederten sozio-ökonomischen Daten des Privaten Verbrauchs konnten die Arbeitszeiten in den einzelnen Produktionsbereichen modellmäßig dem Konsum der Kinder und der anderen Bevölkerungsgruppen zugerechnet werden. Angaben über die *Arbeitszeiten* 1990 in den einzelnen Bereichen der Input-Output-Tabellen lagen

---

9   Siehe Stahmer et al. 2002; Ewerhart 2001, 2002a und 2002b.
10 Siehe Statistisches Bundesamt 1994.
11 Siehe Becker 1965, Lancaster 1966.

aus Sonderberechnungen des Instituts für Arbeitsmarkt- und Berufsforschung der Bundesanstalt für Arbeit vor.[12]

4. Ergebnisse

4.1 Zahl und Verteilung der Kinder auf die einzelnen Familientypen

In die hier vorgestellte Untersuchung wurden alle Familienhaushalte einbezogen, in denen Kinder leben, die das 18. Lebensjahr noch nicht vollendet haben.

Die Zahl der Kinder unter 18 Jahren belief sich 1990 auf 11,6 Millionen, 1998 auf 15,5 Mill. Kinder (siehe Abbildung 2). Der Anstieg der Kinderzahl um knapp 35 % gegenüber 1990 übertrifft den Zuwachs der Gesamtbevölkerung, der bei knapp 30 % lag. Diese Zuwachsraten sind natürlich überwiegend durch den Bevölkerungsanstieg aufgrund der Wiedervereinigung bedingt. Fasst man die Haushalte mit Kindern in mehreren übergeordneten Kategorien zusammen, so zeigt sich, dass sich die Anteile der Kinder in 1-Kind-Familien und in Ehepaarfamilien mit 2 Kindern an allen Kindern zwischen 1990 und 1998 praktisch nicht verändert haben (siehe Abbildung 3). Ein Viertel der Kinder lebt in 1-Kind-Familien. Der Familientyp, auf den der größte Teil der Kinder entfällt – und zwar über 2/5 aller Kinder (1998: 41,8 %) –, sind die Ehepaarfamilien mit 2 Kindern.

Abbildung 2: Familien mit Kindern unter 18 Jahren (Personen in Tausend)

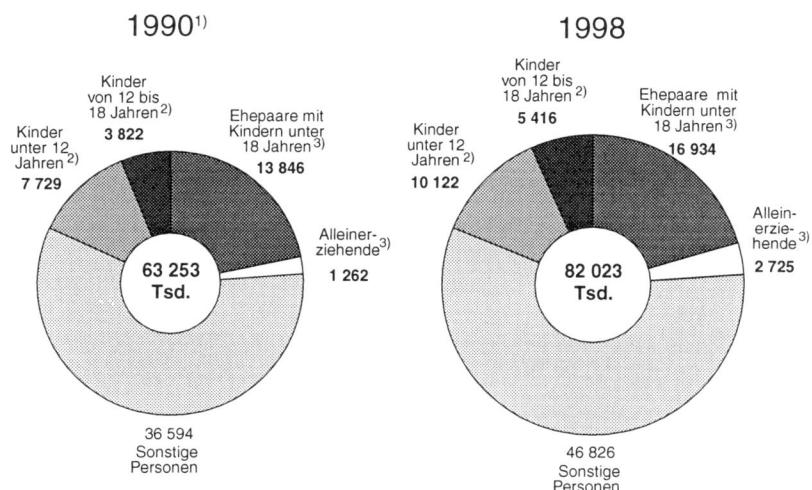

1) Alte Bundesländer. – 2) Einschl. Kindern in Anstaltshaushalten. – 3) Einschl. sonstiger Personen im Haushalt.

---

12 Kohler, Reyher 1988.

Abbildung 3: Kinder unter 18 Jahren 1990 und 1998 nach Haushaltstypen (in Tausend)

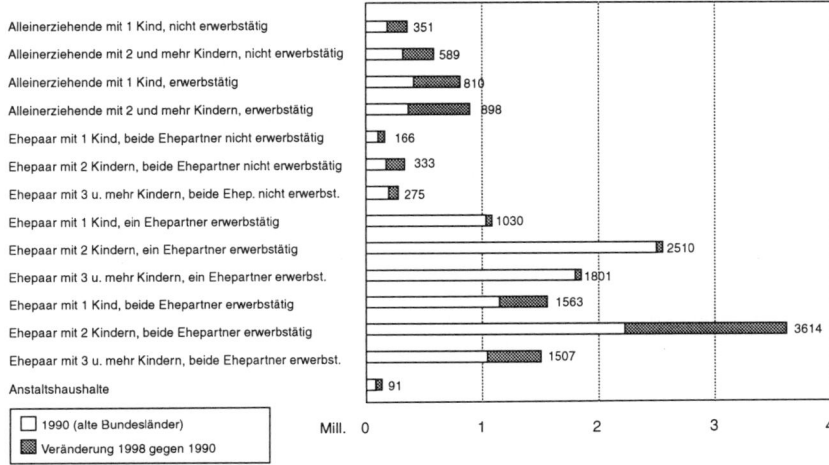

Alleinerziehende mit 1 Kind, nicht erwerbstätig — 351
Alleinerziehende mit 2 und mehr Kindern, nicht erwerbstätig — 589
Alleinerziehende mit 1 Kind, erwerbstätig — 810
Alleinerziehende mit 2 und mehr Kindern, erwerbstätig — 898
Ehepaar mit 1 Kind, beide Ehepartner nicht erwerbstätig — 166
Ehepaar mit 2 Kindern, beide Ehepartner nicht erwerbstätig — 333
Ehepaar mit 3 u. mehr Kindern, beide Ehep. nicht erwerbst. — 275
Ehepaar mit 1 Kind, ein Ehepartner erwerbstätig — 1030
Ehepaar mit 2 Kindern, ein Ehepartner erwerbstätig — 2510
Ehepaar mit 3 u. mehr Kindern, ein Ehepartner erwerbst. — 1801
Ehepaar mit 1 Kind, beide Ehepartner erwerbstätig — 1563
Ehepaar mit 2 Kindern, beide Ehepartner erwerbstätig — 3614
Ehepaar mit 3 u. mehr Kindern, beide Ehepartner erwerbst. — 1507
Anstaltshaushalte — 91

☐ 1990 (alte Bundesländer)
▨ Veränderung 1998 gegen 1990

Mill. 0 — 1 — 2 — 3 — 4

Die größten Anteilsveränderungen sind bei den Familien von Alleinerziehenden und bei Ehepaarfamilien mit 3 und mehr Kindern festzustellen. Während der Anteil der Kinder in Familien von Alleinerziehenden von 1990 bis 1998 von 11,1 % auf 17,1 % stieg, also um mehr als die Hälfte, ging der Anteil der Kinder in Ehepaarfamilien mit 3 und mehr Kindern an allen Kindern unter 18 Jahren sichtbar um mehr als 10 % auf unter ein Viertel aller Kinder zurück.

Bei einer Feinanalyse der einzelnen Familientypen fallen folgende Besonderheiten auf. Die Zahl der Kinder in Ehepaarfamilien mit 2 Kindern, in denen beide Partner erwerbstätig sind, stieg von 1990 bis 1998 um fast zwei Drittel, obwohl sich der Kinderanteil aller Ehepaarfamilien mit 2 Kindern praktisch nicht verändert. Die Erklärung liefert die zweite große Teilgruppe in diesem Familientyp, in der nur ein Ehepartner erwerbstätig ist. Die Zahl der Kinder stieg in dieser Teilgruppe im gleichen Zeitraum kaum merklich an.

Ähnlich dramatisch wie eben dargestellt wachsen nur noch die Familiengruppen der erwerbstätigen Alleinerziehenden mit 1 Kind bzw. mit 2 und mehr Kindern. Die Kinderzahl der Haushalte von erwerbstätigen Alleinerziehenden mit 1 Kind verdoppelte sich fast, diejenige bei 2 und mehr Kindern stieg sogar auf das 2 1/2-fache an.

4.2 Das Konzept der eindeutig zurechenbaren Zeit für Kinder

Wir kommen zu den Ergebnissen im einzelnen. Hier konzentrieren wir uns zunächst auf das Kernkonzept der „Zeit für Kinder", auf das Konzept der eindeutig

128

zurechenbaren Arbeitszeit für Kinder (siehe Abbildung 4). Als besonders aussagekräftig gelten Indikatoren der Zeit pro Kind und pro Tag (siehe Abbildungen 5 und 6). Im folgenden ist also bei der Interpretation zu beachten, dass die Zeit für Kinder generell auf sieben Tage pro Woche aufgeteilt wird.

Abbildung 4: Zurechenbare Zeit für Kinder

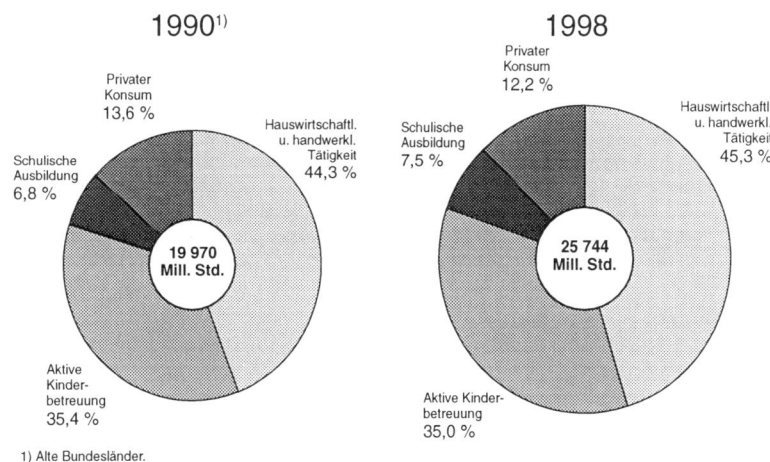

1) Alte Bundesländer.

Abbildung 5: Zurechenbare Zeit für Kinder 1990[1] nach Haushaltstypen (alle Kinder unter 18 Jahren)

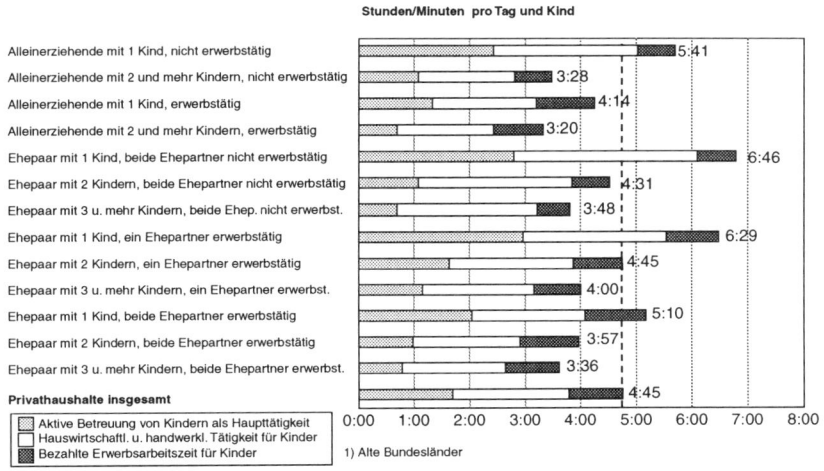

129

Abbildung 6: Zurechenbare Zeit für Kinder 1998 nach Haushaltstypen (alle Kinder unter 18 Jahren)

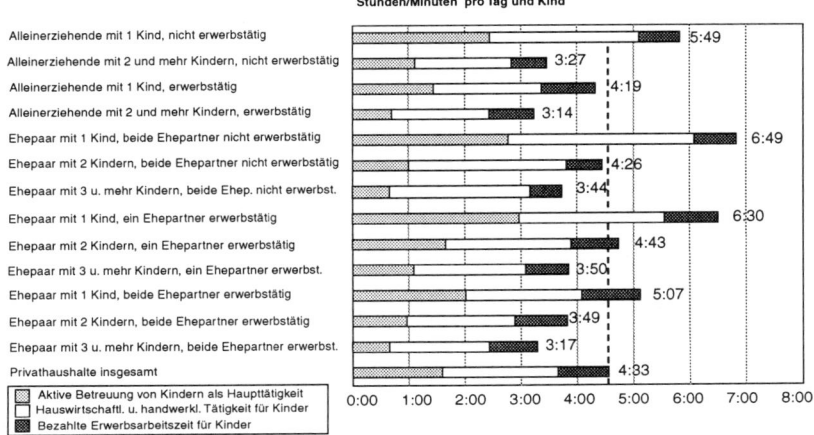

Stunden/Minuten pro Tag und Kind

Alleinerziehende mit 1 Kind, nicht erwerbstätig	5:49
Alleinerziehende mit 2 und mehr Kindern, nicht erwerbstätig	3:27
Alleinerziehende mit 1 Kind, erwerbstätig	4:19
Alleinerziehende mit 2 und mehr Kindern, erwerbstätig	3:14
Ehepaar mit 1 Kind, beide Ehepartner nicht erwerbstätig	6:49
Ehepaar mit 2 Kindern, beide Ehepartner nicht erwerbstätig	4:26
Ehepaar mit 3 u. mehr Kindern, beide Ehep. nicht erwerbst.	3:44
Ehepaar mit 1 Kind, ein Ehepartner erwerbstätig	6:30
Ehepaar mit 2 Kindern, ein Ehepartner erwerbstätig	4:43
Ehepaar mit 3 u. mehr Kindern, ein Ehepartner erwerbst.	3:50
Ehepaar mit 1 Kind, beide Ehepartner erwerbstätig	5:07
Ehepaar mit 2 Kindern, beide Ehepartner erwerbstätig	3:49
Ehepaar mit 3 u. mehr Kindern, beide Ehepartner erwerbst.	3:17
Privathaushalte insgesamt	4:33

Aktive Betreuung von Kindern als Haupttätigkeit
Hauswirtschaftl. u. handwerkl. Tätigkeit für Kinder
Bezahlte Erwerbsarbeitszeit für Kinder

0:00 1:00 2:00 3:00 4:00 5:00 6:00 7:00 8:00

Ein Vergleich der täglichen Gesamtarbeitszeit pro Kind ergibt für alle Kinder von 1990 bis 1998 einen leichten Rückgang, und zwar von 4 3/4 auf gut 4 1/2 Stunden. Auf die unbezahlte Arbeit im Haushalt entfallen in beiden Eckjahren 80% der Gesamtarbeitszeit pro Kind, entsprechend 20% auf die bezahlte Erwerbsarbeit.

Der Beitrag der Erwerbsarbeit ist kleiner, als man intuitiv erwartet hätte. Sicherlich wäre der Beitrag der Erwerbsarbeitszeit etwas höher ausgefallen, wenn es möglich gewesen wäre, weitere kinderbezogene Arbeitsfelder im Staats- und im Unternehmenssektor wie die Arbeit der Jugendhilfe und von Jugendzentren sowie die kinderbezogene Gesundheitsversorgung einzubeziehen.

Um einen gewissen Eindruck von der Größenordnung der mit diesen Bereichen verbundenen kinderbezogenen Arbeitszeit zu bekommen, hat Carsten Stahmer im Rahmen dieses Projektes Schätzungen für 1990 vorgenommen. Danach liegen die Arbeitsstunden bei den sonstigen staatlichen Leistungen in der Größenordnung von 1,3 Milliarden, bei den Gesundheitsleistungen von 0,4 Milliarden und bei den privaten Organisationen ohne Erwerbscharakter von 0,1 Milliarden, insgesamt also von 1,8 Milliarden. Bezogen auf die gut 4 Mrd. Stunden der Erwerbsarbeit in unseren Berechnungen machen diese zusätzlichen Bereiche knapp 45% aus. Wenn es also möglich gewesen wäre, diese Bereiche mit gleicher Genauigkeit zu erfassen, so läge der Anteil der Erwerbsarbeit an der gesamten zurechenbaren Arbeitszeit für Kinder nicht bei einem Fünftel, sondern etwas höher als ein Viertel.

Der Anteil an Erwerbsarbeit fällt noch aus einem anderen Grund, den wir schon kurz erwähnt haben, kleiner aus. Ein Großteil des privaten Konsums der Kinder beruht auf Güter- und Dienstleistungsimporten. Die dadurch gebundenen

Arbeitszeiten im Ausland sind aber in unserer Rechnung nicht enthalten. Nach Schätzungen von Carsten Stahmer liegen die importspezifischen Arbeitsstunden in der Größenordnung von 1,4 Milliarden; das sind immerhin über 50 % der konsumbedingten Arbeitszeiten im Inland (2,7 Milliarden Stunden). Und das ist noch eine Untergrenze, da in der Schätzgröße die höhere Arbeitsintensität vieler Importbereiche nicht berücksichtigt werden konnte. Da wir später einen Vergleich der Zeit für Kinder mit dem Arbeitsvolumen aller Erwerbstätigen in Deutschland vornehmen wollen, beschränken wir uns auf die Ermittlung der Arbeitszeiten, die von der Wohnbevölkerung in Deutschland für Kinder aufgebracht werden. Man muss sich dabei allerdings darüber im klaren sein, dass man die Importanteile der Gesamtzeit für Kinder außen vor lässt.

Zweifellos fällt der Anteil der durch den Privatkonsum der Kinder induzierten Erwerbsarbeitszeit an der Kindern eindeutig zurechenbaren gesellschaftlichen Arbeitszeit auch deshalb überraschend niedrig aus, weil ein Großteil der Güter der privaten Lebenshaltung unter den heutigen hochentwickelten Produktivitätsverhältnissen erzeugt werden kann, während sich die Erziehungs-, Betreuungs- und Bildungsarbeit den Rationalisierungszwängen industrieller Produktion entzieht. Bei diesen Tätigkeiten (Gesundheit, Pflege, Kinderbetreuung, Ausbildung) handelt es sich um Arbeitsfelder, die eine hohe menschliche Zuwendungsbereitschaft erfordern. Entsprechend lassen sich die Grundsätze der industriellen Produktivitätssteigerung nicht auf die Verhältnisse in der Arbeit und Beschäftigung mit Menschen übertragen, ohne dass die Qualität der personenorientierten Leistung dramatisch sinken würde.

Erstaunlich erscheint auch der geringe Anteil der direkten und indirekten Arbeitszeit von knapp 7 % (1990) der Gesamtzeit für Kinder, die vom öffentlichen Bildungssektor beigesteuert wird. Die Rolle der Schule im Leben von Kindern und Jugendlichen erscheint so dominant, dass man von ihr einen höheren Anteil an der Zeit für Kinder erwartet hätte. Zu beachten ist hier aber, dass die Lehrer ihre Arbeitszeit für ganze Schulklassen, nicht aber für einzelne Kinder wie in der Familie zur Verfügung stellen.

4.3 Unbezahlte Arbeit in der Familie

Der unbezahlte Zeitinput der Eltern teilt sich im Durchschnitt im Verhältnis von gut zwei Fünftel und knapp drei Fünftel zwischen aktiver Betreuung und kinderbezogener Hausarbeit auf. Dies zeigt klar, dass eine Außerachtlassung der kinderbezogenen Hausarbeit zu einer groben Unterschätzung des familiären Zeitaufwands für Kinder geführt hätte. Dass der Anteil der kinderbezogenen Hausarbeit deutlich höher ist als jener der aktiven Kinderbetreuung, hat nicht zuletzt damit zu tun, dass die aktiven Betreuungszeiten der Eltern mit zunehmendem Alter der Kinder immer rascher zurückgehen. Dagegen ist die kinderbezogene Hausarbeit altersunabhängig ein stabiler Faktor. Auf diese und andere Einflussfaktoren der unbezahlten Arbeitszeit für Kinder wird im folgenden näher eingegangen.

Bekanntlich beansprucht die Erziehungs- und Betreuungsarbeit der Eltern um so mehr Zeit, je jünger das Kind ist. Nach Angaben der Zeitbudgetstudie von 1991/92 vermindert sich etwa die aktive Kinderbetreuungszeit der Erwachsenen in Familien mit jüngstem Kind von 3 bis 6 Jahren um über die Hälfte gegenüber Familien mit jüngstem Kind unter 3 Jahren (Blanke u.a. 1996, Tab. 5.4, S. 100). Bei Familien mit jüngstem Kind zwischen 12 und 16 Jahren sinkt die aktive Betreuungszeit der Eltern schließlich auf ein Neuntel des Wertes der Familien mit jüngstem Kind unter 3 Jahren.

Die hier vorliegenden Untersuchungsergebnisse liefern für das Jahr 1990 – also für die alten Bundesländer – Angaben für Familien mit Kindern bis 12 Jahren und für Familien mit Kindern im Alter von 12 bis 18 Jahren (siehe Abbildungen 7 und 8). Vergleicht man den Zeitaufwand zwischen Familien mit Kindern unter 12 Jahren bzw. von 12 bis 18 Jahren, so schrumpft die aktive Betreuungszeit in den Familien mit den älteren Kindern im Durchschnitt auf knapp 30% der Vergleichszeit der Familiengruppe mit den jüngeren Kindern. Erklärlich wird dieser starke Rückgang auch dadurch, dass bei älteren Kindern die Rolle der sonstigen mit Kindern beim gemeinsamen Essen, beim Fernsehen oder bei Spaziergängen verbrachten Zeit für die Erziehung immer wichtiger wird. Auf die quantitativen Dimensionen dieser Kategorie kommen wir noch zurück.

Abbildung 7: Zurechenbare Zeit für Kinder 1990[1] nach Haushaltstypen (Kinder unter 12 Jahren)

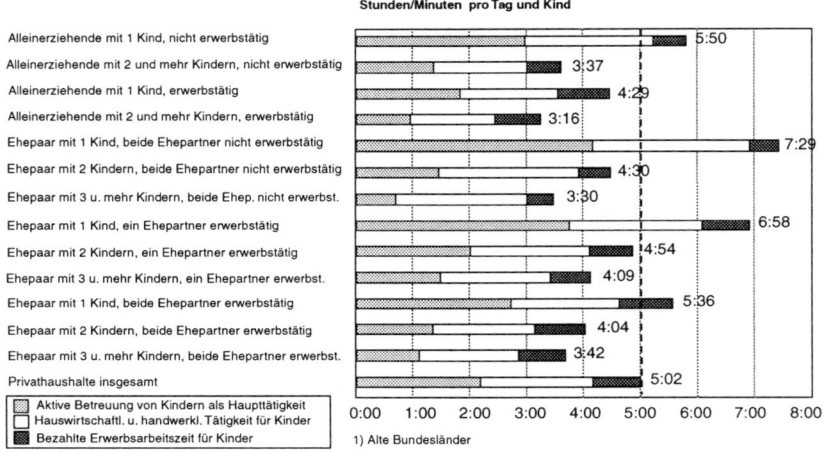

Abbildung 8: Zurechenbare Zeit für Kinder 1990[1] nach Haushaltstypen (Kinder im Alter von 12 bis unter 18 Jahren)

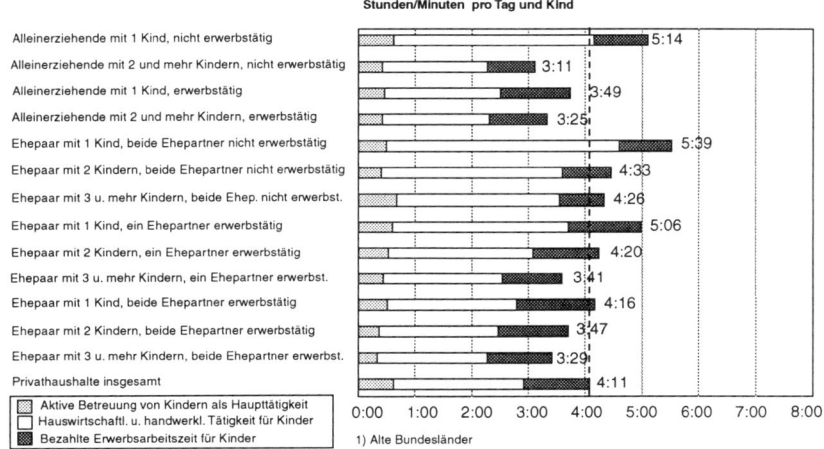

Gegenläufig hierzu nimmt dagegen die tägliche Zeit für kinderbezogene Hausarbeit in der Gruppe mit älteren Kindern zu. Sie steigt von knapp 2 auf 2 1/3 Stunden pro Kind. Der Anteil der aktiven Kinderbetreuung an der gesamten unbezahlten Arbeit für Kinder in den Familien beläuft sich dann in der Familiengruppe mit den älteren Kindern auf nur noch gut ein Fünftel.

Einfluss der Anzahl der Kinder

Betrachtet man die Ergebnisse in Abhängigkeit von der Anzahl der Kinder in einem Haushalt, so zeigt sich, dass die Durchschnittswerte am stärksten bei den aktiven Betreuungszeiten variieren. Der Zeiteinsatz der Eltern für ihre Kinder steigt zwar bei Familien mit 2 Kindern gegenüber der Situation mit nur einem Kind, aber eben nicht in proportionalem Ausmaß. Der durchschnittliche Zeiteinsatz pro Kind in Familien mit 3 oder mehr Kindern ist sogar deutlich niedriger als bei Familien mit einem Kind. Familien mit 2 Kindern weisen pro Kind nur noch ca. die Hälfte der Zeitwerte von 1-Kind-Familien auf. Bei Familien mit 3 und mehr Kindern sinkt der Durchschnittswert pro Kind etwa auf ein Drittel der Werte von 1-Kind-Familien.

Die Erklärung für die abnehmenden Betreuungszeiten bei wachsender Kinderzahl in der Familie liegt in dem einfachen Umstand, dass mehrere Kinder gleichzeitig von einer Fülle von Betreuungs- und hauswirtschaftlichen Tätigkeiten profitieren können, wie z.B. vom Beaufsichtigen von Schulaufgaben, vom Vorlesen, von gemeinsamen Gesprächen und Mahlzeiten und auch vom Einkaufen.

133

Anders sieht es bei der kinderbezogenen Hausarbeit aus. Die diesbezüglichen Zeiten pro Kind gehen in Familien mit 2 Kindern nur marginal gegenüber dem durchschnittlichen Zeitaufwand von 1-Kind-Familien zurück. Ähnlich ist es bei Familien mit 3 und mehr Kindern. Auch bei diesen liegt die Hausarbeit pro Kind um maximal ein Fünftel niedriger als bei 1-Kind-Familien. Dies spricht dafür, dass die kinderbezogene Hausarbeit tatsächlich eher proportional mit der Zahl der Kinder zunimmt.

Einfluss der Erwerbstätigkeit

Die Frage, ob Erwerbstätigkeit ausgeübt wird, beeinflusst in einem hohen Grade das Ausmaß des Zeitaufwands der Eltern für unbezahlte Arbeit in der Familie. Besonders fallen die Unterschiede bei der aktiven Betreuungszeit ins Auge. Vergleicht man Ehepaarfamilien mit einem erwerbstätigen Partner mit dem gleichen Familientyp, aber mit zwei erwerbstätigen Partnern, so weisen die Pro-Kind-Werte der Familien mit Doppelerwerbstätigkeit über zwei Drittel weniger an Betreuungszeit gegenüber der Vergleichsgruppe auf. Bekanntlich unterbrechen meist die Mütter die Erwerbstätigkeit zugunsten der Erziehungs- und Familienarbeit und diese weisen nach anderen Ergebnissen des Statistischen Bundesamtes deutlich höhere Werte der Betreuungszeit auf als erwerbstätige Mütter.

Am höchsten ist der Anteil der aktiven Betreuung bei Ehepaaren, bei denen nur ein Ehepartner erwerbstätig ist. Am niedrigsten ist er bei erwerbstätigen Alleinerziehenden. Dies erklärt sich mit dem knappen Zeitvorrat, über den diese Haushaltsgruppe generell für Aufgaben der Familienarbeit verfügt.

Zeitaufwand sonstiger Privathaushalte für Kinderbetreuung

Ein interessantes Teilergebnis der Untersuchung des Statistischen Bundesamtes liegt in dem Nachweis des Zeitaufwandes sonstiger Privathaushalte für aktive Betreuung in den Familien mit Kindern unter 18 Jahren und des Anteils, den sie zum Privatkonsum der Kinder beitragen. Sonstige Privathaushalte, zu denen Haushalte der Großeltern, von anderen Verwandten, Freunden und Nachbarn gehören, bringen sich bei der Kinderbetreuung und auch beim Unterhalt der Kinder mit Zeit und Geld ein. Der zeitliche Aufwand dieser Gruppe mithelfender Dritter in Familienhaushalten lag 1990 in den alten Bundesländern um zwei Drittel höher als der gesamte Zeitaufwand von Alleinerziehenden für aktive Kinderbetreuung und bei fast einem Fünftel des entsprechenden Zeitaufwands von Ehepaarfamilien. 1998 nach der Wiedervereinigung und dem dadurch verursachten raschen Anstieg der Zahl der Alleinerziehenden übertraf der zeitliche Aufwand der mithelfenden Dritten jenen aller Alleinerziehenden noch um knapp 7%. Im Vergleich zu Ehepaarhaushalten stieg dagegen der Betreuungszeitanteil der mithelfenden Dritten, er lag bei genau einem Fünftel des Wertes der Ehepaarfamilien.

4.4 Bezahlte Arbeit im Erwerbssektor

Die bezahlte tägliche Erwerbsarbeitszeit lag 1998 für alle Kinder leicht niedriger als im Jahre 1990 (0,87 gegenüber 0,93 Stunden). Dies hat mit dem allgemeinen Rückgang der Arbeitszeiten pro Erwerbstätigen zu tun. Die Anteilswerte des kinderbezogenen privaten Konsums an der gesamten Erwerbsarbeit verringerten sich deshalb von 1990 bis 1998 um knapp 5 Prozentpunkte auf 62 %. Während der Anteil des privaten Konsums für Kinder 1990 in den verschiedenen Familiengruppen mit einem Kind zwischen 60 und 75 % schwankt, variieren die entsprechenden Werte für das Jahr 1998 zwischen 54 und 65 %.

Interpretiert man die Zahlen für die Erwerbsarbeitszeiten in Abhängigkeit von der Zahl der Kinder in einem Haushalt, so bestätigen die Zeitangaben beim privaten Konsum, was wir schon aus den Kinderkostenberechnungen des Statistischen Bundesamtes wissen. Die durchschnittlichen Versorgungskosten pro Kind sinken mit wachsender Kinderzahl in einer Familie. Die Pro-Kind-Erwerbsarbeitszeiten im Bereich privater Konsum für Kinder liegen in Familien mit 3 und mehr Kindern um ca. ein Viertel niedriger als in 1-Kind-Familien. Bei der schulischen Ausbildung ist eher die gegenläufige Entwicklung festzustellen. Die Erwerbsarbeitszeiten im Bildungssektor pro Kind steigen mit zunehmender Kinderzahl in den Familien. Familien mit 3 und mehr Kindern weisen einen um ca. 20 % höheren Pro-Kind-Wert auf als 1-Kind-Familien. Dies ist darauf zurückzuführen, dass der Anteil von noch nicht schulpflichtigen Kindern unter 6 Jahren an allen Kindern unter 18 Jahren in 1-Kind-Familien höher ist als in Familien mit 2 oder mehr Kindern.

Für 1990 können wir Vergleiche zwischen Familien mit jungen Kindern (unter 12 Jahren) und alten Kindern und Jugendlichen (12 bis 18 Jahre) anstellen. Dabei zeigt sich, dass die täglichen Werte für die bezahlte Erwerbsarbeitszeit bei der Familiengruppe mit den älteren Kindern durchgehend höher liegen, und zwar um über Zwei Fünftel. Die täglichen Zeiten für die schulische Ausbildung der Kinder steigen im Durchschnitt pro Kind um knapp die Hälfte, für den privaten Konsum der Kinder dagegen um knapp zwei Fünftel. Die schulbezogenen Zeiten für die Familien mit den älteren Kindern müssen notwendigerweise höher als in den Familien mit den unter 12-jährigen Kindern sein, da ja auch die noch nicht schulpflichtigen Kinder in deren Durchschnittswert eingehen. Die höheren Werte der Erwerbsarbeitszeit für den privaten Konsum der Kinder in den Familien mit der älteren Kindergruppe finden ihre Erklärung vermutlich in dem höheren Aufwand für den Kindesunterhalt bei älteren Kindern. Diese Unterschiede sind durch das Statistische Bundesamt gut dokumentiert.

4.5 Das umfassende Konzept der unbezahlten Zeit für Kinder in der Familie

Erst das umfassende Konzept der unbezahlten Zeit im Haushalt gibt ein annäherndes Bild der wirklichen zeitlichen Beanspruchung vor allem der Eltern durch ihre Kinder und deren Entwicklungs- und Bildungsbedürfnisse (siehe Abbildung 9).

Abbildung 9: Unbezahlte Zeit für Kinder

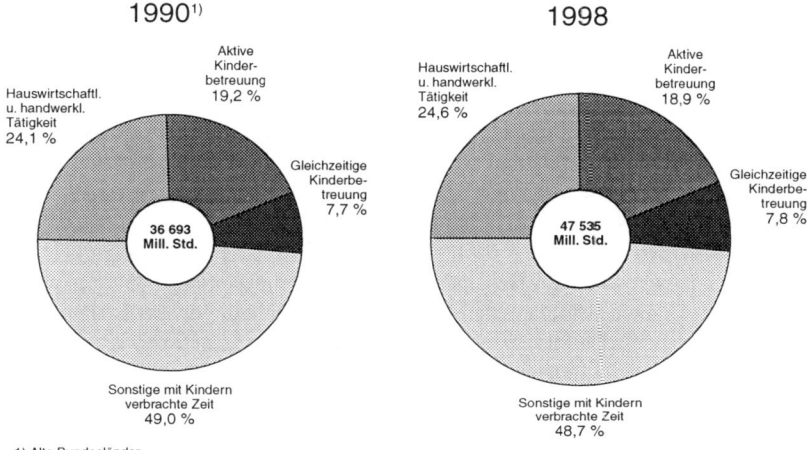

1) Alte Bundesländer.

Hier sind zusätzlich die beiden Kategorien der Kinderbetreuung als gleichzeitige Tätigkeit sowie die sonstige mit Kindern verbrachte Zeit einbezogen. Im Ergebnis zeigt sich, dass sich die unbezahlte tägliche Zeit, die für Kinder in den Familien aufgewendet wird, mehr als verdoppelt.

Der Gesamtwert für 1998 liegt etwas niedriger als jener für 1990. Die sonstige mit Kindern verbrachte Zeit umfasst in beiden Jahren fast die Hälfte des gesamten unbezahlten häuslichen Zeitinputs auf sich. Die Hausarbeit für Kinder kommt auf einen Anteil von einem knappen Viertel. Der Anteil der Kinderbetreuung als Haupt- und gleichzeitige Aktivität liegt dann in den beiden Jahren bei einem guten Viertel.

Betrachten wir die Angaben für die sonstige mit Kindern verbrachte Zeit unter dem Aspekt der Abhängigkeit von der Kinderzahl in der Familie, so stellen wir gleiche Relationen wie bei der aktiven Kinderbetreuung als Hauptaktivität fest. Ähnliches gilt auch bei der Kinderbetreuung als gleichzeitiger Aktivität.

4.6 Das umfassendste Konzept der Zeit für Kinder

Aus beiden Zeitkonzepten kann nun das umfassendste Konzept der Zeit für und mit Kindern gebildet werden. Es setzt sich aus den vier Kategorien der unbezahlten Zeit in der Familie und den beiden Kategorien der bezahlten Arbeitszeit zusammen. Der überragende Anteil der in der Familie für Kinder verwendeten Zeit liegt hier bei 90 Prozent (Abbildung 10). Fasst man die beiden Komponenten der Kinderbetreuung als Haupt- und als gleichzeitige Tätigkeit zusammen, so ergibt sich für die Kinderbetreuung ein Anteilswert von fast 1/4 der Gesamtzeit. Auf die Hausarbeit entfällt über ein Fünftel der für Kinder verwendeten Zeit. Den größten Zeitanteil nimmt die sonstige mit Kindern verbrachte Zeit ein, und zwar mit einem Anteil, der zwar nicht die Hälfte der Gesamtzeit erreicht, aber immerhin vier Neuntel.

Abbildung 10: Zeit für Kinder

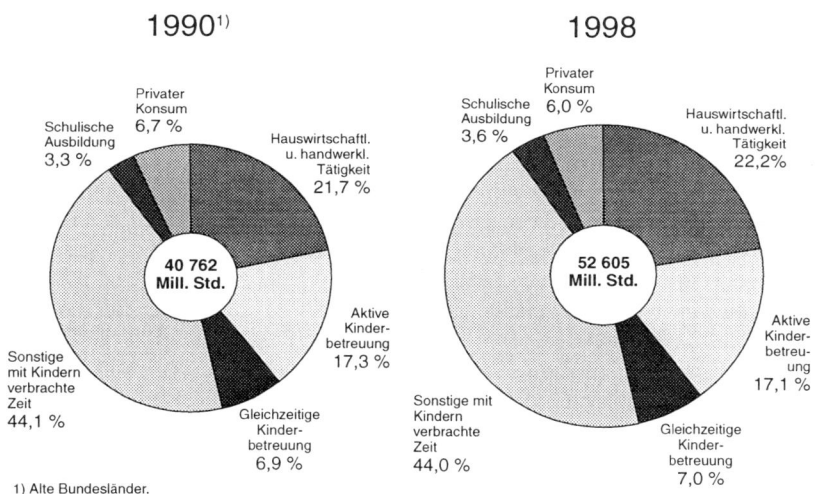

1) Alte Bundesländer.

5. Zeit für Kinder: Wieviel Äquivalenten eines Arbeitsplatzes in der Erwerbswirtschaft entspricht sie?

Unser Anliegen bei diesem Projekt ist die Ermittlung des Arbeitszeitvolumens im Zusammenhang mit der Erziehung, Betreuung, Bildung und Versorgung von Kindern im Alter bis zu 18 Jahren. Die konkrete Leitfrage war, wieviel gesellschaftlich notwendige Arbeitszeit im Zusammenhang mit der zukunftsorientierten Aufgabe des Aufziehens von Kindern und Jugendlichen in den verschiedenen Teilen der Gesellschaft, in der Familie, in der marktlichen Sphäre und im Staatssektor geleistet wird.

Um einen griffigen Eindruck von der gesamtwirtschaftlichen Bedeutung des Großziehens und der Versorgung der nachwachsenden Generation zu erhalten, liegt es nahe zu fragen, wie vielen Äquivalenten eines Erwerbsarbeitsplatzes die für Kinder verwendete Arbeitszeit in einem Jahr entsprechen würde.

In der Tabelle 1 sind die Ausgangsgrößen zur Berechnung von Arbeitsplatzäquivalenten zusammengefasst worden. Einerseits finden sich dort die Angaben für die Zahl der Kinder in den beiden Eckjahren der Untersuchung, für die Zeit für

Kinder im umfassendsten Sinne und für das engere Kernkonzept der direkt zure-chenbaren Zeit für Kinder sowie schließlich die dazugehörigen Pro-Kopf-Werte, einschließlich der Werte für die Kinder unter 12 Jahren und für die älteren Kinder zwischen 12 und 18 Jahren. Zum anderen sind dort die Angaben für die Zahl der Erwerbstätigen (= Arbeitsplätze) in Deutschland, das jährliche Arbeitsvolumen insgesamt sowie je Erwerbstätigen erfasst. Der Rückgang des Arbeitsvolumens je Erwerbstätigen beruht u. a. auf dem trendmäßigen jährlichen Wachstum der Ar-beitsproduktivität. Bezogen auf die wöchentliche Arbeitszeit entspricht dies einem Rückgang von knapp 30 Stunden in 1990 auf 29 Stunden in 1998.

Zeit für Kinder: umgerechnet in Anteile an allen Erwerbstätigen

Bei der Frage, wievielen Arbeitsplatzäquivalenten die Zeit für Kinder in den bei-den hier berücksichtigten Konzepten entspricht, muss die Zeit für Kinder in Bezug zum jährlichen Arbeitsvolumen je Erwerbstätigen gesetzt werden. Es zeigt sich, dass das kinderbezogene Zeitvolumen im umfassendsten Sinne einem Äquivalent von knapp 26 Mill. Arbeitsplätzen (1990) entspricht. Anders ausgedrückt ent-spricht das am weitesten gefasste Zeitvolumen für Kinder einem Anteil von 85 Prozent des gesamten Arbeitsvolumens oder von 85 Prozent aller Erwerbstätigen.
Die entsprechenden Werte für das engere Konzept der zurechenbaren Arbeits-zeit für Kinder liegen für 1990 bei 12,7 Mill. Äquivalenten eines Arbeitsplatzes, was einem Anteil von knapp 42 Prozent des Arbeitsvolumens oder von 42 Prozent aller Erwerbstätigen entspricht. Die entsprechenden Werte für 1998 können der Tabelle 1 entnommen werden.

Wieviele Äquivalente eines Erwerbsarbeitsplatzes
entfallen im Durchschnitt auf ein Kind?

Nach der Makrobetrachtung liegt es nahe, auch zu ermitteln, wievielen Erwerbsar-beitsplätzen die jährlichen Zeitinputs für Kinder pro Kind entsprechen würden.
Hierfür ist die jährliche Zeit für Kinder pro Kind auf das jährliche Arbeits-volumen je Erwerbstätigen zu beziehen (Tabelle 1). Beginnen wir mit den Arbeits-zeitwerten des Konzeptes der eindeutig zurechenbaren Familien- und Erwerbsar-beit, so liegt der Wert für 1990 bezogen auf ein Kind bei einem Arbeitplatzäquiva-lent von 1,1, der sich auch für 1998 ergibt (Tabelle 1). Differenziert man die Werte für 1990 nach den beiden Familiengruppen, so entspricht die jährliche Arbeitszeit pro Kind in der Gruppe mit den jüngeren Kindern einem Wert von 1,2 Arbeits-platzäquivalenten und bei jener mit den älteren Kindern von fast 1 (Tabelle 1). Bei diesem Vergleich bestätigt sich, dass jüngere Kinder arbeitsintensiver sind als äl-tere.
Von den 1,1 Arbeitsplätzen entfallen 20 % auf den Erwerbssektor. 80 % des Ar-beitszeitaufwands bleiben in den offiziellen Daten der Statistik ausgeblendet, weil

Tabelle 1: Arbeitsplatzäquivalente der Zeit für Kinder

Lfd. Nr.	Gegenstand der Nachweisung	Berechnungs-hinweise (mit lfd. Nr. von Spalte 1)	Einheit	1990	1998
1	Erwerbstätige (Inländer) insgesamt (= Arbeitsplätze)		1 000	30 230	37 549
2	Arbeitsvolumen		Mill. Stunden	47 854	56 586
3	Arbeitsvolumen je Erwerbstätigen	2 : 1	Stunden	1 583	1 507
4	Kinder in Privathaushalten davon:		1 000	11 468	15 447
5	im Alter von 0 – 12 Jahren		1 000	7 695	
6	im Alter von 12 – 18 Jahren		1 000	3 773	
7	Zeit für Kinder insgesamt in Privathaushalten, darunter:		Mill. Stunden	40 583	52 416
8	Zurechenbare Zeit		Mill. Stunden	19 885	25 660
9	Kinder im Alter von 0 – 12 Jahren		Mill. Stunden	14 124	
10	Kinder im Alter von 12–18 Jahren		Mill. Stunden	5 761	
11	Zeit für Kinder insgesamt pro Jahr und Kind darunter:	7 : 4	Stunden	3 539	3 393
12	Zurechenbare Zeit	8 : 4	Stunden	1 734	1 661
13	Kinder im Alter von 0 – 12 Jahren	9 : 5	Stunden	1 835	
14	Kinder im Alter von 12–18 Jahren	10 : 6	Stunden	1 527	
15	Zeit für Kinder insgesamt in Arbeitsplatzäquivalenten darunter:	7 : 3	Mill.	25,6	34,8
16	zurechenbare Zeit	8 : 3	Mill.	12,6	17,0
17	Kinder im Alter von 0 – 12 Jahren	9 : 3	Mill.	8,9	
18	Kinder im Alter von 12–18 Jahren	10 : 3	Mill.	3,6	
19	Zeit für Kinder insgesamt in Relation zum Arbeitsvolumen darunter:	7 : 2	Prozent	84,8	92,6
20	zurechenbare Zeit	8 : 2	Prozent	41,6	45,3
21	Zeit für Kinder insgesamt pro Kind in Arbeitsplatzäquivalenten darunter	11 : 3	Anzahl	2,24	2,25
22	zurechenbare Zeit	12 : 3	Anzahl	1,10	1,10
23	Kinder im Alter von 0 – 12 Jahren	13 : 3	Anzahl	1,16	
24	Kinder im Alter von 12–18 Jahren	14 : 3	Anzahl	0,96	

er unbezahlt in den Familien aufgebracht wird. Das Aufziehen eines Kindes im Alter von 0 bis 18 Jahren entspricht also pro Jahr in dem hier verwendeten engeren Zeitkonzept dem durchschnittlichen Arbeitsvolumen von mehr als einem Erwerbsarbeitsplatz, nur dass der größte Teil dieses Arbeitsplatzes im privaten Haushaltssektor liegt.

Erweitern wir das Konzept der eindeutig Kindern zurechenbaren Zeit um die beiden weiteren Komponenten familiären Zeitaufwands „Kinderbetreuung als gleichzeitige Tätigkeit" und „die sonstige mit Kindern verbrachte Zeit" zum umfassendsten Konzept der Zeit für Kinder, das wir hier untersuchen, dann erhöhen sich die rechnerischen Arbeitsplatzäquivalente pro Kind auf 2 1/4 – ein Wert, der sich für beide Eckjahre ergibt (Tabelle 1).

Sucht man nach einer Antwort auf die Frage, wieviel Arbeitsplätzen in unserer Wirtschaft im Durchschnitt der zeitliche Aufwand für das Aufziehen eine Kindes bis zur Volljährigkeit pro Jahr entsprechen würde, so ergeben unsere Schätzungen einen Wert in einer Bandbreite zwischen deutlich mehr als einem Arbeitsplatz bis zu einem Wert von 2 1/4.

Würde man auch die anderen Bereiche der Erwerbsarbeit einschließlich der importspezifischen Erwerbszeiten einbeziehen, würde sich die Bandbreite auf einen Wertebereich zwischen fast 1 1/3 und knapp 2 1/2 Arbeitsplätzen verschieben. Der Anteil der Erwerbsarbeit würde sich hier auf über 30 Prozent erhöhen.

Vor dem Hintergrund der pädagogischen Bedeutung der Tätigkeiten, die zur sonstigen mit Kindern verbrachten Zeit gerechnet werden, für die gesamte Entwicklung der Kinder und Jugendlichen liegt man wohl nicht falsch, wenn man annimmt, dass der echte Wert eher in der Nähe von gut zwei Arbeitplätzen liegt.

Wir wissen aus den Ergebnissen für die beiden Familiengruppen mit unter 12-jährigen Kindern und Kindern im Alter von 12 bis 18 Jahren, dass der Arbeitszeitaufwand für die jüngere Kindergruppe im Durchschnitt ein gutes Fünftel höher liegt als jener für die ältere Gruppe. Je jünger die Kinder, um so höher der Zeitaufwand für ihre Versorgung, Betreuung und Erziehung – so lassen sich die Ergebnisse vieler Zeitstudien in Familienhaushalten zusammenfassen. Übertragen auf unsere Frage, wievielen Äquivalenten eines Erwerbsarbeitsplatzes der Zeitaufwand für Kinder entspricht, lässt sich daraus folgern, dass die Bandbreite der Werte bei Kleinkindern noch wesentlich höher liegen würde.

Impulse für die wissenschaftliche Forschung

Welche Impulse könnten nun diese Ergebnisse der wissenschaftlichen Forschung und der politischen Debatte verleihen? Hierzu sollen zum Schluß des Beitrags noch einige Bemerkungen gemacht werden.

Was die Wissenschaft angeht, so könnten einmal Impulse auf die Forschung zum Wert des in Familien gebildeten Humanvermögens ausgehen. In den Kinderkostenuntersuchungen von *Heinz Lampert* entfallen ca. ein Drittel auf Versorgungs- und zwei Drittel auf Betreuungskosten. Von *Gary Becker* gibt es die Bemerkung, „daß der Wert der Zeit, die für Kinder aufgewendet wird, den größten Teil der Kosten von Kindern in modernen Volkswirtschaften ausmacht." Betrachten wir unsere Resultate, so offenbart eine Untersuchung auf der Zeitebene eine noch größere Kluft zwischen den Anteilen von Versorgung und kinderbezogener Betreuungs- und Hausarbeit. Selbst im engeren Konzept der eindeutig zurechenbaren Arbeitszeit liegt der Anteil der Versorgung nur zwischen 1/8 und maximal einem Fünftel der insgesamt aufgewendeten Zeit.

Auf der Basis der neuen Ergebnisse zum Arbeitszeitvolumen für Kinder könnten auch neue Berechnungen des volkswirtschaftlichen Wertes des in Deutschland gebildeten Humanvermögens vorgenommen werden. Zum ersten Mal sind derartige Berechnungen von der Sachverständigenkommission für den 5. Familienbericht der Bundesregierung „Familien und Familienpolitik im geeinten Deutschland – Zukunft des Humanvermögens" (Bonn 1994, S. 193ff. und S. 290ff.) vorgenommen worden. Auf der Basis der Kinderkostenberechnungen von Lampert ermittelte die Kommission den Beitrag der Familien zur volkswirtschaftlichen Humanvermögensbildung. Sie bezifferte den Beitrag der Familien zum gesamtwirtschaftlichen Arbeitsvermögen auf eine Summe von 15,3 Billionen DM. Demgegenüber belief sich der Wert des reproduzierbaren Sachvermögens im Jahre 1990 zu Wiederbeschaffungspreisen auf 6,9 Billionen DM (ebenda, S. 145).

Unsere Resultate können auch der Forschung im Bereich der monetären Bewertung der unbezahlten Arbeit und speziell zur Berechnung eines um die kinderbezogene Familienarbeit erweiterten Bruttoinlandsprodukts (BIP) Impulse verleihen.

Bisher liegen seitens des Statistischen Bundesamtes im Rahmen des Satellitensystems „Haushaltsproduktion" Berechnungen des monetären Wertes der Haushaltsproduktion, also der gesamten unbezahlten Arbeit in privaten Haushalten, vor (Schäfer und Schwarz, 1994, Schäfer, 1988). Als gesellschaftlich und politisch noch viel relevanter könnten sich erstmalige Berechnungen des monetären Wertes der kinderbezogenen Familienarbeit und die Einbeziehung in ein entsprechend erweitertes BIP-Konzept erweisen.

Literaturverzeichnis

Blanke, Karen, Manfred Ehling und Norbert Schwarz (1996): *Zeit im Blickfeld. Ergebnisse einer repräsentativen Zeitbudgeterhebung*, Bd. 121 der Schriftenreihe des Bundesministeriums für Familie, Senioren, Frauen und Jugend. Stuttgart-Berlin-Köln: W. Kohlhammer,

Becker, Gary S. (1965): *A Theory of the Allocation of Time*, in Economic Journal, Vol. 75, pp. 493–517

Bundesministerium für Familie, Senioren, Frauen und Jugend (BMFSFJ; Hrsg., 1994): *Familie und Familienpolitik im geeinten Deutschland – Zukunft des Humanvermögens*. Fünfter Familienbericht. Bonn

Euler, Manfred (1993): *Aufwendungen für Kinder*, in Wirtschaft und Statistik, Heft 10/1993, S. 759–769

Ewerhart, Georg (2001): *Humankapital in Deutschland – Bildungsinvestitionen, Bildungsvermögen und Abschreibungen auf Bildung*, Beiträge zur Arbeitsmarkt- und Berufsforschung, Band 247, Bundesanstalt für Arbeit: Nürnberg

Ewerhart, Georg (2002a): *Bildungsinvestitionen, brutto und netto – Eine makroökonomische Perspektive*, in S. Hartard, C. Stahmer: *Magische Dreiecke – Berichte für eine nachhaltige Gesellschaft*, Band 3: Sozio-ökonomische Berichtsysteme, Metropolis: Marburg 2002, S. 217–246

Ewerhart, Georg (2002b): *Bildungsinvestitionen, Bildungsvermögen und Abschreibungen auf Bildungsvermögen in Deutschland 1992 bis 1999*, Forschungsprojekt des Instituts für Arbeitsmarkt- und Berufsforschung, Nürnberg (Veröffentlichung vorgesehen in Beiträge zur Arbeitsmarkt- und Berufsforschung)

Hatzold, Otfried und Christian Leipert (1996): *Erziehungsgehalt – Wirtschaftliche und soziale Wirkungen bezahlter Erziehungsarbeit der Eltern,* Deutscher Arbeitskreis für Familienhilfe, Freiburg

Kohler, Hans und Lutz Reyher (1988): *Arbeitszeit und Arbeitsvolumen in der Bundesrepublik Deutschland 1960–1986,* Institut für Arbeitsmarkt- und Berufsforschung, Nr. 123 (mit unveröffentlichter Aktualisierung bis 1992)

Krüsselberg, Hans-Günter (2000): *Der vermögenstheoretische Zugang zur Familienpolitik,* in: B. Jans, A. Habisch und E. Stutzer (Hrsg.): *Familienwissenschaftliche und familienpolitische Signale,* Festschrift zum 70. Geburtstag von Prof. Dr. M. Wingen. Grafschaft: Vektor-Verlag, S. 79–88

Lampert, Heinz (1996): *Priorität für die Familie. Plädoyer für eine rationale Familienpolitik,* Berlin: Duncker & Humblot

Lampert, Heinz (2000): *Der gesellschaftliche und wirtschaftliche Wert der Familienarbeit,* in: B. Jans, A. Habisch und E. Stutzer (Hrsg.), a.a.O., S. 57–68

Lancaster, Kelvin (1966): *A New Approach to Consumer Theory,* in: Journal of Political Economy, Vol. 74, pp. 132–157

Leipert, Christian (1994): *Aufwertung der Erziehungsarbeit,* Deutscher Arbeitskreis für Familienhilfe, Kirchzarten

Leipert, Christian (Hrsg.; 2001): *Familie als Beruf – Arbeitsfeld der Zukunft,* Deutscher Arbeitskreis für Familienhilfe, Leske und Budrich: Opladen

Leipert, Christian und Michael Opielka (1999): *Child-care Salary 2000 – A way to upgrade Child-care work,* Deutscher Arbeitskreis für Familienhilfe, Freiburg

Schäfer, Dieter (1988): *Haushaltsproduktion in gesamtwirtschaftlicher Betrachtung,* in: Wirtschaft und Statistik, S. 309–318.

Schäfer, Dieter und Schwarz, Norbert (1994): *Wert der Haushaltsproduktion 1992,* in: Wirtschaft und Statistik, H. 8, S. 597–612

Stahmer, Carsten, Georg Ewerhart, Inge Herrchen (2002): *Monetäre, physische und Zeit-Input-Output-Tabellen – Ansätze für eine integrierte ökonomische, ökologische und soziale Berichterstattung,* Metzler-Poeschel: Stuttgart (Veröffentlichung in Vorbereitung)

Stahmer, Carsten, Ingo Mecke, unter Mitarb. von Inge Herrchen (2002): *Zeit für Kinder. Ökonomische Bedeutung der Erziehung und Versorgung von Kindern und Jugendlichen,* Endbericht im Auftrag des Deutschen Arbeitskreises für Familienhilfe e.V. Wiesbaden: Statistisches Bundesamt

Statistisches Bundesamt (1994): *Fachserie 18 Volkswirtschaftliche Gesamtrechnungen,* Reihe 2 Input-Output-Tabellen 1986, 1988, 1990, Wiesbaden

Anhaltend niedrige Geburtenraten und ihre Folgen

Gérard-François Dumont

Die niedrige Geburtenziffer in Europa führt in dem Maße, wie die Fertilitätsraten unterhalb bzw. weit unterhalb der Schwelle des Generationenersatzes liegen, zu einem – wie ich es nenne – „demographischen Winter". Mit diesem Überblick sollen die wirtschaftlichen, sozialen und politischen Auswirkungen der niedrigen Geburtenraten in Europa näher beleuchtet werden.

Wirtschaftliche Folgen

Eine niedrige Geburtenrate wirkt sich auf Konsumtion, Investition und – im allgemeineren Sinne – auf die gesamte Wirtschaftsdynamik aus.

Verbrauchsmuster und geringer Investitionsanreiz

Der niedrige Anteil junger Menschen beeinflusst Verbrauchsmuster sowie Sparverhalten. Die Gesamtnachfrage zielt stärker auf Konsumtion als auf Investition. Eine junge Bevölkerung äußert in der Tat einen starken Investitionsbedarf (schulische Einrichtungen, Hochschulen, Grundstücke, Wohnausstattung usw.), wohingegen die ältere Bevölkerung ihren Bedarf weitestgehend schon gedeckt hat. Der mit dem Alter einhergehende höhere Ausstattungsgrad der Haushalte schränkt bei der älteren Generation den Konsumbedarf im Rentenalter ein. Zudem führt ein erhöhtes Pflegerisiko dazu, dass eine vorsorgliche Spartätigkeit bis zum Erreichen des fortgeschrittenen Alters beibehalten wird[1]. Die Unternehmen sehen sich Märkten mit geringer Wachstumsrate oder mit Schrumpfungstendenzen gegenüber, zumal die niedrige Geburtenrate den relativen Einfluß der jungen Bevölkerung und damit auch den jugendbezogenen Investitionsbedarf mindert.

Entwicklung der erwerbstätigen Bevölkerung

Das Wachstum der erwerbstätigen Bevölkerung verlangsamt sich und birgt bei gleichbleibender Erwerbsquote[2] von Männern und Frauen und unveränderten Mi-

---

1 Vgl.: Dumont, Gérard-François: *Démographie*. Paris: Dunod, 1992
  Lecaillon, Jean-Didier: *Démographie économique*. Paris: Éditions Litec, 1992
2 Altersspezifische Erwerbsquote von Männern und Frauen

grationsströmen die Gefahr einer gegenläufigen Entwicklung in sich, da die Anzahl der Jugendlichen, die dem Arbeitsmarkt zur Verfügung stehen, geringer ist als die der älteren Erwerbstätigen, die in Rente gehen. In einer Wirtschaft ergibt sich das Gesamtangebot aus der Entwicklung der Erwerbsbevölkerung und der Höhe der Produktivitätssteigerungen. Die erste Triebkraft zur Steigerung des Gesamtangebots würde somit nach und nach durch den zahlenmäßigen Schwund der Erwerbsbevölkerung, durch eine Art von Ausbluten, zunichte gemacht. Die zweite Steigerungsquelle ist abhängig vom physischen Kapital (Maschinen, Produktionsgebäude und öffentliche Infrastruktureinrichtungen) sowie der Qualität des Humankapitals (Ausbildung und vor allem Weiterbildung der Erwerbstätigen, wie z.b. der Lehrer, Forscher, von Führungskräften, Angestellten, Arbeitern usw.).

Die Gefahr alternder Gesellschaften besteht darin, dass deren Fähigkeit zur Innovation abgeschwächt wird.

Alter der erwerbstätigen Bevölkerung

Eine weitere aus der niedrigen Geburtenrate resultierende Folge betrifft die Entwicklung des Altersaufbaus der erwerbstätigen Bevölkerung. Es gibt weniger junge als ältere Erwerbstätige. Es stellt sich hier die Frage nach der Effizienz der Aus- und Weiterbildung im Bereich neuer Technologien und der Umschulung. Bei einer jungen Erwerbsbevölkerung geht man davon aus, dass sich die Kosten der beruflichen Ausbildung im Bereich neuer Technologien durch eine erhöhte Produktivität innerhalb eines ziemlich langen Zeitraumes amortisieren. Eine Entscheidung zugunsten der Finanzierung von Weiterbildung älterer Erwerbstätiger ist jedoch mit mehr Unsicherheiten verbunden, da es sich hierbei zwangsläufig um eine Investition handelt, für deren Amortisierung die zur Verfügung stehende Anzahl von Jahren nicht ausreicht.

Insgesamt sind noch nie dauerhafte wirtschaftliche Fortschritte in einer älter werdenden Bevölkerung beobachtet worden, zumal sich zusätzlich zu den wirtschaftlichen Auswirkungen auch problematische soziale Folgen ergeben.

Soziale Folgen

Im folgenden interessieren sowohl jene Fragen, die mit den sozialen Sicherungssystemen und der Solidargemeinschaft zwischen den Generationen im Zusammenhang stehen, als auch jene, die Fragen der Bildung und des sozialen Friedens betreffen.

Krankenversicherung

Die Auswirkungen der demographischen Entwicklung für die Krankenversicherungen sind unstrittig, da die Kosten für Krankheit und Vorsorge weitestgehend altersabhängig sind.

Das zentrale Problem besteht darin, wie die Renten in den kommenden Jahrzehnten finanziert werden können. Die geringe Geburtenrate führt zu einer zahlenmäßigen Schrumpfung der erwerbstätigen Bevölkerung und gleichzeitig zu einer zunehmenden Anzahl an Rentnern. Dies hat zur Folge, dass der Anteil älterer Menschen im Vergleich zu den Erwerbstätigen zunimmt sowie die Pflegebedürftigkeit alter Menschen in Relation zu den Personen im erwerbsfähigen Alter ansteigt.

Unabhängig von der Ausgestaltung der Rentensysteme (Kapitalbildung und/ oder Umlageprinzip) erfolgt die Finanzierung der Renten immer durch die Arbeit der erwerbstätigen Bevölkerung (entweder durch monetäre Einkommen oder durch Sozialabgaben), also durch Einbehaltung eines Teils des Bruttoinlandprodukts. Bei Überalterung der Bevölkerung muss stets ein höherer Anteil der durch die Erwerbstätigen geschaffenen Einkünfte einbehalten werden, wenn eine Verarmung der Rentner ausgeschlossen werden soll. Verschiedene Lösungen sind hierbei möglich: Steigerung der erwerbstätigen Bevölkerung durch Erhöhung der altersspezifischen Erwerbsquoten sowie vor allem früherer Eintritt in das Erwerbsleben oder Erhöhung des Renteneintrittsalters. Ein zweiter Lösungsweg besteht in der Anhebung der von den Erwerbstätigen gezahlten Abgaben und Beiträge, bzw. der Absenkung der relativen Rentenrendite, einer Praxis, die von einigen Rentenkassen für Angestellte seit den 90er Jahren schon praktiziert wird.

Trotzdem bleiben die möglichen Lösungsvarianten in ihrer Durchsetzbarkeit in jedem Fall heikel[3]. Eine Entlastung durch Einschnitte bei der Höhe der Renten zu suchen, hieße, eine ständig zunehmende Anzahl von Wählern dieses Alters vor den Kopf zu stoßen. Eine Erhöhung der Beiträge und Abgaben der Erwerbstätigen zur Finanzierung der Renten würde dagegen zu einer Verringerung der Kaufkraft der Erwerbsbevölkerung und deren Fähigkeit, in das Humankapital der Zukunft zu investieren (Aufziehen der nächsten Generation), führen. Darüber hinaus würde sie die Finanzierungsmöglichkeiten von Investitionen in den Unternehmen einschränken.

Sozialer Frieden

Das Alterswachstum erfordert viel Personal zur Gewährleistung der für die alten Menschen zu erbringenden notwendigen Leistungen. So wie schon in einigen Ländern Europas oder in den Vereinigten Staaten wird es im Interesse der Bedürfnisbefriedigung alter und insbesondere erwerbsunfähiger Menschen unabdingbar, hier auf zugewanderte Bevölkerungsgruppen[4] zurückzugreifen. Das setzt aber eine entsprechende Integrationspolitik voraus und ist um so bedenklicher, wenn

---

3 Vgl.: Bichot, Jacques: *Retraites en péril*. Paris: Presses de Sciences Po, 1999
   Dumont, Gérard-François: *Lumières et ombres du Rapport Charpin*. In: *Population et avenir,* Nr. 642, März/April 1999
4 Dumont, Gérard-François: *Les migrations internationales*. Paris: Editions SEDES, 1995

die Erwerbstätigkeit dieser Menschen auf den Dienstleistungssektor mit dessen begrenzten beruflichen Aufstiegsmöglichkeiten beschränkt bleibt.

Schrumpfen des Familiennetzes

Niedrige Geburtenraten bedeuten auch weniger Geschwister, Onkel und Tanten, weniger Cousins und Cousinen, also ein eingeschränkteres Familiennetz. Daraus ergibt sich die Notwendigkeit engerer Freundschaftsbeziehungen. Das Schrumpfen des Familiennetzes kann Folgen haben für die Fähigkeit, sich ins gesellschaftliche Leben zu integrieren, Unterschiede zwischen den Menschen zu verstehen und im Team erfolgreich zu arbeiten.

Insgesamt gesehen sind die sich aus der niedrigen Geburtenrate ergebenden sozialen Konsequenzen komplex. Zusätzlich sind aber auch politische Folgen zu beachten.

Politische Konsequenzen

Die fortdauernd niedrige Geburtenrate hat vielfältige politische Konsequenzen. Es verändert die Beziehungen zwischen den Generationen innerhalb der jeweiligen Bevölkerung sowie ihrer Wählerschaft. Gleichfalls ändern sich dadurch die demographischen Eckdaten dieser Bevölkerung und regionale Disparitäten können sich verstärkt ausprägen. Außerdem stellt sich in diesem Zusammenhang auch die Frage nach der Vermittlung politischer Werte.

Veränderte Wählerschaft

Betrachten wir zunächst den rein quantitativen Aspekt einer dauerhaft niedrigen Geburtenrate. Bei einer Bevölkerung mit sinkender Geburtenziffer schrumpft die Basis der Alterspyramide und die zahlenmäßigen Verhältnisse zwischen den Altersgruppen verändern sich. Mit der Zeit verringert sich der Anteil der Jugendlichen, später der der jungen Erwachsenen, während der Anteil der alten Menschen steigt. Ebenso entwickeln sich zwangsläufig die politischen Anforderungen. Diejenigen Bürger, die ihre Bedürfnisse massiv zum Ausdruck bringen, werden relativ mehr Einfluß haben. Hingegen werden Ansprüche an eine Politik für Kinder und Jugendliche von einem immer stärker schrumpfenden Anteil der Bevölkerung erhoben. In den Gemeinden und Bezirken mit ausgeprägt älterer Bevölkerung wird politisch Stimmung für die Schaffung und Bewilligung von Subventionen in Bereichen, die den Senioren zu Gute kommen, gemacht. Dagegen wird kein Bau einer neuen Schule gefordert, wenn es keinen entsprechenden Bedarf gibt. Proteste werden eventuell nur dann geäußert, wenn es um die Absicht der Schließung von Klassen als Folge der niedrigen Geburtenrate geht.

Die Äußerung politischer Ansprüche durch die Wähler, als diejenigen, die rechtlich dazu befugt sind, verändert sich infolge des sich wandelnden Altersaufbaus. Der unaufhaltsam wachsende Anteil der Sechzig- und Mehrjährigen führt dazu, dass deren Stimme ganz natürlich jenen Kandidaten gilt, die dieser Altersgruppe mehr versprechen. Dieses „mehr" führt unausweichlich zum Nachteil für andere Optionen. Entscheidet sich der Staat für die Bildung von Rücklagen zur Finanzierung der Renten aus Steuereinnahmen oder abgabeähnlichen Einnahmen, bedeutet das gleichzeitig, dass diese Mittel nicht für andere Zwecke zur Verfügung stehen, wie z.B. für die Familienpolitik oder die Steuerentlastung der Familien. Wenn ein Staat mit einem defizitären Haushalt Rentnern zusätzliche Leistungen bewilligt oder an diesen festhält, haben die künftigen Generationen, die die Schulden des Staates übernehmen müssen, die Zeche für diese Vergünstigungen zu zahlen.

In den Gebietskörperschaften muss durch unvermeidbare Budgetbeschränkungen fortwährend eine Auswahl getroffen werden: sei es durch Bewilligung von Subventionen für Vereine, den Vorrang für den Bau einer Kinderkrippe oder eines Seniorenklubs oder sei es für die bevorzugte Unterstützung eines Sportklubs für Jugendliche oder einer Freizeiteinrichtung für ältere Menschen. Die Entscheidung für eine oder mehrere der hier erwähnten möglichen Maßnahmen hängt immer mehr vom Wählereinfluss der einzelnen Altersgruppen und nicht notwendigerweise von der politischen Richtung der Verantwortlichen ab. Selbst wenn gewählte Lokalpolitiker ideologisch stark gebunden sind, handeln sie in erster Linie pragmatisch und engagieren sich für die Menschen, deren Stimme sie erhalten haben. Das heißt m.a.W., dass die Gesamtheit und die Rangordnung der letztlich politisch zur Geltung kommenden Bedürfnisse der Bevölkerung unausweichlichen Veränderungen aufgrund des sich wandelnden Altersaufbaus unterliegen. Die infolge einer geringen Geburtenrate überalterte Bevölkerung setzt stärker auf Sicherheit als auf Entscheidungsfreudigkeit. Sie wird es zweifelsfrei wichtiger finden, die Anzahl der städtischen Polizisten zu erhöhen, deren physische Präsenz (insbesondere aufgrund ihrer Uniform) und Tätigkeit in der Strafverfolgung für die Wähler sichtbar sind, als die Zahl der Sozialarbeiter zu vermehren, die offensichtlich nicht so auf der Straße ins Auge fallen und deren Präventivarbeit schwer zu bewerten ist.

Gefahren eines Krieges zwischen den Generationen

Die veränderten Relationen zwischen den Generationen führen auch zu Anpassungen des politischen Handelns auf allen Ebenen. Kann der Geburtenschwund soweit führen, dass ein „Krieg zwischen den Generationen" oder sogar Aufstände der zahlenmäßig geringeren Jugendlichen, die sich durch eine überalterte Gesellschaft erdrückt fühlen, heraufbeschworen werden?

Der Krieg zwischen den Generationen in den Gesellschaften, in denen zahlreiche Dienstleistungen für die Allgemeinheit von der öffentlichen Hand bereitgestellt werden, findet in der Tat tagtäglich auf wirtschaftlicher und finanzieller Ebene statt. Die Geschichte der Länder mit dauerhaft niedriger Geburtenrate macht die Niederlage der Jugend in der ökonomischen Auseinandersetzung zwischen den Generationen deutlich. Für sie ist weniger Deflation als Inflation bei der

Finanzierung der Leistungen, die den Rentnern gewährt werden (egal ob das System nun auf privater Kapitalbildung oder dem Umlageprinzip beruht), von Vorteil. Aber auch dann können sie nicht damit rechnen, jemals einen Nutzen in gleichwertiger Höhe ziehen zu können. Neue steuerliche Regelungen – beispielsweise der allgemeine Solidaritätsbeitrag in Frankreich (CSG), der nicht die Steuerkraft der Haushalte berücksichtigt – wirken sich oft nachteilig für sie aus. Ebenso verhält es sich mit den gesetzlichen Regelungen, die diejenigen in Beschäftigung gegenüber jenen, die auf den Arbeitsmarkt drängen, privilegieren. Hierfür steht das Gesetz zur 35-Stunden-Woche in Frankreich als abschreckendes Beispiel. Es wird damit nämlich nicht das Ziel verfolgt, Berufs- und Familienleben miteinander zu vereinbaren. Mit der 35-Stunden-Woche wird primär den Wünschen der älteren Erwerbstätigen, die beruflich weit fortgeschritten sind und die mehr Freizeit wollen, entsprochen. Dagegen werden junge Erwerbstätige, die (vorübergehend) daran interessiert sind, mehr zu arbeiten, um einen Haushalt zu gründen und schneller von Aufstiegsmöglichkeiten zu profitieren, bestraft. Die finanziellen Mittel, die von den Unternehmen zur Finanzierung der 35-Stunden-Arbeitswoche aufgewendet werden, stehen folglich nicht mehr für eine Verbesserung der Vergütung junger Erwerbstätiger zur Verfügung.

In dem alltäglichen ökonomischen Kampf setzen sich die Entscheidungen zugunsten der älteren Generation durch, deren Bedeutung auch politisch am meisten steigt. Die zunehmende Alterung der Bevölkerung führt ganz mechanisch zu einem malthusianischen Charakter von Gesetzen und politischen Entscheidungen mit der möglichen Folge, dass die Jugend zur Abwanderung getrieben wird. Bringen nicht zudem die Demokratien mit anhaltend schwacher Geburtenrate die Gefahr offener Auseinandersetzungen zwischen den Generationen hervor? Dem wäre sicher so, wenn das die einzig mögliche Lösung zur Wiederherstellung eines Gleichgewichts wäre. Dann kann es irgendwann dazu kommen, dass die zahlenmäßig schwächere Jugend, die sich im eigenen Land als unterprivilegiert fühlt, mit Gewalt aufbegehrt, um die Rechte einzufordern, die jeder Minderheit zustehen? Ist dieses politische Risiko, hervorgerufen durch den Bruch einer Demokratie mit ihrer Jugend, nicht schon in seinen Umrissen erkennbar, wenn man sich die große Anzahl der politisch Nichtengagierten und Nichtwähler unter den Jugendlichen vergegenwärtigt?

Geburtenrate, Geopolitik und Entwicklung

Die negative Geburtenentwicklung hat nicht nur Auswirkungen auf die nationale, sondern auch auf die internationale Politik. Es ist in der Tat so, dass der relative demographische Einfluss der Länder mit sinkender Geburtenrate weiterhin im Vergleich zu den Ländern abnimmt, deren Geburtenziffer zwar auch zurückgeht, jedoch nicht absackt. Wenn die zuerst genannten Länder auch in Zukunft von einem wertvollen Erbe und einer langjährigen Präsenz in der Welt Nutzen ziehen können, so verfügen die Entwicklungsländer, die zumeist ehemalige Kolonien und historisch gesehen junge Staaten sind, nicht über diese Vorteile. Aber die Veränderungen der entsprechenden demographischen Gewichte führen dazu, dass sich die geopolitische Situation unweigerlich zugunsten dieser letzteren Staaten verändert[5].

Das hat notwendigerweise für ein Land mit niedriger Geburtenrate zur Folge, dass dessen Stimme in den internationalen Organisationen weniger Gewicht hat, so wie es Aristide Briand in den 20er Jahren vor der Deputiertenkammer mit folgenden Worten erklärte: „Ich mache Außenpolitik mit unserer Geburtenrate". Ein anderer Nachteil besteht darin, dass die niedrige Geburtenziffer mit einem geringeren Potential an Jugendlichen einhergeht, die für die Entwicklungshilfe mobilisiert werden könnten.

Generationeneffekte

In eine überalterte Gesellschaft hineingeboren zu werden und in einer Bevölkerung mit deutlich mehr Älteren als Jüngeren zu leben, kann zu Haltungen und Verhaltensweisen führen, die sich von denen in einer relativ jungen Bevölkerung unterscheiden. Eine auf Sicherheit und Bestandswahrung ausgerichtete Umwelt erzeugt beim Menschen nicht die gleichen Reaktionen, als wenn er in einer entscheidungsfreudigen und innovativen Atmosphäre leben würde. Das gilt um so mehr, wenn man sich die Bedeutung des Nachahmungstriebs vergegenwärtigt. Läuft man nicht in einer von Alten dominierten Gesellschaft Gefahr, sich gegen Neuerungstendenzen zu wehren, die sich dagegen in einer relativ jungen Bevölkerung entwickeln? Das kann schließlich zur Folge haben, dass ganze Altersgruppen resignieren und sich nur in regelmäßig wiederkehrenden Gewaltausbrüchen ausdrücken können.

Die Politik, die die Pflicht hat, für das Gemeinwohl zu sorgen, sollte also ihr Handeln so ausrichten, dass die Werte der Freiheit und Solidarität in einer sich wandelnden Gesellschaft weiter wirksam bleiben.

Landflucht

Wenn die schwache Geburtenrate unmittelbar das Problem der Zukunft des politischen Handelns aufwirft, dann führt sie auch zu Fragen bezüglich der hierdurch hervorgerufenen regionalen Disparitäten. In der modernen Gesellschaft haben sich Urbanisierungsprozesse vollzogen, die zum Verlust des relativen demographischen Einflusses ländlicher Räume und oftmals auch mittlerer Städte geführt haben. Diese relative demographische Verarmung ländlicher Gebiete muss nicht zwangsläufig dramatische Auswirkungen haben, wenn diese Gebiete ein ausgewogenes Gleichgewicht der Alterszusammensetzung aufweisen, durch die der Dynamik des ländlichen Raumes Vitalität verliehen wird. Leider erlebt man in Europa häufig eine regelrechte Landflucht (die noch durch unangemessene politische Maßnahmen verstärkt wird), die aus zwei demographischen Ursachen resultiert.

---

5 Dumont, Gérard-François: *Les populations du monde*. Paris: Armand Colin, 2001

Einerseits verlassen die Jugendlichen die Gebiete, die häufig durch politische Entscheidungen zur Förderung einiger Räume und zur Konzentration von Infrastrukturanlagen und Standorten öffentlicher Verwaltungen benachteiligt wurden. Die Überalterung der Landbevölkerung hat unmittelbar zur Folge, dass eine Abwanderung mit selektivem Charakter aus den ländlichen Gebieten einsetzt.

Die zweite Ursache der Landflucht hängt mit der geringen Geburtenrate, der selbst zwei Ursachen zugrunde liegen, zusammen. Einerseits ist in den ländlichen wie in den städtischen Gebieten eine Abschwächung der Fertilität zu verzeichnen, die zur Verringerung der Geburtenrate führt. Andererseits wirkt sich dieses Phänomen der schwachen Fertilitätsrate stärker auf die Anzahl der Geburten im ländlichen Raum als im städtischen Raum aus, da der Anteil der Menschen im gebärfähigen Alter geringer ist.

Zudem kann in einigen ländlichen Räumen diese negative Geburtenentwicklung noch durch zwei weitere Faktoren verstärkt werden. So wie sich die Entwicklung des Dienstleistungssektors in erster Linie eher in den Städten als in den ländlichen Gebieten vollzog und oftmals mehr Frauen als Männer eingestellt wurden, kann die geschlechtsspezifische Zusammensetzung der jungen Erwachsenengeneration in den ländlichen Räumen zu einem Mangel an Frauen führen, mit der Folge, dass der Geburtenschwund sich noch stärker ausprägt. Die oben dargestellten Generationeneffekte scheinen sich zu bestätigen, denn in zweiter Linie zeigt die räumliche Verteilung der Geburten häufig eine niedrigere Fertilität in den am meisten überalterten Gebieten.

Unter dem Einfluß dieser verschiedenen Faktoren werden einige ländliche Gebiete in eine Spirale der Entvölkerung hineingezogen. Die Entwertung des ländlichen Raumes führt somit zur Isolierung ganzer Regionen, die als eine Art von „Dritträumen" betrachtet und politisch benachteiligt werden, ähnlich dem „Dritten Stand" in der Zeit des Ancien Régime vor 1789 in Frankreich. Nun kann aber das Potential des ländlichen Raumes ökologisch nur durch die Menschen unterhalten und genutzt werden. Der Reichtum der Länder entstand in den meisten Fällen aus der Vielfalt der Regionen, aus deren umsichtigen Verwaltung das politische Gleichgewicht erwächst, zumal die Regionen einen der seltenen Bezugspunkte in einer immer stärker auf Globalisierung ausgerichteten Welt darstellen.

In dem Maße wie die schwache Geburtenentwicklung weiter zur Landflucht beiträgt, wird der ländliche Raum auf Dauer und unumkehrbar entwertet, obwohl es doch gerade jener Bereich als Bindeglied zwischen den Städten ist, der den geographischen und sozialen Zusammenhalt der Gesellschaften gewährleistet.

Die geringe Geburtenrate, die die Ungleichheiten in der räumlichen Verteilung der Bevölkerung weiter verstärkt, ist also mit Auswirkungen auf die politische Geographie und unbestreitbaren politischen Folgen verbunden.

Der „Harmonieverlust"

Der Geburtenschwund wirft eine wichtige Frage zur Wertevermittlung auf. Jedes politische System und jede Zivilisation gründet sich auf ein Erbe von Idealwerten, zu denen jede Generation ihren Beitrag leisten soll, um sich diesen Idealen zu nähern. Auf diese Weise hat sich auch die Identität Europas durch ein über Jahrhunderte entwickeltes Handeln aufgebaut mit dem Ziel, die Achtung und Toleranz, die Freiheit, Kreativität und Gewaltenteilung zu fördern.[6] Diese Entwicklung verläuft niemals vollkommen kontinuierlich, denn der weitere Fortschritt wird durch Perioden mit rückläufiger Bewegung unterbrochen, die übrigens oftmals den Zeiten mit schwacher Geburtenrate entsprechen, in denen eine Weitergabe der Idealwerte aufgrund der geringen Anzahl von „Empfängern" unzureichend stattfindet.

Eine Zivilisation kann sich nur entwickeln und vervollkommnen, wenn es tatsächlich eine Wertevermittlung zwischen den Generationen durch die Familie, die Schule, das Gemeinwesen, das Vereinswesen usw. gibt. Wenn jeder Mensch einer Generation einer Bibliothek entspricht und alle Menschen dieser Generation den Inhalt ihrer Bibliotheken an die zahlenmäßig geringeren jüngeren Generationen weitergeben, dann kommt es zwangsläufig, selbst bei einigen technischen Fortschritten – wie beispielsweise der digitalen Revolution –, zu einem Verlust. Die Möglichkeit für jeden einzelnen, sich Kenntnisse anzueignen, ist notgedrungen begrenzt. Ebenso ist die Fähigkeit einer zahlenmäßig schwächeren Generation, ein intellektuelles und kulturelles Erbe zu empfangen, notgedrungen geringer als die einer zahlenmäßig stärkeren Generation.

Das Leben verläuft folglich wie ein Staffellauf. Wenn die Anzahl neuer Staffelläufer geringer ist als die derjenigen, die den Lauf gerade beendet haben, dann gehen einige Staffelstäbe verloren. Mit anderen Worten, eine zahlenmäßig schwächere Generation kann von der vorhergehenden Generation nur ein geringeres kulturelles Erbe empfangen. In Ermangelung ausreichender Empfänger läuft die Zivilisation somit Gefahr, auf Grund eines „Harmonieverlustes" unterzugehen.

In seiner Analyse zum Zusammenbruch von Zivilisationen unterscheidet Toynbee[7] „vertikale Brüche zwischen räumlich getrennten Gemeinschaften" und „horizontale Brüche zwischen den räumlich vermischten, aber in sozialer Hinsicht getrennten sozialen Gruppen". Die vertikalen Brüche erinnern an die Gefahr der schon oben erwähnten „Bildung von Inselgruppen" und die horizontalen Brüche an die Gefahr des Krieges zwischen den Generationen.

Eine schwache Geburtenentwicklung, die dauerhaft die demographische Realität prägt, ist folglich nicht nur eine statistische Fragestellung an jene, die sich mit Vorliebe auf quantitative Daten stützen. Durch Veränderungen von Eigenschaften der Bevölkerung kann sie in der Tat viele nationale und internationale politische Auswirkungen haben. Außerdem stellt der Geburtenschwund die Frage nach der Zukunft der Zivilisation.

---

6   Vgl.: Dumont, Gérard-François u.a.: *Les racines de l'identité européenne.* Paris: Economica, 1999
    Dumont, Gérard-François/Zurfluh, Anselm: *Die Identität Europas.* Schaffhausen: Novalis, 2001
7   Toynbee, Arnold: *A Study of History: 1972.* Französische Übersetzung: L'histoire. Payot, 1996

Da die politischen Risiken einer geburtenschwachen Bevölkerung existieren und jedes Land wohlweislich eine zumeist eher stillschweigende als ausdrücklich klar formulierte Bevölkerungspolitik betreibt, besteht dann nicht die einzige Frage für Frankreich und ganz Europa darin: Haben wir nicht eine Bevölkerungsentwicklung, die der Demokratie zuwiderläuft? Sollten wir folglich nicht eine Bevölkerungspolitik betreiben, die die Dauerhaftigkeit und den Aufschwung der Demokratie sicherstellt?

Für eine Richtungsänderung in der Familienpolitik

Josef Schmid

Im politischen Alltag, in den Parteien- und Richtungskämpfen scheint Familienpolitik wie ein gelegentliches Strohfeuer auf. Sie kann sich nicht als Dauerthema
behaupten in einer „Mediendemokratie", die ihre Konflikte und Sensationen
braucht. Auch der sogenannte Wohlfahrtsstaat, der mit den selbst geschaffenen
Finanzierungsproblemen kämpft, wird immer nur kurzlebiges Interesse für Familienpolitik erübrigen. Obwohl Familienpolitik nicht gerade ein Karrierethema ist,
so gilt sie dennoch als umstritten, weil diejenigen, die sie mit staatlichen Leistungen ausreichend ausgestattet halten, sofort Zustimmung und zugleich Kritik mobilisieren. Dasselbe gilt für den häufigeren Fall, nämlich Familie zum Stiefkind der
Wohlstandsentwicklung zu erklären: auch da melden sich Kritiker, vor allem Junggesellen und Kinderlose, die ihre Leistungen und Abgaben ins rechte Licht gesetzt
sehen wollen.

Familie und Nachwuchs

In den ersten Diskussionen des starken Geburtenrückgangs in den 70er Jahren des
letzten Jahrhunderts wurde schon vor einem Kulturkampf zwischen Eltern und
Kinderlosen gewarnt, der darum geht, wer von ihnen eigentlich die Zukunft ga-
rantiere. Eltern lieferten „Humankapital", beschäftigte Junggesellen beiderlei Ge-
schlechts dafür „Sachkapital" und müssten davon nicht allzu wenig abliefern.
Geschichtlich Bewanderte erinnern an die im alten Deutschland übliche „Hage-
stolzensteuer". – Das marode Bild des Generationenvertrags, dieser notleidend ge-
wordene Wechsel, gezogen auf ein Alter in Wohlstand, macht uns auf die ver-
drängte Lebenserhaltungsgemeinschaft aufmerksam, die Familie einst sichtbar
vorgeführt hat und die auch ein bürokratischer Sozialstaat mit der großen „kollektiven Lösung" der Existenzprobleme nicht auf ewige Zeiten vernebeln kann.
   Es gab immer Ideen, welche die Hervorbringung von Nachwuchs von Familie
abkoppeln wollten. Sie sind Gedankenspiele von Utopisten geblieben. 85 % aller
Kinder werden in existierenden Familien geboren, der Rest in familienähnlichen
Verhältnissen. Die Frage der gesellschaftlichen Erneuerung über Geburten kommt
immer häufiger auf den Tisch, weil Geburtendefizite – gemessen an der Stärke der
Elterngeneration – den Altenanteil an der Bevölkerung anwachsen lassen und die
künftigen Aktiven ihn zu versorgen haben werden. Schon deshalb wird Familie
ihren Status ändern müssen. Sie ist nicht länger als Konsumeinheit zu betrachten,

der von Zeit zu Zeit die Kaufkraft von außen gestärkt gehört, weil sie sonst als bedauerliche und abgeschlagene Einheit im Kampf um die Optimierung von Lebensstandard, Erlebniswelten und „Wellness" erscheint. Schon der Begriff „Lastenausgleich" im Namen sozialer Gerechtigkeit macht Familie zum Patienten des Wohlfahrtsstaates, ohne zu wissen, dass gerade aus ihr das Leben quillt, das ihn erhält.

Der Übermut der „Moderne" hat Kinder zur Privatangelegenheit eines elterlichen Verbandes erklärt und dabei gleich eine Doppelbödigkeit eingeführt: lediglich die Entscheidung für oder gegen Kinder sei eine private; sobald ein Kind geboren ist, wird es „sozialisiert", d.h. willkommen geheißen in einer Arbeitsgesellschaft und Versichertengemeinschaft. Der liberale Staat hat mit dem letzteren nie Mühen gehabt, doch bringt er es bis heute nicht fertig, sich für Entscheidungen, die zur Familienvergrößerung führen, verantwortlich zu fühlen. Das zeigte sich in der Diskrepanz zwischen der Behandlung von Kinderkosten und den Kosten der Alterssicherung. Nur letztere sind voll finanzierte Ansprüche. Nun geht es nicht darum, den Staat zu bewegen, er möge doch den Eltern die Kinder zum Selbstkostenpreis abkaufen. Es geht vielmehr um eine fundamentale Richtungsänderung von gesellschaftlichen Maßnahmen, die die stattliche Summe von nahezu 166 Milliarden Euro ausmachen und sich ausschließlich auf Lastenausgleich beziehen (Hilfen, Zuschläge, Komponenten); und nur auf schon geborene Kinder (Kindergeld). Doch wir brauchen Maßnahmen aufgrund der Tatsache, dass eine Generation lang zu wenige Kinder geboren worden sind und in unserer Zivilisation der Realisierung von Kinderwünschen zu viel entgegensteht.

Die Gründe dafür liegen in den neuzeitlichen Familienverhältnissen, in denen der Spaltpilz „moderner Lebensentwürfe" lauert. Er nimmt der Familie Stabilität und Tragfähigkeit. Generöse Sozialpolitik scheint die Tendenz zu verstärken: aus Scheidungen gehen immer mehr alleinerziehende Mütter mit Sozialhilfe hervor. Man munkelt, dass man nirgendwo so einfach Frau und Kind „an den Staat" los wird wie in Deutschland. Doch die Problemlage Deutschlands erfordert stabile Familienverhältnisse und Nachwuchs, was ständigen Krieg mit dem Zeitgeist bedeutet.

Bevölkerungsentwicklung in der Abwärtsspirale

Seit über zwei Jahrzehnten kennt Deutschland seine demographische Lage. Sie ist charakterisiert durch
1. anhaltend niedriges Geburtenniveau, das schon 30 Jahre hintereinander nicht mehr ausreicht, die Stärke der Elterngeneration zu ersetzen;
2. eine Alterung der Gesamtbevölkerung, die sich zusammensetzt aus (a) Rückgang der Jugend; sie lässt automatisch den Anteil der Altenjahrgänge ab 65 ansteigen; und (b) steigender Lebenserwartung in den hohen Altenjahrgängen; sie macht die Gruppe der 80- bis 100-Jährigen zu der am raschest wachsenden in der modernen Welt: um 2050 ist ein Drittel der Bevölkerung über 65.

3. Debatten um die Einwanderungsfrage, und zwar nach vier Richtungen: (a) Ist mit gezielter Zuwanderung eine demographische Lücke nach Bedarf zu schließen? (b) Sind mit dem Mittel der Migration negative Konsequenzen der demographischen Lage für Arbeitsmarkt, Produktivität und Generationenverhältnis zu beheben? (c) Welche rechtlichen und politischen Maßnahmen müssten dafür getroffen werden, mit welchem Finanzbedarf wäre auf allen Ebenen für eine solche Zuwanderungspolitik zu rechnen? (Denn bevor Zuwanderung etwas bringt, kostet sie.) Und: (d) Wird diese Politik von der Öffentlichkeit akzeptiert?

Und diese letzte Frage spitzt sich auf eine weitere Frage, die eigentliche Frage unseres Panels, zu: Man wird sich ernsthaft die Frage stellen müssen, ob die Mittel und Maßnahmen, die für Zuwandererintegration bereitgestellt werden müssen, nicht in erster Linie den einheimischen Familien zufließen sollten, weil der Wunsch nach mehr Nachwuchs, der ein gewisses Zuwanderungsquantum überflüssig macht, und die Forderung nach mehr Bildung und Ausbildung der Jugendjahrgänge bei ihnen am besten aufgehoben ist. Nur wo sich Elternhaus und Bildungseinrichtungen in der Qualifizierungsaufgabe der Jugend glücklich teilen, wird jenes Humankapital erzeugt, mit dem im 21. Jahrhundert zu überleben ist.

Die negative deutsche Geburtenbilanz wird seit 30 Jahren durch einen Zuwanderungsgewinn zwischen 100.000 und 200.000 Personen noch im positiven Bereich gehalten. Das kann nur so lange vor sich gehen, als das Geburtendefizit nicht in einem Ausmaß anwächst, dass auch eine jährliche Nettozuwanderung von 200.000 Menschen den Rückgang der Bevölkerung und der Personen im Erwerbsalter zwischen 20 und 60 nicht mehr aufhalten kann. Das wird jedoch ab dem Jahr 2010 der Fall sein. Denn inzwischen werden die geburtenschwachen Jahrgänge der 70er Jahre selber Eltern und werden – wenn sich nichts ändert – den Weg von der bloßen Geburtenlücke zur realen Bevölkerungsabnahme einleiten. Denn dann wirkt sich aus, dass nichtgeborene Mädchen 25 Jahre später auch als potenzielle Mütter fehlen. Da die Generationsbasis schon verschmälert ist, bedeutet ein Beibehalten der niedrigen Geburtenzahl pro Frau von 1,4 (statt 2,2) nicht nur das Altern, sondern auch das Schrumpfen der Bevölkerung. Wie gesagt – ab dem Jahr 2010. Ein Blick in die offizielle Prognose (9. koordinierte Vorausberechnung) zeigt uns, dass trotz weiter vorhandener jährlicher Zuwanderungsgewinne um die 200.000 die Jugendjahrgänge von 0 bis 20 von ca. 17 Millionen heute auf 11,5 Millionen im Jahre 2050 zurückgehen werden, während sich die Menschen ab 65 von derzeit 13,3 Millionen auf über 20 Millionen nahezu verdoppeln.

Missverhältnis von Jung zu Alt

Dieses Missverhältnis von Jung zu Alt, das in der Entwicklung angelegt ist, hebelt das *Bismarck'sche System* sozialer Sicherung aus, wo wesentlich mehr Jüngere für relativ wenig Ältere, viele Gesunde für wenige Kranke zu sorgen hatten. Die Gewichtsverlagerung zu den Altenjahrgängen hin bringt auch das Umlageverfahren in der Rentenversicherung unter Druck. Die demographische Entwicklung erhöht die Lastquoten der Menschen im aktiven Alter: auf 100 von ihnen (20–60) kommen 40 der abhängigen Jahrgänge. In 30 Jahren wird das Verhältnis 1 zu 1 sein. Die *Rentenbezieher* sind der steigende Teil in der Rentenformel, die Zahl der in Arbeit befindlichen *Beitragsleister* geht zurück: (a) aus Gründen des Jugendschwundes und Alterung des Erwerbspersonenpotenzials, (b) aus Gründen der Arbeitslosigkeit bzw. von Konjunkturschwankungen und (c) aus Gründen von Fehlqualifikation von Arbeitskraft („Mismatch am Arbeitsmarkt"). Mit einer solchen Entwicklung kann man die volkswirtschaftliche Leistung nur mit äußerster Anstrengung halten; dabei müsste sie steigen, schon um der sozialen Kosten der Alterung willen und wegen der Investitionen, um im internationalen Wettbewerb zu bestehen.

Soziale und wirtschaftliche Gegenmaßnahmen erschöpfen sich

Kompensatorische Maßnahmen in Produktion und Arbeitswelt verschaffen eine Galgenfrist:
1. Man kann die *Produktivität* steigern; doch für Spitzenleistungen braucht es qualifiziertes jüngeres Personal und älteres an der richtigen Stelle; doch das kann nicht ständig abnehmen.
2. Man kann für längere *Lebensarbeitszeit* sorgen und für mehr Beitragszahler (z.B. Frauen aus der Stillen Arbeitsmarktreserve locken), und dann
3. an *Zuwanderung* denken, die den Engpässen am Arbeitsmarkt entspricht und nicht dazu dienen darf, die Arbeitsplatzsuche junger einheimischer Eltern zu erschweren.

Bei Abnahme der Erwerbspersonen zwischen 2010 und 2015 jährlich um 1,3 % werden Hilfsmaßnahmen allein nicht mehr greifen, zumal sich um das Jahr 2030 für die jüngere Generation der Erwerbstätigen eine Belastungsspitze abzeichnet: da wird die gesamte Babyboom-Generation der 60er Jahre in Rente sein, d.h. die stärkste und sozialpolitisch verwöhnteste Rentnergeneration der Welt wird geschlossen Alterssicherung beziehen und die schwächste Erwerbspersonengruppe wird ihr gegenüberstehen.

Die Politik bzw. die Wahldemokratie wird es sich nicht leisten können, die mächtiger werdende Gruppe der Älteren zu übergehen; die Tendenz zeichnet sich seit zwei Jahrzehnten ab: 65- bis 70-Jährige beziehen ein Drittel mehr Rente als ihre Altersgenossen vor 20 Jahren. Dagegen müssen zwei Drittel der unter 40-Jährigen mit weniger auskommen als die unter 40-Jährigen der vorangegangenen Generation. Sie verdienen auch 5 bis 6% weniger als diese. Sie erreichen außerdem den Lebensstandard heutiger Rentner nicht mehr. Die Umverteilung von Jung zu Alt trifft dramatisch die Niedrigverdiener. Daher ist die Feststellung richtig, dass das Volkseinkommen zu größeren Teilen in die Taschen der Älteren wandert, die Jungen weniger Chancen der Vermögensbildung und dennoch die Aufgabe der Familienbildung unter ungünstigeren Bedingungen haben. Die junge Familie ist und bleibt, wenn sich nichts ändert, der *Lastesel des Systems*.

Kein Ausweg ohne Geburtenförderung

Deutschland muss als hochgradige Industrienation bestrebt sein, die benötigten Qualifikationen in Eigenbau zu schaffen. Nachdem die Sozialkosten der Zuwanderung hoch sind, drängt sich die Überlegung auf, ob nicht wenigstens die Hälfte dieses künftigen Menschenmangels über geburtenfördernde Familienpolitik zu beheben wäre. Das würde gegenüber einem raschen Menschenimport zwar eine Zeitverzögerung bedeuten, doch dürften die Zuwanderungskosten bald mit den Kosten einer stärkeren Familienförderung abgewogen werden, so dass nur eine Kombination aus gezielter, wohldosierter Einwanderung und Geburtenförderung sozial- und innenpolitisch zu legitimieren sein wird.

Allmählich gewinnt der Ausweg mit Einwanderung und gleichzeitiger Geburtenförderung Konturen. (1) *Zuwanderung* sollte erst sanft mit ihrer Vorstufe, der zeitweisen Expertenwerbung und -beschäftigung, beginnen. (2) *Geburtenförderung* duldet keinen Aufschub, weil ihre Wirkung sich erst in 15 bis 20 Jahren zeigt. Hauptmaßnahmen beziehen sich weniger auf Kindergeld und Steuererleichterung, sondern auf (3) *Vereinbarkeit von Frauenerwerbstätigkeit und Mutterschaft*, und Aufwertung der Familienleistungen, d.h. sie für ebenso wichtig halten wie die Leistung der Erwerbstätigen zwischen 20 und 65! Mehr Geburten rechtfertigen weniger Zuwanderung, erfordern aber eine (4) *Qualifizierungsoffensive für die Jugend*. Mit ihr ist das Humankapital von morgen heranzubilden. Sie muss in einen Geist der Kreativität und Innovation hineinwachsen.

Die konsequente Einleitung dieses kompensierenden und kombinierenden Auswegs bedeutet dennoch eine Art Kulturrevolution, eine Neuordnung der Prioritäten, nämlich von kurzfristigem Krisenmanagement zur langfristigen Sicherung der mit der Menschenzahl und ihren Fähigkeiten verbundenen Existenzgrundlagen.

Leistungsausgleich für gesellschaftlich relevante Arbeit – Konzept und Umsetzung

Helmuth Schattovits

Die Konferenz hat in den Eingangsreferaten schwerpunktmäßig zweckrationale Begründungen für die Notwendigkeit einer aktiven Familienpolitik vorgelegt. Im folgenden Beitrag werden eher wertrationale Argumente herangezogen, die ebenfalls neue Ansätze und Maßnahmen in der Politik einbeziehen. Der Schwerpunkt liegt dabei auf sozioökonomischen Gesichtspunkten. Bevor auf das Thema Leistungsausgleich eingegangen wird, möchte ich noch drei Vorbemerkungen machen und einen kurzen Exkurs zur Familie im gesellschaftlichen Entwicklungsprozess vorschalten. Beides dient dem Aufzeigen des Hintergrundes, auf dem das Konzept Leistungsausgleich und dessen Umsetzung basieren.

1 Vorbemerkungen

–   Kinder stellen nicht nur einen Wert an sich dar, sondern sind auch für die Gesellschaft wertvoll. Sollte die Zahl der Kinder als soziale Kategorie eine kritische Größe unterschreiten, beeinträchtigt das den Bestand an wertvollen Verhaltensweisen, was zu einer Verarmung der Gesellschaft führt. Zur Illustration ein Gedankenexperiment: Jede Person möge sich vorstellen, was es bedeutet, wenn sie die aktuell jüngste ist und keine jüngere nachfolgt.
–   Wir stellen – jedenfalls für Österreich – fest, dass – vereinfachend gesagt – sich jede zweite Familie ein Kind mehr wünscht als an Kindern geboren wurden. Wäre dem nicht so, könnte die Reproduktion in etwa aus den Geburten erfolgen. Offenbar gibt es strukturelle Faktoren, die es schwierig machen, in unserer Welt den Kinderwunsch entsprechend zu verwirklichen. Familienpolitik braucht demnach primär nicht den Kinderwunsch zu stimulieren, sondern lediglich Rahmenbedingungen schaffen, die eine Verwirklichung des vorhandenen Kinderwunsches jedenfalls nicht beeinträchtigen.
–   Der Geburtenrückgang bis in die 90er Jahre des 20. Jahrhunderts war im wesentlichen dadurch gekennzeichnet, dass die Zahl der Familien mit höherer Kinderzahl stark zurückgegangen ist. Dafür wurde – im Gegensatz zum 19. Jahrhundert – fast jede Frau Mutter und jeder Mann Vater. Heute zeigt sich folgendes Muster: Neben der ungewollten Kinderlosigkeit nimmt auch die gewollte deutlich zu. Es werden in Zukunft insgesamt etwa um die 25 % der Frauen und Männer keine Kinder haben. Die gewollte Kinderlosigkeit wird

gesellschaftlich anerkannt und durch die Umstände eher leicht realisierbar. Das ist zweifellos legitim und sollte auch nicht durch politische Maßnahmen behindert werden.

Demgegenüber besteht bei etwa 25 % der Mütter und Väter ein Wunsch nach mehr als zwei Kindern und bei mehr als 50 % ein solcher nach zwei Kindern. (FFS 96) Diese Wünsche bezüglich Kinderzahl lassen sich in unserer Welt der „strukturellen Rücksichtslosigkeit" (F. X. Kaufmann) – wenn überhaupt – nur über ein hohes Maß an Zusatzmotivation verwirklichen. Dabei reicht die gesellschaftliche und staatliche Unterstützung offensichtlich keineswegs aus. Hier liegt demnach eine besondere Herausforderung an die Politik vor, die nicht ausreichend aufgegriffen worden ist.

2 Entwicklungen der Familie im Wandel der Gesellschaft

Die in Familie und Gesellschaft eingetretenen Veränderungen sind so weitgehend, dass auf die daraus entstandenen Herausforderungen nicht mit einem einfachen Mehr an bisherigen Maßnahmen problemlösend geantwortet werden kann. Es bedarf vielmehr neuer Ansätze, die der neuen Problemstruktur entsprechen. In diesem Sinn werden relevante Veränderungen kurz skizziert – zuerst auf Mikro- und dann auf Makroebene – sowie ein Resümee gebildet.

2.1 Wandel aus Mikroperspektive

In *horizontaler* Betrachtung lässt sich die Entwicklung wie folgt kurz zusammenfassen: Aus der Familie als Gruppe mit ausgeprägter Personenvielfalt in einem Großhaushalt entsteht ein familiales Netzwerk von mehreren, meist räumlich getrennten Haushalten mit geringer Personenzahl oder Einpersonenhaushalten. Diese Veränderung wird schematisch in Abbildung 1 dargestellt.

Dieser Wandel macht für die Einzelperson, aber auch für die einzelne Partnerschaft und Familie mehr Intimität und persönliche Gestaltungsfreiheit möglich. Dem steht als Kehrseite die Notwendigkeit zur individuellen Sinngebung und Existenzsicherung gegenüber, so z.B. für letzteres der Erwerb individuellen Einkommens und individueller Ansprüche im System der Sozialversicherung.

Die wesentlich geringere Personen- und Rollenvielfalt im jeweiligen Haushalt bedeutet auch geringere personelle Ressourcen. Das heißt z.B. im Konfliktfall, tendenziell immer wieder auf das kleine Beziehungssystem zurückverwiesen zu werden, also also keine „Blitzableiterperson" in der Situation zu haben. Oder im Falle der erforderlichen Hilfe kaum auf im Haushalt lebende Personen zurückgreifen zu können, was insbesondere für alleinerziehende Eltern oder pflegebedürftige Menschen zu schwer überwindbaren Problemen führen kann. In *vertikaler* Betrachtung führt die zunehmende Lebenserwartung und die sinkende Fertilität,

Abbildung 1: Der strukturelle Wandel von der Familie als Großgruppe in einem Haushalt zu einem Netzwerk von Familien und Einzelpersonen in mehreren Haushalten

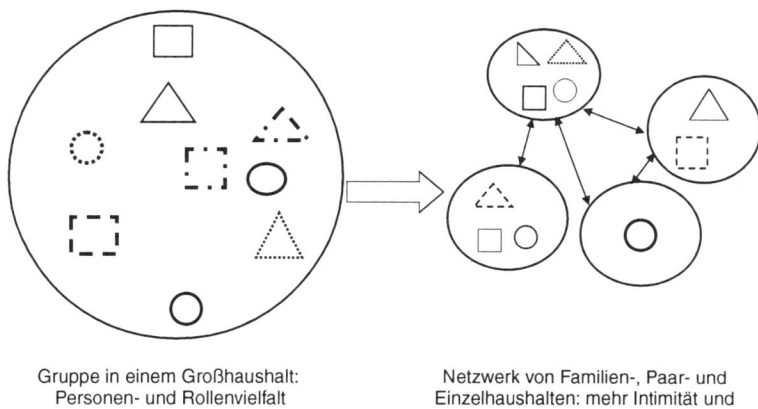

Gruppe in einem Großhaushalt:
Personen- und Rollenvielfalt

Netzwerk von Familien-, Paar- und
Einzelhaushalten: mehr Intimität und
Gestaltungsfreiheit

Quelle: Helmuth Schattovits – ÖIF/11 01

wobei die Kinder eher in einem kurzen Zeitraum des Lebensverlaufes – wenn auch zunehmend später – geboren werden, zur sogenannten Bohnenstangenfamilie: Lang und dünn. Einerseits hat sich die Familie auf meist vier Generationen erweitert – häufig in drei Haushalten – und andererseits in der jüngsten Elterngeneration auf etwa ein bis zwei Kinder verringert. Damit gibt es weniger Geschwister und später weniger Tanten bzw. Onkel, dafür mehr lebende Groß- und Urgroßeltern. Die Großeltern sind häufig noch im Erwerb oder knapp in der Pension. Sie können und wollen oft Aufgaben bei der Betreuung übernehmen. Die Urgroßeltern werden mit zunehmendem Alter pflegebedürftiger. So entsteht neben dem Betreuungsbedarf für Kinder zusätzlich ein solcher für ältere Senioren, der nicht einfach so nebenbei mitlaufen kann, da auch die Ansprüche an die zu Betreuenden steigen, und das unter der Bedingung reduzierter Personenvielfalt.

Wie eingangs erwähnt, hat die Zahl jener Frauen und Männer zugenommen, die selbst keine Kinder bekommen – ungewollt oder gewollt. Wenn das anhält, wird eine relevante Bevölkerungsgruppe im Alter keine eigenen Kinder haben. Eine relativ neue gesellschaftliche Situation.

In dieser strukturellen und geistigen Situation der Gesellschaft kommt es zu systembedingten Überforderungen von Familien und Einzelpersonen. So kann z.B. im sozioökonomischen Bereich der generelle Ausgleich von Kosten und Nutzen zwischen den Generationen und Geschlechtern kaum in den einzelnen Haushalten erfolgen und selbst im Netzwerk nur beschränkt. Hinzu kommen Überlegungen von Chancengleichheit und sozialer Gerechtigkeit. Darauf wird im nächsten Punkt eingegangen.

2.2 Wandel aus Makroperspektive

Wie oben erwähnt, besteht ein Ergebnis des gesellschaftlichen Wandels darin, dass der Ausgleich von Kosten und Nutzen zwischen den Generationen und Geschlechtern nicht mehr innerhalb des Familiensystems erfolgen kann bzw. erfolgt. Die nachstehende schematische Darstellung in Abbildung 2 verdeutlicht diese Aussage.

Abbildung 2: Die Entwicklung des Drei-Generationen-Vertrages im Zuge des gesellschaftlichen Wandels und der notwendigen Einbeziehung des Staates in das System

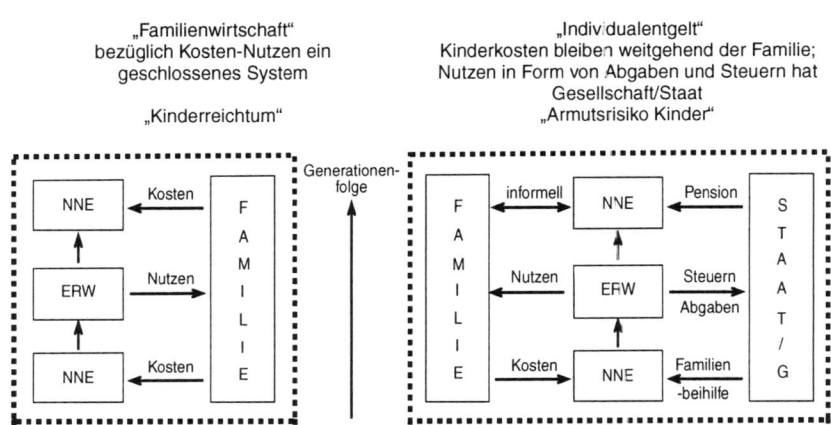

ERW Erwerbsgeneration; NNE Noch nicht erwerbstätige Generation;
NME Nicht mehr erwerbstätige Generation; STAAT/G Staat/Gesellschaft;
■ ■ ■ Grenzen des ausgleichenden Systems
Quelle: hs/ÖIF

Die Graphik zeigt schematisch den Ausgleich von Kosten und Nutzen zwischen drei Generationen: Nicht-mehr-Erwerbstätige (NME), Erwerbsgeneration (EWG) und Noch-nicht-Erwerbstätige (NNE) im familienwirtschaftlichen und im individual-wirtschaftlichen System. In ersterem gleichen sich Kosten und Nutzen innerhalb des Familiensystems im Laufe der Generationen aus. In der heutigen Zeit funktioniert das als eine Folge des oben beschriebenen Wandels nicht mehr. Es hat daher eine Systemerweiterung um den Staat stattgefunden. Die jeweilige Erwerbsgeneration führt aktuell etwa die Hälfte ihres Erwerbseinkommens in Form von Steuern und Abgaben an den Staat ab. Dieser finanziert u.a. daraus nach dem Lebensstandardprinzip den Unterhalt für die nicht mehr erwerbstätige Generation (NME) in Form der Pensionen (22,8 % der Löhne). Zu den Unterhalts- und Betreuungskosten für Kinder, die noch nicht erwerbsfähige Generation (NNE), trägt der Staat relativ wenig bei (4,5 % der Lohnsumme), so dass der Erwerbsgeneration, wenn diese Mütter oder Väter sind, beachtliche Kosten verbleiben. Der Nutzen der erwachsenen Kinder kommt wesentlich der Gesellschaft, dem Staat zu Gute. Aus Kindern als potentieller Quelle des Reichtums wird eine solche der Armutsgefährdung.

In der Regel ist das Pensionssystem stark instutionalisiert, in den Leistungen qualitativ und quantitativ definiert und weitgehend garantiert. Die Unterstützung der Eltern bei den Unterhalts- und Erziehungskosten hat selten einen eigenen institutionellen Rahmen und ist kaum auf ein Ziel hin operationalisiert und quantifiziert.

Zweifellos hat die vom Staat organisierte Sicherung der nicht mehr erwerbstätigen Generation deren Eigenständigkeit wesentlich erhöht und in der Familie mögliche Generationenkonflikte bezüglich Unterhalt strukturell verringert.

2.3 Resümee

Das System des Ausgleichs zwischen den Generationen und Geschlechtern bedarf notwendigerweise der Erweiterung um den Staat. Letzterer hat auch als Garant für die Symmetrie im Generationen- und Geschlechterverhältnis zu fungieren, denn das aktuelle Ausgleichssystem hält sich nicht selbststeuernd im dynamischen Gleichgewicht. In den ausdifferenzierten, individualisierten Gesellschaften geht die Entwicklung tendenziell insbesondere zu Lasten der Kindergeneration und von Müttern/Vätern.

3 Konzept des Leistungsausgleichs für gesellschaftlich relevante Arbeit

Eingeleitet wird mit einer Längsschnittbetrachtung, die noch deutlicher werden lässt, als die oben besprochenen Querschnittsbetrachtungen, dass grundlegende staatliche Maßnahmen im Sinne einer sekundären Einkommensverteilung erforderlich sind, gerade in einer gesellschaftlichen Situation vielfältiger Lebensformen und -verläufe. Dazu die folgende Skizze in Abbildung 3.

Die Graphik skizziert den in der Lebenswirklichkeit anzutreffenden Zusammenhang der Kaufkraft in einem durchschnittlichen Arbeitnehmerhaushalt differenziert nach der Lebensform. Während ein kinderloser Haushalt im wesentlichen bis zur Pension kontinuierlich ansteigende verfügbare Kaufkraft zu verzeichnen hat (strichlierte Linie), sinkt diese nachhaltig, sobald ein Kind im Haushalt persönlich versorgt wird (volle Linie) oder Ausgaben für die externe Betreuung das verfügbare Einkommen verringern. Die punktierte Linie zeigt den Verlauf bei Wiedereinstieg, also bei Erwerbstätigkeit beider Eltern nach einem (Teil-)Ausstieg eines Elternteils aus dem Erwerb.

Über das Bestehen dieses Problems besteht auch politisch kaum eine Differenz, sehr wohl jedoch über die Lösungsansätze und Maßnahmen.

Abbildung 3: Schematische Darstellung der Kaufkraftentwicklung eines Haushaltes mit und ohne Kinder im Lebensverlauf

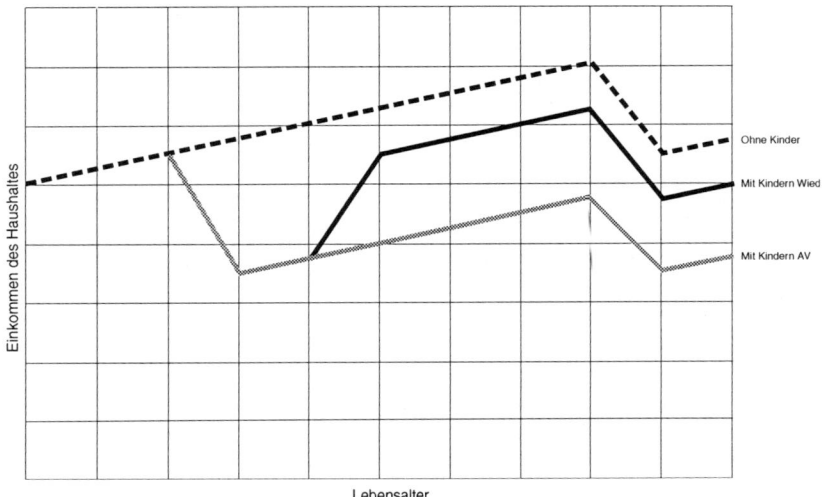

ohne Kinder: Haushalte ohne Kinder;
mit Kindern Wied: Haushalt mit Kindern, Wiedereinstieg beider Eltern in den Erwerb
mit Kindern AV: Haushalte mit Kindern, nach Geburt des ersten Kindes Alleinverdienersituation;
Quelle: Eigene Darstellung – hs/öif

Die aktuelle politische Diskussion sucht das oben dargestellte Problem im wesentlichen nach dem Versicherungsprinzip und dem Fürsorgeprinzip zu lösen. Die neuen Situationen als Ergebnis des Wandels verlangen allerdings nach neuen Ansätzen. An Hand der folgenden Abbildung 4 wird näher darauf eingegangen.

– In der aktuellen Diskussion dominiert das Versicherungsprinzip in Verbindung mit Erwerbsarbeit – ja wird häufig sogar als geradezu einzige Möglichkeit angesehen, Entgelte und Ansprüche individuell zu erwerben und damit den Kaufkraftverlust ansatzweise auszugleichen. Wer am Erwerb teilnimmt, leiste in Geld Beiträge, die z.B. bei Schwangerschaft, der Betreuung von Kleinkindern, im Krankheitsfall und im Alter zu Ansprüchen in mehreren Bereichen führen. Letztere hängen bei idealtypischer Anwendung des Prinzips meist mit der Höhe der geleisteten Beiträge und damit des vorhergehenden Erwerbseinkommens zusammen.

Diese Position verharrt im reduktionistischen Verständnis von Arbeit als Erwerbsarbeit und lässt andere, gesellschaftlich relevante Arbeit unberücksichtigt. Damit wird Mehrfachbelastung von Eltern gegenüber kinderlosen Frauen und Männern gefördert. In diesem Ansatz wird mögliche Zeit für wesentliche gesellschaftliche Tätigkeiten systematisch für den Erwerb gebunden.

Abbildung 4: Drei mögliche Ansätze für politische Maßnahmen im Wohlfahrtssystem

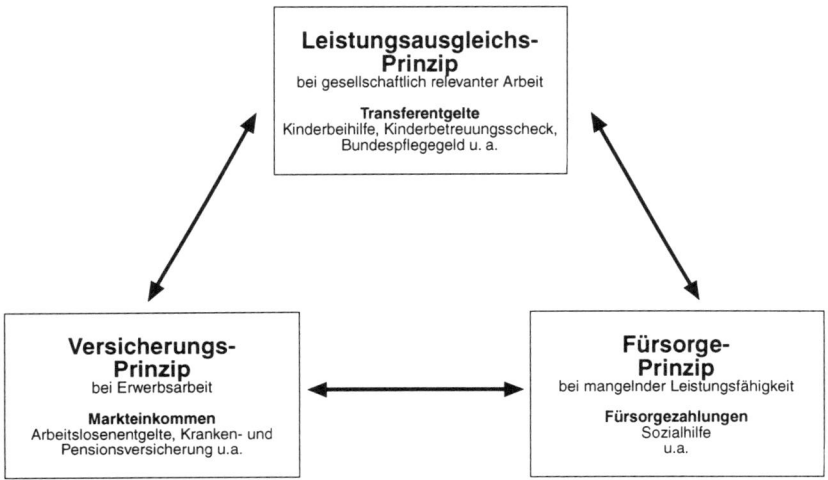

Quelle: Eigene Darstellung – hs/öif

– Wer daher am Erwerbsprozess nicht eine gewisse Mindestzeit teilgenommen hat, wird trotz erheblicher gesellschaftlich relevanter Leitungen bei z. B. gleicher Familiensituation bestenfalls auf die gesellschaftlichen *Fürsorgesysteme* verwiesen. Letztere dienen als Auffangnetz für Menschen, die zeit- oder teilweise nicht für sich selbst sorgen können. Die gewährten Ansprüche hängen meist von der eigenen (finanziellen) Situation oder jener des Partners ab. Es muss als grob unbillig angesehen werden, gesellschaftlich so relevante Leistungen wie Kinderbetreuung im Bereich von Fürsorge zu positionieren. Denn Betreuungspersonen, wie z. B. Mütter und Väter, sind ja nicht in ihrer Leistungsfähigkeit beschränkt, sondern erbringen im Gegenteil beachtliche Leistungen für Mensch und Gesellschaft.

– Das dritte Prinzip, *Leistungsausgleich*, setzt beim Betreuungsbedarf z. B. des Kindes, der behinderten Person u. ä. an. Demnach wird die zu erwartende Betreuung – meist in Abhängigkeit vom Alter des Kindes – als solche unterstützt. Eine Person, die solche oder ähnliche gesellschaftlich relevante Leistungen erbringt, erwirbt dadurch Ansprüche, unabhängig von ihrer Erwerbstätigkeit oder finanziellen Situation. Das Leistungsausgleichsprinzip macht es damit möglich, gleichwertiges Entgelt und soziale Sicherheit auch außerhalb des Erwerbsarbeitsmarktes zu verdienen. Diese so eingesetzte Zeit muss nicht zusätzlich zur Erwerbszeit erbracht werden. Die Teilnahme an der Erfüllung von z. B. Betreuungsarbeit vermittelt gewisse Ansprüche auf Entgelt und soziale Sicherheit. Es entsteht ein sogenanntes *participation income* (Atkinson), das sich vom *citizen's income* (Grundeinkommen nach dem Fürsorgeprinzip) eben durch Anerkennung einer gesellschaftlich relevante Leistung unterscheidet. Abschließend wird auf die Diskussion der Existenzsicherung in der Landwirtschaft hingewiesen, da diese ebenfalls beim Leistungsausgleich ansetzt. Gewisse gesellschaftlich relevante Leistungen der Bauern sollen künftig durch die EU nicht wie bisher über gestützte Preise abgegolten werden. Vielmehr wird die Bedeutung der Arbeit der Bauern für den Umweltschutz (Landschaftsgärtner als gesellschaftlich relevante Leistung) anerkannt und daher zunehmend als Grund für Ausgleichzahlungen herangezogen.

Mit diesem dritten Ansatz wird der Vorrat an möglichen Lösungen qualitativ und quantitativ erweitert: Lösungen finden sich nicht nur jeweils in bzw. zwischen zwei Polen, sondern auch in der Fläche des Modelldreiecks. Genau diese Erweiterung stellt eine Voraussetzung dar, um der Vielfalt von (familialen) Lebenssituationen besser gerecht werden zu können. Damit braucht individuelle Sinngebung und soziale Sicherheit nicht in jeder Lebenssituation primär über den Arbeitsmarkt gefunden zu werden, sondern auch im konkreten Leben sozialer Beziehungen.

4 Umsetzung des Leistungsausgleichs

Zuerst wird auf ein Konzept für einen Leistungsausgleichsfonds eingegangen, danach das Konzept eines Kinderbetreuungsschecks und dessen ersten Verwirklichungsschritt im österreichischen Kinderbetreuungsgeld vorgestellt.

4.1 Konzept eines Familienleistungsausgleichsfonds (FLEF)[1]

Die Finanzierung der praktische Umsetzung des Leistungsausgleichsprinzip kann über einen Familienleistungsausgleichsfonds erfolgen. Dafür ist in Österreich im Prinzip die Tatsache günstig, dass es bereits seit 1954 den Familienlastenausgleichsfonds (FLAF) gibt, dessen erste Ansätze auf das Jahr 1948 zurückgehen und ein Werk der Sozialpartner sind, das seitens der Kirchen nachhaltig unterstützt worden ist. Die damalige Initiative hat aber an Dynamik verloren, ja der FLAF wurde zeitweise sogar in Frage gestellt und zunehmend auch zur Entlastung des Budgets oder zu Querfinanzierungen öffentlicher Rechtskörperschaften herangezogen.

Unter Bedachtnahme auf die eingetretenen Entwicklungen reichen Novellierungen des bestehenden Gesetzes einfach nicht mehr aus. Eine grundlegende Reform ist erforderlich. Dabei wäre an der Finanzierung über einen Fonds festzuhalten, allerdings in einer verbesserten Institutionalisierung als derzeit in Form einer

---

1   Diese Ausführungen stellen auf die Situation in Österreich ab. Für andere Länder wäre allenfalls eine Modifikation vorzunehmen.

zweckgebundenen Gebarung im Budget. Eine Finanzierung über das allgemeine Budget lässt wenig Kontinuität und Nachhaltigkeit erwarten. Eine Alternative zum Fonds wäre eine entsprechend qualitativ und quantitativ gestaltete Staatszielbestimmung in der Verfassung.

Was nun die Aufgaben des Familienleistungsausgleichsfonds betrifft, legt eine funktionale Betrachtung im Konzept des Leistungsausgleichs nahe, zwischen generell präventiven und individuell helfenden Aufgaben des FLEF sowie unterstützenden Dienstleistungen zu unterscheiden.[2]

Generell präventive Massnahmen

Diese Maßnahmen dienen dem sozialen Ziel des Ausgleichs zwischen jenen, die aktuell Kosten für den Unterhalt, die Pflege und Erziehung von Kindern zu tragen haben, und jenen, für die das aktuell nicht zutrifft (sog. horizontaler Ausgleich). Es handelt sich demnach um generelle und präventive Maßnahmen: generell, weil sie allen Kindern in gleicher Weise zugute kommen, und präventiv, weil sie sozialer Ungerechtigkeit vorausschauend vorbeugen.

Die Finanzierung erfolgt nach wirtschaftlicher Leistungsfähigkeit der verpflichteten Person anteilmäßig oder progressiv, die Verteilung an alle Kinder in gleicher Höhe. Das bewirkt eine Umverteilung derart, dass die oberen Einkommensbezieher/innen mehr zahlen als sie zurückbekommen, während für die unteren und Mehrkinderfamilien das Gegenteil gilt: sie zahlen weniger ein als sie herausbekommen. Neben dem primären Ziel des horizontalen Ausgleichs erfolgt demnach eine beachtliche vertikale Umverteilung. Auf der Verteilungsseite ebenfalls nach Einkommen zu staffeln, würde Kinder aufgrund von Merkmalen der Eltern vom Ausgleich ausschließen. Damit würde das soziale Ziel Ausgleich verfehlt und soziale Treffsicherheit wäre nicht gegeben.

Den Kern solcher generell präventiven Maßnahmen bilden:
– *Familienbeihilfe:* Die Familienbeihilfe (Kindergeld) dient dem primären Ziel, Unterhaltskosten für Kinder zwischen jenen, die aktuell solche zu tragen haben, und jenen, für die das nicht zutrifft, ansatzweise auszugleichen.
– *Kinderbetreuungsscheck – aktuelle Vorstufe ist das Kinderbetreuungsgeld:* Der Betreuungsscheck dient dem primären Ziel, Betreuungsleistungen für Kinder zwischen jenen, die solche aktuell sicherzustellen haben, und jenen, für die das nicht zutrifft, auszugleichen. Hierzu gehören auch: Gutscheinsysteme, Pensionsansprüche, Krankenversicherung u.ä.

---

2 Die Bedeutung der Differenzierung bestätigt die Diskussion zwischen den Verfassern des Deutschen Kinderberichtes und der damaligen Familienministerin: Erstere verwiesen auf die zunehmende Armutsgefährdung von Kindern zufolge der zunehmenden Zahl an Kindern als Sozialhilfeempfänger. Die Ministerin hielt dem entgegen, dass die Sozialhilfe ja Armut verhindert und diese Kinder daher nicht als arm bezeichnet werden dürfen.

Diese Maßnahmen dienen der Unterstützung über den generell präventiven Ausgleich hinaus, wenn zufolge persönlicher Umstände eine Unterstützung der Familie notwendig wird. Dabei handelt es sich um ergänzende Maßnahmen, die auch in die Kompetenz von Regionen, Bundesländern fällt. Es wäre zu prüfen, ob in einer Vereinbarung der Bund sich auf generell präventive Maßnahmen konzentriert und die Länder individuell helfende weitgehend übernehmen.

– *Direkte Armutsbekämpfung im Einzelfall:* Die Familienzuschüsse mit einer Einkommensgrenze nach dem Pro-Kopf-Einkommen dienen dem direkten Ziel der Minderung von – trotz der generellen Maßnahmen – noch bestehender Familienarmut im konkreten Einzelfall. Die Einkommensgrenzen sind grundsätzlich auf das Pro-Kopf-Einkommen abzustellen und nicht auf das Haushaltseinkommen.

– *Akute Krisenintervention:* Diese dient dem Härteausgleich mit dem primären Ziel der Verminderung der Folgen von aktuellen Krisensituationen.

– *Vorschusszahlungen – Kreditgewährung:* Diese dienen der Entlastung der anspruchsberechtigten Person von der Einbringung der zustehenden Mittel (Unterhaltsvorschuss). Eine ähnliche Funktion erfüllt der Zuschlag zum Karenzgeld/Betreuungsgeld: wenn z. b. der Kindesvater seiner Unterhaltsverpflichtung wegen zu geringen Einkommens nicht nachkommen kann.

Strukturell abstützende Dienstleistungen

Neben den direkten sind auch indirekte Maßnahmen erforderlich, die als strukturell abstützende Dienstleistungen angesehen werden können. Sie liegen im Bereich der Bildung, Beratung, Forschung und Interessenvertretung

– *Beratung:* Familienberatungsförderung

– *Elternbildung:* Aus- und Aufbau der vorbereitenden und begleitenden Elternbildung

– *Evaluierung und Familienforschung:* Aus- und Aufbau der Generationen- und Geschlechterforschung sowie der Evaluierung von Maßnahmen der Familienpolitik

– *Familienorganisationen, Interessenvertretung:* Förderung der Basisarbeit und Selbstorganisation

4.2 Kinderbetreuungsscheck (KBS) – Kinderbetreuungsgeld (KBG)

In der öffentlichen Diskussion wird immer wieder ein Gegensatz von Geldleistungen oder mehr Betreuungseinrichtungen hergestellt. Damit verbunden ist dann auch die Frage der Betreuung in der Familie oder in externen Einrichtungen. Diese Position des Entweder-Oder sollte keinesfalls vom Staat entschieden werden, sondern eher durch geeignete Maßnahmen überwunden werden. Geschieht dies nicht, interveniert der Staat massiv in die Freiheit der Eltern bezüglich ihrer Lebensgestaltung. In der Praxis führt das häufig dazu, dass öffentliche Mittel in externe Betreuung investiert werden und damit jene Väter und Mütter, welche die Betreuung selbst wahrnehmen möchten, kaum Unterstützung erhalten.

Im Gegensatz dazu sollte den Eltern die Möglichkeit gegeben werden, die im Sinne des Kindeswohls und ihres eigenen Wohl beste Entscheidung treffen und umsetzen zu können. Das Leistungsausgleichsprinzip bildet die konzeptuelle Grundlage dazu und der Kinderbetreuungsscheck (KBS) das taugliche Instrument zur Umsetzung. Ersteres wurde oben bereits dargelegt, zweiteres wird nachfolgend grundsätzlich erläutert und abschließend ein erster Umsetzungsschritt, das in Österreich seit 1.1.2002 in Kraft befindliche Kinderbetreuungsgeld (KBG), vorgestellt.

Grundsätzliche Überlegungen zum Kinderbetreuungsscheck

Kinder brauchen Unterhalt, Betreuung und Erziehung. Dafür Sorge zu tragen, ist primäres Recht und primäre Pflicht der Eltern. Diese haben dabei einen Anspruch auf Unterstützung durch Staat und Gesellschaft: einerseits aus dem Menschenrecht auf Familie und anderseits, weil diese Betreuungsleistung auch für Staat und Gesellschaft von zentraler Bedeutung ist. Es gehört zum Elternrecht zu entscheiden, in welchem Ausmaß die Eltern die Betreuung selbst wahrnehmen oder diese teilweise und zeitweilig anderen Personen übertragen. Diese Wahlfreiheit muss durch generelle Maßnahmen allgemein abgesichert und durch Einzelmaßnahmen für spezifische Situationen ergänzt werden. Dabei ist darauf zu achten, dass diejenigen Eltern, welche die Betreuung selbst wahrnehmen möchten, von Aufwendungen der öffentlichen Hand nicht ausgeschlossen werden. Wenn deren Betreuungsleistung nicht auch praktisch anerkannt wird, erfolgt eine wirtschaftliche und prestigemäßige Diskriminierung der elterlichen Betreuung zugunsten anderer Betreuungsformen.

Die Einführung eines Betreuungsschecks hat die Qualität einer sozialen Innovation mit hoher Wirkmächtigkeit. An Auswirkungen könnten beispielsweise die folgenden erwartet werden, wobei insbesondere jene erwähnt werden, welche der Stärkung der Position der Eltern und Kinder dienen:
- Durch ansatzweise Abgeltung der von den Eltern erwarteten Betreuungsleistung an den Kindern wird bei diesen auch Kaufkraft für das soziale Gut „Teilzeitbetreuung von Kindern" und damit für den Aufbau eines freien Betreuungsangebotes geschaffen. Damit werden Eltern anstatt Bittstellern bei Anbietern von Kinderbetreuung deren Kunden, was die Position der Eltern wesentlich stärkt und die Qualität des Angebots tendenziell steigert, da Eltern wohl das wählen, was sie für ihre Kinder als am förderlichsten ansehen.
- Die Wahlfreiheit der Eltern wird materiell gestützt, was zum Abbau von Diskriminierung sowohl des außerhäuslichen Erwerbs als auch der innerfamilialen Leistungen beiträgt.

- Individuell erbrachte Leistung wird finanziell sowie sozial- und pensionsrechtlich individuell abgegolten, womit Betreuung als gesellschaftlich relevante Arbeit anerkannt wird.
- Zwischen den Eltern verbessert sich die Position für jenen Elternteil, der bisher primär die Betreuungsarbeit unentgeltlich erbracht hat, was auch Partnerschaftlichkeit fördert.
- Durch die Verknüpfung z.B. mit gesundheits- und bildungspolitischen Anliegen kann die psychosoziale und -hygienische Versorgung auch der Kinder verbessert werden.
- Die Bedeutung von Familien- und Nachbarschaftsnetzwerken wird zunehmen, was der Selbsthilfe förderlich ist.
- Die sich entwickelnden Lösungen werden der soziokulturellen Vielfalt des Landes entsprechen, da Geld eine unspezifische Maßnahme darstellt.
- Kostenwahrheit und -bewusstsein bezüglich sozialer Güter wird gefördert (derzeit meist nur bis 20 % der Aufwendungen durch Eigenleistungen abgedeckt).
- Die erhöhte Kaufkraft bei Familien, insbesondere in strukturschwachen Gebieten, kommt der Volkswirtschaft zu Gute, da bei den Familien wenig gespart werden kann und das Geld überwiegend im Inland ausgegeben wird.
- Die Mindestlöhne werden marktkonform angehoben werden müssen, da z.B. Mütter nicht jede Arbeit um jeden Lohn annehmen müssen, um brauchbar überleben zu können.
- Ab einer gewissen Höhe des Betreuungsschecks kann erwartet werden, dass Väter ernsthaft erwägen, ihre Erwerbstätigkeit zu reduzieren oder zu unterbrechen.

Modell eines Kinderbetreuungsschecks

Grundsätzlich erhält jede Mutter – oder jeder Vater – unabhängig vom Erwerbsstatus bis zum vollendeten siebenten Lebensjahr des jüngsten Kindes als ansatzweise Abgeltung für erwartete Betreuungsleistungen einen bestimmten Geldbetrag, der für ein Kind z.B. in Höhe des Ausgleichszulagenrichtsatzes liegt. Aktuell etwa 700 Euro, 12 Mal im Jahr. Ab einem gewissen Alter des Kindes – etwa 4 Jahre – wird der KBS in eine Geld- und Sachleistung geteilt, wobei die Sachleistung je Kind gewährt wird, z.B. in Form eines Gutscheines für eine qualitativ anerkannte Kindergarten-, Tagesmutter-, Kindergruppenbetreuung. Der Gutschein kann nicht in Geld abgelöst werden. Wer diesen nicht zur Zahlung von externer (Halbtags)Betreuung verwendet, dem verfällt der Gutschein. In der ersten Volksschulklasse wird der halbe Geldbetrag ausbezahlt.

Der KBS geht in vier wesentlichen Punkten über das Karenzgeld hinaus:
- kein Erwerbsverbot,
- kommt allen Müttern/Vätern in gleicher Familiensituation zugute,
- flexibilisiert den möglichen Zeitraum, ganz oder teilweise bei den Kindern zu bleiben bzw. in den Erwerb zu gehen,

– geht in gewissen Konstellationen auch auf die Kinderzahl ein und wird nicht nur je Mutter/Vater, sondern anteilig auch je Kind gewährt.

Voraussetzung für die Verwirklichung dieser innovativen Maßnahme ist – wie die Machbarkeitsstudie des ÖIF zeigt – weniger die Finanzierung, sondern der politische Wille dazu. Dieser beinhaltet dann auch die Bereitschaft zur Defizit- und Zwischenfinanzierung, die sich allerdings rechnet.

Das Kinderbetreuungsgeld – ein erster Schritt

Oben wird bei den generell präventiven Maßnahmen der Kinderbetreuungsscheck (KBS) genannt und das Kinderbetreuungsgeld (KBG) als Vorstufe dazu bezeichnet. Tatsächlich hat mit dem seit 1. 1. 2002 geltenen Kinderbetreuungsgeldgesetz die Familienpolitik die Herausforderung des Wandels im Sinne des KBS konstruktiv aufgegriffen.[3] Jede Familie erhält bis zum vollendeten dritten Lebensjahr des jüngsten Kindes das KBG in Höhe von 436 Euro je Monat. Eine Zuverdienstgrenze von rund 1.000 Euro je Monat wurde festgelegt, das heißt, bis zu diesem Betrag darf neben dem KBG hinzuverdient werden. Darüber hinaus kann ein Elternteil das KBG höchstens für 30 Monate in Anspruch nehmen, für den jeweiligen Rest muss der andere die Voraussetzungen erbringen. In einer begleitenden Evaluierung durch das Österreichische Institut für Familienforschung (ÖIF) werden die Auswirkungen untersucht.

Es wäre nun wichtig, diese Maßnahme nicht als Abschluss, sondern als Anfang einer Neuorientierung zu sehen. In diesem Sinne könte das in der Machbarkeitsstudie vom ÖIF entwickelte Konzept des KBS schrittweise verwirklicht und in einem Reformwerk Familienleistungsausgleichsfonds eingebunden werden.

5 Nachbemerkung: Solidarische Wohnformen[4]

Der Schwerpunkt der Ausführungen hat sich auf die sozioökonomische Frage der Gerechtigkeit zwischen den Generationen und Geschlechtern bezogen. Dieser wurde gewählt, weil in unserer Zeit wahrscheinlich nur der Staat die entsprechenden Rahmenbedingungen schaffen kann. Das ist eine wesentliche Aufgabe. Darüber hinaus geht es auch um die Eigeninitiative auf Mikroebene. Die Verringerung der Personenvielfalt in den einzelnen Haushalten und der Rückgang der Kinderzahl je Familie wirft auch die Frage der sozialen Verwandtschaft auf. Damit ist gemeint, dass im familialen Netzwerk nicht nur blutsverwandte Personen, sondern auch durch wechselseitiges Annehmen soziale Verwandtschaft entsteht. Dahin

---

3 Eine Parallele kann zum 1993 eingeführten Bundespflegegeld hergestellt werden.
4 Informationen: Helmuth & Renate Schattovits, beide A-1170 Wien, Geblergasse 78, E-Mail: helmuth.schattovits@chello.at

könnte eine künftige Entwicklung hinführen, wodurch dann Netzwerke der Kommunikation und Kooperation entstehen.

Eine mögliche Form gelebter sozialer und familiärer Verwandtschaft stellt die Gemeinschaft B.R.O.T. (Beten-Reden-Offensein-Teilen) dar. Es handelt sich um einen gemeinnützigen Verein, der in Wien 17., Geblergasse 78, also zwischen Gürtel und Vorortelinie sowie Hernalser Hauptstraße und Ottakringerstraße, mit Hilfe der Wohnbauförderung ein Wohnheim errichtet hat. Der Verein hielt im Januar 1987 die konstituierende Sitzung ab. Interessenten wurden mittels Flugblättern, Inseraten und Weitersagen ab Herbst 1985 gefunden. Dem Verein können nur erwachsene Personen angehören, damit wird für Kinder eine Zwangsmitgliedschaft vermieden. Selbstverständlich können die Kinder im Haushalt der Eltern mitwohnen. Jede Familie hat für ihre Kinder insgesamt eine zusätzliche Stimme. Das Wohnheim wurde im Mai 1990 bezogen.

Diese Gemeinschaft verfolgt – auf der Basis christlicher Spiritualität – das Ziel, gemeinschaftliches Wohnen zu ermöglichen und dadurch auch soziale Dienste erbringen zu helfen. Dabei werden keine spezialisierten Leistungen, wie z. B. Therapie u. ä., angeboten, sondern durch die Art und Weise des konkreten Alltagslebens soll einander geholfen werden. Dabei wird für Menschen mit schwieriger Lebenserfahrung und -situation auch eine Brückenfunktion für den vollen Wiedereintritt in ein eigenständiges Leben erfüllt. Diese Dienste werden persönlich erbracht und nicht durch dafür angestellte Personen. Das in spezialisierten Einrichtungen praktizierte Modell von Betreuern und Betreuten soll durch Integration bewusst vermieden und überwunden werden.

Im Haus wohnen Menschen unterschiedlicher Altersstufen, geistiger, kultureller und körperlicher Verfassung sowie Familien und Einzelpersonen auf Dauer und auf Zeit. Alte und Junge, Gesunde und Kranke, Arme und Wohlhabende wollen Freude und Leid miteinander teilen und tragen, unter vollem Respekt vor der Intimsphäre der Person, der Ehe sowie der Familie.

Die Rechtsform Wohnheim wurde gewählt, weil dieses dem zugrundeliegenden Anliegen am angemessensten erschien. Kein/e Bewohner/in erwirbt Eigentum oder übliche Mietrechte, sondern jede/r erhält einen Nutzungsvertrag für einen Heimplatz. Jede/r lebt somit unter gleichen formalen Nutzungsbedingungen. Damit wird auch einerseits der Begriff Heim aus einem eher negativen Verständnis herausgenommen und andererseits die desintegrierende Typenbildung nach Kategorien überwunden.

Beim Wohnheim Geblergasse 78 handelt es sich nicht nur soziologisch um eine Innovation, sondern auch architektonisch. Es wurde die Säulenbauweise gewählt, um Flexibilität auch bezüglich der Wohnungsgrundrisse zu erleichtern. Tatsächlich wurden bereits in acht Fällen die Wohnungsgrößen geändert. Die Wohnnutzfläche beträgt rd. 1 770 m^2 mit 25 Wohnungen, 18 für Mitglieder und 7 für Gäste, zwischen 22 und 130 m^2 auf fünf Etagen. Hinzu kommen etwa 600 m^2 Gemeinschaftsräume und zusätzlich mehrere begrünte Terrassen.

Literaturhinweise

Atkinson, A.B. (1996): *The Case for a Participation Income*. In: *The Political Quarterly*, Vol. 67, Iss. 1, p 67–70

Badelt, Ch. (Hg) (1997): *Handbuch der Nonprofit Organisationen,* Stuttgart: Schäffer-Poeschel

United Nations Economic Commission for Europe (Hrsg.; 1998): *Fertility and Family Surveys in Countries of the ECE Region. Standard Country Report: Austria,* New York, Geneva: United Nations

Doblhammer, G./Lutz, W./Pfeiffer, Ch. (1997): *Familien- und Fertilitätssurvey 1996 (FFS 1996),* Materialiensammlung Heft 2, Österreichisches Institut für Familienforschung, Wien

Kaufmann, F.X. (1990): *Zukunft der Familie. Stabilität, Stabilitätskrisen und Wandel der familialen Lebensformen sowie ihre gesellschaftlichen und politischen Bedingungen.* München: Beck

sowie in *Fünfter Deutscher Familienbericht. Familien und Familienpolitik im geeinten Deutschland – Zukunft des Humanvermögens.* Bonn: Bundesministerium für Familien und Senioren

Klar, S./Schattovits, H.: *Integratives Wohnen als soziales Dienstangebot und Integratives Wohnen – Umsetzung einer sozialen Innovation,* Forschungsbericht Band 1 und 2, Wien 1987 u. 1992

Liminski, M. u. J. (2002): *Abenteuer Familie,* Sankt Ulrich Verlag, Augsburg

Leipert, Ch. (Hrsg.; 2001): *Familie als Beruf: Arbeitsfeld der Zukunft,* Opladen: Leske + Budrich,

Nauck, B./Bertram, H. (Hrsg.) (1995): *Kinder in Deutschland. Lebensverhältnisse von Kindern im Regionalvergleich.* Opladen: Leske+Budrich, (Familien-Survey, Bd. 5), S. 34

Schattovits, H. (1995): *Familienprogramm für Österreich – ein Solidarpakt,* Bundesministerim für Jugend und Familie, Wien

Schattovits, H. (1999): *Familienpolitik – als eigenständiger Politikbereich begründet,* S. 414–589, in: Bundesministerium für Umwelt, Jugend und Familie (Hg): *4. Österreichischer Familienbericht 1999: Familie zwischen Anspruch und Alltag,* Wien

Schattovits, H. (Hrsg.) (2000): *Kinderbetreuungsscheck: Modellentwicklung und Analysen,* Wien: Schriftenreihe des Österreichischen Institutes für Familienforschung (ÖIF), Heft 9

Für einen neuen Feminismus

Christine Bruneau

Kinder sind Zukunft. Kinder sind die Weiterentwicklung einer Gesellschaft. Sie sind auch das Produkt einer Generation. Kinder sichern die Weitergabe ihrer Kultur und ihres Wissens. Sie sind die unentbehrliche Konkretisierung der Zukunft. Eine Welt ohne Kinder oder mit weniger Kindern wird zu einer Welt ohne Leben, ohne dauerhafte Zukunftsaussichten. Wenn das Thema „Verlust an Menschlichkeit" ökonomisch beleuchtet werden kann und auch sollte, dann sollte es auch auf anthropologischer, philosophischer, soziologischer und psychologischer Ebene angegangen werden.

Das demografische Defizit in Europa und im Allgemeinen in den entwickelten Ländern ist unausweichlich mit dem Lebensrhythmus und den Lebensumständen der Frauen verbunden. Die Vereinigung „Frauen von Morgen" („Femmes de Demain") möchte einen neuen Feminismus fördern, der sich nur mit Hilfe verantwortungsbewusster Politik entfalten kann, einer Politik, die bewusst für Frauen eintritt und insofern eine feministische Politik sein sollte.

Der Weg zum Neuen Feminismus

Nach langen Perioden eines von Frauen und für Frauen geführten Kampfes, der zum Teil recht aggressiv geführt wurde, ist es an der Zeit, auch der Meinung einer breiteren Mehrheit Gehör zu verschaffen, die für die intelligente Komplementarität von Frauen und Männern sowohl im Privatleben als auch in der Gesellschaft eintritt.

Wer sind die Frauen Frankreichs? 81% dieser Frauen im gebärfähigen Alter entscheiden sich für eine Arbeit auch außer Haus. Man kann von Glück reden, dass unter diesen Umständen der Kinderwunsch in Frankreich immer noch virulent ist.

Es ist allerdings auch anzumerken, dass die Erwerbsquote von Frauen je nach Kinderzahl variiert. So fällt sie z.B. bei Frauen mit 3 Kindern auf 41%. Ohne die Bedeutung eines bestimmten Geburtenniveaus für die Erneuerung der Generationen zu bestreiten, so ist das Kind sicherlich nicht von der weiblichen Identität zu trennen. Denn obwohl Männer wie Frauen im Allgemeinen das Bedürfnis haben, ihrer Existenz durch das Aufziehen von Kindern einen Sinn zu verleihen und deshalb der Erziehung und Pflege des Kindes hohe Bedeutung beimessen, sind es doch zu 80% Frauen, die sich dieser Realität stellen.

Hat die Frau eine spezifische Berufung, eine bedeutendere Rolle, wenn es um Kinder geht oder ist es das soziale Umfeld, die Kultur und Erziehung, die seit Generationen dieses Rollenmuster übermittel und so zu bestimmten sozialen oder privaten Verhaltensweisen beiträgt? Wir sind der Meinung, dass die Erziehung des Kindes, seine Begleitung auf dem Wege zum Erwachsensein in jedem Fall einen grundlegenden Wert für die Gesellschaft genießt. In diesem Sinne können die Erziehungspersonen das Recht einfordern, dass ihre Rolle positiv bewertet wird und einen sozialrechtlichen und finanziellen Status erhält.

Für den Neuen Feminismus ist das Kind ein konstruktiver Teil der weiblichen Identität. Nur Frauen können ein Kind austragen und zur Welt zu bringen. Deshalb kann diese Erfahrung nur das Leben der Frau prägen und nur von ihr in der Zeit der Schwangerschaft und Geburt voll erlebt werden. Gewiss, in diesem und auch in anderen Lebensabschnitten der Frau ist die Erziehung und Weitergabe von Kultur nicht ohne die Ergänzung des Mannes, also des Vaters zu denken. Dennoch steigt die Anzahl von Haushalten Alleinerziehender in Frankreich scheinbar unaufhaltsam: Bereits 10% aller Familien sind zu 90% reine Frauenhaushalte. Dies bringt erhebliche Probleme mit sich. Wenn man dann noch in Betracht zieht, dass in den Kindergärten und -krippen zu 98% Frauen arbeiten, dass in den Schulen, in der Gesundheitsversorgung und der Sozialarbeit und Rechtspflege auch immer mehr Frauen anzutreffen sind, müssen wir davon ausgehen, dass vielen Kindern fast nur noch weibliche Bezugspersonen zur Verfügung stehen.

Das Fehlen eines Vaters oder männlicher Bezugspersonen, die für den Reifeprozess, die Identitätsfindung und Entwicklung der Sozialfähigkeit der Kinder unabdingbar sind, ist heute für die meisten Kinder eine schmerzliche Wirklichkeit. Es ist unerlässlich, dass die Frauen sich dafür einsetzen, dass die Verantwortung der Erziehung gemeinsam getragen wird. Wir als Frauen dürfen den wertvollen Beitrag durch die Einbeziehung der Väter in die Erziehung nicht gering schätzen, sondern müssen es fördern, dass die Väter sich emotional in die Familie und in das Privatleben einbringen. Die positiven Seiten einer Komplementarität von Männern und Frauen sollten mehr in den Vordergrund treten. Sie äußern sich vor allem im Zeitmanagement und bei der Frage der Vereinbarkeit von Familie und Beruf.

Der Weg einer verantwortungsvollen Politik

Folgt man der Vielzahl von Berichten zur Chancengleichheit und zur Gleichstellung der Frau, müsste man eigentlich davon ausgehen, dass die Frauen heute auch aufgrund ihrer guten Ausbildung und ihrer starken Präsenz im französischen Bildungssystem überall einen reellen Zugang zu den Schaltstellen der Entscheidungsfindung im privaten, beruflichen und politischen Bereich haben.

Was das private Leben betrifft, so wissen wir, dass eine breite Mehrheit der Frauen sich zwei Kinder wünscht. Dennoch liegt die Geburtenrate in Frankreich bei 1,8, was für den Erhalt der Bevölkerung eben nicht ausreicht. Eine höhere Geburtenrate wäre allerdings durchaus erreichbar, wenn die Systeme der Kinderbetreuung sinnvoller oder wirklichkeitsgerechter gestaltet wären. 10% der Kleinkinder in Frankreich sind in solchen Betreuungseinrichtungen – den Kinderkrippen – untergebracht. Aber 80% der Frauen sind erwerbstätig und haben Kleinkinder. Die Kosten für die institutionelle Betreuung haben astronomische Ausmaße angenommen. In der Pariser Region z.B. kostet die Betreuung eines Kindes 68,60 Euro pro Tag. Um der Chancengleichheit auch im Anspruch auf öffentliche Gelder gerecht zu werden, wäre die Einführung eines Eltern- oder Erziehungsgehaltes für den Elternteil, der persönlich und privat die Erziehung der Kinder übernimmt, oder für Eltern, denen ein Kindergartenplatz nicht zur Verfügung steht, eine alternative Lösung. Eine weitere Möglichkeit wäre, dass die Kosten für private Kinderbetreuung im eigenen Haus übernommen werden.

Die Möglichkeiten auf dem Arbeitsmarkt im Bereich der häuslichen Kinderbetreuung sind enorm. Hier könnte eine neue Berufssparte entstehen, bei der bestimmte Qualitäts- und Sicherheitskriterien in der privaten Kinderbetreuung garantiert würden. Dies würde denjenigen Eltern, die sich für eine außerhäusliche Erwerbstätigkeit entscheiden, bessere Wahlmöglichkeiten bieten. Darüber hinaus sollte die Entscheidung eines Elternteiles für die persönliche Erziehung der Kinder durch eine direkte Honorierung dieser Erziehungsarbeit anerkannt werden, auch um dieser häuslichen Erziehungsarbeit den „Geruch" eines unproduktiven Zeitaufwands zu nehmen.

Mit all diesen Fragen steht die Vereinbarkeit des privaten und beruflichen Lebens auf dem Prüfstand der Zukunft unserer Gesellschaft. Jede Initiative, komme sie aus der privaten Wirtschaft oder von öffentlichen Institutionen, ist deshalb grundsätzlich zu begrüßen, sofern sie nur den Bedürfnissen von Eltern mit Kleinkindern entgegenkommt. So sollte auch der Vorschlag in die Tat umgesetzt werden, Firmen, die innovative Projekte für die Kinderbetreuung in ihrem Unternehmen durchführen, steuerlich zu begünstigen. Jede staatliche Hilfe, die eine qualitative Personalpolitik in Unternehmen fördert und so der Vereinbarkeit des privaten und beruflichen Lebens der Mitarbeiter/innen dient, fördert auch die Chancengleichheit der Geschlechter. Denn Tatsache ist, dass die Frauen, wiewohl statistisch gesehen genauso oder besser ausgebildet als die Männer, geringere berufliche Karrierechancen haben. In den höheren Führungsetagen sind nur neun Prozent Frauen und nur sieben Prozent der Geschäftsführer der 5.000 größten Unternehmen Frankreichs sind weiblich.

Eine stärkere Beteiligung von Frauen an den Entscheidungsprozessen auf den Führungsebenen würde sicherlich dazu führen, Organisationsmodelle in den Unternehmen einzuführen, die die Anforderungen der Familie, insbesondere die Bedürfnisse der Kinder, in der Arbeitswelt stärker berücksichtigen. Ein „weiblicher Führungsstil" verspräche flexiblere Arbeitszeitregelungen, offenere Kommunikation und mehr Transparenz der Abläufe und Entscheidungsfindungen.

Frauen sind weitaus mehr an zeitliche Verpflichtungen gebunden, da sie meist den größeren Teil an häuslichen Verpflichtungen übernehmen – neben der Arbeit außer Haus. Der Partner dagegen hat nur die berufliche Belastung zu tragen. Konsequenterweise befürworten Frauen deshalb auch Bildungsangebote des lebenslangen Lernens und die neuen Organisationsmodelle der Arbeit (wie Teilzeitarbeit, Telearbeit und die Nutzung der neuen Kommunikationsmittel), soweit sie dazu beitragen, die starren Formen des Arbeitslebens zu flexibilisieren. Denn all diese Optionen lockern den Zwang zur Anwesenheitspflicht am Arbeitsplatz im Unternehmen und bieten mehr Freiheit bei der Gestaltung des eigenen Lebens.

Neue Modelle der Unternehmensführung lassen auf bessere Formen des Zeitmanagements hoffen. In einer Zeit, da das Bruttoinlandsprodukt keine ausreichende Referenzgröße für den qualitativen Zustand eines Staates mehr ist, und in der die wirtschaftliche Tätigkeit von Unternehmen immer mehr zeigt, dass die Qualität und die ethische Fundierung des Geschäftsgebarens langfristig gesehen bessere Produktionsergebnisse erbringen, in solchen Zeiten glaube ich, dass der neue Feminismus, also die Frau, die ihre Identität im privaten, gesellschaftlichen oder beruflichen Leben findet, durchaus in der Lage ist, der Gesellschaft ein neues, ein freundlicheres Gesicht zu geben.

Voraussetzung dafür ist allerdings, dass die Entscheidungsträger in der Politik sich für die Förderung einer menschlicheren Entwicklung einsetzen und zwar im Sinne der Anerkennung der je spezifischen, sich aber ergänzenden Aufgaben von Frauen und Männern, auf der Grundlage der Verschiedenartigkeit der Menschen und der Achtung voreinander.

Das Kindeswohl steht bei all diesen Überlegungen im Zentrum. Es muss sowohl menschlich als auch rechtlich im gesellschaftlichen Zusammenspiel geachtet und geschützt bleiben. Nur der politische Wille, den Eltern, die Kinder wünschen, auch die Möglichkeit zur Realisierung dieses Wunsches zu geben, wird den jungen Leuten die Sicherheit vermitteln, dass diese Gesellschaft eine Zukunft hat. Sie wird eine Zukunft haben, wenn sie sich für das dauerhafte Wohl der Frauen von heute einsetzt. Sie tragen die Vorstellung einer Welt von morgen in sich, in der die Verantwortlichkeiten gemeinsam im Sinne einer wechselseitigen Ergänzung der Aufgaben von Mann und Frau wahrgenommen werden.

(aus dem Französischen übersetzt von Annabelle Liminski und Christian Leipert)

Neue Wege der Familienförderung

Claus Kretz

Zum Anlass der Umfrage „Neue Wege"

Die Stadt- und Landkreise sind als Träger der öffentlichen Jugendhilfe vielfältig und umfänglich in die Organisation, Finanzierung und Betreuung kinder- und jugendbetreuender Einrichtungen eingebunden. Der 3. Abschnitt des SGB VIII (Kinder- und Jugendhilfegesetz) überantwortet ihnen für die Förderung von Kindern in Tageseinrichtungen und in der Tagespflege einen umfänglichen Aufgabenkatalog. Zentrale Vorschrift ist in diesem Zusammenhang § 24 SGB VIII, der festlegt, dass Kindern ab dem vollendeten 3. Lebensjahr bis zum Schuleintritt einen Anspruch auf den Besuch eines Kindergartenplatzes haben. Für Kinder im Alter *unter drei Jahren* oder im *schulpflichtigen Alter* sind nach Bedarf Plätze in Tageseinrichtungen vorzuhalten. Dabei haben die Träger der öffentlichen Jugendhilfe darauf hinzuwirken, dass ein bedarfsgerechtes Angebot an Ganztagsplätzen zur Verfügung steht.

Neben dem gesetzlichen Auftrag zur Vorhaltung all dieser Einrichtungen besteht zwischen den sogenannten kommunalen Spitzenverbänden (Gemeindetag, Städte- und Landkreistag), die die Kommunen vertreten, einerseits und den Ländern andererseits seit geraumer Zeit eine heftige Diskussion darüber, in welcher Art und Weise die Träger der öffentlichen Jugendhilfe diese Einrichtungen alleine zu organisieren und zu finanzieren haben bzw. in welcher Form und in welchem Umfange sich das Land an der Finanzierung dieser Aufgabe beteiligt. Konsensfähige Lösungen stehen allenthalben aus. Daneben werden vielfach divergente Angebote diskutiert, die die Betreuung von Kindern und Jugendlichen betreffen.

Stichworte wie die „betreute Ganztagsschule", „verlässliche Grundschule", umfängliche Einrichtungen von Tagespflegestätten für Kinder bis zu drei Jahren machen allenthalben die Runde. Ab und an erwecken die geführten Diskussionen den Eindruck ideologischer Auseinandersetzungen mit Blick auf die Frage einer sachgerechten Kindererziehung. Ergänzt wird das gesamte Thema mit der durchgängig vertretenen Auffassung, dass die Vereinbarkeit von Beruf und Familie zentraler Diskussionsgegenstand sein muss und vor allen Dingen jungen Müttern die Möglichkeit einzuräumen ist, alsbald nach der Geburt eines Kindes den vorher ausgeübten Beruf wieder aufnehmen zu können. Dies verlange nach der Einrichtung umfänglicher Kinderbetreuungsstätten. Die gesamte Diskussion trifft auch den Landkreis Karlsruhe als Träger der öffentlichen Jugendhilfe mit Blick auf ein vorzuhaltendes Betreuungsangebot. Zentrale Frage war für die Verantwortlichen dabei, was die eigentlich Betroffenen, nämlich die jungen Familien, zum Thema denken, worauf ihre Forderungen und Wünsche ausgerichtet sind und wie sie sich selbst die Frage nach der Vereinbarkeit von Familie und Beruf vorstellen. Um hierzu weitere Aufklärung zu bekommen, hat der Landkreis Karlsruhe beim Institut für Demoskopie Allensbach eine umfängliche Befragung junger Familien in Auftrag gegeben, die in dieser Richtung für weitere Klarheit sorgen sollte.

Der Landkreis Karlsruhe als Verdichtungsraum um den Stadtkreis Karlsruhe hat aktuell ca. 425.000 Einwohner, gliedert sich in einen engeren und weiteren Verdichtungsraum, hat 32 Städte und Gemeinden, eine aktuelle Arbeitslosenzahl von ca. 5 % und daneben eine vorwiegend im Dienstleistungs- sowie im IUK- und Technologie-Sektor tätige Bevölkerung.

Für die Betreuung von Kleinkindern, Kindergartenkindern und schulpflichtigen Kindern besteht im Landkreis ein mehr oder weniger differenziertes Angebot, das Tagespflegeplätze genauso umfasst wie Plätze in Ganztagskindergärten, Ganztagsschulen und „verlässlichen Grundschulen". Der Landkreis hat allerdings keinen Überblick darüber, welcher weitere Bedarf für die Versorgung von Kindern bei den verantwortlichen Eltern besteht. Des weiteren interessierte die Zufriedenheit mit den verfügbaren Angeboten, sowohl mit Blick auf die Öffnungszeiten wie auch auf das Betreuungsangebot. Dies war zu erfragen.

Festlegung des Inhalts der Umfrage

Darüber hinaus hat die Allensbach-Umfrage eine Reihe allgemeiner Fragen formuliert, die das Verhältnis junger Familien zum Beruf und zur Vereinbarkeit von Familie und Beruf sowie die Haltung junger Menschen zur Familie betreffen. Ergänzt sind diese Fragen um Angaben, die die Verminderung des monatlichen Einkommens bei Geburt eines Kindes betreffen. Ferner war von Interesse, wie sich junge Familien untereinander hinsichtlich der Betreuung ihres/ihrer Kindes/r einigen.

Neben diesen allgemeinen Fragen hat der Landkreis sodann ein Modell entwickelt („Kreis-Eltern-Kind-Initiative – KEKI"), das vorsieht, demjenigen Erziehungsberechtigten einen monatlich fixen Betrag zur Verfügung zu stellen (450 Euro), wenn und soweit er sich seinerseits bereit erklärt, in der Zeit bis zur Vollendung des dritten Lebensjahres eines Kleinkindes und im Interesse der Kindererziehung auf die Ausübung eines Berufs zu verzichten. Die Resonanz auf diesen Vorschlag und dieses Angebot war erstaunlich groß. Eine derartige finanzielle Unterstützung wurde mit ganz überwiegender Mehrheit einer vermehrten Zurverfügungstellung von Betreuungsangeboten vorgezogen.

Die gesamte Umfrage ist im März/April 2002 durchgeführt worden. Befragt wurden 507 junge Familien zwischen 24 und 40 Jahren im Landkreis mit insgesamt über 70 Fragen pro Person. Bei der Qualität und Quantität der ausgesuchten Probanden gehen wir von einem repräsentativen Ergebnis für den Landkreis Karlsruhe aus.

Zusammengefasstes Ergebnis der Umfrage

Die Befragung der 24- bis 40-Jährigen zeigt zunächst eine stabile Familienorientierung der jungen Leute. Die hohe Wertschätzung von Familie und Elternschaft resultiert in der großen Mehrheit der Fälle aus einem positiven Erlebnis von Familie im eigenen Elternhaus. Allerdings lassen sich zugleich Entwicklungen nicht übersehen, die der Erfüllung des Familien- und Kinderwunsches entgegenstehen.

So haben sich die Normen des Zusammenlebens gewandelt. Stabilität und Berechenbarkeit der Lebenssituation, die für die meisten wichtige Vorbedingungen für die Elternschaft sind, verringern sich. Zudem ist die Neigung gewachsen, individuelle Selbstverwirklichungsansprüche durchzusetzen und sie zumindest zeitweise den Ansprüchen einer Familie vorzuziehen.

Entgegen anderslautenden Behauptungen ist sich der größte Teil der jungen Leute dieser Ansprüche bewusst. Das Dilemma zwischen Kinder- und Familienwunsch und gegenläufigen Wünschen und Zielen lösen viele junge Leute durch eine Verzögerung von Familie und Elternschaft. Das Heiratsalter steigt sprunghaft an und die Eltern sind im Durchschnitt bei der Geburt ihrer Kinder erkennbar älter als die Eltern noch vor einem Jahrzehnt. Damit verringert sich aber auch die biologische Möglichkeit für weitere Kinder, und viele Kinderwünsche bleiben unerfüllt. Einem errechneten Durchschnitt von 2,2 gewünschten Kindern steht im Durchschnitt eine Geburtenzahl von 1,4 Kindern gegenüber.

Dabei zeigen die Werte der Umfrage, dass wenigstens jedes 10. Elternpaar sich die Erfüllung eines Kinderwunsches bewusst versagt, oft aus dem Gefühl heraus, sich keine weiteren Kinder leisten zu können. Diese Vorstellung ist nicht unbegründet. Nach der Geburt von Kindern erleben viele junge Familien in der Regel eine spürbare Verringerung ihres Einkommens. So berichten 79 % der Eltern, dass sie nach der Geburt ihres ersten Kindes weniger Geld zur Verfügung hatten als zuvor; 51 % erklären, dass sie sich sehr einschränken mussten.

Finanzielle Probleme entstehen, wenn junge Mütter nach der Geburt ihres Kindes ihre zuvor meist ausgeübte Ganztagsarbeit aufgeben und Erziehungsurlaub nehmen (etwa 80 % der Mütter). In 92 % der Fälle wird ein Neugeborenes rund um die Uhr von der Mutter betreut, in nur 3 % der Fälle vom Vater. Fällt in der Regel ein Gehalt weg, verringert sich das monatliche Haushaltseinkommen junger Familien im Schnitt um etwa 600 Euro.

Noch vor dem Ende des dreijährigen Erziehungsurlaubes nehmen viele Frauen wieder eine Arbeit auf, wobei Halbtagsbeschäftigungen im Vordergrund stehen. Dabei streben junge Mütter nicht nur eine Aufbesserung der Haushaltskasse an, sondern suchen auch die Abwechslung sozialer Kontakte. Besonderes Interesse für den Beruf entwickeln die meisten berufstätigen Mütter aber kaum, so lange die Kinder noch klein sind; dies ändert sich mit Eintritt in das Kindergarten- bzw. Grundschulalter.

Von den Müttern kleiner Kinder unter drei Jahren ist zwar auch jede Dritte erwerbstätig. Da die allermeisten von ihnen allerdings nur stundenweise oder halbtags arbeiten, empfinden sie ihre Beschäftigung nicht als Beeinträchtigung der besonderen Verpflichtungen, die sie sich als Mutter kleinen Kindern gegenüber zuschreiben. Nur eine Ganztagsbeschäftigung würde dem entgegenstehen. Sie machen sich vielfach Vorwürfe, dass ihnen nicht genug Zeit für die Kinderbetreuung bleibe. Die ideale Kleinkinderbetreuung stellen sich fast ausnahmslos alle Befragten als eine häusliche Betreuung durch die Mutter vor, der Vater soll ab dem zweiten Lebensjahr verstärkt mitwirken. Lediglich 4 % der Befragten fanden, dass ab dem zweiten Lebensjahr des Kindes auch eine Betreuung durch Großeltern oder eine Pflegemutter ideal sein könnte. Eine außerfamiliäre Betreuung eines Kleinkindes unter drei Jahren lehnten deshalb 66 % der jungen Leute mit Nachdruck ab.

Dem entspricht, dass unmittelbar nach der Geburt sich in 95 % der Fälle vor allem die Eltern, davon in 93 % aller Fälle vor allem die Mütter, um das Kind kümmern. Nur 5 % der Kleinkinder werden tagsüber im wesentlichen außerhalb der Familie betreut, davon etwa 4 % bei Verwandten und 1 % in bezahlter Betreuung, zumeist bei Tagesmüttern. Die bezahlte Ganztagsbetreuung ist derzeit und aktuell auch innerhalb des Gesamtbereiches der bezahlten Betreuung von Kleinkindern unter drei Jahren eine Ausnahme.

Insgesamt werden die eingerichteten Kindergärten im Landkreis eher als kinderfreundlich eingeschätzt. Das Angebot an institutioneller Kinderbetreuung wurde von 55 % der Eltern als ausreichend beschrieben; 38 % klagten, dass ein bestimmtes Angebot fehle. Die Frage nach den vermissten Betreuungsformen zeigte vor allem einen Mangel an Ganztagsbetreuung für Kindergarten- und Schulkinder auf. 6 % der Eltern berichteten, ihnen fehle über die bereits vorhandene Einrichtung hinaus ein Ganztagskindergarten in der Nähe, 6 % wünschten sich flexiblere Öffnungszeiten des Kindergartens und 4 % verlangten eine Ganztagsschule bzw. eine Nachmittagsbetreuung von Schulkindern in der Schule.

Eltern von Kleinkindern wünschten sich in 8 % der Fälle darüber hinaus eine Aufnahme auch von Zweijährigen in die Kindergärten, wobei es den meisten jedoch nicht um eine Ganztagsbetreuung geht. In absoluten Zahlen ausgedrückt ergibt sich aus Sicht der Umfrage für die Ganztagsbetreuung bzw. die verlängerte Betreuung in Kindergärten und Schulen ein zusätzlicher Bedarf zwischen 600 und 900 Plätzen. Für die Zweijährigen wären danach etwa 300 zusätzliche Kindergartenplätze in gemischtaltrigen Gruppen notwendig. Die Ergebnisse sind so aufbereitet, dass sie zumeist auf den Bedarf einzelner Gemeinden oder zusammengefasster Gemeindegruppen heruntergebrochen werden können. Die Bereitschaft, sich an möglichen Mehrkosten einer Kinderbetreuung zu beteiligen, ist gering. Zwei Drittel, insbesondere jene jungen Leute, die sich eine Ausweitung der Betreuungszeiten wünschten, lehnten eine Ausweitung der Kostenbeteiligung ab. Weitere Fragen zeigten, dass sich das Angebot der verlässlichen Grundschule mit über 20 % Nutzung bereits vergleichsweise gut durchgesetzt hat.

Aktuell nutzten im befragten Altersegment vergleichsweise ansehnliche Gruppen auch Beratungsleistungen des Kreises. Allein etwa 7000 Familien nutzten bereits wenigstens einmal Angebote wie die Psychologische Beratungsstelle oder Eltern-Informationsabende. Für solch eine Beratung ergibt sich eindeutig erweitertes Potential. Aus der Gesamtbetrachtung ergibt sich allerdings auch für die jungen Befragten, dass Beratung und Betreuung nicht ganz so wichtig wie eine finanzielle Förderung der Familie durch den Staat sind. Besonders unzufrieden sind viele junge Eltern mit den finanziellen Leistungen des Staates, die nur 36 % für ausreichend halten und 59 % für mangelhaft. Auf der Wunschliste der Eltern, aber auch der jungen Bevölkerung insgesamt, steht deshalb ein Ausbau der finanziellen Förderung der Familien.

In diesem Zusammenhang gewinnen die Ergebnisse zur Kreis-Eltern-Kind-Initiative besondere Bedeutung:

Für die ersten drei Lebensjahre eines Kindes wünschen sich die Befragten vorrangig finanzielle Unterstützung, durch die vor allem die Mütter in die Lage gesetzt werden, auf eine Berufstätigkeit zu verzichten und das Kleinkind zu betreuen. 81 % der jungen Eltern würden deshalb eine substantielle finanzielle Unterstützung in Höhe von etwa 450 Euro im Monat für die eigene Kinderbetreuung einem Ausbau der institutionellen Betreuung für Kleinkinder vorziehen. Lediglich 11 % würden mehr außerfamiliäre Betreuung vorziehen.

Die überwältigende Mehrheit der Befragten begrüßte die Idee der KEKI-Initiative, nach der junge Eltern im Landkreis eine deutlich spürbare finanzielle Hilfe erhalten, wenn ein Elternteil während der ersten drei Lebensjahre des Kindes zur Betreuung und Erziehung zu Hause bleibt und auf eine Berufstätigkeit verzichtet. 83 % der gesamten Altergruppe, 90 % der Eltern befürworten die Initiative als eine gute Sache, die den Familien helfe. Lediglich 6 % widersprachen. Auf die explizite Frage nach dem eigenen Interesse an einer Nutzung dieser Förderung erklärten 66 % des möglichen Empfängerkreises, dass dieses Angebot für sie oder ihren Partner ein ausreichender Anreiz wäre, um zu Hause zu bleiben und sich ganz um die Erziehung eines Kleinkindes in den ersten drei Lebensjahren zu kümmern. In der angestrebten Zielgruppe, Kleinkind-Eltern, bei denen Vater wie Mutter berufstätig sind, erklärten sogar 78 %, dass ein solches Angebot für sie ein ausreichender Anreiz wäre.

Auf dieser Grundlage errechnet sich ein sehr breites Interesse an der Nutzung einer solchen Förderung: Zu den 64 % der Eltern von Kleinkindern, bei denen bereits jetzt ein Elternteil ganztags zur Kinderbetreuung zu Hause bleibt, kämen dann noch einmal 25 % hinzu, bei denen in der Regel die Mutter die Förderung annehmen und sich in den ersten drei Lebensjahren zu Hause um das Wohl ihres Kindes kümmern würde. Auf dieser Basis ergebe sich für die ersten Jahre ein weitester Nutzungskreis von etwa 10.000 Familien, der durch die demographischen Veränderungen in diesem Jahrzehnt auf etwa 7.600 Familien schrumpfen wird. Die große Zustimmung zu diesem Modell hat zur Folge, dass der Landkreis bei einer vollen Umsetzung der nur beispielhaft genannten Förderungsmittel stark beansprucht werden würde. So ergeben sich für den weitesten Kreis der Leistungsbezieher zu Anfang im Jahr reine Geldleistungen in Höhe von ca. 54 Mio. Euro und ab dem Jahre 2010 von 42 Mio. Euro. Allerdings wäre ein Großteil der Befragten, 57 %, mit einer Staffelung der Leistung entsprechend dem Einkommen der jeweils Geförderten einverstanden.

Der Landkreis Karlsruhe hat angesichts der großen Nachfrage zu dieser Studie das gesamte Ergebnis der Umfrage in seiner Webseite dargestellt *(www.landkreis-karlsruhe.de)*.

Resonanz und weiteres Vorgehen

Die Resonanz in der örtlichen und überregionalen Presse auf die Umfrage war erfreulich positiv. Die zusammengetragenen Gedanken sind zum Teil mit Überraschung, zum Teil mit Zustimmung, aber auch mit Skepsis zur Kenntnis genommen worden. Der Landkreis hat die Ergebnisse der Umfrage den kommunalen Spitzenverbänden zur Diskussion zur Verfügung gestellt. Auch die Region Karlsruhe – also die Stadt Karlsruhe zusammen mit der Stadt Baden-Baden – öffnet sich dem Gedanken, die Umfrage in ihren Gebietskörperschaften durchzuführen.

Der Landkreis Karlsruhe hat die Umfrageergebnisse seinerseits zur Grundlage einer Kinderbetreuungskonzeption gemacht, die aktuell in den Gremien des Landkreises beraten wird.

Dieses Konzept beurteilt die Kinderbetreuung differenziert nach Altersgruppen. Unterschieden werden Betreuungsangebote für Kleinkinder zwischen zwei und drei Jahren sowie für Kindergartenkinder und schulpflichtige Kinder zwischen 6–12 und 13–15 Jahren.

Für die Festlegung von Qualität und Quantität der Betreuung (Bedarf) gaben die Umfrageergebnisse wertvolle Hinweise. Sie wurden mit allen 32 Städten und Gemeinden im Landkreis diskutiert, um danach den spezifischen Bedarf für jede Gemeinde zu bestimmen. Parallel dazu soll über sogenannte Familiencenter in den großen Kreisstädten der nachgefragte Informations- und Beratungsbedarf junger Eltern abgedeckt werden. Über die Kosten der Inanspruchnahme der Betreuungseinrichtungen, ist noch nicht entschieden. Sie werden in erster Linie vom jeweiligen Einrichtungsträger zu bestimmen sein (Gemeinde, private, freigemeinnützige oder kirchliche Träger) und in Abhängigkeit von der wirtschaftlichen Leistungsfähigkeit der Nutzer festgelegt werden. Zusätzliche Einrichtungen für die Betreuung von Kleinkindern zwischen 0 und 2 Jahren sind nicht vorgesehen, da die Umfrage hierfür keinen weiteren Bedarf festgestellt hat.

Diskutiert worden ist auch die Zahlung des vorgeschlagenen Erziehungsgeldes (450 Euro pro Monat). Mehrheitlich wurde in den Gremien hierin ein positiver Ansatz zur Familienförderung gesehen. Allerdings übersteigt die jährlich aufzubringende Finanzierungssumme bei weitem die Leistungskraft des Landkreises.

Literaturhinweis

Institut für Demoskopie Allensbach: *Neue Wege der Familienförderung. Ergebnisse einer Repräsentativbefragung unter 24- bis 40-Jährigen im Landkreis Karlsruhe im Frühjahr 2002*, Allensbach 2002.

Geringe Geburtenraten – soziale und wirtschaftliche Konsequenzen

Jerzy Kropiwnicki

1. Einführung: Zur demographischen Situation in Polen

Die letzten Berichte, die vom Demographierat der Regierung veröffentlicht worden sind, haben für viele Politiker und die Medien wie eine Sensation geklungen: Nach vielen Jahren eines sehr dynamischen Wachstums begann die Bevölkerung in Polen seit 1999 abzunehmen. Gegenwärtig leben in Polen ca. 38,6 Mill. Menschen und wenn sich nichts ändert, wird diese Zahl abnehmen. Die Geburtenrate liegt bei 1,3 Kindern. Und das ist weniger als in einigen Ländern der EU (Frankreich: 1,75; Irland: 1,93; Schweden: 1,51; Großbritannien: 1,7). Nach der offiziellen Bevölkerungsprojektion wird die polnische Bevölkerung im Jahre 2050 um 3,5 Millionen geringer sein als heute.

Die realen demographischen Krisen werden sich höchstwahrscheinlich sehr viel früher – etwa um 2020 – bemerkbar machen. 2020 wird die Zahl der Ruheständler bei 9 Millionen liegen – und das sind dann nahezu 25 Prozent der gesamten Bevölkerung. Die Bevölkerung im Alter zwischen 65 und 75 Jahren wird in den kommenden 10 Jahren um 11 Prozent wachsen, diejenige im Alter von 75 Jahren und mehr sogar um 26 Prozent. Die Gesellschaft altert. Heute ist ein Pole im Mittel 35 Jahre alt, im Jahre 2030 wird das Durchschnittsalter bei 44 Jahren liegen. Das Problem wird zusätzlich dramatisiert durch die anhaltenden Migrationsprozesse aus dem westlichen in den östlichen Teil Polens.

Alles in allem steht Polen vor den gleichen Problemen, mit denen die EU-Länder seit einiger Zeit konfrontiert sind. Und bisher haben weder Polen noch die Europäische Union eine adäquate Lösung gefunden.

2. Ein knapper Überblick über die Auswirkungen niedriger Geburtenraten

Die Familie mit 1 oder 2 Kindern wird wahrscheinlich beiden Elternteilen mehr Chancen für persönliche Karrieren und für einen höheren materiellen Lebensstandard eröffnen. Gleichzeitig wird es aber viel schwieriger für die Kinder, ihre Eltern zu unterstützen, wenn sie alt und krank sind. Es ist sicherlich zutreffend, daß die wirtschaftlichen Möglichkeiten, die alten und kranken Eltern zu unterstützen, nicht nur mit der Zahl der Kinder in der Familie steigen, sondern auch mit der

Höhe des Familieneinkommens. Aber ich bin mir nicht sicher, daß die wohlhabenderen, aber weniger zahlreichen Kinder mit den höheren Konsumstandards mehr Geld zur Unterstützung ihrer Eltern ausgeben werden.

Die alternde Gesellschaft (die Gesellschaft mit einem wachsenden Anteil älterer Menschen) verfügt über immer weniger Personen zur Erzeugung des Volkseinkommens (und der Staatseinnahmen) und über immer mehr Menschen mit kostenträchtigen Konsumbedürfnissen – speziell zur Gesundheitsversorgung. Der Anteil von Renten und Pensionen sowie anderen Sozialausgaben am Staatshaushalt steigt tendenziell. In einer derartigen Situation ist es nicht unwahrscheinlich, daß die steuerlichen Lasten, die von der arbeitenden Bevölkerung getragen werden, steigen werden.

Einige Jobs (schmutzige und Körperkraft erfordernde), die normalerweise von starken und jüngeren Leuten übernommen werden, könnten unbesetzt bleiben. Diese könnten natürlich von Zuwanderern besetzt werden – mit allen positiven und negativen Konsequenzen der Einwanderung von dynamischen Vertretern einer fremden Kultur. Eine alternde Gesellschaft ist wahrscheinlich weniger erfinderisch und unternehmungsfreudig, aber tendenziell friedliebender.

3. Von der Familie zu staatlichen Verantwortlichkeiten

Der Verlust der Rolle als „Institution zur Schaffung von sozialer Sicherheit und Wohlfahrt" ist für die Familie vielleicht die wichtigste Ursache der abnehmenden Geburtenrate. In dem alten, traditionellen Familien-Gesellschafts-Modell war ein einfacher Mechanismus wirksam mit direkten Anreizen und Rückkopplungseffekten: „meine Kinder – meine zukünftige Sicherheit". Das System der sozialen Sicherheit, das auf diesem Modell beruhte, existierte über Jahrhunderte und ist vom Christentum und anderen großen Religionen unterstützt worden. Die Achtung von und die Fürsorge für Vater und Mutter sowie für andere ältere Familienmitglieder wurden als natürlich angesehen. Und sogar darüber hinaus: Es war eine moralische Verpflichtung, die massiv von den Geboten Gottes unterstützt wurde. In einer solchen Umwelt wurde die Sicherheit im Alter als selbstverständlich gegebener Anspruch angesehen. Und die Beziehung zwischen der Zahl der Kinder und dem Erfolg im sozialen und wirtschaftlichen Leben war offensichtlich. Je mehr Kinder man hat und je besser man sie aufziehen kann, umso besser wird es den Eltern gehen, wenn sie alt und krank sind.

Im Zeitalter der Moderne ist diese einfache Art der Abhängigkeit verloren gegangen oder gar zerstört worden. Im 20. Jahrhundert haben der Staat und die Regierung die Rolle der Organisation des Renten- und Gesundheitssystems übernommen. Das private, natürliche oder „Familienversicherungs"-System wurde schrittweise durch ein öffentliches System ersetzt. Und im öffentlichen Versicherungssystem existiert diese eben erwähnte direkte Verknüpfung nicht.

Tatsächlich leben wir heute in einer Art von „Übergangsperiode" mit zwei koexistierenden Systemen: in einer Welt der abnehmenden Rolle der Familie und der wachsenden Rolle des Staates. In einer Situation einer niedrigen (und abnehmenden) Kinderzahl in der Durchschnittsfamilie ist es für die Kinder immer schwieriger, für ihre Eltern und Großeltern zu sorgen. Und der Konsumismus von heute fügt den alten noch weitere neue Herausforderungen hinzu.

4. Die neuen Verantwortlichkeiten des Staates

Im althergebrachten Konzept des Staates war es dem Staat verboten, sich in die Bereiche des sozialen Lebens einzumischen, die von den Familien, der lokalen Gemeinschaft oder privaten Organisationen resp. Kirchen angemessen ausgefüllt wurden. Im liberalen Konzept des 19. Jahrhunderts sollte der Staat sich auf Verteidigung, Recht und Gesetz sowie öffentliche Ordnung beschränken. Der Rest wurde als Domäne privater Aktivität angesehen. Natürlich entstanden Probleme durch Arme, Witwen, Waisenkinder, kinderlose Alte und Kranke ohne Reserven oder auch durch Menschen, die durch Feuer oder Überflutungen ruiniert worden waren, – aber es gab ja Kirchen und private Wohltätigkeitsorganisationen, die sich um sie kümmerten.

Allgemein wurde von allen anderen, die gesund, nicht zu alt und nicht zu jung waren, erwartet, für sich selbst Sorge zu tragen. Obwohl dieses liberale Konzept der sozialen Gerechtigkeit niemals in der Praxis in Europa vorherrschte, hat es das soziale Denken bis zum Ende des 19. Jahrhunderts beherrscht. Innerhalb dieser Philosophie wurden persönliche und familiäre Verantwortlichkeiten betont und dies hat die Grundlage für das moderne „Subsidiaritäts"-Konzept bereitet.

Das Konzept der staatlichen Verantwortlichkeiten entstand aus der Idee der Solidarität. Sowohl christlich-demokratische als auch sozial-demokratische Weltanschauungen nahmen Einfluß auf die Schaffung der Grundlagen des „Wohlfahrtsstaates" des 20. Jahrhunderts. Der Schutz, den der Staat den bedürftigen Personen und Familien gewährt, hat sich aus einer Frage der Wohltätigkeit, die wenigen als Ausnahme angeboten wurde, in eine Frage des Rechtes vieler Menschen verwandelt.

Das war sehr attraktiv für beide Seiten – die Jungen und die Alten. Für die jüngere Generation bedeutete es eine Garantie dafür, daß sie die Verantwortung für ihre Familienmitglieder mit der mächtigen Institution des Staates teilen können – und damit stärker abgekoppelt von den Risiken, denen eine Einzelperson oder die Familie ausgesetzt sind.

Das Netz an sozialer Sicherheit, das vom Staat organisiert und verwaltet wird, basierte auf dem Konzept der Solidarität, das im übrigen auch das familiäre Sicherheitsnetz begründet hatte. Und es wurde durch die gleiche Ursache herausgefordert und aufgelöst: die niedrige Geburtenrate, die eine geringere Zahl von Kindern, die für ihre Eltern (und Großeltern) sorgen können, und die Alterung der Bevölkerung zur Folge hatte. Unglücklicherweise ist es (bisher) unmöglich gewesen, ein System zu schaffen, das auf den Ersparnissen beruht, die von den zukünftigen Nutznießern gebildet und akkumuliert worden sind. Das heutige System ist auf die inter-generationale Solidarität gegründet. Die Erwerbstätigengeneration zahlt Abgaben (Einkommenssteuern und/oder Sozialabgaben) zur Finanzierung der Versorgung der Altengeneration. Wenn es zu viele Nutznießer in Relation zu den erwerbstätigen Einzahlern gibt, entsteht ein Problem. Die geringere Fertilitätsrate ist ein Teil des Problems. Ein anderer Problemaspekt ist die Tatsache, daß die Länge des aktiven Erwerbslebens nicht im gleichen Umfang, wie die Lebenserwartung zunimmt, ausgedehnt werden kann. Und ein höherer Altenanteil an der Bevölkerung bedeutet nicht nur Mehrausgaben für die Altersversorgung, sondern auch für die Gesundheitsversorgung und die Sozialhilfe.

Und man sollte daran denken, daß die Solidarität in der Familie normalerweise stärker ist als die Solidarität mit unbekannten Personen. Dieser Prozeß, in dem die Verantwortungsübernahme innerhalb der Familie durch die Verantwortlichkeit der Gesellschaft abgelöst worden ist, kann zu einem schwierigen Problem führen. Und tatsächlich sehen wir uns mit zwei Dimensionen des Problems konfrontiert, – nicht nur dem Problem von Beitragszahlern, die anonymen, ihnen unbekannten Nutznießern helfen, sondern auch dem Problem des Mißbrauchs von Sozialleistungen durch einen Teil der „bedürftigen" Personen.

5. Die politische Macht und die Interessenkonflikte: kurzfristig vs. langfristig

Heute wenden sich die Alten, die Ruheständler an die Regierung mit ihren Erwartungen hinsichtlich von wirtschaftlicher Sicherheit und persönlicher Fürsorge. Dies markiert einen wichtigen Wandel im politischen Leben: heute ist die politische Zentralmacht sehr viel wichtiger als die Familiengröße. Die Rentner und Pensionäre haben sich selbst organisiert. Sie haben heute ihre Organisationen, die ihre Bedürfnisse und Ansprüche artikulieren. Sie haben einflußreiche Lobbyisten. Sie werden als bedeutende Größe mit großem Einfluß in allen demokratischen Ländern behandelt, – in erster Linie weil sie wählen gehen. Entsprechend ist der Einfluß ihrer Wählerstimmen viel größer, als es ihrem Anteil an allen Wahlberechtigten entspricht.

Dies ist tatsächlich der Hauptgrund eines neuen Interessenkonflikts – und eines Konflikts zwischen kurz- und langfristigen Prioritäten. In einer kurzfristigen Perspektive ist der Interessenkonflikt offensichtlich. Familienleistungen und Altersrenten werden heute aus der gleichen Quelle finanziert: dem nationalen Budget. Und die Ressourcen des Staatshaushaltes sind immer knapp. Heute existiert ein Dreieck konfligierender Interessen, die alle auf den gleichen Staatshaushalt gerichtet sind: zwischen jungen Familien, Rentnern und Pensionären sowie Steuer- und Beitragszahlern. Die ersten beiden Konkurrenten wollen mehr Geld, der dritte weniger Steuern und Sozialabgaben.

In diesem Dreieck haben die jungen Familien die geringste politische Macht. Sie verfügen weder über eine Organisation, die ihre Interessen wahrnimmt, noch über eine signifikante Lobby im Parlament; auch ihre Wahlbeteiligung ist traditionell niedrig. Sowohl die Steuerzahler als auch die Alten befinden sich in einer besseren Position.

In schwierigen Zeiten sind deshalb die jungen Familien mit größter Wahrscheinlichkeit die Verlierer im Kampf um knappe Mittel. Die Situation in Polen während der letzten paar Monate kann diese Einschätzung sehr gut illustrieren.

Die im Oktober 2001 in Polen gebildete post-kommunistische Regierung hat die Familienpolitik, die von der früheren Mitte-Rechts-Koalition aufgebaut worden war, im Laufe von 3 Monaten vollkommen abgeschafft. Es ist sehr interessant, daß sie im Bereich der Sozialpolitik von ihren Plänen Abstand genommen hat:
– nämlich zum einen das Recht von Ehepaaren, ihre persönlichen Einkommen steuerlich gemeinsam zu veranlagen, abzuschaffen und
– zum anderen die Indexierung von Renten und Pensionen entsprechend des Anstiegs des Preisniveaus aufzugeben.

Die erste Vergünstigung ist durch die sehr starke Lobby der Steuerzahler verteidigt worden. Die Leistungen und Vergünstigungen der Familienförderung für junge Ehepaare mit Kindern sind dagegen erheblich schwächer verteidigt worden.

Die Regierungsmehrheit hat erfolgreich eine Entweder-Oder-Situation geschaffen: Renten oder Familienförderung. Und tatsächlich hat sie einen Teufelskreis geschaffen: das Vorherrschen einer Kurzfristperspektive hat zur Folge, daß der Interessenkonflikt im Regelfall von den Rentnern und Pensionären gewonnen wird. Entsprechend sinken die Chancen immer mehr, junge Leute zu motivieren, die Entscheidung für ihr erstes Kind nicht hinauszuschieben und weitere Kinder noch später zu haben. Im Ergebnis führt dies langfristig dazu, daß immer weniger Menschen vorhanden sind, die die Renten der Alten finanzieren.

Es ist absolut unmoralisch und zerstörerisch, diese Art der Konkurrenz und des Konflikts zwischen der Familienpolitik und den Bedürfnissen und Erwartungen der Alten herzustellen. Dies sollte immer ein Bereich der Solidarität und eines wohlabgewogenen Interessenausgleichs sein.

(aus dem Englischen übersetzt von Christian Leipert)

Weniger Kinder – andere Welt: das Vordringen der „Ich-AG"

Peter Wippermann

Weniger Kinder – ärmere Welt – das ist die Überschrift dieses Podiums. Ich würde es gerne ein bisschen modifizieren: Weniger Kinder – andere Welt!
Drei Aspekte erscheinen mir dabei besonders wichtig. Zum einen, die Versportung unserer Gesellschaft, man kann auch sagen, deren Ökonomisierung. Dazu würde ich gerne den Begriff der „Ich-AG" kurz erläutern und mit einführen. Der zweite Aspekt betrifft das „gefühlte" Alter einer Gesellschaft, die älter wird, die davon ausgeht, dass eine Differenz von 15 Jahren besteht zwischen ihrem Geburtsschein und dem, wie sie sich selber fühlt. Und drittens das Stichwort Gerontokratie, das wir heute schon gehört haben, nämlich die „enkelfreie Zone", die man sich in der Politik sozusagen einrichtet, und die Verteilung der Macht.

Die badischen Sparkassen hatten mich zu einem Kongress nach Karlsruhe eingeladen. Sie hatten unter ihren Mitgliedern eine Umfrage gemacht: Wie können die einzelnen Orte besser, effizienter, wirtschaftlicher gestaltet werden, wie kann die Lebensqualität vor Ort gesteigert werden? Das Ergebnis hat mich sehr überrascht.

An erster Stelle stand natürlich die Umgehungsstraße, im ersten Drittel fast aller kleineren Orte wurde ein schönerer Friedhof gewünscht, und im letzten Drittel stand der Wunsch nach mehr Kindergärten. Ich glaube, das kann man gar nicht symbolisch genug sehen. Eine Gesellschaft, die ihre Interessen auf sich selber richtet – und genau das ist der Begriff der „Ich-AG", den wir hierfür anbieten –, hat andere Interessen als eine Gesellschaft, die den Konsens sucht, die das „Wir" in den Vordergrund stellt.

Allensbach untersucht jedes Jahr den Wertewandel in unserem Land. Was sind die Stichworte? Sie fragen ab: Familie, Selbstachtung, Gesellschaft und Gottvertrauen; alles Werte, die dramatisch zurückgegangen sind. Dramatisch angestiegen hingegen ist, dass das „Ich", das eigene Leben sozusagen, Sinn und Orientierung gibt. Von 49 % auf 65 % angestiegen, seit den siebziger Jahren bis zur Gegenwart. Ich glaube, es ist interessant, dass das Ich noch knapp vor der Familie liegt und dass gleich dahinter die Kinder kommen, die Sinn und Orientierung geben, noch vor den Lebenspartnern.

Anerkennung ist fast gleichauf mit Selbstachtung. Und Genuss hat sich fast verdoppelt. Ich meine, das muss man sich klarmachen: eine Gesellschaft, die sich mit der Antibaby-Pille die Freiheit quasi symbolisch erobert hat, hat eine sehr egozentrische Wertehaltung. Wie kann man das anders beschreiben? Jede dritte Ehe wird heute geschieden. 1970 war es noch jede siebte. Auch das macht deutlich, dass Langzeitverbindlichkeiten zunehmend aufgegeben werden – zur Optimierung des eigenen Lebens.

Wenn man sich die neuen Gesetze in Hamburg und anderen Bundesländern ansieht, ziehen ja gleichgeschlechtliche Partnerschaften nach. In Schweden können gleichgeschlechtliche Partner auch Kinder adoptieren. Also ein dramatischer Wechsel, und die Idee, dass die klassische Familie noch den Konsens ausmacht, sehe ich für die Zukunft nicht mehr. Die „Patchwork-Familie", die wir ständig in der Bildzeitung – und wo auch immer wir wollen – beobachten können – Stefan Effenberg und Claudia Strunz samt dreijähriger Tochter –, sind ein Stichwort dafür.

Seit 1996, also seit gerade mal fünf Jahren, hat die Zahl der alleinerziehenden Mütter drastisch zugenommen. Das macht deutlich, dass die Alleinverantwortlichkeit plus Kind eigentlich eher zum Regelfall wird. Das ist natürlich noch in einem Übergangsstadium befindlich; doch dass die Bereitschaft von Frauen, sich den Alltagsgepflogenheiten der Männer zu unterziehen, aufgehört hat, ist völlig klar. Frauen verdienen heute soviel Geld, dass sie letzten Endes selber entscheiden können. 75 % aller Scheidungen werden von Frauen eingereicht.

Jetzt fragt man sich natürlich: Wo bleiben denn all die Omas und Opas, was machen die in unserer Gesellschaft? Und es ist immer angenehmer, in ein anderes Land zu schauen als in das eigene. Die Universität Utrecht hat festgestellt: gerade noch 15 % der Omas und Opas sind weiterhin bereit, die Enkel mitzuerziehen. Die anderen haben etwas vor, was man auch mit Hedonismus bezeichnen könnte. Sie möchten noch arbeiten, Geld verdienen, die Freizeit genießen oder aber vielleicht das, was Paul McCartney gerade getan hat, zum zweiten Mal heiraten.

Ich glaube, das ist ein neues Phänomen: die zweite Pubertät, gerade bei den über 50-Jährigen. Ob sie sich Peter Gabriel ansehen oder unseren Ex-Verteidigungsminister. Auch Don Johnson, der Miami-Vice-Held, macht da keine Ausnahme und ist soeben zum zweiten Mal Vater geworden. Und wenn wir über Versportung reden, müssen wir natürlich auch in die Sportarena gucken, nicht unbedingt zum Tennisstar, der in Deutschland lebt, sondern nach Schweden. Björn Borg hat gerade zum dritten Mal geheiratet.

Das Muster sieht immer ähnlich aus: die Männer sind ungefähr 50, die Frauen ungefähr 30. Das ist ganz interessant und dass daraus auch wieder Kinder entstehen, ist auch völlig klar. Das, was interessiert, ist ja der Wertewandel: dass man nachgewiesen hat in einer großen Studie aus New York, dass diejenigen, die über 50 sind, glücklicher sind als die unter 50-Jährigen.

Fassen wir das zusammen. Es gibt eine zweite Pubertät – vor allem bei Männern –, die dazu führt, dass ein zweiter Kinderschub einsetzt. Und die Großeltern fangen erst ab 65–70 an, relevant zu werden.

Was macht der Markt daraus? Wir haben gerade eine Studie für einen großen Lebensmittelkonzern gemacht. Die wollten wissen: Wie kann man Produkte für Mütter gestalten, die assoziieren, dass man noch Single ist, dass man attraktiv ist, dass man eben nicht das Hausfrauendasein lebt. Herausgekommen ist ein ganz wichtiger Unterschied. Die Französinnen haben überhaupt kein Problem damit. Die Deutschen hingegen fühlen sich immer schuldig – egal ob sie Kinder haben und zuhause sind, ob sie Kinder haben und diese abgeben, ob sie arbeiten und keine Kinder haben: deutsche Frauen fühlen sich schuldig. Ich glaube, das ist ein sehr germanisches Problem.

Schauen wir in die Wirtschaft, was macht der Markt? Die 50-Jährigen sind nach mehreren Untersuchungen – zuletzt von Haryas Stand – diejenigen, die das meiste Geld ausgeben. Für Konsum, Immobilien und an der Börse. Das ist insofern interessant, wenn man schaut, wie viele 50-Jährige wir heute haben, es sind rund 900.000. Die 35-Jährigen repräsentieren die größte Gruppe, nämlich etwas mehr als eine Million, d. h. wir können davon ausgehen, dass der Konsum-Boom in 15 Jahren einsetzt. 15 Jahre haben Sie also Zeit zu spekulieren. Die heute 1-Jährigen belaufen sich auf gerade mal 750.000, dann also bricht der Konsum eher zusammen.

Das Stichwort 15 Jahre ist sehr interessant, weil wir versuchen, uns durch die Produkte jünger zu fühlen. Der Symbolwert ist wichtiger als der Nutzwert. Eine kleine Statistik aus dem Fahrradhandel macht dies deutlich: der Mountainbike-Look, also die bequemeren Fahrräder, die sportlich aussehen, haben als einzige um 20 % zugenommen, die Kinder- und Jugendräder um fast 30 % abgenommen, desgleichen die tatsächlich sportlichen Räder; deren Abnahme beträgt 15 %.

Das macht deutlich, wir versuchen uns einzurichten. Und zum Abschluss vielleicht noch ein Stichwort: In den achtziger und neunziger Jahren ging man davon aus, dass der deutsche Wald stirbt. Die neuen Untersuchungen der NASA besagen, dass die Erde grüner wird, gerade auch in Deutschland.

Das norwegische Betreuungsgeld

Laila Dåvøy

Heute reproduziert sich die Bevölkerung Norwegens nicht mehr aus sich selbst heraus. Dennoch nimmt die Bevölkerung aufgrund von Zuwanderung zu. Wie in nahezu allen anderen europäischen Ländern ist auch in Norwegen der Anteil älterer Bürger hoch. Seit 1970 hat sich die Zahl der Menschen über 80 Jahre verdoppelt. Und es ist ein spezieller Fonds, der „Nationale Versicherungsfonds", geschaffen worden, um den weiter wachsenden Finanzierungserfordernissen für die Altersversorgung gerecht werden zu können.

In den frühen 80er Jahren rief die niedrige Geburtenrate Norwegens einige Besorgnisse hervor. Aber seit Mitte der 80er Jahre ist die Geburtenrate wieder gestiegen und seit Mitte der 90er Jahre – verglichen mit europäischen Standards – hoch und stabil geblieben. Im Jahre 2000 lag die Geburtenrate bei 1,85. 2001 fiel sie auf 1,78 und es bleibt abzuwarten, ob dies einen neuen Trend anzeigt.

Wir haben Anlass zu glauben, dass die relativ hohe Fertilitätsrate mit den Verbesserungen der Lebensbedingungen der Familien zusammenhängt.

In den vergangenen zehn Jahren hat Norwegen viel dafür getan, um die Lebensbedingungen für Familien mit kleinen Kindern zu verbessern. So wurde die Laufzeit des Elternurlaubs schrittweise verlängert. Eltern, die vor der Geburt eines Kindes erwerbstätig waren, erhalten jetzt Elterngeld in Höhe von 80 Prozent des Einkommens für ein Jahr oder in Höhe ihres bisherigen Einkommens für eine Laufzeit von 42 Wochen. Bei der Bemessung des Elterngeldes orientiert man sich am Einkommen des Elternteils, der den Elternurlaub nimmt. Mindestens neun Wochen müssen von der Mutter, vier Wochen vom Vater genommen werden. Hinsichtlich der restlichen Elternurlaubszeit können die Eltern frei entscheiden, ob die Mutter oder der Vater zuhause beim Baby bleiben sollten oder ob sie die verbleibende Zeit unter sich aufteilen wollen.

Mütter, die nicht mindestens sechs der zehn Monate, die der Geburt vorangingen, erwerbstätig (Kranken- und Arbeitslosengeld wird wie Erwerbseinkommen behandelt) waren oder die ein sehr niedriges Einkommen haben, erhalten kein Elterngeld, sondern stattdessen eine einmalige Summe in Höhe von 32.000 norwegischen Kronen (4.380 Euro). Ein Viertel aller Mütter macht davon Gebrauch. Zusätzlich haben Mütter und Väter Anspruch auf zehn Tage Freistellung, wenn ein Kind krank ist. Eltern mit Kindern unter zehn Jahren haben auch ein Anrecht auf Arbeitszeitverkürzung.

Die Zahl der Kindertagesstätten hat zugenommen. Trotzdem müssen wir uns auch in Zukunft anstrengen, den Bedarf an Tagesbetreuungsplätzen zu erfüllen.

Speziell wächst auch der Bedarf nach Teilzeitplätzen in der Tagesbetreuung. In einigen Gemeinden sind die Gebühren für einen Betreuungsplatz sehr niedrig, in anderen wiederum ist es nicht ungewöhnlich für Eltern, wenn sie bis zu 500 Euro pro Monat für einen Betreuungsplatz bezahlen müssen. Die Regierung arbeitet an einem Finanzierungsmodell für Kindertageseinrichtungen, das eine Absenkung der Höchstgebühren für einen Betreuungsplatz anstrebt.

Während in den 70er- und 80er-Jahren große Anstrengungen unternommen wurden, um das Recht von Müttern, erwerbstätig zu sein, in die Tat umzusetzen, konzentrierte man sich in den 90ern stärker darauf, Väter zu motivieren, verstärkt Erziehungsarbeit in der Familie zu übernehmen.

Die Erwerbsquote der Frauen ist in Norwegen sehr hoch. Sie ist vor allem in den 70er Jahren stark gestiegen. Circa 75 bis 80 Prozent aller Frauen sind in Norwegen außerhäuslich beschäftigt. Und das gilt auch für Frauen mit kleinen Kindern. Teilzeitarbeit ist unter Frauen sehr verbreitet; circa 50 Prozent der erwerbstätigen Frauen nutzen diese Möglichkeit. Heute, wo Familien mit zwei Erwerbseinkommen quasi zum Normalfall geworden sind, kann es für Eltern mit kleinen Kindern schwierig sein, mit einem Einkommen auszukommen oder eine Vollzeit- zugunsten einer Teilzeitstelle aufzugeben. Dies sind Fakten, die ein wenig den Hintergrund für die Einführung des Betreuungsgeldes beleuchten.

Das Betreuungsgeld wurde im August 1998 für Kinder im Alter zwischen ein und zwei Jahren eingeführt. Vom 1. Januar 1999 an wurden auch Kinder, die zwischen zwei und drei Jahren alt waren, in die Maßnahme einbezogen. Entsprechend wird das Betreuungsgeld also maximal für zwei Jahre gezahlt, und zwar in vollem Umfang nur für Kinder, die keinen Betreuungsplatz beanspruchen. Ein Kind mit einem Teilzeitplatz in einer Tageseinrichtung kann gleichzeitig ein Teil-Betreuungsgeld erhalten. Das Betreuungsgeld wird für jedes Kind bezahlt; Familien mit Zwillingen erhalten also ein doppeltes Betreuungsgeld. Der Betrag muss nicht versteuert werden. Das Betreuungsgeld liegt heute bei 3.000 Kronen (410 Euro) monatlich. Der Anspruch darauf ist nicht daran gebunden, dass die Eltern ihre Arbeitszeit reduzieren oder dass sie sich selbst alleine um die Kinder kümmern. Das Geld kann – je nachdem, wer sich hauptsächlich um die Betreuung kümmert – an die Mutter oder an den Vater ausbezahlt werden.

Hauptziele, die mit dem Betreuungsgeld verfolgt werden, sind:
– den Familien zu ermöglichen, mehr Zeit für die Betreuung ihrer eigenen Kinder aufzuwenden,
– den Familien Wahlfreiheit einzuräumen bei der Entscheidung, welcher Art der Betreuung sie bei ihren Kindern den Vorzug geben und schließlich
– mehr Gerechtigkeit bei den staatlichen Transfers für Familien im Zusammenhang mit der Kinderbetreuung zu schaffen unabhängig davon, wie die Betreuung organisiert wird.

Das Betreuungsgeld wurde eingeführt, nachdem darüber unter Politikern/innen und ganz allgemein in der Bevölkerung erhitzte Debatten stattgefunden hatten. Einige befürchteten, dass Kinder zuhause schlecht betreut werden würden oder dass sie nur des Geldes wegen zuhause gelassen würden, statt in einer Tageseinrichtung einen besseren Tagesablauf zu haben. Andere dagegen behaupteten, dass Kinder systematisch aus der institutionellen Tagesbetreuung herausgenommen und zuhause einem Babysitter überlassen würden, während die Eltern weiter erwerbstätig blieben wie bisher. Auf der anderen Seite gab es Befürchtungen, dass nunmehr so viele Mütter zuhause bleiben würden, dass das Erwerbsleben unter einem Mangel an Arbeitskräften leiden würde.

Es war von vornherein klar, dass das Betreuungsgeld evaluiert werden sollte. Bevor diese Maßnahme eingeführt wurde, hatte das Statistische Amt Norwegens eine umfangreiche Untersuchung über Familien mit Kindern im Vorschulalter durchgeführt. Sie betraf Fragen der Kinderbetreuung, der Arbeitszeit, der Erwerbsorientierung, der häuslichen Arbeitsteilung und der Einstellung zu verschiedenen sozial- und familienpolitischen Initiativen für Familien mit kleinen Kindern. Eine Quasi-Neuauflage der Untersuchung wurde im Frühjahr 1999 durchgeführt, so dass die soziale Anpassungsreaktion nach Einführung des Betreuungsgeldes untersucht werden konnte. Zusätzlich wurde eine kurzfristige Evaluierung des Betreuungsgeldes vorgenommen, um Informationen über etwaige ungünstige Wirkungen dieser Maßnahme bereitzustellen.

Eine Mehrheit der Familien mit Kindern im Alter von ein bis drei Jahren erhält das Betreuungsgeld. Im Durchschnitt haben jeweils 75 Prozent aller Familien mit 1- bis 3-jährigen Kindern diese Familienförderung erhalten, seitdem die Maßnahme eingeführt wurde. Von denen, die das Betreuungsgeld bekommen, erhält der Großteil die volle Summe. Nur 15 Prozent haben sich für eine Teilsumme entschieden, was gleichzeitig bedeutet, dass sie einen Teilzeitplatz für ihr Kind in einer Einrichtung haben. Die Untersuchungen haben ergeben, dass 2/3 der Kinder, deren Eltern das Betreuungsgeld erhalten, zuhause von ihren Eltern betreut werden. 15 Prozent werden von Kindermädchen oder Babysittern betreut. Und man hat einen leichten Anstieg der Betreuung von einjährigen Kindern durch Kindermädchen festgestellt. 13 Prozent der Eltern haben kombinierte Betreuungslösungen. Es scheint so, dass jetzt ein höherer Anteil der Kinder im Alter von ein bis drei Jahren überwiegend von den Eltern betreut wird. Im Schnitt reduzierte sich die Betreuungszeit, die nicht von den Eltern geleistet wird, nach der Einführung des Betreuungsgeldes um 2,4 Stunden pro Woche.

Zeitbudgetanalysen, die unabhängig von der Einführung des Betreuungsgeldes durchgeführt worden sind, zeigen u. a., dass Mütter viel mehr Zeit mit den Kindern verbringen als es die Väter tun. Dies gilt unabhängig vom Alter der Kinder, obwohl die Unterschiede mit zunehmendem Alter der Kinder abnehmen. Ein Großteil der Zeit, die Väter mit ihren Kindern verbringen, liegt im Bereich von Freizeit und Spiel. Dagegen verknüpfen die Mütter die Zeit, die sie mit ihren Kindern verbringen, in einem höheren Ausmaß mit Hausarbeit. Gleichzeitig vollzog sich in den 90er Jahren ein Wandel bei der elterlichen Kinderbetreuung derart, dass häufiger jeweils nur ein Elternteil bei den Kindern präsent war.

Das Betreuungsgeld hat zu einem Rückgang der Erwerbsbeteiligung von Müttern kleiner Kinder geführt. Bei den Vätern scheint sich dagegen in Sachen

Erwerbsbeteiligung nichts geändert zu haben. Vor der Einführung des Betreuungsgeldes ging der Trend dahin, dass der Anteil von Müttern kleiner Kinder, die Vollzeit arbeiteten, ständig zunahm. Und tatsächlich war zum Zeitpunkt der Einführung des Betreuungsgeldes der Anteil von Müttern mit einem Vollzeitjob größer als jener mit einer Teilzeitarbeit. Insgesamt waren 76 Prozent der Mütter von Kindern im Alter von ein bis zwei Jahren entweder Vollzeit oder Teilzeit erwerbstätig. Gleichzeitig gab es große Unterschiede – je nach dem Ausbildungsstand der Mütter – in der Länge der wöchentlichen Arbeitszeit. Diese war umso länger, je länger die Ausbildung gedauert hatte. Mütter mit mehr als vier Jahren Universitätsausbildung hatten im Durchschnitt eine um gut 12 Stunden längere Arbeitswoche als jene mit dem niedrigsten Ausbildungsabschluss.

Bisher hat also die Einführung des Betreuungsgeldes zu einer etwas geringeren Erwerbsbeteiligung von Müttern kleiner Kinder geführt. Zusätzlich ist ein Teil der Mütter von einer Vollzeit- auf eine Teilzeittätigkeit übergegangen. Eine Querschnittsanalyse hat gezeigt, dass die Mütter in den Jahren 1998/99 ihre Arbeitszeit um 1,5 Stunden wöchentlich reduziert haben. Entgegen den Erwartungen vieler waren es die am besten qualifizierten Mütter, die ihre Arbeitszeit am stärksten eingeschränkt haben.

Teilzeitarbeit ist weit verbreitet unter den Müttern kleiner Kinder. Das betrifft nahezu 1/3 der erwerbstätigen Mütter. Gleichzeitig hat der Anteil der teilzeitarbeitenden Mütter aber nicht zugenommen.

Es ist nicht einfach, die Konsequenzen der Einführung des Betreuungsgeldes auf die Gleichstellung der Geschlechter abzuschätzen. Umfragen zeigen allerdings, dass das Betreuungsgeld als Maßnahme für Mütter angesehen wird. In 96 Prozent der Familien, die vom Angebot des Betreuungsgeldes profitieren, haben sich die Eltern dafür entschieden, dass das Geld an die Mutter ausbezahlt werden soll. Es sind prinzipiell Mütter, die ihre Arbeitszeit reduziert haben.

Eine Besonderheit des Betreuungsgeldes mit potentiellen Auswirkungen auf die Geschlechtergleichstellung ist, dass dessen Empfänger keinen Anspruch auf Kranken- oder Mutterschaftsgeld haben. Unerwartete Ereignisse in der Zukunft können also einen Einfluss auf das zukünftige Einkommen der Mütter haben. Alles in allem scheint es jedoch angemessen zu sein, wenn man feststellt, dass von der Einführung des Betreuungsgeldes kaum erhebliche Auswirkungen auf die Geschlechtergleichstellung ausgegangen sind. Die Anpassungsreaktionen, die zu verzeichnen waren, werden als temporär angesehen. Sie betreffen überwiegend Familien, in denen die Mütter vorher Vollzeit gearbeitet haben.

Man hat ferner untersucht, ob die Einführung des Betreuungsgeldes Auswirkungen auf den Bereich der Kinderbetreuungseinrichtungen gehabt hat. Hier war festzustellen, dass das Platzangebot stagnierte. Ein kleinerer Teil der Tagesbetreuung für die jüngsten Kinder wurde verlagert in private Einrichtungen, die von Familien getragen wurden. Diese haben den gleichen Staatszuschuss erhalten wie die staatlichen Tageseinrichtungen. Im Gefolge der Einführung des Betreuungsgeldes ist allerdings die Zahl der Betreuungseinrichtungen, die von Familien privat betrieben werden, zurückgegangen. Und die Gemeinden haben sich abwartend bei der Frage der Schaffung neuer Betreuungsplätze für Kleinkinder in den staatlichen Einrichtungen verhalten. Im Ergebnis hatte dies ein Stagnieren des Platzangebotes zur Folge.

Vielfach wurde die Befürchtung geäußert, dass sich die Einführung des Betreuungsgeldes negativ auf Kinder aus sozial schwachen Familien auswirken würde. Dem sollte auch eine Initiative der staatlichen Jugendhilfe, die das Angebot kostenloser Betreuungsplätze an diese Kinder vorsah, entgegenwirken. Die Befürchtung war, dass viele Eltern nach der Einführung des Betreuungsgeldes die Auszahlung der Geldsumme vorziehen und das Angebot kostenloser Tagesbetreuungsplätze für ihre Kinder ablehnen würden. Glücklicherweise zeigen Untersuchungen, dass dies nicht eingetreten zu sein scheint. Das Hilfsangebot der Sozialbehörden auf Vermittlung kostenloser Betreuungsplätze ist sowohl vor als auch nach der Einführung des Betreuungsgeldes von einer gleich großen Anzahl von sozialhilfeabhängigen Kindern in Anspruch genommen worden.

Man hat ferner untersucht, ob von der Betreuungsgeldregelung negative Auswirkungen auf die Integration von auslandsstämmigen Familien ausgegangen sind. Und in diesem Zusammenhang wurden Familien interviewt, die aus Pakistan, Somalia und Vietnam stammen. Dabei kam heraus, dass viele Familien aus Pakistan und Somalia den Standpunkt vertreten, dass es für sie ganz unabhängig von den jeweiligen Umständen immer wünschenswert war, sich selbst um ihre Kleinkinder zu kümmern. Und es hat den Anschein, dass für diese Familien die Existenz des Betreuungsgeldes keine besonders wichtige Rolle bei Fragen der Integration gespielt hat. Auf der anderen Seite scheinen Familien aus Vietnam sich stärker der Angebote für eine Tagesbetreuung bedient zu haben. Sie haben sich nach der Einführung des Betreuungsgeldes in einem größeren Ausmaß auf die Arbeitsleistungen von Kindermädchen und Babysittern gestützt.

Das Bruttoeinkommen derer, die Betreuungsgeld erhalten, ist im Schnitt niedriger als das der Eltern kleiner Kinder, die einen Betreuungsplatz in einer Einrichtung haben. Entsprechend haben die Betreuungsgeldzahlungen zu einer Verringerung der Einkommensunterschiede unter Familien mit kleinen Kindern geführt.

Die Einführung des Betreuungsgeldes hat keine großen Umbrüche unter den norwegischen Familien mit kleinen Kindern ausgelöst. Dennoch glaube ich, dass diese familienpolitische Maßnahme zu einer Verbesserung der wirtschaftlichen Lage und der Wahlfreiheit für Eltern, die ihre Kinder im häuslichen Umfeld selbst betreuen wollen, geführt hat.

Im Frühling 2002 ist unter den Eltern kleiner Kinder eine neue Umfrage durchgeführt worden. Die Ergebnisse dieser Umfrage werden im Januar 2003 vorliegen und dann auch veröffentlicht werden. Dann können wir besser beurteilen, wie sich in einer etwas längerfristigen Perspektive im Gefolge der Einführung dieser Maßnahme der Familienförderung Änderungen in der Erwerbsbeteiligung der Eltern und in der Inanspruchnahme von außerfamiliären Betreuungsangeboten vollzogen haben.

(aus dem Englischen übersetzt von Christian Leipert)

Familienpolitische Antworten auf die demographische Entwicklung

Hans Geisler und Simone Wenzler

1. Prämissen einer zukunftsweisenden Familienpolitik

Darf Familienpolitik Bevölkerungspolitik sein? In dieser Zuspitzung fällt die Beantwortung der Frage schwer. Unsere Geschichte mahnt uns, diese Frage keinesfalls leichtfertig mit Ja zu beantworten, denn zu sehr sind uns die Auswüchse gezielter Bevölkerungspolitik bewusst. Aber Umfragen wie die Shell-Studie zeigen immer wieder die große Bedeutung, die Jugendliche der Familiengründung beimessen. Die tatsächlichen Kinderzahlen bleiben später jedoch hinter den genannten Kinderwünschen weit zurück. Es geht also derzeit gar nicht um eine staatliche Initiierung von Kinderwünschen, sondern um Rahmenbedingungen, die es jungen Eltern sinnvoll und möglich erscheinen lassen, ihre Kinderwünsche zu realisieren.

Das Beispiel der skandinavischen Länder hat uns gelehrt, dass die Entscheidung für ein (weiteres) Kind inzwischen in erster Linie von der kurz-, mittel- und langfristigen Vereinbarkeit von Familie und Beruf abhängt. Allerdings darf dabei nicht einseitig von einer ausschließlich gleichzeitigen (sog. simultanen) Vereinbarkeit von Berufstätigkeit und Familienverantwortung ausgegangen werden. Auch die rechtlichen und finanziellen Möglichkeiten für Erwerbspausen und reduzierte Erwerbstätigkeiten sind für Eltern ein wichtiger Teil der Vereinbarkeit von Kind und Beruf im Lauf des Lebens (sukzessive Vereinbarkeit). Mütter und Väter brauchen Rahmenbedingungen, die ihnen ein möglichst hohes Maß an Flexibilität und eigenverantwortlicher Lebensplanung ermöglicht. Da für viele Eltern die Anforderungen des Arbeitsmarktes schon erhebliche Einschränkungen der freien Wahl des Arbeits- und Lebensortes, des Arbeitsumfangs und der Familienzeit mit sich bringen, darf die Familienpolitik die verbleibenden Spielräume nicht zusätzlich einschränken, sondern muss neue eröffnen.

Eine Familienpolitik, die Eltern zur Realisierung ihrer Kinderwünsche ermutigt, muss aus unserer Sicht folgenden Kriterien entsprechen:
- *Sie muss gerecht sein und darf nicht bestimmte Verhaltensweisen und Lebensentwürfe ungerechtfertigt bevorzugt unterstützen.*

Auch der Beschluss des Bundesverfassungsgerichtes vom November 1998 weist mit Nachdruck darauf hin, dass Familienpolitik weder Eltern bevorzugt unterstützen darf, die teilweise auf Erwerbstätigkeit verzichten, noch solche, die aufgrund von gemeinsamer Vollerwerbstätigkeit eine ganztägige Betreuung für ihre Kinder benötigen.

- *Sie muss Eltern Wahlfreiheit und variable Kombinationsmöglichkeiten bewahren bzw. eröffnen.*

Eltern wollen beispielsweise zunehmend in wechselndem Umfang gemeinsam die Erziehung und Betreuung ihrer Kinder übernehmen. Familienpolitische Leistungen müssen flexibel genug sein, um z. b. auch diese Wünsche aufzunehmen und nicht durch rigide Regelungen zu verhindern.

- *Ihre Maßnahmen müssen so aufeinander abgestimmt sein, dass sie sich sinnvoll ergänzen und Eltern möglichst viel Flexibilität eröffnen.*

Wenn Eltern beispielsweise gesetzlich gezwungen werden, langfristige, rechtsverbindliche Festlegungen über die sogenannte Elternzeit zu treffen, dann müssen sie dies in Kenntnis der für die ganze Zeit bestehenden familienpolitischen Regelungen und Hilfen tun. Ist der eingeplante Kinderkrippenplatz doch nicht oder nur halbtags verfügbar, dann wird die rechtsverbindliche Planung der Elternzeit zum gravierenden Problem.

- *Sie muss zuverlässig sein und damit Eltern eine entsprechende Grundlage für die notwendigen längerfristigen Planungen geben.*

Die Entscheidung für ein (weiteres) Kind ist mindestens 18 Jahre lang mit erheblichen Verpflichtungen verbunden. Entsprechend müssen Eltern in wesentlichen Punkten sehen können, welche Unterstützungen und Rahmenbedingungen ihnen zur Verfügung stehen werden.

Daraus ergibt sich auch der Respekt vor Entscheidungen, die von Eltern vor 20 Jahren getroffen wurden. Sicherlich muss das System der familienpolitischen Unterstützungen den geänderten Lebensentwürfen angepasst werden, aber wer vor zwei oder drei Jahrzehnten Lebensentscheidungen im gerechtfertigten Vertrauen auf bestimmte Entlastungen für Einverdiener-Ehepaare oder für Hinterbliebenenrenten getroffen hat, kann nicht heute vor ganz andere Tatsachen gestellt werden.

2. Kernelemente einer zukunftsweisenden Familienpolitik

2.1. Außerhäusliche, bildungsorientierte Kinderbetreuung

Vereinbarkeit von Familienaufgaben und Berufstätigkeit (aber auch von regelmäßigem ehrenamtlichen Engagement) ist wesentlich von festen, zuverlässigen Betreuungszeiten für Kinder abhängig. Die Bedarfe von Eltern sind hierbei sehr unterschiedlich und ändern sich nicht zuletzt mit dem Alter der Kinder. Die Bedeutung von Sozialisation und Kultur für Art und Umfang der Nachfrage nach außerhäuslicher Betreuung und Erziehung wird an den gravierenden Unterschieden in den neuen und alten Bundesländern Deutschlands sichtbar. Es bestehen sowohl hinsichtlich Angebot als auch Nachfrage erhebliche Unterschiede. Die Nachfrage ist insgesamt in Ostdeutschland weitaus größer, insbesondere werden mehr ganztägige Betreuung (bis zu 9 Stunden) und mehr Plätze für Kleinkinder (2. und 3. Lebensjahr) nachgefragt. Dies ergibt sich nicht nur aus der höheren Erwerbsneigung von Müttern, sondern auch aus der relativ weit verbreiteten Überzeugung, dass schon Kleinkinder zuhause weniger Lernchancen haben als in pädagogischen Einrichtungen.

Wir können in Sachsen eine sehr gute Bilanz der aktuellen Betreuungsmöglichkeiten für Kinder im Alter von 0 bis 10 Jahren vorlegen. Es können praktisch alle Kinder in dem von den Eltern gewünschten Umfang – bis zu 9 Stunden täglich – institutionell betreut werden. Dies nehmen in Sachsen Eltern für 35% der Kinder im 2. und 3. Lebensjahr, für 98% der Kinder im Kindergartenalter sowie für 55% der Kinder bis zu 10 Jahren wahr. Dabei sei am Rande erwähnt, dass in den Kinderkrippen, -gärten und -horten gleichwertig Erziehung, Bildung und Betreuung geleistet wird.

Möglich ist uns im Freistaat diese bedarfsdeckende Infrastruktur auf der Grundlage der schon zu DDR-Zeiten aufgebauten Einrichtungen, die aber bei weitem nicht durchgängig den heutigen Erwartungen an bauliche Gestaltung und Ausstattung entsprechen. Allerdings war in der DDR damit gerade keine Wahlfreiheit verbunden. Die Nutzung der Einrichtungen ab dem ersten Lebensjahr wurde durch politische Maßnahmen, aber auch durch sozialen Druck zur Norm. Erwerbstätigkeit war für Mütter nicht nur ein Angebot oder ein Recht, sondern faktisch eine Pflicht; z.B. entfiel der Kündigungsschutz nach einem Jahr. Zudem gab es die finanzielle Unterstützung nur für staatliche Einrichtungen.

Eine zukunftsweisende Familienpolitik, die wir zur Veränderung der demographischen Entwicklung dringend brauchen, darf keinesfalls in dieses Fahrwasser geraten. Echte Wahlfreiheit muss die unabweisbare Leitschnur sein.

Wenngleich derzeit in Sachsen in vielen Kommunen aufgrund erheblicher finanzieller Probleme eine gewisse Einschränkung des großzügigen Angebotes erwogen wird, so erfüllt Sachsen seit Jahren die zunehmend bundesweit aufgestellten Forderungen von Eltern und Verbänden. So werden, wie gerade bemerkt wurde, mehr als ein Drittel der Kinder im 2. und 3. Lebensjahr in Einrichtungen erzogen und gebildet, dagegen sind nur 20% Ziel der gegenwärtigen Bundesregierung. Gleichzeitig zeigt die sächsische bzw. die ostdeutsche Situation, dass Rechte und Leistungen für Mütter und Väter noch keine Garanten für eine gelingende Vereinbarkeit im umfassenden Sinne sind. Eine simultane Vereinbarkeit ist in Sachsen durch umfassende Fremdbetreuungsangebote in hohem Masse gegeben. Eine sukzessive Vereinbarkeit, also ein zeitweiliges Aussteigen aus dem Beruf und ein späterer Wiedereinstieg, sind für viele nur eingeschränkt möglich. Und dies nicht aufgrund der politischen Rahmenbedingungen, sondern weil die betroffenen Eltern aufgrund des angespannten Arbeitsmarktes die ihnen zustehenden Rechte nicht in Anspruch nehmen. Diese Beobachtungen zeigen, dass die Familienpolitik nicht Regelungen schaffen darf, die in der Theorie sehr schön sind, von Familien in ihrem konkreten Alltag jedoch gar nicht genutzt werden können.

Wir müssen den auf Familien lastenden Zwang zur räumlichen und zeitlichen Flexibilität in der Familienpolitik angemessen berücksichtigen, so dass eine eigenverantwortliche Wahlfreiheit von Eltern innerhalb der faktischen Lebensbedingungen wirklich möglich ist.

2.2. Finanzielle Leistungen für elterliche Familienarbeit

Die zweite Seite der Wahlfreiheit ist die staatliche Unterstützung von Eltern, die auf einen Teil ihres gemeinsamen Erwerbseinkommens verzichten, um ihre Kinder selbst zu betreuen und zu erziehen. Hier wurde insbesondere in der Ära Kohl auf Bundesebene etliches geleistet. Sowohl der inzwischen weiterentwickelte und flexiblere Erziehungsurlaub – sinnvollerweise zwischenzeitlich in Elternzeit umbenannt – als auch das Erziehungsgeld sind für Eltern von sehr großer Bedeutung. Auch in Sachsen wird der Erziehungsurlaub von 98% der Eltern eine Zeitlang in Anspruch genommen und im ersten Lebensjahr erhalten 94% der Eltern Erziehungsgeld.

In Sachsen werden derzeit ca. 460 Mio. Euro pro Jahr für die Betreuung von Kindern in Tageseinrichtungen durch das Land und die Kommunen aufgebracht und ca. 230 Mio. Euro für Bundeserziehungsgeld- und Landeserziehungsgeld-Zahlungen. Diese Leistungen für außerhäusliche und elterliche Erziehungsleistungen stehen rechtlich weitgehend unverbunden nebeneinander. Dadurch erhalten manche Familien gleichzeitig staatliche Leistungen in Form von Erziehungsgeld und eines Krippenplatzes und manche Eltern erhalten keine der beiden Förderungen. Dies ist schlicht ungerecht.

Zudem erhalten Eltern, die ihr Kind im zweiten Lebensjahr in eine Krippe bringen, in Euro gerechnet, sehr viel mehr öffentliche Leistungen als Eltern, die rund um die Uhr selbst für ihre Kinder sorgen. Erziehungsgeld wird nur in den ersten 2 (bzw. in Sachsen 2 3/4) Lebensjahren geleistet, ist stark einkommensabhängig und beträgt monatlich maximal 307 Euro. Für eine Ganztagsbetreuung im gleichen Alter leistet die öffentliche Hand jedoch in Sachsen rund 600 Euro – fast doppelt soviel! Die Abwägung zwischen einem zweiten Einkommen und der Inanspruchnahme eines von den Eltern nur zu einem Bruchteil zu finanzierenden Kinderkrippenplatzes oder dem Verzicht auf ein Einkommen und – sofern alle sonstigen Voraussetzungen erfüllt sind – dem Bezug eines sehr „überschaubaren" Erziehungsgeldes ist damit oft eine schlichte Frage des Geldes. Hier wird mit einer unausgewogenen staatlichen Förderung das Verhalten von Eltern beeinflusst und damit die Wahlfreiheit der Eltern entgegen dem Urteil des Bundesverfassungsgerichtes beschränkt.

Die Leistungen müssten so gestaltet oder verzahnt sein, dass Eltern möglichst stufenlos zwischen der finanziellen Unterstützung für die elterliche Betreuung und dem damit einhergehenden – teilweisen – Einkommensausfall und einer außerhäuslichen Betreuungsform wählen können. Ein vom Einkommen und der Erwerbstätigkeit unabhängiges Erziehungsgehalt, das Eltern die finanziellen Mittel in die Hand gibt, mit denen sie selbst Betreuungsleistungen einkaufen oder eigene Betreuung finanzieren können, würde die verfassungsrechtlich gebotene Gleichbehandlung optimal gewährleisten. Doch davon sind wir noch ein gutes Stück entfernt.

Wir haben uns deshalb – unter anderem auch im Rahmen der Vorgängerkongresse – immer wieder dafür ausgesprochen, die in Familien erbrachten Leistungen durch ein Erziehungsgehalt zu honorieren. Das Konzept zielt darauf ab, die „Zwangs-Flexibilität" von Familien hinsichtlich Lage und Umfang der Arbeitszeit und des Arbeitsortes zu berücksichtigen.

Das Erziehungsgehalt[1] soll für alle Eltern mit Kindern im Alter von 0 bis unter 3 Jahren monatlich 550 Euro (netto!) und für Kinder im Alter von 4 bis unter 6 Jahren 400 Euro (netto!) betragen. Die Leistung ist unabhängig vom Umfang der Erwerbstätigkeit und von sonstigem Einkommen. Es entstehen keine Abzüge (Steuern, Sozialabgaben).

Eltern, die ihre Kinder während des Tages selbst betreuen möchten, erleichtert das Erziehungsgehalt den (teilweisen) Einkommensverzicht. Entscheiden sich die Eltern für eine andere Betreuungsform, dann müssen sie die entsprechenden Kosten ganz übernehmen. Die bisherige Förderung der Betriebskosten für Kindertageseinrichtungen und Tagesmütter würde entfallen. Die bislang dafür aufgewendeten staatlichen Gelder werden den Eltern direkt ausbezahlt. Damit können Eltern die gleichen Leistungen „einkaufen" wie bisher – aber sie haben wesentlich mehr Entscheidungsfreiheit und Einflussmöglichkeiten. Eine Sonderregelung für die pädagogisch besonders bedeutsamen Kindergärten oder Vorschuleinrichtungen wäre dabei notwendig.

Durch das Erziehungsgehalt würden Eltern auf dem „Betreuungsmarkt" zu kaufkräftigen Nachfragern. Wenngleich die bestehende Kontrolle der pädagogischen Qualität, aber auch z.B. der hygienischen und räumlichen Bedingungen in Kindertageseinrichtungen weiterhin wichtige staatliche Aufgaben bleiben, so wird doch eine spürbare Ausweitung, Flexibilisierung und Differenzierung der Betreuungsangebote eintreten. Dies wird insbesondere von Eltern in den westdeutschen Bundesländern dringend gewünscht.

Damit stünde Eltern einerseits eine gezielte Auswahl des Betreuungsangebotes auch im Hinblick auf die Wünsche und Bedürfnisse des Kindes offen, andererseits würden damit flexible Kombinationen der Erfüllung von Familienaufgaben und Erwerbstätigkeit in Abhängigkeit der sich immer wieder verändernden Bedürfnisse und Bedingungen möglich.

Mit dem Erziehungsgehalt würde auch dem starken Ungleichgewicht in der Bewertung von Erziehungs- und Erwerbsarbeit entgegengewirkt. Die Tatsache, dass beide Aufgaben von gleichwertiger Bedeutung sind, muss in dem Gesamt der familienpolitischen Leistungen sehr viel stärker erkennbar sein.

---

1 Das Konzept ist auch als siebenseitiges Papier (allerdings noch mit DM-Beträgen) im Internet unter *www.sachsen.de* als Publikation des Sächsischen Sozialministeriums abrufbar. Nähere Ausführungen zur Zielsetzung und Antworten auf verschiedene insbesondere auch frauenpolitische Gegenargumente sind ferner zu finden in:
Geisler, Hans: *Erziehungsgehalt – eine Idee von Gestern oder ein Modell für Morgen?* In: Chr. Leipert (Hrsg.): *Aufwertung der Erziehungsarbeit. Europäische Perspektiven einer Strukturreform der Familien- und Gesellschaftspolitik*, Opladen, 1999.

Im Gegensatz zu anderen Modellen haben wir uns aus verschiedenen fachlichen Gründen gegen ein steuer- und sozialabgabenpflichtiges Bruttogehalt entschieden. Die ungewollten indirekten Nebenwirkungen schienen uns zu stark. Um so wichtiger ist mir der Hinweis auf den unabdingbar notwendigen weiteren Ausbau der Sozialen Sicherung für Familien bzw. für Erziehende. Die drei Jahre Anerkennung von Erziehungsleistung in der Rentenversicherung mit dem Durchschnittsgehalt sind ein wichtiges Fundament. Ein Ausbau scheint jedoch für die noch nicht einbezogenen Jahrgänge und für Familien mit mehreren Kindern notwendig, da dann eine Erwerbstätigkeit auch über einen längeren Zeitraum oft nicht möglich ist.

Die immer wieder diskutierte beitragsfreie Familienmitversicherung in der gesetzlichen Krankenkasse könnte auf Erziehende reduziert werden. Kinderlose Ehepartner müssen von dieser Regelung nicht profitieren können. Aber grundsätzlich ist dies ein wichtiges Element der Familienpolitik. Allerdings spricht nichts gegen eine Steuerfinanzierung dieser versicherungsfremden Leistung.

Problematisch gestaltet sich derzeit die Regelungen in der Arbeitslosenversicherung. Die knappen Fristen und reduzierten Regelungen stehen der Wahlfreiheit für Erziehende oft entgegen. Wer Kinder erzieht, sollte mindestens in den ersten drei Lebensjahren darauf vertrauen können, dass er nach der Erziehungszeit so gestellt ist, wie vor der Erziehungszeit bzw. wie wenn er in dieser Zeit versichert gewesen wäre. Zusätzlich sind Weiterbildung während der Erziehungszeit und Wiedereinstieg nach der Erziehungszeit umfänglicher und verbindlicher als gegenwärtig gesetzlich festgelegt zu fördern.

3. Schlussbemerkung

Demographisch wirksame Familienpolitik muss die Eigenverantwortung und die Wahlfreiheit von Eltern in einem Höchstmaß respektieren. Denn die Entscheidung für ein Kind ist immer eine sehr komplexe und kann nicht durch schlicht gestrickte, nur ein bestimmtes Familienbild oder Lebenskonzept betrachtende Unterstützung positiv befördert werden. Sie muss die Leistungen der Eltern entlohnen, die Lasten reduzieren und ein Maximum an eigenverantwortlicher, flexibler Lebensgestaltung ermöglichen.

Familie ist unsere Zukunft –
die bayerische Familienpolitik

Christa Stewens

Was wir heute für unsere Familien zu leisten versäumen, diese Defizite werden wir morgen bitter bezahlen müssen. Und zwar nicht nur in Euro und Cent. Unsere Familien sind nicht nur ein unersetzlicher Wirtschaftsfaktor, weil mit den Kindern die künftigen Steuer- und Beitragszahler großgezogen werden, die später als Arbeitnehmer, Unternehmer, Wissenschaftler, Dienstleistende, Ärzte und Fachkräfte zur Versorgung der Bevölkerung und zum Wohlstand in unserer Gesellschaft beitragen. Die Erziehung und Sozialisation von Kindern, die Vermittlung von Werten und Fähigkeiten in und durch die Familie sind entscheidende Faktoren für ein Gelingen des Lebens des Einzelnen und damit auch Grundlage für das Gelingen unserer Gesellschaft. Familie, in der diese Leistungen erbracht werden, schafft Bindung, schafft eine besondere Qualität, die weder der Einzelne noch die Gesellschaft ersetzen kann. Negativschlagzeilen über steigende Scheidungszahlen, verwahrloste Kinder und jugendliche Amokschützen dürfen nicht darüber hinwegtäuschen, dass die Mehrzahl der Familien diese wichtigen Aufgaben für ihre Kinder nach wie vor leisten will und leistet. Aber wir müssen uns bewusst sein, dass der *gesellschaftliche Wandel* nicht spurlos an unseren Familien vorübergeht, sondern gerade sie vor große Herausforderungen stellt.

Höhere Anforderungen in der Arbeitswelt an Qualifikation, Flexibilität und Einsatzbereitschaft der Menschen, die selbstverständliche Forderung an die Mobilität des Arbeitnehmers stellen gerade Familien oft vor große Probleme.

Mit dem steigenden durchschnittlichen Einkommen wächst die Diskrepanz zwischen Kinderlosen und Eltern, die ihre Erwerbstätigkeit zum Teil einschränken und z.B. auf dem Wohnungsmarkt mit Singles oder „double income no kids" – Paaren konkurrieren müssen. Gleichzeitig erhöhen sich die Kosten für Kinder aufgrund durchschnittlich längerer Ausbildungszeiten und der notwendigen Teilhabe auch von Kindern an modernen Kommunikationssystemen.

Angesichts all dieser Anforderungen verwundert es nicht, dass sich nach repräsentativen Umfragen (Shell-Studie 2000) zwar 80% aller jungen Menschen eigene Kinder wünschen, die Realität aber ganz anders aussieht. Auch wenn bei vielen Menschen der Kinderwunsch vorhanden ist, entscheiden sich nur wenige von ihnen für Kinder. Die *Geburtenzahlen* belegen diesen Trend:
- Die Geburtenentwicklung in Deutschland ist besorgniserregend. Die Geburtenziffer liegt bei rund 1,35 Kindern pro Frau. Um die Bevölkerungszahl einigermaßen konstant zu halten, wären aber mindestens 2,2 Kinder nötig.

- Immer mehr Frauen sind kinderlos: Ein Viertel der heute 40-Jährigen ist kinderlos.
- Die Familien werden immer kleiner. Nur 13% haben mehr als zwei Kinder.

Woran liegt es also, dass sich immer weniger junge Menschen für Kinder entscheiden? Als wichtigsten der Gründe gegen einen Kinderwunsch nennen nach der Generationstudie 2001 der Hanns-Seidel-Stiftung 84% der Befragten die Anforderungen der modernen Arbeitswelt. An zweiter Stelle folgen mit 80% die finanziellen Belastungen durch Kinder. Die ungenügenden Kinderbetreuungsmöglichkeiten gelten für 70% der Befragten als weiterer wichtiger Grund für die sinkenden Geburtenzahlen.

Hier sind Eltern in vielfältiger Weise auf Unterstützung angewiesen. Ich möchte Ihnen aus der Vielzahl familienpolitischer Maßnahmen heute einige Punkte vorstellen, die ich für besonders wichtig halte:
1. Der Ausbau von Kinderbetreuung in allen Altersgruppen
2. Die bessere finanzielle Unterstützung unserer Familien durch ein Familiengeld
3. Die höhere gesellschaftliche Anerkennung der Familien

Im Mittelpunkt der bayerischen Familienpolitik steht die *Wahlfreiheit* der Eltern *zwischen Erwerbs- und Familientätigkeit.* Wahlfreiheit zwischen Erwerbs- und Familientätigkeit setzt voraus, dass beides miteinander vereinbar ist.

Dies beginnt zum einen mit *familiengerechten Arbeitsplätzen.* Wir wollen bei den Tarifparteien darauf hinwirken, dass im Rahmen von Tarifverhandlungen oder Betriebsvereinbarungen die Bedürfnisse der Familien mit Kindern stärker berücksichtigt werden. Gerade Familien kommen Regelungen wie flexible Arbeitszeiten, Jobsharing, Arbeitszeitkonten oder Gleitzeit zugute.

Zum anderen setzen wir auf eine *maßgeschneiderte Betreuung von Kindern aller Altersstufen* vor Ort. Zwar können wir in Bayern auf einem nahezu bedarfsdeckenden Angebot von 370.000 Kindergartenplätzen aufbauen. Aber gerade für Schulkinder und unter Dreijährige besteht Nachholbedarf. Hier werden wir ansetzen:

Wir werden in den nächsten fünf Jahren 30.000 neue Plätze fördern und zwar
- für *Kinder unter drei Jahren* jährlich 1.000 Plätze, das sind bis zum Jahr 2006 5.000 neue Plätze,
- und für *Schulkinder* jährlich 5.000 Plätze, das sind bis 2006 zusätzlich 25.000 neue Plätze; davon entfallen ca. 10.000 auf Horte.

Darüber hinaus wollen wir familiennahe Betreuungsalternativen gerade bei den unter Dreijährigen fördern. Wir können schließlich unsere Augen nicht davor verschließen, dass mehr als 50% der Frauen mit Kindern unter drei Jahren arbeiten. Deshalb fördern wir ab diesem Jahr erstmals auch *Tagespflegeangebote,* wobei zunächst in diesem und im nächsten Jahr ein Modellversuch durchgeführt werden soll, um die Konditionen für eine flächendeckende Förderung abzuklären. Weiterhin ist vorgesehen, neben der bereits stattfindenden Förderung von Mütterzentren auch die Förderung von *Eltern-Kind-Gruppen* in einem Modellversuch vorzubereiten. Damit setzen wir gleichzeitig einen Impuls und einen Anreiz für die Familienselbsthilfe.

Für den Ausbau des Kinderbetreuungsangebotes wird die Bayerische Staatsregierung in den nächsten fünf Jahren 313 Mio. Euro zusätzlich zu der jährlichen Förderung von ca. 500 Mio. Euro zur Verfügung stellen.

Doch die ausreichende Bereitstellung von Kinderbetreuungsangeboten allein genügt nicht, um die Situation für Familien zu verbessern. Gerade wenn Eltern – Frauen und Männer – auch die realistische Möglichkeit haben sollen, auf Erwerbstätigkeit zu verzichten, um sich selbst ausschließlich der Kindererziehung zu widmen, müssen die finanziellen Belastungen, die die Entscheidung für ein Kind mit sich bringen, viel stärker als bisher ausgeglichen werden. Nach einer Erhebung des ifo Instituts für Wirtschaftsforschung (München) kostet ein Kind bis zum 18. Lebensjahr immerhin 365.500 Euro (240.300 Euro tragen die Eltern, den Rest der Staat).

Die Union setzt sich deshalb für einen Ausgleich dieser Belastung durch das *Familiengeld* ein. Im Endausbau soll das Familiengeld folgende Leistungen umfassen:
– in den ersten drei Lebensjahren: 600 Euro/Kind
– vom 4. bis 18. Lebensjahr: 300 Euro/Kind
– für volljährige Kinder in Ausbildung bis zum 27. Lebensjahr eine Leistung in Höhe von 150 Euro bzw. 170 Euro ab dem vierten Kind

Damit werden die finanziellen Belastungen für Eltern gerade in den ersten drei Lebensjahren des Kindes abgefangen. Eine finanzielle Unterstützung ist in dieser Zeitspanne besonders wichtig, denn häufig reduzieren die Eltern die Erwerbstätigkeit in den ersten drei Jahren und verfügen somit über weniger Einkommen, während die kindbedingten Ausgaben erheblich steigen.

Mit unserem Familiengeld stärken wir die Familien, wir schaffen eine einheitliche Leistung anstelle des inzwischen unübersichtlichen Systems der Familienförderung. Und wir verhindern Sozialhilfebedürftigkeit von Familien. Keine Familie darf nur deshalb, weil sie die Kosten für ihre Kinder nicht aufbringen kann, auf Sozialhilfe angewiesen sein. 56% der Kinder, die Sozialhilfe beziehen, wachsen in Haushalten von Alleinerziehenden auf. Etwa 1 Mio. Kinder sind derzeit in der Sozialhilfefalle gefangen. Dies ist ein Zustand, der in einem Land wie Deutschland untragbar ist. Allein die genannten Zahlen belegen, dass das System der staatlichen Familienförderung in Deutschland grundlegend neu gestaltet werden muss.

Natürlich kann die Verwirklichung des Familiengeldes angesichts des Kostenvolumens nur stufenweise erfolgen. Aber wir sind bereit, für Familien hier Prioritäten zu setzen.

Eine weitere Entlastung der Familien soll im Bereich der Sozialversicherung erfolgen. Arbeitnehmer sollen weniger an Beiträgen zur Renten- und Pflegeversicherung zahlen, wenn sie Kinder erziehen. Dies ist auch Ausfluss des Urteils des

Bundesverfassungsgerichts zur Pflegeversicherung (3. April 2001), das gefordert hatte, Eltern bei den Beiträgen im Verhältnis zu Kinderlosen zu entlasten. Dieser *Kinderbonus*, den wir durch eine Gutschrift bei den Sozialversicherungsbeiträgen einführen wollen, dient also dem Ausgleich des generativen Beitrags von Eltern in der Renten- und Pflegeversicherung.

Aber es geht uns nicht nur um eine Verbesserung der finanziellen Situation der Familien. Wir wollen auch für eine ideelle Unterstützung der Familien sorgen. Unsere Gesellschaft muss insgesamt *kinder- und familienfreundlicher* werden: Wir setzen uns deshalb für

– mehr Rücksicht auf Familien,
– ein neues Bewusstsein für den Wert von Kindern in einer immer älter werdenden Gesellschaft und
– eine stärkere Orientierung an den Interessen der Familien

ein.

Lassen Sie mich in diesem Zusammenhang noch auf eine *bayerische Besonderheit* eingehen. Ein familienfreundliches Umfeld in allen Lebensbereichen kann nur entstehen, wenn sich alle gesellschaftlichen Kräfte ihrer Verantwortung für Familien bewusst sind und dafür eintreten.

Aus diesem Grund hat die bayerische Staatsregierung im *„Forum Bayern Familie"* Vertreter der Wirtschaft, Medien, Kirchen, Kommunen und Verbände „an einen Tisch geholt". Durch dieses Forum werden die Entscheidungsträger aller gesellschaftlichen Bereiche für die Belange der Familie sensibilisiert und Perspektiven für die Weiterentwicklung der Rahmenbedingungen von Familien entwickelt.

Ein konkretes Ergebnis dieser Bemühungen ist eine Initiative der bayerischen Wirtschaft. Sie hat sich dazu bereit erklärt, gemeinsam mit dem Freistaat Bayern und interessierten Kommunen in einem Modellprojekt Kinderbetreuungseinrichtungen für unterschiedliche Altersgruppen zu fördern.

Wenn Familienpolitik den Bedürfnissen von Eltern und Kindern gerecht werden will, dann muss sie in vielen Bereichen tätig werden und muss möglichst alle Familien im Blick haben. Vor allem darf sie sich nicht einseitig nur an einem bestimmten Wunschbild von Familien ausrichten – weder an dem des Doppelverdienerpaares mit rundum fremdbetreuten Kindern noch an dem der sogenannten „klassischen Hausfrauenehe". Nicht Einseitigkeit und ideologische Scheuklappen, sondern Offenheit und Weitsicht sind gefragt.

Demographie als Herausforderung – Antworten der Arbeitspolitik

Harald Schartau

Die demografische Entwicklung bringt erhebliche Veränderungen mit sich für das gesellschaftliche Zusammenleben, im Bereich der sozialen Sicherung, für den Generationenvertrag. Diese Veränderungen machen an der Schwelle zur Arbeitsgesellschaft nicht Halt. Im Gegenteil: Unternehmen, Beschäftigte, selbstverständlich auch die Politik werden es mit neuen Herausforderungen zu tun bekommen.

Doch nicht Alles ist im Wandel begriffen. Gerade im Bereich der Arbeitspolitik treten zwei Leitlinien deutlich zu Tage, deren Vergegenwärtigung hilfreich ist, um die notwendigen Veränderungen zukunftsfähig zu vollziehen.

Erstens bleibt die Erwerbsarbeit, eine menschenwürdige und sinnvolle Arbeit für alle, die arbeiten wollen und arbeiten können, der Angelpunkt des Alltagslebens. Arbeit ist nach wie vor ein Schlüsselthema:

- für jeden Einzelnen; denn Arbeit bedeutet auch künftig Entfaltung von Kreativität, Teilhabe und Freiheit sowie Existenzsicherung.
- für die Gesellschaft; denn Arbeit wird die Grundlage für Sozialstaatlichkeit, die Voraussetzung für Verteilung von Chancen und Garant für wirtschaftliches Wachstum und Wohlstand bleiben.

Zweitens wird die Kompetenz der Beschäftigten mehr und mehr zum entscheidenden Erfolgskriterium für Unternehmen und Wirtschaftsstandorte. Qualifizierte Beschäftigte sind die wichtigste Antwort auf die zunehmende Geschwindigkeit von Veränderungsprozessen und steigende Anforderungen an die Innovationsfähigkeit.

Beide Leitlinien gilt es zu berücksichtigen, wenn man sich den Auswirkungen des demografischen Wandels von arbeitspolitischer Seite nähert. Vereinfacht ausgedrückt heißt demografischer Wandel ja nichts anderes, als dass künftig dem Arbeitsmarkt weniger Menschen zur Verfügung stehen werden. Quantitativ gehen Prognosen davon aus, dass bei moderater Zuwanderung die Zahl der Erwerbspersonen von heute 41 Millionen auf 26 Millionen im Jahre 2040 schrumpfen wird. Qualitativ wird sich die Zusammensetzung des Erwerbspersonenpotenzials in diesem Prozess mit verändern; weniger junge Erwerbspersonen stehen mehr Älteren, mehr Frauen und mehr Zuwanderern gegenüber.

Angesichts von fast 4 Millionen Arbeitslosen stehen wir vor der schwierigen Aufgabe, für die große Gruppe der Erwerbslosen einen Arbeitsplatz zu finden. Schon bald wird sich die Situation umkehren. Die Nachfrage nach Arbeitskräften wird steigen, immer weniger Menschen aber dem Arbeitsmarkt zur Verfügung stehen. Daraus ergibt sich schon heute die doppelte Herausforderung, gleichzeitig die verfestigte Arbeitslosigkeit abzubauen und nachhaltige Strategien zur Gewinnung neuer Erwerbspersonen zu entwickeln.

Zwar wird von Unternehmensseite das Problem der Arbeitskräfteverknappung in den nächsten Jahren durchaus gesehen. Gleichzeitig mangelt es mancherorts aber noch an der Bereitschaft, Arbeitsplätze auch in konjunkturell schwierigen Zeiten zu erhalten. Um in den nächsten Jahrzehnten in Deutschland ein für Innovation und Wettbewerbsfähigkeit notwendiges Erwerbspersonenpotenzial zu bekommen, wird bereits heute von arbeitspolitischer Seite auf eine allmähliche Aktivierung bestimmter, am Arbeitsmarkt aktuell noch unterrepräsentierter Erwerbsgruppen hingewirkt. Die drei strategischen Ansätze sind
– die Ausweitung der Lebensarbeitszeit,
– die Zuwanderung von Erwerbspersonen und
– die Erhöhung der Frauenerwerbsquote.

Die öffentliche Diskussion um die Ausweitung der Lebensarbeitszeit wird aktuell noch sehr an der Oberfläche geführt. Plakative Forderungen wie die Erhöhung des Renteneintrittsalters auf 67 oder 70 Jahre helfen nicht weiter. Es muss zuerst darum gehen, die Potenziale des gesetzlichen Rentenalters von 65 Jahren auszuschöpfen. Denn Fakt ist: Das durchschnittliche Renteneintrittsalter lag 1973 noch bei 62 Jahren, heute dagegen bei ungefähr 59 Jahren.

Es kann außerdem nicht angehen, dass über ein Renteneintrittsalter von 67 oder 70 Jahren diskutiert wird, während gleichzeitig im Arbeitsalltag „ältere" Beschäftigte, faktisch ab Mitte Vierzig, diskriminiert werden. Die Hypothese, dass Ältere weniger innovativ, leistungsfähig, kreativ oder belastbar seien, muss überwunden werden.

Das Arbeitsministerium Nordrhein-Westfalen hat deshalb in Zusammenarbeit mit den Marktführern der Zeitarbeit die Arbeitsmarkt-Initiative „Zeitarbeit 50 plus" gestartet, die sich explizit an ältere Arbeitssuchende richtet. Die Einbindung von elf großen Zeitarbeitsfirmen in ein Arbeitsmarktprogramm ist bundesweit erstmalig. In Nordrhein-Westfalen gibt es rund 236.000 Arbeitslose über 50, etwa 90.000 von ihnen im Alter zwischen 50 und 55 Jahren. Ungefähr jeder zweite dieser älteren Arbeitslosen zwischen 50 und 55 Jahren ist noch kein Jahr aus seinem alten Betrieb heraus (ca. 45.000), das heißt: hat gute Chancen, sofort wieder neu oder nach kurzer Qualifizierung in einen neuen Job einzusteigen. Ziel ist, bis Ende 2002 15.000 Ältere bei einem Zeitarbeitsunternehmen zu beschäftigen und damit dauerhaft in Arbeit zu bringen.

Wenn wir über Strategien zur Verlängerung der Lebensarbeitszeit nachdenken, sollte sich der Diskussionsfokus nicht so sehr auf die letzten Jahre der Erwerbsarbeit richten, sondern stattdessen die gesamte Phase des Erwerbslebens in den Blick nehmen. Die quantitative Ausdehnung der Erwerbsarbeitszeit muss einhergehen mit einer qualitativen Veränderung des Erwerbslebens.

Flexible Arbeitszeitmodelle spielen in diesem Zusammenhang eine wichtige Rolle. Wer später länger arbeiten soll, könnte in früheren Jahren sinnvolle Arbeitsunterbrechungen einlegen, etwa eine Phase der Familienarbeit. Sinnvolle Wechsel zwischen Arbeits- und Qualifikationszeiten, bessere Rahmenbedingungen für Sabbat-Jahre oder gleitende Übergänge in den Ruhestand müssen künftig intensiver thematisiert werden.

Auf der anderen Seite verschafft die Ausweitung der Erwerbszeit dem lebensbegleitenden Lernen in allen Berufsphasen einen noch höheren Stellenwert. Besondere Anstrengungen zur Qualifizierung richten sich an die heute Älteren, auf deren hohe Kompetenz und Berufserfahrung aufgebaut werden kann. Die Innovations- und Wettbewerbsfähigkeit des Standortes Deutschland braucht diese Personen.

In Nordrhein-Westfalen hat sich das Kooperationsprojekt LeBeN zum Ziel gesetzt, in der Region Bielefeld Öffentlichkeit und Betriebe für dieses Thema zu sensibilisieren. Zentrale Momente dabei sind die Information über den demografischen Wandel und die Thematisierung der Bedeutung, die ältere Beschäftigte im allgemeinen für ihren Betrieb einnehmen. Darüber hinaus werden ältere Beschäftigte, die im Beruf bleiben möchten, individuell unterstützt. Ziel ist, sukzessive eine regionale Beratungs- und Qualifizierungsstruktur für ältere Menschen zu installieren, die vorhandene Kompetenzen bündelt und weitergibt. Angedacht sind zudem konkrete betriebliche Lösungen in Zusammenarbeit mit Betriebsräten und Arbeitgebern sowie deren Transfer.

Die Verlängerung der Erwerbsarbeit fordert drittens in der Konsequenz einen modernen Arbeitsschutz. In Nordrhein-Westfalen wendet sich die Initiative „Gesünder Arbeiten" an Unternehmen wie Beschäftigte, um sie für eine Stärkung des präventiven Arbeitsschutzes zu gewinnen. Zukunftsorientierte Arbeitsschutzpolitik umfasst ein erweitertes Verständnis von Arbeitsschutz. Ziel ist, Beschäftigte nicht nur vor Unfällen, sondern auch vor sonstigen Gesundheitsgefahren bei der Arbeit zu schützen und die Arbeit menschengerecht zu gestalten. Arbeitsschutz bezieht sich auf den Menschen im Umfeld von Technik, Arbeitsstoffen, Arbeitsorganisation, Umgebungsbedingungen und soziale Beziehungen. Alle arbeitsbedingten Belastungen – körperliche, psychische und soziale – müssen in die Gesamtbetrachtung einbezogen werden. Denn davon profitieren beide Seiten, aber auch die gesamte Gesellschaft und die sozialen Sicherungssysteme.

Neben der Ausweitung der Lebensarbeitszeit wird die Zuwanderung von Arbeitnehmerinnen und Arbeitnehmern als Perspektive thematisiert, um der Verkleinerung des Erwerbspersonenpotenzials entgegenzuwirken. Zuwanderung ist wichtig, aber sie sollte nicht auf den Zusammenhang mit der Arbeitswelt reduziert werden. Zuwanderung kann nicht die demografischen Probleme in Deutschland lösen, aber sie kann sicherlich ein Baustein sein, um das Erwerbspersonenpotenzial für die Zukunft zu stabilisieren.

Zuwanderung insgesamt und die Zuwanderung von Erwerbspersonen ist ein sehr differenziert zu behandelndes Feld. Viele Faktoren nehmen hier Einfluss. Wanderungsbewegungen werden auch künftig unabhängig von eigenen nationalökonomischen Interessenlagen stattfinden. Stichworte in diesem Kontext sind Politisches Asyl, Kriege, Bürgerkriege, deutschstämmige Aussiedler.

Neue Zuwanderer dürfen nicht zur Vernachlässigung der Integration bereits hier lebender Migranten führen. Zudem sind Bildungsabschlüsse, Arbeitsabläufe oder wirtschaftliche Mentalitäten in den Herkunftsländern nicht ohne weiteres in Einklang zu bringen mit den hiesigen Verhältnissen. Dies macht die Integration in die Arbeitswelt nicht einfacher. Andererseits werden auch künftig Migranten schnell Lebensgewohnheiten ihrer neuen Heimatländer übernehmen; dies gilt insbesondere in Bezug auf die familiäre Entwicklung und die sinkende Geburtenrate.

Im Rahmen einer nachhaltigen Strategie, nach der von der Globalisierung alle Regionen dieser Welt profitieren sollen, muss zudem berücksichtigt werden, dass ärmeren Volkswirtschaften nicht Ausbildungslasten aufgebürdet und anschließend dort dringend benötigte Fachkräfte entzogen werden dürfen.

Gleichzeitig, und hier gibt es ein reales Spannungsverhältnis, steht Deutschland bei der Anwerbung von Fachkräften in einem internationalen Wettbewerb. Sprachkenntnisse und fachliche Qualifikationen spielen dabei die entscheidende Rolle.

Bei den Überlegungen, wie sich ein Gegentrend zu dem demografisch bedingten Rückgang des Erwerbspersonenpotenzials erzeugen lässt, kommt der Frauenerwerbsquote ein besonderer Stellenwert zu. In Deutschland ist sie aktuell nur Mittelmaß, dies zeigt der europäische Vergleich. Besonders augenfällig wird dies, wenn man einbezieht, dass hohe Frauenerwerbsquote und hohe Geburtenrate keine Gegensätze sind. Es ist schon signifikant, dass in den Ländern mit höherer Frauenerwerbsquote auch die Geburtenrate höher liegt als in Deutschland, also z.B. in Skandinavien, Großbritannien und Frankreich.

Die Vereinbarkeit von Familie und Beruf ist folglich machbar, wenn die Rahmenbedingungen stimmen. Es schließt sich daher die Frage an, wo in Deutschland noch Mängel liegen, Familie und Beruf zusammenzubringen? Notwendig erscheint ein ganzes Maßnahmenbündel, um die Bedingungen von Familie, insbesondere von Kindererziehung und Beruf, nachhaltig sukzessive zu verbessern.

Ein Faktor ist das gesellschaftliche Klima, das Mütter und Väter, die Beruf und Kinder unter einen Hut bringen wollen, nicht stigmatisieren darf, sondern anerkennt, dass Berufstätigkeit und verantwortliche Kindererziehung sich nicht ausschließen.

Mangelnde Qualifikation ist heute kein Faktor mehr, der Frauen vom Erwerbsleben fern hält. Allerdings fehlen nach wie vor Arbeitszeiten, die so ausgerichtet sind, dass sie sich betriebswirtschaftlich rechnen und die Vereinbarkeit von Familie und Beruf fördern. Personalentwickler, die langfristig mit Beschäftigten planen wollen, werden sich künftig diesem Thema noch intensiver widmen müssen.

Zudem hapert es an Kinderbetreuungsangeboten, die auf die realen Bedürfnisse von Frauen wie Männern, aber auch auf die von Betrieben zugeschnitten sind. Durch dieses Defizit können Jobs auf der Strecke bleiben. Beispielsweise ergab eine Umfrage der Südwestfälischen Industrie- und Handelskammer zu Hagen Anfang 2000, dass in den Unternehmen des Bezirkes sofort bis zu 48 Stellen neu zu besetzen wären, wenn eine Kinderbetreuung auch am Nachmittag gewährleistet wäre. Gemeinsam mit dem Jugendamt und einem Kindergarten konnte zum

1. September ein Angebot für die Kleinen für die Zeit bis 19 Uhr gemacht werden. Finanziert wurde das Ganze durch das Arbeitsamt.

Zur Praxis in Nordrhein-Westfalen gehört es zudem, dass das Land die Einrichtung von Betriebskindergärten fördert und insbesondere Kleinunternehmen gezielt unterstützt, die Betreuungsplätze für die Kinder von Beschäftigten belegen. Die Inanspruchnahme dieser Plätze ist dabei natürlich auch nach einem möglichen Ende des Arbeitsverhältnisses des Elternteils gesichert.

Parallel muss offensiver thematisiert werden, welche Anreize für Frauen geschaffen werden können, eine Arbeitsstelle anzunehmen. Gerade erst eröffnet sind die Debatten z.B. um die Umwandlung des Ehegattensplitting in eine gezieltere Kinderförderung oder die Umgestaltung der Sozialversicherungssysteme mit einer Kombination aus Familienversicherung und eigenständiger Versicherung beider Elternteile.

Gleicher Lohn für gleiche Arbeit, gleiche Zugänge zu Weiterbildung und Karrierestufen von Frauen und Männern gehören selbstverständlich auch in diese Kategorie „Anreize", ganz unabhängig davon, dass sie auch ein Gebot sozialer Gerechtigkeit sind.

Der Zugang zur Erwerbsarbeit, die klare Ausrichtung auf den ersten Arbeitsmarkt ist die Voraussetzung dafür, dass sich Familienarbeit, aber auch soziales Ehrenamt entwickeln können. Gerade angesichts flexibler Arbeitszeiten und der Tendenz zu atypischen Arbeitsverhältnissen bekommen diese Formen von Arbeit ein neues Gewicht.

Eine Neujustierung von Erwerbsarbeit, Familienarbeit und freiwilliger, sozialer Ehrenarbeit ist die richtige Antwort auf die sich ändernde Alterspyramide. Denn ganz praktisch brauchen Eltern Freiraum, um ihrer Verantwortung gegenüber den Kindern gerecht zu werden. Gleichzeitig muss der gesellschaftliche Teil von Betreuung und Erziehung weiterentwickelt werden. Mehr ältere Menschen werden auf einen neuen Mix von familiärer, ehrenamtlicher und professioneller Hilfe angewiesen sein; und die Fähigkeiten und Kompetenzen Älterer nach dem Erwerbsleben sollten für Familie und Gesellschaft genutzt werden.

Allerdings ist die Reihenfolge wichtig: Die Arbeitsgesellschaft des 21. Jahrhundert muss
- einen klaren Vorrang für den ersten Arbeitsmarkt besitzen,
- die Vereinbarkeit von Familie und Beruf sichern und
- das bürgerschaftliche Engagement als soziales Kapital nutzen.

Die familiäre Erziehung als Quelle der Kompetenz und des Erfolgs

Jacques Bichot

Das Anwachsen der Jugendkriminalität seit etwa einem Jahrzehnt hat die Politiker veranlasst, mit Nachdruck die Verantwortung der Eltern einzufordern. In einer *Botschaft zur Lage der Nation* hat Präsident Clinton zum Beispiel seinen Landsleuten im Kern gesagt: Wenn wir wollen, dass sich derartige Übel wie Drogensucht, Kriminalität und Straftaten verringern, müssen nicht nur die Behörden wirksamer werden, sondern sind vor allem auch die Eltern verpflichtet, ihre Aufgabe als Erzieher besser wahrzunehmen.

Auf einer ganz anderen Ebene hat die *Association pour favoriser une école efficace* (Vereinigung zur Förderung einer effektiven Schule) Erfolg dadurch, dass sie in Frankreich mehrere Förderungszentren ins Leben gerufen hat, gedacht für Grundschüler, die Schwierigkeiten dabei haben, sich in den grundlegenden Fächern wie Lesen, Schreiben und Rechnen Kenntnisse anzueignen. Die dort angewandte Methode stützt sich zum großen Teil auf die Zusammenarbeit mit den Eltern. Aber nicht in der Art, dass die Eltern dieser Kinder mit großen schulischen Schwierigkeiten als Repetitoren benutzt werden. Sie selbst sind es ja, die häufig Schwierigkeiten beim Schreiben haben. Was die Vereinigung anstrebt, ist eine psychologische Hilfe, und sie lehrt die Eltern, ihr Kind zu motivieren, ihm begreiflich zu machen, dass Lernen von Bedeutung ist und dass man es schaffen kann.

Wir verfügen über ausreichende Erfahrungen, um wieder anzuerkennen, welch wichtige Rolle die Eltern im Lernprozess spielen. Ohne deren positiven Einfluss werden die jungen Menschen weder zu guten Schülern noch zu guten Bürgern, zu guten Berufstätigen und auch nicht zu guten Eltern. Wenn die Eltern diese Rolle in der Erziehung übernehmen, bringen sie die wichtigste Investition ein, die es gibt: Sie investieren in das Humankapital – ein Begriff, den Gary Becker in seiner ganzen Tragweite und in seinem analytischen Reichtum erschlossen hat.

Die Rolle der Eltern in der Ausbildung ist nicht grundlegend technischer Art. Ich lege Ihnen dazu etwas dar, was man als Gegenbeispiel bezeichnen könnte, indem ich von einer persönlichen Erfahrung spreche. Von meiner ursprünglichen Ausbildung als Mathematiker her hat es mir sehr viel Vergnügen gemacht, mit meinen Kindern in den Jahren ihrer Vorbereitungszeit auf die Aufnahmeprüfungen an den Hochschulen, also nach dem Abitur, Matheaufgaben zu lösen. Aber ich bin sicher, dass mein Beitrag zu ihren Leistungen nicht auf meine Fähigkeiten in Mathematik beruht: Wenn wir gemeinsam versuchten, Probleme zu lösen, so sollte ihnen das einfach nur zeigen, dass in meinen Augen das wichtig schien, was sie machten. Das war mehr eine Ermutigung, eine psychologische Unterstützung als eine wissenschaftliche Hilfe. Da ich Mathematik konnte, war die Lösung von Matheaufgaben mit ihnen ein ausgezeichnetes Mittel, sie zu ermutigen. Wenn ich aber in diesem Fach nicht besonders fit gewesen wäre, hätte ich sie auf andere Art und Weise ermutigt. Wichtig war es, ihnen zu zeigen, wieviel es mir bedeutete, dass sie mit Eifer arbeiteten.

Wir stehen hier vor einer fundamentalen Gegebenheit: Der Übertragung von Werten, von Antrieben zu leben, zu arbeiten und sich anzustrengen. Es geht hier um das, was man „Motivation" nennt. Sicherlich können die Kinder derartige Entdeckungen auch mit anderen Erwachsenen und nicht nur mit den Eltern machen. Ich erinnere mich mit großer Freude an die Vorlesungen des Dekans Braconnier, einem großartigen Mathematiker, der das, was er demonstrierte, auch wirklich lebte, der ganz offensichtlich glücklich war, sein Gehirn arbeiten zu lassen, so dass man nur noch Lust empfand, es ihm gleich zu tun. Aber ich denke, dass ich seine Vorlesungen nicht gehört hätte, wenn meine Mutter, die nichts von Mathematik verstand, in mir nicht bereits als kleinem Jungen die intellektuelle Neugier geweckt hätte, die Freude, sich darum zu bemühen, die Dinge zu verstehen. Wenn Sie von diesem großartigen Virus befallen sind, ob Sie nun Mathematik oder Biologie, Wirtschaftswissenschaften oder Literatur als Fach belegt haben, so spielt das keine Rolle: Sie haben in sich, in Ihrem innersten Wesen, den Drang zu forschen, zu vertiefen und zu entdecken.

Soll man auf dieser Ebene von Investition, von Bildung von Humankapital sprechen? Sollte sich der Wirtschaftswissenschaftler hier nicht leise auf Fußspitzen zurückziehen, um dem Philosophen Platz zu machen? Ich antworte ohne Zögern mit „ja" auf die erste Frage und mit „nein" auf die zweite. Aber das ist ein „nein", das nicht abrupt erfolgt. Es ist tatsächlich meine Meinung, dass der Wirtschaftswissenschaftler gut beraten wäre, dem Philosophen Platz zu machen, ihm zuzuhören, mit ihm in einen Dialog zu treten und sich in bestimmten Punkten dann auch von ihm inspirieren zu lassen.

Es ist nicht deplaziert, hier mit der Begrifflichkeit der Wirtschaftsanalyse zu arbeiten, um zu versuchen zu verstehen, was dann passiert, wenn ein Kind Geschmack findet an der Musik oder an der Wahrheit oder aber auch an Gewalt, Faulheit und Gemeinheit. Der Gegenstandsbereich der Ökonomie als Wissenschaft wurde von Ludwig von Mises perfekt definiert im Titel seines Hauptwerks: „Das menschliche Handeln". Und wenn es darum geht, sich Gedanken zu machen über die Ausbildung von Werten, über all das, was den Dingen und Handlungen Wert verleiht, dann beziehe ich mich gerne auf Georg Simmel und seine *Philosophie des Geldes*: Er stellt den Prozess der Ausbildung von Werten „außerhalb der Substanzialität, die isoliert, in den lebendigen Beziehungsprozess". Und gerade das ist es, was das Wesen der elterlichen Rolle bei der Ausbildung von Werten ausmacht: Der lebendige Prozess der Beziehung „Eltern – Kind" ist der Prüfstein der Werte und der Einstellung gegenüber dem Leben und den anderen.

In der Familie, in der Beziehung zum Vater, zur Mutter, zu Brüdern und Schwestern festigen sich die Einstellungen, die später eine sehr große Rolle im

Berufsleben spielen. Das Berufsethos zum Beispiel, d.h. die Freude an einer gut gemachten Arbeit, hat seine tiefsten Ursprünge in dem Lob, den Ermutigungen und auch in den Ermahnungen aus der Zeit unserer Jugend. Wenn man sich über einen zufriedenen Kunden freut, so bedeutet das, dass man im übertragenen Sinne als Erwachsener die gleiche Freude erlebt wie in der Kindheit, als Mutter oder Vater oder beide die Kinder lobten, weil sie dieses oder jenes geschafft oder getan hatten. Als kleines Kind schon lernt man, dass Freude bereiten Freude schenkt. Schon als Kleinkind lernt man den Wert eines Lächelns, eines Dankesagens, eines Zeichens der Zufriedenheit und Dankbarkeit zu schätzen. Wenn ein Kind von seinen Eltern nicht das Glück des Schenkens von Zufriedenheit erfährt, von wem wird es das denn sonst lernen? Wenn es von ihnen dagegen das üble Vergnügen lernt, den anderen zu demütigen, zu erniedrigen, ihm Leid zuzufügen, ihn zu beschmutzen, wie soll ein Kind das verlernen, wer wird es umprogrammieren, wer sollte es schaffen, ihm ein anderes Verhalten beizubringen?

Das moderne Wirtschaftsleben ist weithin auf Kooperation begründet. Was bedeutet es denn zu kooperieren? Es wäre sehr einengend und sehr ungenau, zur Kooperation einen utilitaristischen Standpunkt einzunehmen, als wenn sie nur eine Technik im Dienst der Produktivitätssteigerung sei. Andersherum argumentiert würde ich sagen, dass die Kooperation als solche einen noch größeren Wert schafft als den, den sie mit der Erzeugung materieller Werte oder Dienstleistungen erbringt. Kooperieren, das bedeutet zusammenzuleben, bedeutet, etwas zusammen zu machen: Ob man nun Autos baut oder Pizzen ausliefert – das, was von Bedeutung ist, ist das gemeinsame Leben, das gemeinsame Werk. Das Erlernen des „Zusammenlebens" erfolgt nun zunächst in der Familie. In den Rangeleien zwischen zwei Brüdern wegen eines Spielzeugs oder eines Stück Kuchens bilden sich die Persönlichkeiten heraus, die dazu in der Lage sind, den anderen, seine ihm eigene Welt, das was ihm gehört, zu respektieren, ohne sich dennoch dabei unterkriegen zu lassen. Die Bewältigung von Konflikten, die im Berufsleben ebenso wichtig ist wie im Leben von Vereinen und Verbänden oder in der Politik, haben wir zunächst im Rahmen der Familie erprobt, und zwar unter der Aufsicht der Eltern, die als Schiedsrichter fungieren. Die Bedeutung dieser schiedsrichterlichen Funktion ist groß für die späteren Erlebnisse, ja für das ganze Leben. Je nachdem, wie es den Eltern gelingt, eindeutige Normen zu setzen, je nachdem, wie sie ihre Kinder dazu anhalten, Gesetz, Ordnung und Unparteilichkeit innerhalb des Gemeinwesens zu respektieren – oder ob sie das nicht tun – wird bei dem künftigen Erwachsenen die Einstellung zum Leben in der Gesellschaft unterschiedlich sein.

Auch Ehrlichkeit ist ein halb ererbter Charakterzug, der im Laufe der ersten Lebensjahre erworben wird. Diese für ein gutes Funktionieren einer Marktwirtschaft unerlässliche Eigenschaft wird in jedem Kind durch ein komplexes Ensemble von Wechselwirkungen erzeugt, deren früheste und grundlegendste in der Familie lagen. Ehrlichkeit ist eine Wesensart. Moralisch ist sie gleichbedeutend mit einer geraden Haltung. Wie die Körperhaltungen scheinen auch die moralischen Einstellungen „natürlich" zu sein. Aber sie sind in Wirklichkeit das Ergebnis einer langdauernden Praxis, einer Art Training. Menschen – wie im übrigen auch

Affen – lernen, indem sie imitieren. Sie sehen, wie sich ihre Eltern in den verschiedenen Situationen verhalten, und sie haben die Tendenz, es ihnen gleich zu tun. „Wer ein Ei stiehlt, stiehlt auch ein Rind" sagt das Sprichwort. Man könnte es geringfügig abändern: „Derjenige, dessen Vater ein Ei stiehlt, wird auch ein Rind stehlen". In die Ehrlichkeit der jungen Generation zu investieren, heißt, jeglichen Diebstahl, und sei es nur der eines Eies, strikt abzulehnen. Kinder nehmen nicht sehr gern an, wenn man ihnen sagt: „Mach, was ich dir sage, mach nicht das, was ich tue". Es gibt jedoch Fälle, in denen man in dieser Weise mit ihnen reden muss; denn es kommt vor, dass man dazu veranlasst wird, das zu tun, was man nicht tun wollte. Und in einem solchen Fall müssen wir unseren Kindern klarmachen, dass wir uns der Tatsache bewusst sind, falsch zu handeln. Das kann unter zwei verschiedenen Umständen passieren: Wir haben aus Schwäche so gehandelt, und die Kinder müssen wissen, dass wir das bedauern und dass wir hoffen, dass sie besser sind. Oder aber wir wurden vor einen Handlungskonflikt gestellt, bei dem wir uns für das entschieden haben, was uns als das kleinste Übel erschien. In diesem Fall müssen sie aber begreifen, was passiert ist, denn sie werden eines Tages selbst vor ähnliche Situationen gestellt werden.

Die Informatik liefert uns einen klärenden Vergleich. Unsere Rechner haben jede Art von „Fehlermeldungen" gespeichert: Wenn ich nicht einen gegenteiligen Befehl gebe, wird diese oder jene Schriftart verwendet, werden diese oder jene Überprüfungen vom Antivirusprogramm vorgenommen usw. Der ehrliche Mensch ist nicht unfähig, die Wahrheit zu verschleiern oder sich einer Verpflichtung zu entziehen, aber seine erste Reaktion besteht darin zu sagen, was er getan hat und zu tun, was er gesagt hat. Wenn er sich entschließt, anders zu handeln, so kann er das tun. Aber es kostet ihn mehr Aufwand, mehr Kraft, sich unehrlich zu verhalten als wenn er ehrlich geblieben wäre, wie das mit jedem nicht-gewohnheitsmäßigen Verhalten der Fall ist. Die Erziehung baut also in jedem von uns eine Rangordnung auf, die bestimmte Einstellungen, bestimmte Aktivitäten und Verhaltensweisen bevorzugt. „Über Geschmack lässt sich nicht streiten" heißt ein weit verbreitetes Sprichwort. Warum nur? Weil unsere Eltern uns eine gewisse Anzahl an Vorlieben und Reflexen eingepflanzt haben, die sich jeglicher Diskussion entziehen.

Schlussfolgernd ist zu sagen, dass die Erziehung in der Familie nicht nur der wichtigste Bestandteil der Bildung von Männern und Frauen ist, die dazu in der Lage sind, in angemessener Art und Weise eine Rolle in der modernen Wirtschaft zu spielen. Sie ist auch, und noch viel grundlegender, die Basis unserer Werthaltungen, unserer Neigungen, unserer Dispositionen, gutes oder böses zu tun. Die familiäre Erziehung trägt dazu bei, jedem von uns die Bedeutung der Nützlichkeit zu verdeutlichen. Ihr ist es zu verdanken, dass das Genussprinzip und das Realitätsprinzip miteinander in Einklang gebracht werden können. Aufgrund einer schlechten Erziehung in der Familie passiert es häufig, dass Menschen versuchen, ihren Genuss auf eine Weise zu finden, die das Hab und Gut des anderen, die Sicherheit und sogar das Leben oder die physische Integrität von Mitmenschen in Gefahr bringen.

Die familiäre Erziehung ist in der Sprache Äsops das beste und das schlimmste aller Dinge. Aus der Erziehung können Helden und Kriminelle hervorgehen, gute Menschen und Ganoven. Wenn man ihre Bedeutung erkannt hat, so kann man sich nur wundern, wie wenig Mittel zur Verfügung stehen, um Eltern auf ihre große Verantwortung vorzubereiten.

Die elterliche Erziehung ist mit hohen positiven externen Effekten für die Gesamtgesellschaft verbunden. Sie sollte daran interessiert sein, dass die politische Führung zugunsten der Familien finanzielle Fördermaßnahmen ergreift. Dringlich ist die Organisation und Finanzierung von Bildungsmaßnahmen, die die elterliche Verantwortung stärken, also eine Art Elternschule. Und schließlich müssen die finanziellen Mittel für eine soziale Absicherung der Elternschaft mobilisiert werden als unerlässliche Anerkennung für den Platz, den Bildung und Betreuung der Kinder für die Vorbereitung auf die Zukunft aller einnehmen.

In diesem Zusammenhang war ich glücklich zu hören, was Paul Kirchhof im Kern gesagt hat, wie ich das auch selbst mehrfach getan habe: Es darf kein Tabu geben gegenüber einer Entlohnung der elterlichen Erziehung, jedenfalls nicht mehr als gegenüber der Bezahlung für jedwede befriedigende und mit Freude ausgeübte Arbeit in unserer Gesellschaft. Stellen Sie sich die Verwirrung vor, die entstehen würde, wenn man damit aufhören würde, all jenen ein Gehalt oder Honorar zu zahlen, denen es großes Vergnügen bereitet, ihren Beruf auszuüben.

Abschließend wende ich mich an die Politiker, indem ich einen Vergleich anstelle, denn sie sind es ja, die die Eltern aufrufen, ihre Kinder gut zu erziehen. Angenommen, ein Mensch betet unablässig zu seinem Gott, sei es Jesus, Allah oder Jehova, aber er gibt so gut wie nichts, um die Glaubensgemeinschaft zu finanzieren. Da würden wir uns doch mit Recht die Frage nach der Echtheit, der Reife oder der Festigkeit seines Glaubens stellen. Mögen sich also Regierungen und Parlamentarier nicht darauf beschränken, die Eltern zu „bitten", ihre Kinder gut zu erziehen – und dabei immer einer anderen Verwendung für das Geld des Steuerzahlers den Vorrang geben – denn sonst brauchen sie sich nicht darüber zu wundern, dass sie in den Verdacht geraten, nur hohle Phrasen von sich zu geben.

Familie, Humankapital und Zukunftsfähigkeit der Wirtschaft

Maximilian B. Torres

Ziel dieses Beitrags ist, die Rolle deutlich zu machen, die die *Familie* bei der Vorbereitung von Menschen für das Leben in wirtschaftlichen Organisationen spielt – Organisationen, für die u. a. Kompetenzen *für einen optimalen Umgang mit anderen*, die normalerweise nicht als wirtschaftlich relevante Größen angesehen werden, höchst wichtig sind. Ich möchte auf das Paradox aufmerksam machen, dass hart kalkulierende Unternehmensorganisationen in der Tat weiche, immaterielle Realitäten, die m. E. im speziellen Wirkungskreis der Familie liegen, hoch bewerten. Ich werde mich dann mit einer Reihe von weichen, persönlichen Kompetenzen befassen, die der heutige Markt von den Universitätsabsolventen fordert, und dann die Rolle aufzeigen, die die Familie bei ihrer Herausbildung spielt. Sicherlich kann keine derartige Auflistung erschöpfend sein. Trotzdem wird sie beispielhaft die persönlichen Eigenschaften beschreiben, die die Beschäftigten und insbesondere die Führungskräfte aus der Sicht der Unternehmen haben sollten. Im letzten Teil des Beitrags stelle ich kurz eine Reihe von Lernerfahrungen dar, die grundlegend für die Bildung von *Humankapital* sind, die man zuerst in der Familie (oder nicht – zum Schaden aller –) macht. Ich weise dann noch auf eine Reihe von Situationen des Familienlebens hin, in denen diese persönlichen Fähigkeiten benötigt und deswegen auch eingeübt und erprobt werden können.

Bevor ich anfange, möchte ich kurz meine Qualifikation – meine Fähigkeiten und meine Grenzen –, mich mit diesem Thema ganz praktisch zu beschäftigen, umreißen. An erster Stelle steht, dass ich Vater von sechs kleinen Kindern bin: eine Tatsache, die meiner Überzeugung der praktischen Relevanz dessen, was ich im folgenden behandeln will, Gewicht verleihen kann. Unternehmensführung – mein Arbeitsgebiet als Professor – ist wohl eher eines der wissenschaftlichen Wissensgebiete, bei denen praktische Erfahrung als persönlicher Vorteil gesehen wird und nicht Verdacht auslöst. Zum zweiten beschäftige ich mich wissenschaftlich mit dem Bereich von *positiven, ethischen Entscheidungsmodellen*, wobei ich diese aus dem Blickwinkel des menschlichen Charakters analysiere, d. h. mit Schwerpunkt auf die selbst-referentiellen, personell-formativen Aspekte der Entscheidungsfindung.

Speziell forsche ich über die wechselseitige Interdependenz der persönlichen Entscheidungsfindung in Organisationen auf der einen Seite und menschlichen *Bedürfnissen, Befriedigungen und Motivationen* auf der anderen Seite. Ich halte dieses Wechselspiel zwischen Entscheidungsfindung auf der Ebene der Organisation und der Struktur der persönlichen Motivation für den ethischen Aspekt der Entscheidungsfindung. Und schließlich vermittelt mir meine Position als Professor mit Lehrveranstaltungen für Unternehmensverantwortliche und Manager der Unternehmensführung (MBAs) – und eben nicht für Studenten der Volkswirtschaftslehre und der Philosophie – ein „sicheres" Gefühl dafür, was der Markt gegenwärtig nachfragt: ein Signal, das wir in unserer Ausbildung von Managern zu unserem eigenen Nachteil ignorieren.

Betonung auf den weichen Faktoren: die vitale Rolle der Familie

Von meinem fachlichen Background her fällt mir eine ausgeprägte Tendenz in den Unternehmen auf, die *weichen* oder qualitativen Aspekte im Personalbereich gegenüber den *harten*, quantitativen oder mechanischen Faktoren, mit denen wir ständig in der Managerausbildung zu tun haben, hervorzuheben. Wir sollten da keinem Irrtum unterliegen. So wie Unternehmensführung gegenwärtig an den weltweit besten Universitäten gelehrt und darüber geforscht wird, wird dies von quantitativen Methoden dominiert. Was ich hier unterstreichen möchte, ist der *Trend*, der dahin geht, die Grenzen des quantitativen, rein zahlenmäßigen Denkens zu erkennen und diese zu überschreiten.

Ein Beispiel: Bemerkenswert ist, dass Unternehmen immer häufiger die „Balanced Scorecard" als Kontrollinstrument verwenden (Kaplan und Norton 1992, 2001a und 2001b). Die grundlegende Annahme der Balanced Scorecard ist, dass finanzielle Indikatoren der Unternehmensleistung lediglich Spätindikatoren vergangener Unternehmensaktivitäten liefern und dass deshalb eine adäquate Bewertung des Unternehmens sich an „Triebkräften" der zukünftigen Unternehmensleistung orientieren muss, wie *Lernprozessen* im Unternehmen, wie der *Kreativität*, der *Innovation* und den *Kundenbeziehungen*, d. h. *immateriellen Ressourcen*, die sich einer Beschreibung auf der Basis finanzieller Indikatoren eher entziehen.

Kaplan und Norton zufolge (2001a, S. 89) sind überragende wirtschaftliche Ergebnisse im Unternehmen heute von der vorherigen erfolgreichen Mobilisierung immaterieller, personeller (und damit auch organisatorischer) Kapazitäten für Lernprozesse, für Kreativität, für die Fähigkeit, erfolgreiche Beziehungen zu anderen aufzubauen, etc. abhängig.

Nun, es ist die Familie – und nicht das Unternehmen –, die die Saat legt (oder nicht) für das Bedürfnis zu lernen und die eine Prägekraft hat (oder auch nicht) für die Entwicklung der Fähigkeit zu kooperieren, zu dienen und zu vertrauen. Deshalb sind Unternehmen im Hinblick auf ihr finanzielles Gedeihen und ihren Erfolg in ganz ursprünglicher Weise auf die Familie angewiesen. Entsprechend liegt der zentrale Beitrag der Familie bei der Entwicklung des Humankapitals und der Wirtschaft im allgemeinen ganz genau in ihrer Rolle, als erste gesellschaftliche Instanz prägend und formend auf die Herausbildung der immateriellen *Eigenschaften und Gewohnheiten der jungen Menschen* Einfluss zu nehmen.

Eine weitere nahezu allgemein akzeptierte Innovation in der Managementaus-bildung und -praxis ist das System der 360 Grad-Bewertung („360-degree evalua-tion system", Burton und DeLong 1998a und 1998b), das Managern ein Kontroll-instrument für den umfassenden Überblick an die Hand gibt, der eine Reihe von *weichen* und *harten* Qualitäten von Untergebenen, Kollegen und Aufsichtsperso-nen betrifft. Morgan Stanley z. B. bewertet die professionelle Entwicklung anhand vier umfassender *Kategorien*: (1) Markt- und professionelle Fähigkeiten, die die *Kreativität, Initiativkraft, Engagement, Urteilskraft* und die *Fähigkeit, Entschei-dungen zu treffen*, einschließen, (2) Management- und Führungskompetenzen (einschließlich *Menschenführung, Entwicklungs-* und *Beratungsfähigkeiten* und *Fairness*), (3) kommerzielle Fähigkeiten im Verkauf (einschließlich dem Manage-ment der *Kundenbeziehungen* und der Fähigkeit, Produkte aus einer Vielzahl von Spezialabteilungen zu *verkaufen*) und (4) Fähigkeiten zum Teamwork (einschließ-lich der Fähigkeit, ein *Team* zu bilden, zu führen und sich aktiv darin einzubrin-gen).

Man beachte das Vorherrschen von *weichen*, relationalen Fähigkeiten, die bei einer der weltweit herausragenden Investmentbanken ermittelt, evaluiert und posi-tiv bewertet werden: die Fähigkeit zu einem ausgewogenen Urteil und zur Men-schenführung, Fairness gegenüber anderen, die Fähigkeit, enge Beziehungen zu anderen zu entwickeln sowie Teamwork. Sicherlich werden Investmentbanker auch bei Morgan Stanley und jeder anderen Investmentbank nach ihrem Beitrag zu den wirtschaftlichen Unternehmenszielen beurteilt. Was hier allerdings auffällt und was die *professionelle* Bedeutung des Humankapitals und die Rolle der Fami-lie bei dessen Herausbildung unterstreicht, ist, dass die bloße Fähigkeit, Gewinne zu generieren – *für Regen zu sorgen*, wie es im professionellen Jargon so farbig heißt – nicht ausreicht, um bei den besten Banken zu überleben, geschweige denn Karriere zu machen.

Einige notwendige Kompetenzen: die familiäre Prägung der persönlichen Entwicklung

Nachdem klar geworden sein dürfte, dass weiche Faktoren eine zentrale Rolle in der harten Welt der Unternehmen spielen, wollen wir nunmehr einen Blick auf die immateriellen Kompetenzen, die zunehmend von den Beschäftigten und insbeson-dere von jenen in Führungspositionen erwartet werden, werfen.

Die erste ist eine Meta-Kompetenz oder eine überragende persönliche Fähig-keit, und zwar *Integrität* (siehe hierzu Kaptein 2003, Kaptein und Wempe 2002, LeClair et al. 1998, Pearson 1995). Im Gefolge der seit Mitte 2002 bekannt gewor-denen und weiter ans Licht kommenden Skandale, die Enron, Arthur Andersen, WorldCom, Tyco, Sotheby's, Christie's, Peat Marwick und auch einen früheren Arbeitgeber von mir, Merrill Lynch, – um nur einige wenige zu nennen – betref-fen, ist diese Meta-Eigenschaft der *Integrität* ganz ins Zentrum sowohl der Öffent-lichkeit (Cordell 2003, Macklem 2002/03, Brennan 2002) als auch der akademischen Welt und der Forscher Community (Cowton 2002, Petrick und Quinn 2001, Beaulieu 2001, Lee und Turban 2001) gerückt.

Mit Blick auf einen konkreten Skandal haben Forscher an der berühmten Wharton School of Business der University of Pennsylvania folgendes zum Ausdruck gebracht:

„Die Ankündigung von WorldCom am 25. Juni, dass der Unternehmensgewinn um 3,85 Mrd. $ nach unten korrigiert werden müsste, hat eine Schockwelle in Wall Street ausgelöst. Der erste Mann (CEO) des Unternehmens wurde gefeuert. Und die staatliche Börsenaufsichtsstelle „Securities and Exchange Commission" strengte einen Prozess gegen WorldCom wegen Betruges an. Wie konnte das passieren? Und noch wichtiger: Was kann dafür getan werden, um das Vertrauen in die Richtigkeit von Unternehmensbilanzen wiederherzustellen? Experten an der Wharton School und auch anderswo bekunden, dass, obwohl Veränderungen in den Bilanzierungsregeln einen ersten wichtigen Schritt darstellen, viel mehr getan werden muss, um Integrität *und Verantwortungsbewusstsein in der Welt der Unternehmen wiederherzustellen."*
(www.knowledge.wharton.upenn.edu/whatshot.cfm)

Die Regierung der Vereinigten Staaten hofft, das zerstörte Vertrauen der Investoren und Anleger mit der Verabschiedung des „Sarbanes-Oxley Act" wieder reparieren zu können. Auf dieser Linie liegt auch die neue Initiative der staatlichen Aufsichtsbehörde, die Veränderungen mit dem Ziel anstrebt, größere Transparenz und Offenheit auf der Ebene des Unternehmens und weniger Ansatzpunkte für Interessenkonflikte zu schaffen. Ungeachtet der notwendigen gesetzlichen Gegenmaßnahmen liegt der Problemkern eher im *personellen* Bereich und nicht in den Strukturen. Und die *Familie*, nicht die Regierung ist letztlich die wirkungsvollste (oder auch die destruktivste) Institution, um gegen diese Flut der Unternehmensskandale anzukämpfen (oder sie weiter anschwellen zu lassen). Dies ist so, weil *Integrität* zuerst und am besten zu Hause in der Familie erworben (oder nicht erworben) wird.

Die Kompetenz der Regierung in dieser Sache ist hier *nachrangig*. Sie liegt einmal in der Schaffung und der Durchsetzung der institutionellen Rahmenbedingungen, innerhalb derer Unternehmen agieren müssen. Und sie liegt zum anderen in der Einflussnahme auf die Bedingungen, die die primäre Stätte der Sozialisation – die Familie – in der Ausübung *ihrer* Rolle als vorrangiger Erzieher *ihrer* Kinder begünstigen oder behindern. Ein Beispiel für diese eher indirekte Art der Einflussnahme wäre z. B. die Veränderung des Einschulungsalters. Im Falle einer Anhebung würde sie den Familien erlauben, mehr Zeit für *ihre grundlegende* Aufgabe, das Humanvermögen ihrer Kinder zu entwickeln, aufzuwenden. Im gegenteiligen Fall einer Absenkung des Einschulungsalters würde sich der Staat in einem Bereich eine höhere Kompetenz anmaßen, wo sie weder existiert noch hingehört.

Man muss sich vergegenwärtigen, dass der offensichtliche Mangel an Integrität, der zuallererst und an vorderster Stelle ein Mangel an *persönlicher Rechtschaffenheit* unter den Führungskräften in der Wirtschaft ist, zu der weit verbreiteten Einbuße an Vertrauen in die Solidität von Unternehmensbilanzen und anderen Unternehmensmeldungen, aber auch von Analystenempfehlungen und letztlich in den Aktienwert beigetragen hat. Dies ist ein weiteres Beispiel dafür, wieweit *harte*, messbare Phänomene (das übliche Wasser auf die Mühlen der Ökonomie) in *weichen*, immateriellen Faktoren gründen und abstrakte Konstrukte wie die „globale Ökonomie" oder die „Weltaktienmärkte" in ganz grundlegender Weise von der konkret formativen Rolle, die die Familie bei der Erziehung der Kinder spielt, abhängen.

Momentan scheinen Beobachter davon überzeugt, dass die primäre Verantwortung für die herausfordernde Aufgabe der „Wiederherstellung der Integrität und des Verantwortungsbewusstseins in den Führungsetagen der Wirtschaft" bei Unternehmenshochschulen, wie der, in der ich unterrichte, liegt. Man erwartet von ihnen, dass sie ihren Studenten diesen Komplex von Eigenschaften – kurz zusammengefasst im Begriff der persönlichen *Integrität* – vermitteln. Man braucht ihn, wenn Unternehmen, Märkte und die gesamte Wirtschaft zu normaler Wirtschaftstätigkeit in der Lage sein sollen. Einerseits glücklich, mir den Mantel der Verantwortlichkeit als Professor für irgendetwas umzuhängen, bin ich doch auf der anderen Seite unendlich viel fähiger und auch engagierter als Vater, der seine Kinder erzieht. Entsprechend finde ich es merkwürdig, dass man in erster Linie von den Managementhochschulen verlangt, für die Ausbildung adäquater Einstellungen und Verhaltensstandards zu sorgen, die man sehr viel einfacher und sicherer im Jugendalter erwerben kann, während man in der *Schule der Familie* ist.

Ein Kommentator beklagte: „Was Business Schools ihren Studenten offensichtlich gar nicht vermitteln, ist, dass ein *Mangel an persönlicher Integrität* im Geschäftsleben *Kosten verursacht*. Das war die Lektion, die Aktionäre in diesem Jahr gelernt haben. Die Frage harrt noch der Antwort: Werden auch die Absolventen der Managementhochschulen diese Lektion lernen?" (Hindo 2002). Erheblich wichtigere Fragen, weil sie die Akteure genau benennen, die in dieser Sache am meisten Einfluss haben, sind m. E.: Werden Familien ihrer grundlegenden ökonomischen Funktion gerecht werden (oder werden sie darin versagen), Einfluss bei der Ausformung der Integrität und der persönlichen Charaktereigenschaften ihrer Kinder zu nehmen? Werden sich die Eltern dieser vorrangigen gesellschaftlichen Notwendigkeit stellen oder werden sie vor ihr zugunsten des Strebens nach rein individuellen Gratifikationen ausweichen? Wird die entscheidende Zuständigkeit der Familie vom Staat anerkannt und gefördert werden? Wird der Staat die Familie freigiebig unterstützen oder sie in ihrer primären Aufgabenerfüllung durch großangelegte Fürsorgemaßnahmen blockieren? Die Aktionäre von morgen warten unruhig auf die Antworten.

Der Kompetenzbegriff, auf den ich als nächstes eingehen will, hat einen engeren Fokus. Es geht um die Bedeutung des *Wissens*. Will man sich das destruktive Potential von Managern klarmachen, die nur über technisches Können verfügen, denen aber der besonnene Umgang mit Wissen und Daten sowie eine gesunde Urteilskraft fehlt, braucht man nur den Fall Enron zu rekapitulieren. Der Zusammenbruch von Enron, dem betrügerisches Verhalten – also das totale Fehlen von persönlicher Integrität – zugrundelag, beruhte auf der Verfolgung von allzu clever ausgedachten, total unseriösen Handlungsstrategien, die auf der Basis eines Expertenwissens über Rechnungslegung und Bilanzierung von den Wirtschaftsprüfungsgesellschaften Arthur Anderson und Andrew Fastow entwickelt worden waren. Aus der Rückschau betrachtet hätten sich die Aktionäre von Enron eher weniger, als mehr von diesem „Expertenwissen" der Wirtschaftsprüfer gewünscht und mehr Klugheit als Cleverness im Topmanagement.

Die Familie wirkt aktiv beim Aufbau von Humankapital mit und trägt dadurch zur wirtschaftlichen Wertschöpfung bei, indem sie die jungen Menschen aufzieht, Neugierde in ihnen weckt und ihnen die Bedeutung von Wissen klar macht, gleichzeitig ihnen aber auch einen Sinn für dessen Grenzen vermittelt. Es hemmt den Aufbau von Humankapital, wenn man darin versagt, sich für die Erziehung und das erfolgreiche Aufwachsen von Kindern und Jugendlichen einzusetzen, oder wenn man sich vor der erheblichen Verantwortung drückt, indem man diese Aufgabe an „Experten" von Drittstellen und Institutionen abgibt. Die Praxis korrigierender Eingriffe (oder deren Fehlen) in das Verhalten junger Menschen hat Auswirkungen auf die Besonnenheit, die Urteilsfindung und die Entscheidungsfähigkeit von Managern. Eltern, die ihre Kinder im Zweifel belassen, dass sie mehr wissen und sie die richtigen Verhaltensmaßstäbe besser als ihre Kinder kennen, tragen letztlich zur Schwächung wirtschaftlicher Werte bei dadurch, dass sie in den jungen Menschen die Saat zur Entscheidungsunfähigkeit oder – noch schlimmer – zur Willkür legen.

Eine weitere für in der Wirtschaft Tätige relevante Eigenschaft ist die *Flexibilität*, die als Kapazität für Wandel und Anpassungsfähigkeit definiert werden kann. *„Change Management"* ist zu einem favorisierten Lehrgebiet an Business Schools und zu einer einträglichen Einnahmequelle von Unternehmensberatern geworden. Ein kluger Beobachter der Unternehmenswelt hat davor gewarnt, dass die radikale Indeterminiertheit in der heutigen Arbeitswelt die Arbeitskräfte aller Orientierungsmarken beraubt, die sie als *Grundvoraussetzung* für ihre persönliche Entwicklung benötigen (Sennett 2000). Orientierungsmarken sind gewissermaßen notwendig als Fixpunkt für eine *Person*, von dem aus sie für sich Bedeutung, Zusammenhang und Verständlichkeit dessen, was auf sie einwirkt, schaffen können. Auch wenn die im Unternehmen Tätigen diesen Mangel nicht beklagen oder sich gar dessen bewusst sein sollten, so sind sie doch einer *„Korrodierung" des Charakters*, die davon ausgeht, ausgesetzt ebenso wie die gesamte Wirtschaft.

Wer sind die Menschen, die einem die Fähigkeit zur Flexibilität in einer sich ständig verändernden Umwelt beibringen? Die Familie erfüllt ihre aktive Rolle bei der Herausbildung von Humankapital, wenn sie den jungen Menschen Stabilität vermittelt. Umgekehrt verfehlt sie ihre Funktion, wenn sie Instabilität sät. Wenn Tugend eine Erfahrung wäre und kein *Besitz*, den man durch *Erfahrung* erwirbt, dann wäre das Gegenteil richtig: kontinuierlicher Aufruhr zu Hause würde die Person für ständige Umwälzungen im beruflichen Leben vorbereiten. Aber die innere Stabilität, die man braucht, um externe Störungen bewältigen zu können, ist eine *Fähigkeit, die man aufgebaut hat*, nicht eine *erworbene Gewohnheit*. Wenn turbulente Bedingungen bei der Arbeit einen inadäquaten Hintergrund für den Aufbau einer Lebensgeschichte darstellen, so bereiten stürmische Verhältnisse zu *Hause* einen nicht besser vor.

Man kann sogar spekulieren über die Beziehungen zwischen Ursache und Wirkung, die zwischen den stürmischen Umwälzungen in den familiären Verhaltensmustern der 60er und 70er Jahre und den Umwälzungen in der Welt der Unternehmen in den 80ern und 90ern bestehen. Entsprechend kann man sich wie Richard Sennett fragen, wieweit sich diese organisatorischen Fehlentwicklungen negativ auf *die Menschen* und insgesamt auf die Wirtschaft der Zukunft auswirken werden. Aber auch vor diesem Hintergrund gilt: Die Familie prägt den Aufbau des moralischen Kapitals für eine störungsanfällige Wirtschaft, indem sie ein günstiges Klima schafft, in dem die jungen Menschen ein Gefühl der Zugehörigkeit, einen Sinn für ihr Lebensziel sowie ihre eigene Identität entwickeln können.

Eine weitere Kompetenz, die mit der eben behandelten – der Flexibilität – zusammenhängt, ist die Fähigkeit, gegenüber *Herausforderungen standzuhalten* und *Durchhaltevermögen* zu zeigen („resilience"). Bennis und Thomas (2002) sprechen hier von „Anpassungsfähigkeit", die als Fähigkeit, Härte in schwierigen Situationen zu zeigen und sich nicht unterkriegen zu lassen, definiert werden kann. Ich war völlig überrascht von der Vielzahl von Organisationen, die sich an unsere Hochschule gewandt haben in der Suche nach Weiterbildungsmöglichkeiten für ihre Führungskräfte. Diesen fehlt das Wissen, wie sie ihre Mitarbeiter, die durch die Fehlentwicklungen der jüngsten Zeit demoralisiert waren, dafür trainieren können, den massiven Herausforderungen standzuhalten und damit produktiv umzugehen, die in jüngster Zeit auf die Beschäftigten eingestürmt sind wie der plötzliche radikale Einbruch der Wirtschaft, die Erfahrung der rapiden Zunahme von Verlusten, die Bilanzierungsskandale und die betrügerischen Manöver auf höchster Unternehmensebene bis hin zu der Situation wertloser Aktienoptionen und zusammengeschrumpfter Pensionszusagen, etc.

Die Familie schafft „unverwüstliches" Humankapital – auch für stürmische Zeiten – dadurch, dass sie den Kindern zum Aufbau eines Selbstwertgefühls verhilft, das in dem verankert ist, was man *ist,* und nicht in dem, was man *hat.* Umgekehrt leistet die Familie den Kindern gegenüber – und damit auch letztlich der Wirtschaft – einen Bärendienst, wenn sie den *Dingen* eine größere Wertigkeit einräumt als dem, was man *ist.* Paradoxerweise schwächt eine Erziehung der Jugend zu einer konsumistischen Haltung die konsumorientierte Wirtschaft, weil sie die Übernahme der für eine gedeihliche Entwicklung der Wirtschaft erforderlichen Eigenschaften der Durchhaltefähigkeit und Robustheit gegenüber externen Störungen unterminiert.

Die Eigenschaft, auf die hier zuletzt eingegangen werden soll, ist die Fähigkeit zum Teamwork. Dieses Markterfordernis findet sich in den Werbebroschüren von Business Schools wieder, die nahezu alle in einem größeren oder geringeren Maße den Programmschwerpunkt Teamarbeit hervorheben. Diese besondere Fähigkeit hat ein größeres Gewicht gewonnen *u. a.* wegen der wachsenden Bedeutung des Projektmanagements als Mittel der Aufgabenerledigung in Unternehmen, Unternehmensberatungsfirmen und Wirtschaftsprüfungsgesellschaften. Der Prozess der Globalisierung hat zu dem komplexen Feld der Zusammenarbeit mit anderen eine weitere Variante hinzugefügt: *multikulturelle Teams*. Und das Internet hat uns die Möglichkeit und die Chance des Aufbaus virtueller Teams eröffnet: mit Mitgliedern, die in Raum und Zeit verstreut sind, verbunden nur durch ihr gemeinsames Ziel und die von allen geteilte Plattform.

Letztlich steht die Fähigkeit zum Teamwork in einem sehr engen Zusammenhang mit dem *Solidaritäts*gefühl, das in der Familie erworben wird (oder auch nicht). Die Fähigkeit, Bindungen in Gemeinschaft mit anderen einzugehen, ist die grundlegende Antwort auf die Herausforderungen von Kultur, Zeit und Raum. Die Familie legt in ihren Kindern die Saat für die Ausbildung des Solidaritätssinns, wenn sie ihnen klar macht, dass ihre Wünsche mit den Wünschen anderer in Übereinstimmung gebracht werden müssen und dass nicht jeder Wunsch einer „objektiven" Notwendigkeit entspricht.

Eine komplementäre Eigenschaft, die für Teamwork von großer Wichtigkeit ist, ist die *Subsidiarität*, d. h. die Fähigkeit, den eigenen Zuständigkeitsbereich und dessen Begrenzungen abzustecken und anzuerkennen, ohne sich in den Kompetenzbereich anderer, insbesondere weniger einflussreicher Teammitglieder einzumischen. Die Familie sorgt für die Entfaltung von Humankapital, wenn sie bei der Erziehung ihrer Kinder ihnen den Wert des Lebens in Gemeinschaft verdeutlicht, ohne damit die Bedeutung der individuellen Entfaltungsmöglichkeit und -notwendigkeit herunterzuspielen.

Familie und die Entstehung von Humankapital

Wir haben bereits klargemacht, dass das, was im Wirtschaftsleben messbar ist, wie Einnahmen, Ausgaben oder auch Gewinne letztlich vom Vorhandensein immaterieller Faktoren wie Vertrauen, Loyalität und Engagement abhängen. So ist etwa die Erkenntnis von Williamson (1975), dass Vertrauen Transaktionskosten reduziert, weil dadurch opportunistisches Verhalten ausgeschlossen wird, heute weithin in der Wirtschaft anerkannt. Sieht man von gewissen Ausnahmen ab, so zeigt schon eine flüchtige Durchsicht des Standardlehrstoffes an den Unternehmenshochschulen das eindeutige Überwiegen quantitativ ausgerichteter Kursangebote. Alle Lehrprogramme heben hervor, dass die Instrumente und Techniken der funktionellen Unternehmensbereiche – wie Finanzierung, Produktionsbetrieb und Kontrolle – und deren Beherrschung durch die Hochschulabsolventen im Zentrum stehen.

Was aber – wie schon erwähnt – nicht als gegeben vorausgesetzt werden kann, ist das Vorhandensein immaterieller Eigenschaften wie der persönlichen Integrität und der Klugheit, d. h. der Fähigkeit, die Instrumente und Techniken, die man sich angeeignet hat, in einer – unter Berücksichtigung aller Umstände des konkreten Falles – sinnvollen und förderlichen Weise anzuwenden. Die Absolventen der Hochschulen unterscheiden sich im Umfang des vom Einzelnen akkumulierten

Humankapitals, von dem nur ein kleiner Teil an einer Business School – man mache sich das schon relativ fortgeschrittene Alter der Studierenden klar – erworben werden kann.

Das sind Erkenntnisse der Unternehmensethik. Aber sie sind auch in jeder Weise einschlägig für das Handeln in Unternehmen. Denn was die Märkte erwarten, ist Führungspersonal, das in der Lage ist, den „richtigen" Weg des Handelns von unklaren und diffusen Alternativen zu unterscheiden und ihn auch weiter zu verfolgen, wenn man auf Hindernisse stößt – vorausgesetzt, dass ein richtiger Handlungspfad doch sehr klar ist. Es gibt hier keine speziell modernen Erfordernisse. Es müssen hierfür auch keine neuen Lösungen gefunden werden. Anders ausgedrückt: Märkte erwarten, dass Manager über moralische Tugenden verfügen, über die schon Platon (1999) und Aristoteles (1962) vor ca. 2500 Jahren viel zu sagen hatten: (1) *Klugheit* und *Umsicht*, die ihnen dabei helfen, in unübersichtlichem Terrain den richtigen Handlungspfad zu bestimmen und (2) *Gerechtigkeit*, *Stärke* und *Mäßigung* – Tugenden, die ihnen dabei helfen, Hindernisse bei der Umsetzung des eindeutig richtigen Handlungskonzeptes zu überwinden.

Im Laufe der Zeit ist das Wissen verloren gegangen, dass Integrität, die moralischen Tugenden, Solidarität, etc. zunächst *Eigenschaften von Personen* sind, bevor sie zu Charakeristika einer Organisation oder ihrer *Kultur* werden. Tugenden verändern das Sein dessen, der sie besitzt, und das Handeln folgt dem Sein. Entsprechend geht von einer Person ein Verhalten aus, die mehr oder weniger (durch Tugenden) dazu befähigt ist, es zu praktizieren. Jede(r) kann lebhaft über seine oder ihre Empfindungen und Meinungen reden. In der Tat, Studenten mögen das sehr. Es ist jedoch für Manager sehr schwierig, ihren Empfindungen und Meinungen in Handlungskonzepten (dem bevorzugten Feld der Klugheit) einen Platz zu verschaffen, und es ist für sie noch schwieriger, derartige Handlungspläne unter konkreten Umständen (das bevorzugte Feld moralischer Tugenden) *umzusetzen*. Da es die Handlungsfähigkeit des Einzelnen ist, die Humankapital definiert, kommt die Familie am wirkungsvollsten ihrer ökonomischen Funktion dann nach, wenn sie für ihre Kinder in der Familie möglichst günstige Bedingungen schafft, diese moralischen Tugenden zu erwerben.

Rechtschaffenheit ist eine *habituelle Eigenschaft*, die *man* durch Nachahmung des Beispiels derjenigen, die rechtschaffen sind, *erwirbt* und indem man Entscheidungen in Übereinstimmung mit dem „richtigen Gebrauch der Vernunft" trifft. Entsprechend erfüllen Eltern ihre Rolle bei der Humankapitalbildung, wenn sie für ihre Kinder ein gutes Vorbild sind und – da das Handeln der Entscheidung folgt – auf die Entwickung der Entscheidungskriterien ihrer Kinder Einfluss nehmen.

Aufbau und Untergraben von Humankapital: Wirkungen des familiären Handelns

Im letzten Abschnitt des Beitrags werde ich eine Reihe praktischer Beispiele präsentieren, die zeigen, wie das Familienleben auf die Charakterbildung der Kinder

Einfluss nimmt – im positiven wie im negativen – dadurch, dass die Kinder dort Vorbilder vorfinden und die Eltern Einfluss auf die Entscheidungskriterien der Kinder nehmen. Wie Väter und Mütter wissen, beobachten Kinder ständig. Das ist der Grund, warum Eltern die ersten Vorbilder für ihre Kinder sind. Kinder sind auch bemerkenswert scharfsichtig, sich durch einen Wortschwall nicht beirren zu lassen und die wahren Handlungsmotive zu erkennen. Auch wenn es keine „Vorsaison-Praxis" im Hinblick auf den Einfluss, den man auf die Charakterbildung der eigenen Kinder hat, gibt, kann man dennoch versuchen, bewusst darauf Einfluss zu nehmen. Dies befreit einen aber nicht aus der Zwangsläufigkeit, dass man immer Einfluss nimmt, ob bewusst oder nicht. Allein aus der Beobachtung, *wie* – und der Interpretation *warum* – ihre Eltern sie und andere so behandeln, wie sie es tun, ergibt sich, dass Kinder ihr erstes Beispiel großzügigen Verhaltens (oder des Gegenteils davon) erleben.

Wie in vielen Familien verteilen wir Hausarbeiten an unsere Kinder und versuchen, ihnen die Bedeutung, den ihr persönlicher Einsatz für die Familie hat, deutlich zu machen. Wie Victor Frankl gelehrt hat, gibt es kein größeres Streben als die „Suche des Menschen nach Sinn" und es gibt keinen tieferen Sinn als Liebe, die sich wiederum durch Aufgaben ausdrückt.

„Tatsächlich muss der Mensch ein Ziel haben, auf das er sein Leben beständig ausrichten kann. Er muss konkrete, persönliche Aufgaben und Anforderungen erfüllen; er muss den einzigartigen Sinn erkennen, den jeder von uns zu erfüllen hat. Deswegen halte ich es für missverständlich, von „Selbsterfüllung" oder „Selbstverwirklichung" zu sprechen. Denn was vom Menschen erwartet wird, ist nicht primär Erfüllung und Verwirklichung seines Selbst, sondern die Verwirklichung spezifischer Aufgaben in dieser Welt. Und nur in dem Ausmaß, in dem er dies leistet, wird er auch sich selbst verwirklichen: Nicht per intentionem, sondern per effectum" (Frankl 1972).

Wir hoffen, Verantwortungssinn in unseren Kindern dadurch, dass sie sich um ihre jüngeren Geschwister kümmern, zu wecken. Während mein ältestes Kind – eine 12jährige Tochter – verantwortungsbewusst „geboren" wurde, war das bei meiner 8jährigen Tochter ganz und gar nicht der Fall. Entsprechend war ich stolz, als sie vor ca. einem Jahr anfing, sich um ihre dreijährige Schwester zu kümmern. Es geht hier nicht darum, dass wir darauf angewiesen sind, dass sie sich für eine Aufgabe verantwortlich fühlt, die wir besser erledigen können, obwohl es manchmal doch der Fall ist. Hier geht es darum, dass unser Kind, das normalerweise noch keine Verantwortung trägt, lernt, sie zu übernehmen, und sich damit daran gewöhnt. In dem Maße, in dem sie sich darin auszeichnet, wird sie selbst zu einem Vorbild für ihre jüngere Schwester werden und damit letztlich auch zur Humankapitalbildung zum Nutzen der Wirtschaft beitragen.

Kinder lernen (oder auch nicht) in der Familie, zu geben und anderen Raum zu lassen. Wenn man Geschwister hat, hilft das, auch wenn es ohne elterliche Beharrlichkeit und Wachsamkeit dafür keine Garantie gibt. Für viele Kinder (wenn nicht die meisten) bilden Situationen, in denen sie lernen, sich nicht zuviel von dem zu nehmen, was es beim Abendessen gibt, oder Spielzeug mit einem(r) Bruder oder Schwester oder Freund zu teilen, deren erste Erfahrungen im Geben. Dies wird Folgen haben später im Leben, wenn es darum geht, ob man über gute Voraussetzungen dafür verfügt, in Teams zu arbeiten und Durchhaltefähigkeit zu beweisen.

In der Familie macht man auch zum ersten Mal die Erfahrung, *gebraucht zu werden*, z. B. wenn die Eltern um Hilfe bitten oder ein Baby schreit, weil es Zuwendung möchte. Ich fühle mich ermutigt, wenn meine eben erwähnte älteste Tochter oder der zehnjährige Sohn ihren neu geborenen Bruder in den Arm nehmen, um ihn aufzumuntern. In ihnen ein Gefühl der Verpflichtung dafür zu wecken, dies immer wieder mal zu machen, dient letztlich ihrem Wohl mehr als dem unseren oder dem des Babys. Gebraucht zu werden, ist eine Quelle des Selbstwertgefühls und der Selbstverwirklichung. Und beides hat einen großen Einfluss darauf, wieweit sich die Kinder später im beruflichen Leben flexibel verhalten können.

Dadurch, dass sie beobachten und spüren, wie ihre Eltern sich der Familie und einander zuwenden, entwickeln die Kinder ein Gefühl für eine Mission oder ein überragendes Ziel. Es ist schwer, wenn nicht unmöglich, integer zu sein ohne ein weitläufiges Gefühl einer Lebensaufgabe und eines Lebenssinns. Das Gefühl, einen Auftrag zu erfüllen, schafft das Bewusstsein der Verbundenheit und der Kontinuität, die notwendig sind, um Flexibilität und Durchhaltefähigkeit aufzubringen.

Kinder von Lesern werden Leser. Sie lernen, richtig gern zu lernen, indem sie ihre Eltern nachahmen und das Licht erblicken, das in die sich immer weiter öffnenden Fenster ihres Geistes scheint. Sie lernen, sich klug zu verhalten, (oder sie lernen es nicht) dadurch, dass sie zu schätzen wissen (oder auch nicht), wie ihre Eltern die verschiedenen Interessen im familiären Aushandlungsprozess ausgleichen. Das ist auch der Grund dafür, warum es gut für Eltern ist, ihren Kindern zu erklären, warum sie so und nicht anders gehandelt haben. Dadurch können die jungen Menschen lernen, Dinge erst mit Umsicht zu durchdenken.

In Familien machen Kinder auch ihre erste Erfahrung damit, was rechtmäßig ist. Ich gebe zu, meine Dreijährige kürzlich bestraft zu haben (natürlich nur leicht), weil sie grundlos ihre fünfjährige Schwester, die so anhänglich ist, geschlagen hat. Es war gut für sie – und eines Tages werden auch die Gesellschaft und die Wirtschaft davon profitieren –, dass sie dadurch mitbekommt, dass sie eine Grenze überschritten hat. Wie Plato (1988) gelehrt hat, gibt es keinen größeren Schaden für *einen Menschen*, als eine Ungerechtigkeit zu begehen und dafür nicht bestraft zu werden. Er kam zu der Schlussfolgerung – und zwar zu Recht, wie ich meine –, dass es besser ist, eine Ungerechtigkeit zu erleiden als sie zu begehen. Wenn Sie daran zweifeln, dann unterziehen Sie sich doch folgendem Gedankenexperiment: Fragen Sie sich selbst, mit wem oder für wen Sie lieber arbeiten würden: mit einem Menschen, der rücksichtslos durch's Leben rast, ohne jemals zur Rechenschaft gezogen zu werden, oder mit jemandem, der lieber leiden würde als jemanden ungerecht zu behandeln. Dann fragen Sie sich selbst, welcher der beiden besser für integres Verhalten und Teamwork gerüstet ist.

In der Familie erleben die Kinder auch zum ersten Mal, dass Gnade vor Recht geschieht. Gerechtigkeit und Gnade verhalten sich kompementär zueinander. Das eine ist für das andere ein notwendiges Korrektiv bei Übertreibungen in die eine oder andere Richtung. Thomas von Aquin beschrieb ihre Beziehung folgendermaßen: Recht ohne Gnade ist Grausamkeit, Gnade ohne Recht ist dagegen die Mutter der Auflösung und des Verfalls (Pieper 1966, 112).

Erlauben Sie mir, noch eine andere Geschichte zu erzählen. Als meine älteste Tochter kürzlich zweimal nacheinander beim Geschirrspülen, was sie einmal wöchentlich macht, ein Glas zerbrach, bot sie von selbst an, dafür bestraft zu werden. Ich hatte sie darum gebeten, besser aufzupassen, nachdem sie das erste Glas zerbrochen hatte. Und nachdem kurz danach das zweite in Bruch ging, *glaubte sie*, nunmehr eine Strafe zu verdienen. Stattdessen umarmte ich sie voller Liebe; denn da sie sich hier integer verhalten hatte, brauchte ich sie deswegen bei dieser Gelegenheit nicht zu bestrafen. Sie dankte mir später dafür, dass ich zu keiner Strafe gegriffen hätte, und sie erwähnte sogar meiner Frau gegenüber, wie sehr sie sich darüber gefreut habe. Ich vermute, dass sie darüber nachsinnen wird, was wohl die Motive meines Handelns gewesen sind. Und ich hoffe, dass diese Lektion sitzt.

Wie das bei allen Tugenden der Fall ist, sind auch Solidarität und Subsidiarität zunächst mal Eigenschaften von *Personen*, bevor sie zu gesellschaftlichen Realitäten, z. B. in der Europäischen Union, werden. In der Familie werden täglich gewaltige soziale Bestrebungen in Humankapital umgewandelt. Wo könnten Kinder die folgende Lektion besser und leichter erhalten:

Wenn Du einem Menschen einen Fisch gibst, dann hat er für einen Tag zu essen. Wenn Du ihm das Fischen beibringst, dann hat er sein Leben lang zu essen. Bringst Du ihm bei, wie man anderen das Fischen beibringt, dann hat sein Dorf für immer genug zu essen.

Ich hauche diesem Aphorismus – und beiläufig auch der Europäischen Union – Leben ein, einfach dadurch, dass ich meine Achtjährige dazu bringe, ihrer fünfjährigen Schwester beizubringen, wie man die eigenen Schuhe zuschnürt.

In der Familie kriegen Kinder auch erstmals den Wert des Geldes mit und den damit eng verbundenen Umstand, dass keine Ressource unbegrenzt vorhanden ist. Das sind wichtige Lektionen, die man kapiert haben muss. Kinder sind dann auf dem besten Wege, einen Sinn für Sparsamkeit und umsichtiges Handeln zu entwickeln. Wie in vielen anderen Familien erhalten unsere Kinder von meiner Frau und mir ein geringes Taschengeld, das in einer gewissen Relation zum Alter der Kinder und des für die Familie aufgebrachten Einsatzes steht. Sie sollen damit ein Gefühl dafür bekommen, was es heißt, wenn man über etwas, das Wert hat, selbständig verfügt. Wir haben mit Eltern, die das anders handhaben, gesprochen, aber die große Mehrzahl orientiert sich dabei am Entwicklungsstand ihrer Kinder.

Wiederum ist es die Familie, in der Kinder zum ersten Mal die Erfahrung machen, was es heißt, Pflichten zu übernehmen – gegenüber den Eltern, einer Schwester oder einem Bruder oder der ganzen Familie. Diese Lektion ist ganz besonders wichtig für später, wenn man an die berufliche Kompetenz, den professionellen Erfolg und die Fähigkeit, mit anderen zusammenzuarbeiten, denkt. Schulaufgaben für zuhause bilden eine natürliche Gelegenheit, sich in dieser Tugend zu üben, ganz abgesehen davon, dass man dadurch in erster Linie sein Wissen vermehrt. Richtig betrachtet ist dies ein wichtiger Hebel dafür, dass Kinder lernen, Freude am Lernen zu haben.

Schlussfolgerungen

Der Beitrag begann mit der Beobachtung, dass Unternehmen heute ihre Abhängigkeit von immateriellen, persönlichen Faktoren zur Erreichung ihrer Gewinnziele und weiterer materieller, quantifizierbarer Zielgrößen erkennen. Mein Ziel war es, den Bereich abzustecken, in dem die Familie eine entscheidende wirtschaftliche Rolle dadurch spielt, dass sie Einfluss auf die Bedingungen für beruflichen Erfolg nimmt, d. h. dass sie prägend auf die Ausbildung dieser immateriellen Faktoren bei ihren Kindern einwirkt.

Im weiteren Ablauf habe ich auf eine Reihe menschlicher Eigenschaften – persönliche Integrität, Wissen, Flexibilität, Durchhaltefähigkeit und Teamwork – hingewiesen, die die Märkte von Unternehmen und ganz besonders von Managern erwarten. Wenn der betreffenden Person diese Eigenschaften fehlen, dann fehlen ihr grundlegende Erfolgsvoraussetzungen – zum Schaden der beruflichen Karriere und letztlich auch zum Schaden der Wirtschaft. Mit anderen Worten: Mein Ziel war es, das Augenmerk auf die spezielle Kompetenz der Familie, diese Eigenschaften zu fördern, zu richten.

Im letzten Teil des Beitrags beschäftige ich mich mit einer Reihe von Möglichkeiten, mit denen die Eltern auf das Humankapital ihrer Kinder Einfluss nehmen dadurch, dass sie Vorbilder für ihre Kinder sind. Die Familie bildet den Rahmen, innerhalb dessen Kinder lernen: den Wert, für andere etwas zu tun, Verantwortungsbewusstsein, Großzügigkeit, Hingabefähigkeit, Wissensdurst, Sinn für rechtmäßiges Handeln, Gnade, Solidarität, Subsidiarität und Pflichtbewusstsein. Anhand einiger Beispiele habe ich gezeigt, wie die Kinder diese Tugenden im ganz normalen, alltäglichen Familienleben ausbilden können. Wichtig war mir, dass ihre Bedeutung dafür klar wird, dass die jungen Menschen die für den beruflichen Erfolg wichtigen Eigenschaften der Integrität, des Wissenserwerbs, der Flexibilität, der Durchhaltefähigkeit und des Teamworks erwerben.

Das Augenmerk lag durchgehend darauf, wie Eltern auf ihre Kinder einwirken. Natürlich lernen Eltern auch von ihren Kindern. Wenn ich an mich selbst denke, so hat *mich* der Umstand, dass ich um das Wohlergehen meiner Kinder besorgt bin, zu einem besseren Menschen gemacht. Ironischerweise bin ich mit meiner Liebe zu ihnen und meiner Fürsorge für ihre gutes Aufwachsen menschlich reifer geworden. Manche Ökonomen neigen dazu, die heutigen ökonomischen Negativanreize dafür, Kinder zu bekommen, und das Verschwinden der ökonomischen Bedingungen, die früher das Kinderkriegen gefördert haben, hervorzuheben. Aber diese Überlegungen lassen den wichtigen Umstand, dass Kinder auf einzigartige Weise zur Persönlichkeitsreifung der Eltern beitragen, außer Acht. Das ist aber ein unschätzbarer Dienst an den Eltern, der Wirtschaft und der Gesellschaft.

Eine letzte allgemeine Bemerkung über die Familie: Sowohl Eltern als auch Kinder lernen in der Familie, dass sie als Individuen nicht die einzigen Menschen auf der Erde sind und dass es im Leben um weit mehr geht als nur um einen selbst. Das sind schicksalshafte Lektionen, die zu erlernen sind, von denen allerdings letztlich die Vitalität der Wirtschaft abhängt.

(aus dem Englischen übersetzt von Christian Leipert)

Literaturverzeichnis

Aristoteles (1962): *Nicomachean Ethics*. Indianapolis, Bobbs Merrill Co.

Beaulieu, P. R. (2001): *The Effects of Judgments of New Clients' Integrity upon Risk Judgments, Audit Evidence, and Fees*. Auditing, Sep., 20:2, S. 85–99.

Bennis, W. G./Thomas, R. J. (2002): *Crucibles of Leadership*. Harvard Business Review, Sept., 80:9, S. 5–11.

Brennan, J. J. (2002): *The Market Value of Integrity*. Vital Speeches of the Day, 12/15, 69:5, S. 145–150.

Burton, M. D./DeLong, T. J. (1998a): *Rob Parson at Morgan Stanley (A)*. Harvard Business School Publishing, 12. Feb. 1998, #9-498-054.

Burton, M. D. / DeLong, T. J. (1998b): *The Firmwide 360-degree Performance Evaluation Process at Morgan Stanley*. Harvard Business School Publishing, 13. Feb. 1998, #9-498-053.

Cordell, D. M. (2003): *The Enemies of Capitalism*. Journal of Financial Planning, Jan., 16:1, S. 42–43.

Cowton, C. J. (2002): *Integrity, Responsibility and Affinity: Three Aspects of Ethics in Banking*. Business Ethics: A European Review, Okt., 11:4, S. 393–400.

Doris, J. (2002): *Lack of Character: Personality and Moral Behavior*. New York, Cambridge University Press.

Frankl, V. (1972): *Man's Search for Meaning*. New York, Simon & Schuster, Pocket Books.

Harman, G. (1998/99): *Moral Philosophy Meets Social Psychology: Virtue Ethics and the fundamental Attribution Error*. Proceedings of the Aristotelian Society (99), S. 315–331.

Harman, G. (2000): *Explaining Value and Other Essays in Moral Philosophy*. Oxford, Clarendon Press, S. 165–178.

Harris, J. (1989): *Ethical Values and Decision Processes of Mal and Female Business Students*. Journal of Education for Business, 64 (Feb.), S. 234–238.

Hindo, B. (2002): *Where Can Execs Learn Ethics?* Business Week vom 13. Juni 2002, http://www.businessweek.com/bwdaily/dnflash/jun2002/nf20020613_6153.htm.

Kaplan, R. S. / Norton, D. P. (1992): *The Balanced Scorecard – Measures that Drive Performance*. Harvard Business Review, Jan./Feb., Vol. 70, Ausgabe 1, S. 71.

Kaplan, R. S. / Norton, D. P. (2001a): *Transforming the Balanced Scorecard from Performance Measurement to Strategic Management: Part I*. Accounting Horizons, März, Vol. 15, Ausgabe 1, S. 87.

Kaplan, R. S. / Norton, D. P. (2001b): *Transforming the Balanced Scorecard from Performance Measurement to Strategic Management: Part II*. Accounting Horizons, Juni, Vol. 15, Ausgabe 2, S. 147.

Kaptein, M. (2003): *The Diamond of Mangerial Integrity*. European Management Journal, 21:1, S. 99–108.

Kaptein, M. / Wempe, J. (2002): *The Balanced Company: A Theory of Corporate Integrity*. Oxford, Oxford University Press.

LeClair, D. T. / Ferrell, O. C. / Fraedrich, J. P. (1998): *Integrity Management: A Guide to Managing Legal and Ethical Issues in the Workplace.* Tampa, University of Tampa Press.

Lee, M. K. O. / Turban, E. (2001): *A Trust Model for Consumer Internet Shopping.* International Journal of Electronic Commerce, Herbst, 6:1, S. 75–91.

Macklem, K. (2002/03): *Crooks in the Boardroom.* Maclean's, 12/30-1/6, 115/116, 52:1, S. 30–31.

Pearson, G. (1995): *Integrity in Organizations: An Alternative Business Ethic.* London, McGraw-Hill.

Petrick, J. A. / Quinn, J. F. (2001): *The Challenge of Leadership Accountability for Integrity Capacity as a Strategic Asset.* Journal of Business Ethics, 34, S. 331–343.

Pieper, J. (1966): *The Four Cardinal Virtues.* Notre Dame, University of Notre Dame Press.

Plato (1988): *Gorgias.* London, Penguin Books.

Plato (1999): *The Symposium.* USA, Penguin Classics.

Sennett, R. (2000): *The Corrosion of Character: The Personal Consequences of Work in the New Capitalism.* W. W. Norton & Co.

Solomon, R. C. (2003): *Victims of Circumstances? A Defense of Virtue Ethics in Business.* Business Ethics Quarterly, 13:1, S. 43–62.

Stark, A (1993): *What's the Matter with Business Ethics?* Harvard Business Review, 3 (Mai/Juni), S. 38–48.

Williamson, O. (1975): *Markets and Hierarchies.* New York, The Free Press.

Zum Wert der emotionalen Erziehung in der Familie

Ulrike Horn

Wir werden in den nachfolgenden Statements noch viel Kompetentes zur Bildung und Ausbildung der Kinder in Schulen hören. Ich möchte mich auf den vorschulischen Bereich, also die emotionalen Grundlagen und Voraussetzungen der intellektuellen Bildung konzentrieren.

Auch für diesen Bereich werden nach „Pisa" die Weichen neu gestellt. Jetzt ist „Vater Staat" bereit, die Eltern schon bei der Erziehung der Allerkleinsten zu „unterstützen." Das klingt an sich sehr positiv, aber nüchtern betrachtet kann von Unterstützung keine Rede sein. Man bietet den Eltern nicht etwa Hilfestellung, damit sie die Herausforderungen der Erziehungsarbeit besser bewältigen, sondern fördert mit allen Mitteln die Fremdbetreuung von Kindern. Es geht dabei – ganz nach französischem Vorbild – um Fremdbetreuung von der Wiege weg. Gefordert wird der flächendeckende Ausbau von Kinderkrippen und Kindergärten (Modellversuche, beides zu verbinden sind in Bayern schon durchgeführt worden).

Auf diese Weise, so wird argumentiert, würden die Kinder von Leuten erzogen, die ihr Handwerk gelernt haben. Den Eltern aber wird damit nicht nur Erziehungskompetenz aberkannt, sondern auch die Erziehungsverantwortung entzogen. Diese Politik „verkauft" man uns als besonders kinder- und familienfreundlich im Sinne der optimalen „Vereinbarkeit von Familie und Beruf". Tatsächlich handelt es sich – wie Mme Bruneau gestern ganz klar forderte – um eine „feministische Familienpolitik". Eine Familienpolitik, basierend auf den konservativ-feministischen Vorstellung, das wahre Glück der emanzipierten Frau liege in der Erwerbsarbeit – ja, mehr noch: eine Frau sei überhaupt nur dann emanzipiert, wenn sie erwerbstätig sei.

Mit dieser Ideologie wurde in den vergangenen Jahrzehnten systematisch die private Erziehungs- und Familienarbeit abgewertet, während die Erwerbsarbeit geradezu glorifiziert wurde. Aus meiner Sicht geraten wir dabei von einem Rollenklischee in das nächste. Früher hieß es „Kinder-Küche-Kirche", heute „Kinder und Karriere". So kommen wir vom Regen in die Traufe.

Das Ziel muss und kann dagegen nur die echte Wahlfreiheit zwischen Familien- und Erwerbsarbeit sein. Zahlreiche Umfragen, die hier von Herrn Prof. Kirchhof, Herrn Dr. Geisler und Landrat Kretz eindeutig bestätigt wurden, belegen: Wenn Frauen die Wahl hätten, würden zwei Drittel von Ihnen in den ersten Lebensjahren ihrer Kinder lieber Erziehungsarbeit als Erwerbsarbeit leisten.

Dem kann ich nur zustimmen, denn die Familie ist das optimale Trainingsfeld für die soziale und emotionale Entwicklung von Kindern. Zu Hause hat das Kind

Zeit und Ruhe, sich selbst und seine nächste Umgebung zu erkunden. Es kann seine individuellen Eigenheiten entfalten, erfährt Interesse an seiner Person und findet Verständnis für seine Schwächen und Sensibilitäten. Hier kann es sozusagen Kraft sammeln für das „richtige Leben". In der Kinderkrippe dagegen muss es – so wie die Dinge liegen – von Anfang an um Aufmerksamkeit und Zuwendung kämpfen. Es steht in harter Konkurrenz mit einem halben Dutzend anderer Kinder, denen die Erzieherin ebenso gerecht werden muss. Es scheint mir unwahrscheinlich, dass dieser emotionale Stress durch die Fachkompetenz der Erzieherin aufgewogen werden kann. Vielmehr scheint mir die Fachkompetenz auf dieser frühkindlichen Ebene stark überbewertet.

Eine vernünftige Mutter und/oder ein vernünftiger Vater haben einem Säugling weit mehr zu bieten als die Schulweisheit einer jugendlichen Erzieherin vermitteln kann. Gelerntes Wissen ist eine gute Sache, aber um einem Kleinkind gerecht zu werden, um einen Zweijährigen zu verstehen, braucht es nicht nur Verstand sondern auch Einfühlungsvermögen und diese spezifische Form von Vertrautheit, die nur in engsten und intimen Beziehungen wachsen kann. Keine andere Betreuungsform kann auch nur annähernd diese Nähe ersetzen. Im Zusammenleben mit den Eltern erfährt das Kind normalerweise ein inniges Gefühl von Geborgenheit und Angenommenheit und erlebt sich selbst als glückbringend und positiv. Das sind die besten Voraussetzungen für die Entwicklung eines gesunden Selbst-Wertgefühls und Selbst-Bewusstseins und ein Fundament, auf dem das Selbstvertrauen wächst, das Kinder brauchen, um später Verantwortung für sich und für andere zu übernehmen.

Eltern bieten grundsätzlich etwas Einmaliges: Sie bieten buchstäblich Bedingungs-lose Liebe. Liebe jenseits von Öffnungszeiten, Urlaubsregelungen und Terminabsprachen und damit das elementare Gefühl von Sicherheit, Vertrauen und ungeteilter Anteilnahme. Sie gewähren dem Kind nicht nur Schutz, Wärme und materielle Sicherheit, sondern auch Entwicklungshilfe, Krisenmanagement, Seelsorge, Beratungsdienste aller Art. Sie bieten praktische Hilfestellungen vom ersten Schrei bis zur Volljährigkeit und oft darüber hinaus, denn die Beziehung zu den Kindern ist unauflöslich – unkündbar. Alles andere ist heute wandelbar, Paare trennen sich, Freunde kommen und gehen, aber die Eltern bleiben immer Eltern, die Kinder bleiben immer Kinder und sogar Geschwister begleiten einen meist durch alle Höhen und Tiefen des Lebens. Die viel zitierten „Familienbande" sind heute die einzige soziale Sicherheit, die wir haben.

Die Familie ist die soziale und emotionale Keimzelle der Gesellschaft in einer ansonsten vollkommen kopflastigen, über-intellektualisierten Welt. Überall zählen heute Bildung, Wissen, Klugheit, Intelligenz und Intellekt weit mehr als Gefühl und Intuition. Auch „Pisa" hat nur die intellektuellen Fähigkeiten der Kinder abgefragt. Deren soziale oder emotionale Kompetenzen spielten für die Beurteilung keine Rolle. Da die Kinder nicht gut genug waren, soll nun die Intellektualisierung noch stärker und noch früher vorangetrieben werden.

Unseren Kindern bleiben also inzwischen nur noch die ersten drei Jahren, um im „Trainingslager Familie" die Grundlagen für emotionale Intelligenz und soziale Kompetenz zu erwerben. Diese kurze Zeit auch noch zu beschneiden, den Kindern diese Gelegenheit zu rauben wäre ein kapitaler Fehler. „Kapital" hier durchaus auch im wirtschaftlichen Sinne verstanden: Nicht von ungefähr hat das Kinderhilfswerk Unicef die Länder der Welt dazu aufgerufen, vor allem in die ersten drei Jahre des Kleinkindes zu investieren, denn jeder Dollar, den wir für das Kleinkind ausgeben, hilft uns später, sieben Dollar zu sparen.

Eigentlich sollte man meinen, dass die Politik für solche wirtschaftlichen Argumente offen ist und entsprechende familienpolitische Weichen stellt. Aber was den Familien im Augenblick an Unterstützung angeboten wird, das ist Politik nach dem marktwirtschaftlichen Prinzip: „Liefern Sie die Kinder, wir kümmern uns um die Details."

Es ist eine Politik, die in ihrer rationalen, leistungsorientierten und rein materialistischen Ausrichtung geradezu dem Wesen und der Idee der Familie widerspricht. Die Familie ist mehr als eine Wirtschafts- und Konsumgemeinschaft und Kinder sind mehr als ein Organisationsproblem im Leben der modernen Frau. Kinder sind ein Wert an sich. Sie sind unser kostbarstes Gut und unser wertvollstes Kapital. Deshalb kann eine zukunftsorientierte Familienpolitik einzig darin bestehen, für die Familien und damit für die Kinder die optimalen Lebensbedingungen zu schaffen. Das heißt im Klartext:

Wir brauchen Wahlfreiheit und deshalb brauchen wir ein Erziehungsgehalt, statt staatlich subventionierter Fremdbetreuung. Wir brauchen eine Politik, die es Eltern (Müttern und Vätern) ermöglicht, frei zu entscheiden, wer, wann, wo und wie lange ihre Kinder betreut.

Ohne Erziehungsoffensive keine Bildungsoffensive

Josef Kraus

1. Anmerkung

Die Bereitschaft zu erziehen (vgl. „Mut zur Erziehung" als Motto des Jahres 1978) hat in Deutschland erheblich gelitten. Gründe dafür gibt es viele:
- die Diskreditierung der Erziehung als strukturelle Gewalt, als Gewaltausübung, als Repression,
- eine völlig inhomogene Erziehungswissenschaft, die zugleich alles Mögliche und das Gegenteil davon vertritt,
- eine Legislative, die Jugendgesetze ins Extreme liberalisiert (vgl. Disco-Zeiten),
- eine Judikative, die Hasch legalisiert und höchstrichterlich für Killervideos Kunstfreiheit geltend macht,
- eine Vielzahl an (un)heimlichen Miterziehern.

Eine Gesellschaft, die dergleichen zulässt, aber von Eltern und Schule mehr Erziehung fordert, ist verlogen.

Ein anderer Grund für die abnehmende erzieherische Bereitschaft ist die Bequemlichkeit vieler Eltern.

Grundgesetz Artikel 6 wird einseitig nur noch verstanden als Recht der Eltern; der zweite Halbsatz (Erziehung als die den Eltern zuvörderst obliegende Pflicht) scheint vergessen.

Die Folgen kommen in der Schule an: als mangelnde Anstrengungsbereitschaft und als nachlassende kulturelle Neugier.

2. Anmerkung

Ohne Erziehungsoffensive wird es keine Bildungsoffensive geben können.

PISA ist ein Attest für die gesamte Nation, also auch für die Gesellschaft (Freizeit und Spaßgesellschaft) sowie für die Eltern.

Zudem ist die Distanz der Eltern zu Fragen der Schule in Deutschland so groß wie in keinem anderen Land (vgl. PISA).

Wenn es aber zu Hause nicht klappt, dann klappt es in der Schule nicht. Dabei wäre es so einfach: Eltern sollten sich einfach darum kümmern, dass die Kinder richtig essen, dass sie zur rechten Zeit zu Bett gehen, dass sie ihre Hausaufgaben machen, dass Schule Vorrang hat vor Jobinteressen und Konsumwünschen.

3. Anmerkung

Der wichtigste Erziehungsfaktor ist der Faktor Zeit. Das gilt für Schule und Elternhaus. In der Schule haben die Lehrer oft zu wenig Zeit, weil sie zu viele Schüler oder zu viel Stoff haben.

Zu Hause hätten die Eltern die Zeit (bei immer kürzeren Arbeitszeiten), aber sie nehmen sie sich nicht. Vor allem die Väter wollen keine Zeit für Erziehung haben, so dass der einzige Vater, der erzieht, nun der „Vater Staat" sein soll.

Eine „fast education" bringt nichts.

4. Anmerkung

Die Debatte um Ganztagsschule u. dgl. ist paradox – vor allem wenn sie als Beitrag zur Stärkung der Familie verkauft wird. Paradox ist auch, dass unsere Parteien heute querbeet glauben, um so mehr Wählerstimmen zu bekommen, je mehr sie den Eltern versprechen, ihnen die Kinder abzunehmen.

Natürlich ist in Sachen Ganztagsschule Realismus gefordert: Es gibt Gegenden, in denen sie wichtig ist, um die Kinder von der Straße zu holen.

Aber ansonsten ist Skepsis angebracht:

– Was für Eltern gut ist, muss nicht für Kinder gut sein.
– Kinder haben ein Recht auf Eltern.
– Mit Schule total hat man in der Vergangenheit keine guten Erfahrungen gemacht. Als Staatsbürger sollte man deshalb einer weiteren Verstaatlichung der Kindheit und der Erziehung kritisch begegnen.
– Es muss auch ein Leben außerhalb der Schule geben – mit all seiner Vielfalt der Entfaltungsmöglichkeiten.
– Ganztagsschule provoziert, dass viele Eltern noch mehr Erziehung an den Staat delegieren.

5. Anmerkung

Wir brauchen eine seriöse Aufgabenverteilung: Eltern sind für die Erziehung, Schule ist in erster Linie für die Bildung zuständig.

Schulische Omnipotenz ist nicht möglich.

Der schulische Bildungsauftrag hat bereits durch eine Überfrachtung mit allen möglichen Segment- und Bindestricherziehungen gelitten: Medien-, Freizeit-, Konsum-, Gesundheits-, Umwelt-Erziehung u.v.a.m.

Diese Atomisierung des Erzieherischen ist übrigens kein Symptom für waches Erziehungsbewusstsein, sondern Symptom eines Verlustes am Erzieherischen.

6. Anmerkung

Die Familie ist *die* Schule der Alltagskompetenzen und übrigens auch der Demokratie – denn sie vermittelt,

- dass man Regeln für das Zusammenleben braucht,
- dass es legitime Grenzziehungen gibt,
- dass ein Interessenausgleich notwendig und möglich ist,
- dass es knappe Güter (Zeit und Geld) gibt,
- dass es gewaltfreie Konfliktlösungen gibt.

Familie ist zudem aus der Geborgenheit heraus Schule der Empathie und damit Gewaltprophylaxe.

Wir müssen folgende Einsichten unter die Eltern bringen:
- Erziehung darf auch spontan sein, denn sie ist nur ein „begrenzt planbares Unternehmen" (Jaspers).
- Erziehung heißt „In-Anspruch-Nehmen" (Spranger).
- Erziehen heißt „Führen und Wachsenlassen – Wachsenlassen und Führen".

7. Anmerkung

Es gibt auch eine Bildung jenseits von PISA. Es wird höchste Zeit, dass wir uns von der Vorstellung frei machen, Bildung sei alleine das, was PISA misst.

Zur Bedeutung pädagogischer Qualität in der familialen und außerfamilialen Betreuung für die Entwicklung von Kindern im Vorschulalter

Wolfgang Tietze

1. Kinderbetreuung in Abhängigkeit von gesellschaftlichen Rahmenbedingungen und Leitvorstellungen

Die Lebensbedingungen auch von kleinen Kindern im vorschulischen Alter unterliegen einem stetigen gesellschaftlich-historischen Wandel und sind durch kulturelle wie auch subkulturelle Unterschiede geprägt. Ein solcher Wandel wird nicht nur bei einer großräumigen historischen Betrachtungsweise sichtbar (vgl. Ariès 1975, de Mause 1977, Clarke-Stewart 1996) und dokumentiert sich nicht nur in eher globalen kulturvergleichenden Perspektiven (vgl. Cochran 1993, Krüger / Grunert 2002, S. 350ff.), sondern wird auch dann erkennbar, wenn der Rückblick nur wenige Jahrzehnte umfasst oder auch die mehr oder weniger aktuelle Situation analysiert wird (vgl. Baacke 1999, Bundesministerium für Familie, Senioren, Frauen und Jugend 1998a). Ein solcher Wandel ist nicht nur bei ausdifferenzierten Lebensformen von älteren Kindern zu beobachten, sondern zeigt sich nicht zuletzt auch in den für das Überleben und Aufwachsen von jungen Kindern elementaren Betreuungssituationen.

Die Abhängigkeit der Kinderbetreuungsformen vom jeweils gegebenen kulturellen Selbstverständnis und von gesellschaftlich-politischen Rahmenbedingungen ist in kaum einem anderen Land klarer erkennbar als in Deutschland mit seinen ehemals beiden Teilstaaten und sehr gegensätzlichen Gesellschaftsformen, wie sie sich in der Zeit nach dem zweiten Weltkrieg entwickelten. Dabei war die Ausgangssituation zunächst gleichartig.

Wie Tabelle 1 zeigt, lag die Versorgung mit Kindergartenplätzen zunächst in beiden deutschen Teilstaaten um 1950 bei jeweils 30 %. In der DDR wurde dem Kindergarten von Anfang an eine wichtige gesellschaftliche Aufgabe zugedacht: Er sollte einen Beitrag für eine *verbesserte Volksbildung* leisten und möglichst *viele Mütter für den Arbeitsprozess freistellen*. In organisatorischer Hinsicht hatte dies eine Ausweitung der Plätze, eine Umstellung auf Ganztagsbetrieb sowie die Gründung zahlreicher Betriebs-Kindergärten zur Folge (Barow-Bernstorff et al. 1986; Boeckmann 1993). Ökonomische (weniger pädagogische) Gründe, nämlich die Einbeziehung auch von Müttern mit kleinen Kindern in den Produktionsprozess, waren ausschlaggebend auch für den Ausbau von Krippenplätzen. Dies komt darin zum Ausdruck, dass in der Anfangsphase der DDR rund die Hälfte der Krippen als Betriebskrippen geführt wurden und es einen hohen Anteil an Wochenkrippen für die Kinder Schicht arbeitender und studierender Mütter sowie Saisonkrippen für die in der Landwirtschaft arbeitenden Mütter gab. Seit Mitte der 70er-Jahre stand praktisch jedem Kind ein Kindergartenplatz zur Verfügung und Ende der 80er-Jahre war praktisch für rund 80 % der tatsächlich in Frage kommenden Kinder ein Krippenplatz gegeben (Bezugsgröße: Kinder von 1 bis unter 3 Jahren; Kinder im ersten Lebensjahr wurden während des „Babyjahres" der Mütter zumeist zu Hause betreut).

Abbildung 1: Entwicklung der Kindergarten- und Krippenversorgung im Gebiet der alten und neuen Bundesländer seit 1950 (in Prozent)

Jahr	Alte Bundesländer		Neue Bundesländer	
	Krippe[1]	**Kindergarten**[2]	**Krippe**[1]	**Kindergarten**[2]
1950	0,4	29,1	6,3	ca. 30,0
1960	0,7	28,1	9,9	49,4
1970	0,7	32,9	23,6	69,1
1980	1,5	67,5	40,5	98,8
1990	1,8	67,1	55,2 (1989)	97,4 (1989)
1994	2,2	73,0	41,4	> 100
1998	2,8	87,0	36,3	> 100

1) Plätze bezogen auf Kinder unter 3 Jahren
2) Plätze bezogen auf Kinder von 3–6; 6 Jahren

Quellen: Tietze 1993, 1998; Statistisches Bundesamt 2001

In den alten Bundesländern wurde dem Kindergarten zunächst weder eine Bildungsfunktion noch eine generelle Entlastungsfunktion für erwerbstätige Mütter zugedacht. Im Kontext der Restaurierung eines bürgerlichen Frauen- und Mütterlichkeitsbildes mit der ausschließlichen Zuständigkeit der Mutter für das kleine Kind (Paterak 1999; Sommerkorn 1988) blieb es bei der aus dem 19. Jahrhundert stammenden Notlagenindikation für den Kindergarten und einem bildungs-, sozial- und familienpolitischen Desinteresse an dem Ausbau dieser Institution. Noch in der zweiten Hälfte der 50er-Jahre äußerte sich der erste bundesrepublikanische Familienminister dementsprechend kritisch hinsichtlich der Erweiterung des Kindergartenangebots: „Dabei ist allerdings sehr sorgfältig zu überprüfen, inwieweit die Familie durch die Schaffung solcher Sozialeinrichtungen zwar von außen geschützt, aber von innen entkräftet wird" (Wuermeling 1957, zit. nach Haensch 1969, S. 109).

Eine starke Ausweitung des Platzangebots in Kindergärten begann erst Ende der 60er-Jahre, als dem Kindergarten (nun unter dem Titel vorschulischer Erziehung) im Kontext der Bemühungen um Ausschöpfung von Begabungsreserven und einer kompensatorischen Erziehung für Kinder aus benachteiligten Familienmilieus ein hoher bildungspolitischer Stellenwert zuerkannt wurde und er nun zum Elementarbereich des gesamten Bildungswesens erklärt wurde (Deutscher Bildungsrat 1970). Dementsprechend verdoppelte sich die Versorgungsquote in weniger als einem Jahrzehnt (1970–1980). Als seit den 80er-Jahren immer mehr Mütter in den Arbeitsmarkt drängten (die bundesrepublikanische Gesellschaft hatte ihren Arbeitskräftebedarf anders als die DDR in den zurückliegenden Jahrzehnten nicht durch die Einbeziehung von Frauen und Müttern in den Arbeitsprozess, sondern durch die Anwerbung von sog. Gastarbeitern befriedigt), wurden auch die Forderungen nach erweiterten Öffnungszeiten und mehr Ganztagsplätzen im Kindergarten immer lauter, um auf diese Weise erwerbstätige Mütter zu entlasten (Tietze / Roßbach / Roitsch 1993).

Der Ausbau des Kindergartenwesens erhielt in den alten Bundesländern allerdings erst in den 90er-Jahren die entscheidende Schubkraft, nachdem 1992 im Zuge der Reform des § 218 der Rechtsanspruch auf einen Kindergartenplatz als soziale Begleitmaßnahme zum Schutz des ungeborenen Lebens in das Kinder- und Jugendhilfegesetz (KJHG) aufgenommen worden war. Die im Kindergartenbereich feststellbaren Reformbemühungen erreichten allerdings den Krippenbereich nicht, auch wenn seit Mitte der 80er-Jahre offiziöse Dokumente (vgl. z. B. Bundesministerium für Familie, Senioren, Frauen und Jugend 1986) ein nachhaltiges institutionelles Angebot auch für die unter Dreijährigen forderten, dieses auch pädagogisch begründeten und eine Expertenkommission beim Bundesministerium für Frauen und Jugend schon 1992 eine zur Herkunftsfamilie ergänzende Betreuung für 20 % der unter dreijährigen Kinder für erforderlich hielt (vgl. Roßbach 1996), eine Forderung, die erst heute, zehn Jahre später, in den Stand politischer Programmatik gehoben wurde. In einer Mischung aus konservativen familien- und arbeitsmarktpolitischen Erwägungen setzte die bundesrepublikanische Politik entgegen dem ordnungspolitischen Diktum der Wahlfreiheit für Eltern durch Erziehungsgeld- und Erziehungsurlaubsregelungen einseitig auf eine öffentliche Unterstützung der Betreuung von unter Dreijährigen *in* der Familie.

Nach einer Berechnung von Tietze, Roßbach und Roitsch (Tietze / Roßbach / Roitsch 1993, S. 135 f.) betrugen im Jahr 1990 die Aufwendungen der Öffentlichen Hand für die institutionelle Betreuung der unter Dreijährigen weniger als 3 % der Aufwendungen für Erziehungsgeld als der zentralen Unterstützungsmaßnahme für die Betreuung kleiner Kinder *in* der Familie. Die Versorgung mit Betreuungsplätzen für die unter Dreijährigen ist zwar, wie sich der Tabelle 1 entnehmen lässt, in den letzten Jahren in den alten Bundesländern leicht angestiegen, bewegt sich aber, auch im EU-europäischen Vergleich nach wie vor auf einem sehr niedrigen Niveau. In den beiden deutschen Gesellschaften in Ost und West sind somit in der Nachkriegszeit in Abhängigkeit von den gesellschaftlichen Bedingungen sehr differente Entwicklungen zu verzeichnen, die die alten und neuen Bundesländer im EU-europäischen Vergleich auch heute noch an entgegengesetzten Polen des öffentlich geförderten Betreuungsspektrums angesiedelt erscheinen lassen (Tietze / Cryer 1999), auch wenn sich die Gegebenheiten in den letzten zehn Jahren einander angenähert haben.

2. Exklusivität der Mutterbetreuung – ein historisches Leitbild

Der gesellschaftliche und in bestimmten Hinsichten auch der wissenschaftliche Diskurs bezüglich der Betreuung von Kindern im vorschulischen Alter ist zumindest in den alten Bundesländern auch heute noch vielfach angeleitet durch eine Voreinstellung, die die exklusive Betreuung durch die Mutter als die natürliche Form der Betreuung zumindest des jungen Kindes betrachtet. Damit wird eine an einen engen historischen Kontext angebundene Rolle der Mutter, die zudem nur für eine Minderheit von Müttern galt (Paterak 1999; Schütze 1991), ontologisiert und zum Maßstab erhoben.

Es ist ein in der zweiten Hälfte des 18. Jahrhunderts sich herausbildendes Mutterbild, für das Rousseau in seinem epochemachenden Erziehungsroman „Emile" 1762 den Auftakt gab: „Auf die erste Erziehung kommt es am meisten an, und diese erste Erziehung ist unbestreitbar Sache der Frauen. Wenn der Schöpfer der Natur gewollt hätte, dass sie Sache der Männer sei, er hätte ihnen Milch gegeben, die Kinder zu ernähren. Sprecht also in euren Abhandlungen über Erziehung immer vorzugsweise zu Frauen ..." (Rousseau 1958, S. 10). Mediziner und Pädagogen, besonders aus dem Umkreis des Philanthropismus, füllten diese Programmatik in wissenschaftlichen Werken und Traktaten aus, so dass Friedrich Schiller in seinem berühmten Lied von der Glocke einem nun als modern geltenden Bild von Familie, Mutter und Kinderbetreuung eine einprägsame literarische Gestalt geben konnte: „Der Mann muss hinaus / ins feindliche Leben, / muss wirken und streben / ... / Und drinnen waltet / die züchtige Hausfrau, / die Mutter der Kinder, / und herrschet weise / im häuslichen Kreise".

Gemessen an diesem Leitbild, das in der Folgezeit bis heute immer nur von einer Minderheit von Familien gelebt werden konnte, müssen die verschiedenen Formen nicht-mütterlicher Betreuung von kleinen Kindern als defizitär gelten. Indessen belegen historische Betrachtungen (Ariès 1985; Rosenbaum 1982; Sieder 1987) und kulturvergleichende Studien (Weisner / Gallimore 1977) in allen untersuchten Gesellschaften hohe Zeitanteile nicht-mütterlicher Betreuung auch für Kleinkinder.

Historisch neu für die meisten Gegenwartsgesellschaften in den entwickelten Ländern (wie auch in zahlreichen Entwicklungsländern) ist allerdings die Tatsache, dass sich in einem in Europa vor rund zweihundert Jahren begonnenen, in den letzten drei bis vier Jahrzehnten weltweit rapide beschleunigten Prozess, die Betreuung auch von kleinen Kindern aus dem informellen Bereich der erweiterten Familie, der Nachbarschaft und entsprechender Netzwerke in den formellen Bereich spezialisierter Betreuungsinstitutionen verlagert hat (vgl. Cochran 1993). Damit hat sich die Verantwortung für die Betreuung von Kindern von einer vorwiegend nur privaten Angelegenheit zu einer geteilten Aufgabe entwickelt, an der die Herkunftsfamilie des Kindes und die Öffentlichkeit in gleicher Weise beteiligt sind (Krappmann 1996; Bundesministerium für Familie, Senioren Frauen und Jugend 1998).

3. Einfluss von Familie und Kindergarten auf die kindliche Entwicklung

Wie der allgemeine gesellschaftliche Diskurs hat sich auch die Forschung zu Betreuungssituationen und deren Auswirkungen auf die Entwicklung von Kindern schwer getan, den epochalen Wandel von einem Konzept, das die Betreuung des kleinen Kindes als Aufgabe primär der Mutter sieht, hin zu einem Konzept geteilter und damit gemeinsamer Zuständigkeit von Herkunftsfamilie und Öffentlichkeit, nachzuvollziehen. Bei den frühen Untersuchungen während des vergangenen halben Jahrhunderts finden wir vielmehr von vornherein in den Untersuchungsplänen eine Betrachtungsweise angelegt, die in den institutionellen familienergänzenden Betreuungsformen potenzielle Defizite und Gefahren erblickt. Erst in den letzten Jahren finden sich verstärkt Untersuchungsdesigns, die beide Betreuungsformen und Sozialisationsfelder, die Familie und die Einrichtung, jeweils angemessen zu repräsentieren und in ihren jeweiligen Qualitäten genauer zu untersuchen suchen (vgl. Tietze et al. 1998, S. 24ff.).

Nach unseren eigenen empirischen Untersuchungen kommt der pädagogischen Qualität in beiden Erziehungs- und Betreuungsumwelten, der Familie und dem Kindergarten, ein hoher Stellenwert für die Entwicklung von Kindern zu, wenn auch mit unterschiedlichem Gewicht. Im Extremfall finden wir bei Kindern im Vorschulalter Entwicklungsunterschiede von bis zu einem Jahr, die auf Unterschiede in der Kindergartenqualität zurückgeführt werden können. Danach hätte dasselbe Kind in einem qualitativ extrem schwachen Kindergarten den Entwicklungsstand eines Vierjährigen, in einem Top-Kindergarten den Entwicklungsstand eines Fünfjährigen. Noch größer sind allerdings die Entwicklungsunterschiede bei Kindern, die auf die Qualität der Familie zurückgeführt werden können. Die Beziehungen zwischen der pädagogischen Qualität der Betreuungs- und Erziehungsumwelt in der Familie und dem kindlichen Entwicklungsstand sind nämlich noch enger als die zwischen der Qualität des Kindergartens und dem kindlichen Entwicklungsstand (vgl. Tietze et al. 1998, S. 315ff.). Dieses Ergebnis steht im Einklang mit zahlreichen Befunden aus der Schuleffektivitätsforschung, bei denen ebenfalls ein stärkerer familialer als institutioneller (schulischer) Einfluss auf die – in diesem Fall – Schulleistungsentwicklung von Kindern berichtet wird (vgl. z.B. Roßbach / Tietze 1996; Scheerens / Bosker 1997).

Der Befund einer deutlich höheren Erklärungskraft der Qualität der Familie als der Qualität des Kindergartens für den kindlichen Entwicklungsstand bedarf allerdings einer angemessenen Einordnung. Zum einen ist zu berücksichtigen, dass der Kindergarten bei den meisten Kindern erst deutlich nach dem dritten Lebensjahr wirksam wird, da die meisten Kinder erst dann in eine institutionelle Bildung, Betreuung und Erziehung einbezogen werden. Demgegenüber hat die Familie zu diesem Zeitpunkt in ihren entwicklungsrelevanten Bedingungen ihren Einfluss bereits über mehrere Jahre entfaltet und übt ihn selbstverständlich auch weiter aus, nachdem die Kinder in den Kindergarten eingetreten sind. Man wird hier also von ganz unterschiedlichen „Mächtigkeiten" ausgehen müssen. Daneben ist zu berücksichtigen, dass die Beziehung zwischen kindlichem Entwicklungsstand und Qualität der Familie (anders als beim Kindergarten) nicht im Sinne einer reinen Person-Umwelt-Beziehung betrachtet werden kann. Die Kinder sind mit ihren Eltern verwandt. Insofern muss die Wirksamkeit hereditärer Faktoren berücksichtigt werden. Anders ausgedrückt, bei der engen Beziehung zwischen Qualität der Familie und der kindlichen Entwicklung haben wir es mit einer Konfundierung von hereditären und Umweltfaktoren zu tun (Maccoby 2000), die dazu führt, dass die Bedeutung der Familie in ihrer Eigenschaft als pädagogischer Raum für die kindliche Entwicklung im Rahmen unserer Analyse tendenziell überschätzt wird.

4. Fachpraktische und fachpolitische Schlussfolgerungen

Die Ergebnisse aus unseren Forschungen reihen sich ein in den internationalen Erkenntnisstand und zeigen, dass sowohl in den pädagogischen Umwelten in den Familien der Kinder als auch in den pädagogischen Umwelten, die durch die jeweiligen Kindergartenumwelten gebildet werden, große Potenziale für die Entwicklung von Kindern liegen. Eine Fachpraxis wie auch eine Fachpolitik, die darauf gerichtet sind, diese Potenziale für die Entwicklung und Förderung von Kindern zu nutzen, sollten sich u.a. an den folgenden vier Gesichtspunkten orientieren:

1. Für Fachpraxis und Fachpolitik ergibt sich die Verpflichtung, ein möglichst hohes Niveau an pädagogischer Qualität in den Kindertagesstätten zu sichern. Der gegenwärtige Stand kann dabei nicht befriedigen (vgl. Tietze et al. 1998). Fachpolitische Entscheidungen auf Länderebene haben in den 90er-Jahren zu einem Abbau von Qualitätsstandards beigetragen (vgl. Reidenbach 1996). Zu einem nicht unerheblichen Teil wurde der mit dem Rechtsanspruch auf einen Kindergartenplatz erforderliche Ausbau des Systems durch Absenkung von Standards finanziert. Deutsche wie zahlreiche internationale Untersuchungen belegen, dass die Qualität pädagogischer Prozesse in den Einrichtungen in einem erheblichen Maße von den politisch verantworteten Strukturbedingungen abhängt und bei ihrer Absenkung zwangsläufig, zum Nachteil der Kinder, leidet.

Wie bei der Etablierung des Rechtsanspruchs auf einen Kindergartenplatz in den 90er-Jahren ist bei der gegenwärtig dringend anstehenden und politisch gewollten Erweiterung des Platzangebots für die unter dreijährigen Kinder in den alten Bundesländern (vgl. Koalitionsvertrag der rot-grünen Bundesregierung aus dem Jahr 2002) wiederum die Gefahr nicht auszuschließen, dass die quantitative Expansion auf Kosten der Qualität erfolgt. Ob im Bereich institutioneller Betreuung, Bildung und Erziehung für die unter Dreijährigen oder im Bereich der Tagespflegebetreuung, gilt: Es sollte in Deutschland einen Anschluss an den durch Untersuchungen untermauerten internationalen Konsens bezüglich relevanter Strukturbedingungen (z.B. Erzieher-Kind-Schlüssel, Ausbildung des Fachpersonals) geben.

Allerdings hängt die Qualität der pädagogischen Arbeit nicht nur an strukturellen Rahmenbedingungen. Vielmehr gilt es auch in inhaltlicher Hinsicht den Rückstand zu überwinden, der sich beispielsweise im Fehlen eines Curriculums und von klaren Orientierungen der pädagogischen Arbeit dokumentiert. Im Hinblick auf den letztgenannten Aspekt scheint sich ein gewisses Umdenken anzubahnen. So wurde vom Bundesministerium für Familie, Senioren, Frauen und Jugend (vgl. Tietze / Viernickel 2002) eine nationale Qualitätsinitiative im System der Tageseinrichtungen für Kinder gestartet, die zum Ziel hat, im Rahmen von Modellprojekten Kataloge von Qualitätskriterien sowie darauf bezogene Verfahren zur internen und externen Evaluation zu entwickeln. Als Produkt aus dieser Initiative liegt u. a. mittlerweile ein nationaler Kriterienkatalog vor, der „beste Fachpraxis" konzeptübergreifend beschreibt und damit dem pädagogischen Fachpersonal wie auch Trägern von Einrichtungen eine verlässliche Orientierung für die pädagogische Arbeit geben will (vgl. Tietze / Viernickel 2002). Ebenfalls sind verschiedene Bundesländer dabei, Rahmenpläne für die Bildungsarbeit in Kindergärten zu entwickeln. Neben solchen Ansätzen sollten in Zukunft auch Bemühungen um ein pädagogisches Gütesiegel von Kindertagesstätten verfolgt werden, ein Gütesiegel, das das pädagogische Personal selbst, die Träger, vor allem aber die Eltern, die ihr Kind einer Einrichtung anvertrauen, verlässlich über die dort gegebene pädagogische Qualität informiert. (vgl. Spieß / Tietze 2001).

2. Die Entwicklung und Sicherung pädagogischer Qualität stellt sich als fachpraktische und fachpolitische Aufgabe allerdings nicht nur für die institutionellen, sondern in gleicher Weise auch für die familialen Erziehungs- und Betreuungsumwelten. Wie die Prozessqualität in den Einrichtungen ist auch die Qualität pädagogischer Prozesse in den Familien, also die Qualität des erzieherischen Umgangs mit dem Kind, die Erfahrungen, die ein Kind machen kann, und der Anregungsgehalt seiner familialen Umwelt abhängig von Strukturbedingungen wie Wohnraum, finanziellen Ressourcen und auch zeitlichen Ressourcen der Eltern (vgl. Tietze et al. 1998, S. 120ff). Wie schnell hier Familien mit Kindern in eine – zumindest relative – Armut verfallen können, haben die im Zehnten Kinder- und Jugendbericht (Bundesministerium für Familie, Senioren, Frauen und Jugend 1998b) zusammengetragenen Befunde deutlich gemacht. Dass die staatliche Ordnung ihren diesbezüglichen grundgesetzlichen Auftrag, solche Benachteiligungen nachhaltig zu mindern, nur unzureichend wahrnimmt, ist durch höchstrichterliche Rechtssprechung belegt (vgl. Urteil des BVerfG vom 10.11.1998) und bleibt eine Herausforderung an die Kinder- und Familienpolitik der nächsten Jahre.

Allerdings wird sich die pädagogische Prozessqualität in den Familien nicht nur auf dem indirekten Wege über Verbesserungen struktureller (letztlich finanzieller) Bedingungen in den Familien sichern und verbessern lassen. Vielmehr wird es in Zukunft auch darauf ankommen, die pädagogische Kompetenz von Eltern über eine entsprechende staatliche Unterstützung direkt zu stärken.

Beispielsweise fließen seit der Einführung der Erziehungsgeld- und Erziehungsurlaubsregelungen im Jahre 1985 und ihrer sukzessiven Erweiterungen in der Folgezeit erhebliche öffentliche Mittel, die eine Betreuung des Kindes in seiner Familie erleichtern sollen. Die Maßnahmen sind politisch so ausgelegt, dass sie in einem engen Bezug zu Beschäftigungs- und Arbeitsmarktfragen stehen, jedoch keine Steuerungskomponenten für eine Verbesserung pädagogischer Qualität in den Familien enthalten. Angesichts der hohen entwicklungsrelevanten Variabilität bei der pädagogischen Qualität der Familien wäre indessen zu prüfen, inwieweit solche öffentlichen Leistungen für eine familiale Betreuung – etwa beim Erziehungsgeld – auch für eine Verbesserung pädagogischer Qualität in Familien genutzt werden können. Zu denken wäre etwa daran, dass entsprechende öffentliche Leistungen an die Bereitschaft von Eltern geknüpft werden, an Elternbildungsprogrammen teilzunehmen, freilich ohne dass deren Inhalte staatlicherseits festgeschrieben würden. Die plurale Struktur, die es bei Trägern der institutionellen Betreuung gibt, könnte als Muster auf die Trägerschaft einer breit angelegten Elternbildung übertragen werden.

3. Die über viele Jahre ideologisch geprägte Debatte, die familiale Betreuung von Kindern gegen eine institutionelle auszuspielen, erscheint obsolet. Sie geht nicht nur an der faktischen Lebenslage vieler Kinder und Familien vorbei, bei denen sich längst ein je nach Familiensituation variierendes Mischungsverhältnis von familialer und institutioneller Betreuung im Familienalltag etabliert hat, sondern muss in ihrer Undifferenziertheit auch aus wissenschaftlicher Sicht als überholt gelten. Pädagogische Qualität, die für Wohlbefinden und Entwicklungsförderung des Kindes erforderlich ist, kann in jeder der Erziehungs- und Betreuungsumwelten, Familie oder Einrichtung, in nur unzureichender Form gegeben sein. Solchen Gefährdungen in Familien und Einrichtungen entgegenzuwirken, möglichst allen Kindern in hohem Grade entwicklungsfördernde Bedingungen in ihren familialen und institutionellen Umwelten bereitzustellen, bildet eine gemeinsame gesellschaftliche Herausforderung.

4. Dabei muss vor dem Irrglauben gewarnt werden, als könne die Qualität in einer der beiden pädagogischen Umwelten Unzulänglichkeiten und Defizite der jeweils anderen einfach kompensieren. In diesem Sinne hat sich die Erwartung, die im Rahmen der kompensatorischen Erziehung in Zuge der Bildungsreform Ende der 60er-Jahre gehegt wurde (Deutscher Bildungsrat 1970) und teilweise auch noch heute gehegt wird, nämlich durch qualitativ hochwertige institutionelle Angebote familienbedingte Entwicklungsdefizite von Kindern ausgleichen zu können, als nicht realistisch erwiesen. Die Familie in ihrer Kombination von hereditären Faktoren und Umweltbedingungen beinhaltet ein hochgradig entwicklungsdifferenzierendes Potenzial, das institutionell nicht vollständig gegenbalanciert werden kann.

Ebenso ist es eine unrealistische Erwartung, dass die speziellen pädagogischen Erfahrungen, die ein Kind in der Gruppe der Gleichaltrigen in einer kindgerechten institutionellen Umwelt macht (vgl. Viernickel 2000), in einem guten Familiensetting auch schon immer gegeben seien. Eine „neue Kultur des Aufwachsens" in unserer Gesellschaft, wie sie in letzter Zeit zunehmend gefordert wird (vgl. Krappmann 1996; Bundesministerium für Familie, Senioren, Frauen und Jugend 1998b), muss auf beide Säulen, die Familien und die Tageseinrichtungen, setzen. Die damit gegebene gemeinsame gesellschaftliche Verantwortung für die nachwachsende Generation ist dabei an zwei Voraussetzungen gebunden: Sie benötigt einen gesellschaftlichen Konsens, Familien und Institutionen die für gute Bildung, Betreuung und Erziehung der Kinder erforderlichen Ressourcen bereitzustellen. Und sie ist auf fachlich und politisch intelligente Steuerungssysteme angewiesen, damit diese Ressourcen für eine das Wohlbefinden und die Entwicklung von Kindern fördernde pädagogische Qualität in Familien *und* Einrichtungen tatsächlich genutzt werden.

Literatur

Ariès, P. (1985): *Geschichte der Kindheit*. München: Dtv.

Baacke, D. (1999): *Die 0–5-Jährigen. Einführung in die Probleme der frühen Kindheit*. Weinheim: Juventa.

Barow-Bernstorff, E. / Günther, K.-H. / Krecker, M. / Schuffenhauer, H. (Hg., 1986): *Beiträge zur Geschichte der Vorschulerziehung*. (7. überarb. Aufl.). Berlin (Ost): Volk und Wissen.

Boeckmann, B. (1993): *Das Früherziehungssystem der ehemaligen DDR*. In: W. Tietze / H.-G. Roßbach (Hg.): *Erfahrungsfelder in der frühen Kindheit. Bestandsaufnahme, Perspektiven*. Freiburg: Lambertus, S. 168–212.

Bundesministerium für Familie, Senioren, Frauen und Jugend (Hg., 1996): *Siebter Kinder- und Jugendbericht. Jugendhilfe und Familie – die Entwicklung familienunterstützender Leistungen der Jugendhilfe und ihre Perspektiven*. Bonn.

Bundesministerium für Familie, Senioren, Frauen und Jugend (Hg., 1998 a): *Kinder und ihre Kindheit in Deutschland*. Stuttgart: Kohlhammer.

Bundesministerium für Familie, Senioren, Frauen und Jugend (Hg., 1998 b): *Zehnter Kinder- und Jugendbericht. Bericht über die Lebenssituation von Kindern und die Leistungen der Kinderhilfen in Deutschland*. Bonn.

Clarke-Stewart, A. (1996): *Geschichte der Kleinkinderziehung in Amerika*. In: W. Tietze (Hg.): *Früherziehung. Trends, internationale Forschungsergebnisse, Praxisorientierungen*. Neuwied: Luchterhand, S. 30–45.

Cochran, M. (Hg., 1993): *International Handbook of Childcare Policies and Programs*. Westport: Greenwood Press.

DeMause, L. (Hg., 1980): *Hört ihr die Kinder weinen? Eine psychogenetische Geschichte der Kindheit*. Frankfurt/Main: Suhrkamp.

Deutscher Bildungsrat (1970): *Strukturplan für das Bildungswesen*. Stuttgart: Klett.

Haensch, D. (1969): *Repressive Familienpolitik*. Hamburg: Rowohlt.

Krappmann, L. (1996): *Kinderbetreuung als kulturelle Aufgabe*. In: W. Tietze (Hg.): *Früherziehung, Trends, internationale Forschungsergebnisse, Praxisorientierungen*. Neuwied: Luchterhand, S. 20–29.

Krüger, H.-H. / Grunert, C. (Hg., 2002): *Handbuch der Kindheits- und Jugendforschung*. Opladen. Leske und Bundrich.

Maccoby, E. E. (2000): *Parenting and its effects on children: on reading and misreading behavior genetics.* In: Annual Reviews of Psychology, 51, S. 1–27.

Paterak, H. (1999): *Institutionelle Früherziehung im Spannungsfeld normativer Familienmodelle und gesellschaftlicher Realität.* Münster: Waxmann.

Reidenbach, M. (1996): *Kommunale Standards in der Diskussion. Setzung und Abbau von Standards am Beispiel der Kindergärten.* Berlin: Deutsches Institut für Urbanistik.

Roßbach, H.-G. (1996): *Bildungsökonomische Aspekte in der Weiterentwicklung des Früherziehungssystems.* In: W. Tietze (Hg.): *Früherziehung. Trends, internationale Forschungsergebnisse, Praxisorientierung.* S. 279–293. Neuwied: Luchterhand.

Roßbach, H.-G. / Tietze, W. (1996): *Schullaufbahnen in der Primarstufe.* Münster: Waxmann.

Rosenbaum, H. (1982): *Formen der Familie.* Frankfurt/Main: Suhrkamp.

Scheerens, J. / Bosker, R. (1997): *The foundations of educational effectiveness.* Oxford: Elsevier.

Schütze, Y. (1991): *Die gute Mutter. Zur Geschichte des normativen Musters „Mutterliebe".* Schriftenreihe des Instituts Frau und Gesellschaft. Bielefeld: Kleine.

Sieder, R. (1987): *Sozialgeschichte der Familie.* Frankfurt/Main: Suhrkamp.

Tietze, W. (1993): *Institutionelle Erfahrungsfelder für Kinder im Vorschulalter. Zur Entwicklung vorschulischer Erziehung in Deutschland.* In: W. Tietze / H.-G. Roßbach (Hg.): *Erfahrungsfelder in der frühen Kindheit. Bestandsaufnahme, Perspektiven.* Freiburg: Lambertus, S. 98–125.

Tietze, W. / Roßbach, H.-G. / Roitsch, K. (1993): *Betreuungsangebote für Kinder im vorschulischen Alter. Ergebnisse einer Befragung von Jugendämtern in den alten Bundesländern* (Schriftenreihe des Bundesministeriums für Frauen und Jugend 14). Stuttgart: Kohlhammer.

Tietze, W. (Hg.) / Meischner, T. / Gänsfuß, R. / Grenner, K. / Schuster, K.-M. / Völkel, P. / Roßbach, H.-G. (1998): *Wie gut sind unsere Kindergärten? Eine Untersuchung zur pädagogischen Qualität in deutschen Kindergärten.* Neuwied, Kriftel, Berlin: Luchterhand.

Tietze, W. / Viernickel, S. (Hg.) (2002): *Pädagogische Qualität in Tageseinrichtungen für Kinder. Ein nationaler Kriterienkatalog.* Weinheim, Berlin, Basel: Verlagsgruppe Beltz.

Viernickel, S. (2000): *Spiel, Streit, Gemeinsamkeit. Einblicke in die soziale Kinderwelt der unter Zweijährigen.* Landau: Verlag Empirische Pädagogik.

Viernickel, S. / Tietze, W. (2002): *Pädagogische Orientierungen von Müttern und Erzieherinnen in Ost- und Westdeutschland.* Empirische Pädagogik, 16, S. 237–253.

Weisner, T. S. / Gallimore, R. (1977): *My brother's keeper: Child and sibling caretaking.* Current Anthropology, 18, S. 971–975.

Aufwachsen in öffentlicher Verantwortung – Bildung von Anfang an

Norbert Hocke

70 % der Mütter mit Kindern unter 12 Jahren wollen nach einer im Jahr 2000 durchgeführten Studie des Deutschen Instituts für Wirtschaftsforschung und des Max-Planck-Instituts für Bildungsforschung in Berlin mindestens eine Teilzeitbeschäftigung.[1] Mehr als 40 % der Mütter waren jedoch tatsächlich nicht erwerbstätig. Die Hauptursache dafür sei die fehlende Möglichkeit, Kinder in Kindertagesstätten unterzubringen. 30 % der halbtags arbeitenden Mütter mit Kindern im Alter von 0 bis 12 Jahren würden gerne länger arbeiten. Die Ergebnisse wurden am 4. Juni 2002 von der Ministerin für Familie, Senioren, Frauen und Jugend, Dr. Christine Bergmann der Öffentlichkeit vorgestellt.[2]

In einer Online-Umfrage mit 170.000 Teilnehmerinnen – der größten Online-Umfrage in Europa – fragte das McKinsey-Institut unter der Überschrift „Perspektive Deutschland": „Wo sehen Sie den Staat in der Pflicht und wo sehen Sie Dinge, die Sie selbst in die Hand nehmen würden?" 58 Prozent wollten den Staat beim Thema Arbeitsmarkt in die Pflicht nehmen und 51 Prozent beim Themenbereich Kindheit und Familie. 7 von 10 berufstätigen Müttern von Kindern im Vorschulalter würden gern eine Berufstätigkeit aufnehmen, wenn sie für ihr Kind einen Kindergartenplatz bekämen.[3] Zu einem ähnlichen Ergebnis kommt die Zeitschrift „Brigitte" in einem Dossier über die Wünsche von Frauen zur Vereinbarkeit von Familie und Beruf.[4]

Was heißt öffentliche Verantwortung für Bildung und Erziehung? In den Empfehlungen des 11. Kinder- und Jugendberichtes der Bundesregierung[5] sind dazu Ausführungen gemacht: „Es besteht eine öffentliche Verantwortung für das Aufwachsen von Kindern und Jugendlichen … Ziel einer solchen umfassenden Politik für junge Menschen ist, dass unabhängig von der Region, in der ein Mensch aufwächst, von seinem Geschlecht und vom sozialen, ökonomischen und kulturellen Kapital seiner Familie gleiche Lebenschancen für alle Kinder und Jugendlichen entstehen. Die Kommission fordert für alle Lebensbereiche die politische Gestal-

---

1   http://www.bmfsfj.de/Anlage21105/Kurzfassung_der_Studie.pdf
2   http://www.bmfsfj.de/top/dokumente/Pressemitteilung/ix_82894.htm?template=single&id=
    82894&script=1&ixepf=_82894
3   http://www.perspektive-deutschland.de/index.shtml
4   http://www.brigitte.de/frau/familie/fragebogen_resonanz/index.html
5   kostenlos erhältlich unter: 0180/5329329 oder: broschuerenstelle@bmfsfj.bund.de

tung nachhaltig förderlicher Bedingungen für das Aufwachsen von Kindern und Jugendlichen. Öffentliche Verantwortung heißt nicht „Verstaatlichung von Erziehung und Bildung", sondern im Gegenteil die Stärkung der Erziehungskompetenzen der Eltern und der Bildungskompetenzen der Kinder und Jugendlichen ... Alle in Deutschland lebenden Kinder und Jugendliche haben ein Recht auf umfassende Teilhabe an und ungehinderten Zugang zu den sozialen, ökonomischen, ökologischen und kulturellen Ressourcen der Gesellschaft. Die Einlösung dieses Rechts ist Aufgabe und sollte Ziel aller Politik- und gesellschaftlichen Bereiche in Deutschland sein" (S. 53).

Zur Umsetzung empfiehlt die Kommission: „Die bessere Förderung der infrastrukturellen Angebote hat Vorrang vor der Erweiterung der individuellen finanziellen Transferleistungen (die Erhöhung des Kindergeldes, Familienlastenausgleich etc.), schränkt aber die Subjektförderung keinesfalls ein. ... Bedingungen für ein gelingendes Aufwachsen sind neben der Stärkung der familialen Erziehung und Bildung qualitative Angebote für die Erziehung, Bildung und Betreuung aller Kinder in Kindertageseinrichtungen sowie verlässliche Schulzeiten" (S. 54).

Geradezu ein Kontrastprogramm dazu bietet die PISA-Studie. Der Berliner Tagesspiegel beschreibt deren Ergebnisse am 18.3.2002 außerordentlich drastisch: „Einmal Verlierer, immer Verlierer. In keiner anderen Industrienation ist die Schullaufbahn so abhängig vom gesellschaftlichen Status der Eltern. Zugleich werden sozialbedingte Lernnachteile durch das dreigliedrige System: Hauptschule/Realschule/Gymnasium nicht etwa ausgeglichen, vielmehr werden sie durch das große Qualitätsgefälle in den Schultypen noch verstärkt. In keinem der untersuchten 32 Länder klaffen die Leistungen zwischen Kindern der Unterschicht und der Oberschicht derart auseinander. Einmal Verlierer, immer Verlierer. Die sich seit einigen Monaten beharrlich haltende Diagnose einer neuen „Bildungskatastrophe" verniedlicht noch den eigenen Skandal. Das deutsche Schulsystem schafft soziale Ungleichheit nicht etwa ab, es verschärft sie. Neu ist das allerdings nicht."

Man kann das Ergebnis auch so zusammenfassen: Die öffentliche Verantwortung für die Erziehung und Bildung von Kindern hat in Deutschland kläglich versagt. Die Datenlage ist eindeutig, die Politik miserabel.

Aber auch die familiale Erziehung bietet Kindern keine optimale Bildungschancen. PISA belegt es: soziale Gerechtigkeit und Chancengleichheit sind in Deutschland für Kinder der Unterschicht und für Migrantenkinder nicht gegeben. Der Gegensatz zwischen familialer und institutioneller Erziehung und Bildung muss aufgehoben werden. Wir brauchen eine neue Partnerschaft zwischen der Familie und den öffentlichen Erziehungs- und Bildungsinstitutionen.

„Bildung von Anfang" könnte ein Paradigmenwechsel sein, mit dem man aus den Ergebnissen der PISA-Studie die richtigen Schlüssen ziehen kann. In einem Antrag, den die Gewerkschaften IG Metall und Erziehung und Wissenschaft auf dem letzten DGB-Bundeskongress gestellt haben, heißt es:

„Ohne Bildung ist der Wandel in die Wissensgesellschaft nicht zu bewältigen; der Zugang zu Bildung, Qualifikation und Kompetenzerwerb, das Erlernen von

Diskurs- und Konfliktfähigkeit entscheiden über die beruflichen und gesellschaftlichen Chancen jedes einzelnen Menschen und damit indirekt auch über seine Entlohnung und seinen Lebensstandard. Bildung wird in einer zunehmend globalen Welt immer wichtiger. Sprachkompetenz und interkulturelle Kompetenzen ermöglichen den Menschen unterschiedlicher nationaler Herkunft, aufeinander zuzugehen und gemeinsame Interessen zu vertreten."

Wenn Bildung diese entscheidende Rolle in einer Gesellschaft einnimmt, deren Zukunftspotential im Bildungsbereich liegt, bekommt die öffentliche Verantwortung für Bildung eine zentrale Bedeutung für die Politik. Chancengleichheit muss eine zentrale Zielperspektive sein. Aber was bedeutet dies für „Bildung von Anfang an"? Donata Elschenbroich, Kindheitsforscherin am Deutschen Jugendinstitut in München, sagt: „Der Schatz der frühen Kindheit verkommt in dieser Republik." Wir gehen mit den möglichen Ressourcen, die in den ersten sechs Lebensjahren vorhanden sind, sträflich um.

Das Bild vom Kind, von den frühen Jahren der Kindheit muss sich ändern. „Nie ist die Neugier, die Lust am Forschen und die Offenheit für neue Erfahrungen, für Weltwissen in einem umfassenderen Sinn größer als in dieser Zeit. Doch so lauthals die Defizite von Schulkindern beklagt werden, so selten stellen sich selbst Erzieher und Kulturpolitiker die Frage, welche Bildungsgelegenheiten wir Kindern in den frühen Jahren zu Beginn des 21. Jahrhunderts schulden. Was sollte ein Kind in seinen ersten sieben Lebensjahren erlebt haben, können, wissen?" Diese Frage stellt Donata Elschenbroich in ihrem Buch „Weltwissen der 7-Jährigen – wie Kinder die Welt entdecken können". In der Zeitschrift „klein & groß" (11/12-2000) lesen wir unter der Überschrift „Forschergeist in Windeln – Wie Kinder die Welt begreifen": „Babys lernen in den ersten drei Monaten mehr als ein Student in vier Jahren. Das Forscherteam Gopnik/Meltzoff/Kuhl zeigt, dass Babys nicht – wie bisher angenommen – „Reflexbündel" sind. Vom ersten Tag an erforschen sie die Welt wie Wissenschaftler. Ein- bis Dreijährige stellen Hypothesen auf, bestätigen sie oder werfen sie über Bord. Mit allen ihren Sinnen bewältigen sie jede Stunde eine gewaltige Flut von Reizen. Sie übertreffen jeden Computer. Sie sind effektiver und schneller als ein Erwachsener jemals wieder sein kann."[6]

Prof. Dr. Wassilios E. Fthenakis, Direktor des Bayerischen Staatsinstituts für Frühpädagogik, stellte fest: „Die ersten sechs Jahre im Leben des Kindes können als eine Zeit angesehen werden, der eine zentrale Bedeutung für den Erwerb grundlegender emotionaler Bewältigungskompetenzen für die gesamte Lebensspanne zukommt." Wir als Erwachsene und die Politik haben Bilder von kleinen Kindern, die mit den Ergebnissen der Wissenschaft nichts zu tun haben. Dies mag auch daran liegen, dass in Deutschland erst in den letzten Jahren eine systematische Forschung der Pädagogik der frühen Kindheit betrieben wurde und Ergebnisse über deren Bedeutung bisher nicht in die Praxis und in die Politik gedrungen

6 Alison Gopnik, Patricia Kuhl, Andrew Meltzoff: *Forschergeist in Windeln. Wie Ihr Kind die Welt begreift.* Kreuzlingen/München 2000

sind. So gibt es nur sieben universitäre Lehrstühle für die Pädagogik der frühen Kindheit – zum Vergleich: dreißig Lehrstühle für Japanologie.

Bildung von Anfang an – aber nicht wie in der Schule

Tageseinrichtungen für Kinder sind der Grundstock, das Fundament, der „Elementarbereich" des Bildungssystems:
„Kindheit ist die Zeit der Bildung in einem umfassenden Sinne. Denn es geht nicht nur darum, die grundlegenden Kulturtechniken zu lernen und das Wissen zu übernehmen, das Menschen als künftige Berufstätige und Bürger eines demokratischen Gemeinwesens benötigen, sondern auch darum, sein Leben als Partner in vielerlei Beziehung zu anderen führen zu können, als Mitglied eines wirtschaftenden Haushalts, als Konsument und Gestalter seiner Freizeit, als jemand, der sich in mancherlei Notlagen zu helfen weiß, als jemand, der anderen rät und sie unterstützt, der fremde Kulturen achtet, der sich im Zusammenhang mit der Natur erlebt, der weiter zu erlernen vermag und sich seine wichtigsten Fragen nicht abhandeln lässt, der sich freuen kann, der klug zu urteilen versucht und Schmerz und Unglück nicht verdrängt ... Alle Einrichtungen, die Kinder aufnehmen, haben Teil an diesen Bildungsprozessen, auch ohne, dass sie zur Schule werden oder wie eine Schule arbeiten, weil sie sehr viel mehr als die notwendigerweise systematisch vorgehende Schule an der ursprünglichen Neugier und Lebenssituation der Kinder anzuknüpfen vermögen" (10. Kinder- und Jugendbericht der Bundesregierung, S. 292).

Wenn man diesen Auftrag ernst nimmt, wird die Arbeit in den Tageseinrichtungen eingebettet in den Bildungsprozess. Allerdings kommt man dann nicht mehr mit Einrichtungen aus, in denen man halbtags singen, spielen und basteln anbietet. Nur Betreuung, um die Vereinbarkeit von Familie und Beruf zu erleichtern, ist zu wenig. Es geht darum, den heutigen Kindern die besten Startchancen für ihren Bildungsweg zu geben, und zwar allen Kindern. Chancengleichheit von Anfang an ist das zentrale Konzept der Bildungspolitik.

Damit unterscheidet sich der Kindergarten mit seinem Bildungsauftrag von der Schule. Er ist ganzheitlich, verbindet soziales und emotionales Lernen mit kognitiven Kompetenzen, ohne zu benoten und auszusortieren. Die Individualität der Kinder steht im Mittelpunkt, nicht deren Normierung in gute oder schlechte Schüler.

Eine besonders wichtige und aktuell intensiv diskutierte Aufgabe ist die Sprachförderung. Dabei sind vor allem ausländische Kinder in den Blick geraten. Für die Förderung der sprachlichen Kompetenz bei Kindern aus Migrantenfamilien ist die gelebte Erstsprache von großer Bedeutung. Sie zu fördern, muss Aufgabe der Kindertagesstätten und Schulen sein. Wenn Deutsch nicht die Erstsprache ist, gilt es, unter Beachtung der spezifischen Weise frühkindlichen Spracherwerbs eine altersgemäße deutsche Sprachentwicklung anzuleiten und zu fördern. Dabei ist von besonderer Bedeutung, dass kleine Kinder Sprachen nicht aus Lehr-

260

büchern lernen, sondern im täglichen Leben und in sozialen Bezügen. Aussondernde Spezialkurse sind deshalb kaum geeignet, die sprachliche Entwicklung zu fördern. Besser ist, die Arbeitsbedingungen in den Gruppen von Kindertagesstätten und Schulen so zu verbessern, dass eine individuelle Sprachförderung im alltäglichen Geschehen möglich ist.

Die Vermittlung von „Lebenssouveränität" ist der Bildungsgrundstein der Tageseinrichtungen für Kinder. Darauf können alle nachfolgenden Bildungsinstitutionen aufbauen. Mit solch einem Anspruch müssen Erzieherinnen ihre Profession gestalten, müssen sie selbstbewusst nach außen hin ihren Anspruch als Experten für Frühpädagogik vertreten. Erzieherinnen müssen sich selbstbewusst in die Politik einmischen, selbstbewusst im Jugendhilfeausschuss der Kommune ihre Anliegen vortragen.

Und wir müssen die Politiker darauf hinweisen, dass Bildung mit Kindern unter sechs Jahren nicht mit vorgezogener Einschulung zu organisieren ist. Die Schule hat für die Pädagogik der frühen Kindheit keine Antwort. Die Jugendhilfe ist der eigentliche Ort, an dem Kinder im Alter von 0 bis 6 Jahren die besten Lernschritte und Erfahrungen machen können. Dies haben die Einrichtungen bewiesen, dies zeigt die große Resonanz, die diese Einrichtungen durch die Eltern und Kinder täglich erfahren.

Wenn Erzieherinnen nicht die Basteltanten der Nation sind, dann müssen sie auch selbstkritisch mit ihrer Arbeit umgehen, müssen ihre Arbeit verbindlicher als bisher gestalten. Wir müssen einen neuen Bildungsbegriff für die gesamte Altersstufe von 0 bis 6 Jahren definieren, nicht aufgeteilt in kleine Portionen von 0 bis 3 Jahren, von 3 bis 6 Jahren, von 5 bis 6, sondern von 0 bis 6 Jahren. Wissenschaft und Praxis – auch unter Einbeziehung der Eltern – müssen diesen neuen Bildungsbegriff gemeinsam entwickeln und selbstbewusst vertreten. Dazu wurden in den letzten Jahren erste Schritte gemacht. Die Konzept- und Qualitätsdiskussion, die in den Einrichtungen geführt wurde, bietet hierzu Möglichkeiten.

Die pädagogische Arbeit muss transparenter und verbindlicher werden: Gemeinsam mit den Eltern sollte für jedes Kind ein Bildungsplan erstellt werden. In einem Portfolio, einem „Bildungsbuch" könnte man den Lebenslauf des Kita-Kindes dokumentieren, vor allem in den Bereichen Sprache, Kunst und Kultur, Zahlen und Zeichen, Technik und Natur, Emotionalität und Selbstständigkeit. Die Entwicklungsverläufe kann man in Texten und Bildern festhalten. Dies würde die Möglichkeit bieten, dass die aufnehmende Organisationsform – sprich die Schule – sich darüber informieren könnte, welchen Bildungsstand die Kinder in den ersten sechs Lebensjahren erworben haben und wie ihre Entwicklung verlaufen ist. Mit solchen individuellen Bildungsplänen würde die Arbeit in den Einrichtungen verbindlicher gestaltet.

Die Erzieherinnen müssen aber auch bereit und in der Lage sein, ihre bisherigen Aktivitäten zu erweitern. Sprache, Natur, Technik, Zahlen müssen kindgerecht in den Einrichtungen vermittelt werden. Dazu ist es dringend notwendig, die Erzieherinnenausbildung zu verändern: Die Ausbildung gehört auf europäisches Niveau, also in den tertiären Bereich der Hochschulausbildung. Lehre und Forschung gehören in eine Hand. Es ist zur Zeit unmöglich, dass Fachschulen gleichzeitig wissenschaftliche Forschung betreiben. Wir brauchen ein Berufsbild der Erzieherin, das keine Einbahnstraße ist, sondern jungen Frauen ermöglicht, nach einer gewissen Phase in der Tageseinrichtung für Kinder auch einen Wechsel vorzunehmen, ohne wieder eine grundständige Ausbildung zu beginnen. Der Beruf der Erzieherinnen, ausgebildet an einer Fachhochschule, bietet Gewähr für ein attraktives Karrieremuster junger Frauen. Es ist nicht hinnehmbar nach alldem, was jetzt aus Politik und Gesellschaft von der Pädagogik der frühen Kindheit erwartet wird, am Niveau einer Berufsfachschul-/Fachschulausbildung festzuhalten. Selbst wenn sich die Kolleginnen und Kollegen auch noch so anstrengen, selbstbewusst ihre Arbeit nach außen hin vertreten und für bessere Rahmenbedingungen kämpfen, mit solch einer Ausbildung bekommt man den „Schatz der frühen Kindheit" nicht gehoben..

In mehreren internationalen Studien wurde beschrieben, welche Rahmenbedingungen gegeben sein müssen, damit Betreuung, Erziehung und Bildung in Tageseinrichtungen für Kinder funktionieren.[7] Dazu gehören:

– Ein Drittel der Arbeitszeit muss Vorbereitungszeit sein, zwei Drittel Dienst am Kind. Die Selbstverständlichkeit, mit der man Lehrerinnen und Lehrern eine Unterrichtsvorbereitungszeit zubilligt, muss auch für den Bildungsbereich der Frühpädagogik gelten.
– Für den Personalschlüssel muss gelten: zwei Erzieherinnen für 15 Kinder.
– Für Leitungskräfte muss eine Freistellung vom Gruppendienst ab 60 Kindern erfolgen.
– Eine verpflichtende Fortbildung von mindestens zehn Tagen im Jahr ist in die Kitagesetze der Länder aufzunehmen.

Rahmenbedingungen sind auf Landesebene zu erstellen. Es kann nicht den kommunalen Entscheidungsträgern überlassen bleiben, welche Bildungschancen Kinder bekommen. Die nationale Qualitätsinitiative, die durch das Bundesjugendministerium eingesetzt wurde, wird bis Ende 2002 ihre Ergebnisse vorlegen. Dann ist ein solides wissenschaftliches Fundament gegeben für eine Verständigung zwischen Politik, Trägern und Gewerkschaften über die erforderlichen Bedingungen.

Wem diese Rahmenbedingungen zu utopisch und weltfremd vorkommen, der sollte die Diskussion der letzten zehn Jahre im europäischen Kontext reflektieren. Nur unter diesen Bedingungen können wir Kindern von heute Bildungschancen für die Welt von morgen eröffnen. Schweden hat in einer mit der Bundesrepublik Deutschland vergleichbaren ökonomischen Situation und mit ähnlichen Parame-

---

7   Europäische Kommission, Studien Nr. 6: *Die Vorschulerziehung in der Europäischen Union*, 1995
     OECD-Bericht *Early Childhood Education and Care*, 2001 (Zusammenfassung in deutscher Übersetzung zu beziehen über GEW, Postfach 900409, 60444 Frankfurt am Main, E-Mail: loensh@gew.de)
     EU-Netzwerk Kinderbetreuung: *Qualitätsziele in Einrichtungen für kleine Kinder, Vorschläge für ein zehnjähriges Aktionsprogramm*, 1996 (Bezugsadresse: GEW, s.o.)

tern im Bereich der Migrationspolitik die Weichen vor einem Jahrzehnt gestellt.[8]
PISA hat diesen Weg belohnt.

Der 11. Kinder- und Jugendbericht spricht sich sehr deutlich für den qualitativen Ausbau von Tageseinrichtungen für Kinder und für eine Verschiebung der nächsten Kindergelderhöhung aus. Dies ist ein richtiges und wichtiges Signal. Wobei grundsätzlich gilt: Wir brauchen den gebührenfreien Kindergarten auf qualitativ hohem Niveau und ein die Existenz sicherndes Kindergeld. Um dieses zu finanzieren, brauchen wir eine neue Steuerpolitik. Die Länder und Gemeinden müssen mehr Geld in die Kassen bekommen. Vermögenssteuer, Erbschaftssteuer sind hier die Stichworte. Die Unternehmen sollen endlich wieder Steuern zahlen. Es kann nicht sein, dass diejenigen, die Steuern zahlen in diesem Land auch noch Kita-Gebühren zahlen. Das ist Abzockerei.

Die in Deutschland jahrelang geführte Auseinandersetzung zwischen der familialen und institutionellen Erziehung hat dazu geführt, dass letztlich die Kinder auf der „Strecke" geblieben sind. Wir brauchen ein System der gemeinsamen Erziehung und Bildung im Interesse der Familien und Kinder.

„Ob ein Kind zu einem warmherzigen, offenen und vertrauensvollen Menschen mit Sinn für das Gemeinwohl heranwächst oder aber zu einem gefühlskalten, destruktiven, egoistischen Menschen, das entscheiden die, denen das Kind anvertraut ist, je nachdem, ob sie ihm zeigen, was Liebe ist, oder aber dies nicht tun... Auch künftige Staatsmänner und Politiker werden zu Charakteren geformt, noch bevor sie das 5. Lebensjahr erreicht haben. Das ist erschreckend, aber es ist wahr" (Astrid Lindgren).

---

8   Zu den inhaltlichen Vorgaben siehe das schwedische Vorschul-Curriculum, (Bezugsadresse: GEW s.o.), S. 6

Die Familie als Grundpfeiler einer nachhaltigen Entwicklung

Jean-Didier Lecaillon

Ich habe die Aufgabe, diese Panelrunde einzuleiten, in der verschiedene Persönlichkeiten aus der Geschäftswelt miteinander debattieren und uns von ihren Erfahrungen zu diesem überaus wichtigen Thema des Humankapitals berichten werden, und zwar sowohl allgemein unter dem Blickwinkel der Unternehmen als auch aus dem speziellen Blickwinkel der ganz zentralen Rolle, die die Familie in diesem Zusammenhang spielt. Ich verfüge selbst nicht über eine eingehende und praktische Erfahrung im Unternehmensbereich, denn ich bin Hochschullehrer, ein Theoretiker der Wirtschaft und nicht so sehr ein Praktiker.

Mir geht es hier darum, dass die zu lösenden Fragen richtig gestellt werden und dass das Thema in einem umfassenderen Rahmen gesehen wird. Hierbei werde ich mich natürlich auf all das stützen, was im Laufe dieses Kongresses schon ausgeführt worden ist. Kurz gesagt: mein Beitrag will im Wesentlichen – und ganz bescheiden – einige Wege für Überlegungen aufzeigen, vor allem aber eine gewisse Reihe von Fragen stellen, die in der Lage sein könnten, die Aufmerksamkeit der Teilnehmer der Panelrunde auf sich zu lenken. Indem ich so vorgehe, habe ich zugleich die Hoffnung, von ihrer Seite dank ihren konkreten Erfahrungen Perspektiven für Maßnahmen im eigentlichen Sinne eröffnet zu bekommen.

Ich werde meine Ausführungen mit einer zweifachen Feststellung beginnen, die jeder von Ihnen selbst vornehmen könnte. Man sollte möglichst nahe an der Realität starten …

Eine zweifache Feststellung zu Beginn

1. Die Familie als erste unter den intermediären Institutionen, als erste soziale Realität und als erste Konsumentin kann nicht im Gegensatz zum Unternehmen gesehen werden.
2. Das Unternehmen beeinflusst die Umwelt, die ihrerseits Respekt vor der Familie haben muss, unter Auferlegung bestimmter Vorgaben, die mit den Verpflichtungen und der erforderlichen Stabilität auf Seiten der Familien übereinstimmen müssen.

Diese zweifache Feststellung reicht wohl schon aus um zu behaupten, dass im Rahmen der Wahrung der Hierarchie der sozialen Realitäten die Unternehmen und die Familie notwendigerweise miteinander ins Gespräch treten müssen. Was können wir von einem derartigen Dialog erwarten? Auf eine gewisse Art und Weise besteht der Gegenstand dieser einleitenden Präsentation gerade darin, sich diese Frage zu stellen, unter gleichzeitiger Einbindung in ihren Gesamtkontext.

Niemand kann im Grunde abstreiten, dass seit mehr als einem halben Jahrhundert die Zunahme der Frauenarbeit, die neuen Formen der Organisation der Arbeit und die Zunahme des Arbeitstempos dazu geführt haben, dass das Familienleben gegenüber der Arbeitswelt mehr und mehr durchlässig geworden ist. Darüber hinaus hat in den meisten europäischen Ländern die wiederholte Einmischung des Staates in die Beziehungen zwischen Arbeitgebern und Arbeitnehmern schrittweise dazu geführt, dass die Vertragspolitik ihre Inhalte eingebüßt hat, unter Infragestellung der paritätischen Verwaltung der Sozialsysteme.

Einige der beteiligten Personen und Stellen sehen diese Sachlage als gefährlich an und fordern entweder eine Sozialreform unter dem Vorzeichen der Modernisierung in den Arbeitsbeziehungen und der sozialen Sicherheit oder aber eine Rückkehr zu Beziehungen, die vom Staat unabhängiger sein sollten. Wir stehen dann vor einem zweifachen Risiko: einerseits einer Verstaatlichung der Familie mit einem immer stärker ausgeprägten Abgleiten der Politik der Familienförderung in Richtung auf eine Unterstützungspolitik und andererseits vor dem Risiko, dass die Unternehmen gegenüber den Familien ein immer ausgeprägteres Desinteresse an den Tag legen. Zweifellos sind dies zwei schlechte Alternativen, und sie entsprechen zumeist einem Mangel an Überlegungen zur sozialen Realität. Unter diesen Bedingungen betrachte ich es als gerechtfertigt (und ohne Zweifel als dringlich) – und zwar unabhängig von den jeweiligen Modalitäten –, die familienbezogene Dimension in expliziter Form in die Beschäftigungspolitik wie auch in die Politik der sozialen Sicherheit mit zu integrieren. In der Tat haben nicht nur die Familien Anspruch auf eine soziale Ordnung, sondern die Unternehmen müssen – und sei es nur aus Gründen der Harmonie und der Effizienz – uneingeschränkt an der Entwicklung und Entfaltung der Familien beteiligt sein. Lediglich unter diesen Bedingungen werden die Begriffe „Versöhnung zwischen Familien- und Berufsleben" auf eine Realität verweisen oder aber die Rentensysteme eine Zukunft haben, um lediglich diese beiden Beispiele aus der Reihe der konkreten Fragen aufzugreifen, die sich allen Verantwortlichen zu Beginn dieses 21. Jahrhunderts stellen.

Soweit der Kontext für unsere Überlegungen. Im Rahmen der in dieser Form festgelegten Perspektive können drei fundamentale Themen zugrundegelegt werden. Damit verknüpfe ich die Hoffnung, mögliche Missverständnisse und etwaige Verständnisprobleme im Rahmen der Diskussion auszuräumen.

Drei grundlegende Themen zur Vermeidung von Missverständnissen

1. Es ist unerlässlich, die Prinzipien wieder anzuerkennen, die den Ursprung der Familienpolitik darstellen (hierzu gehört speziell der Grundsatz, Personen mit

Familienanhang zu unterstützen, denn sie sorgen für das Nachwachsen einer jungen Generation).

2. Eine Familienpolitik kann es nur geben, wenn sie umfassend angelegt und vor allem kohärent ist (insbesondere muss das Bezugsmodell klar sein, ebenso wie die mittel- und langfristigen Zielvorgaben).

3. Der Generationenwechsel stellt tatsächlich eine entscheidende Frage dar, die rasch politisch angegangen werden muss, um das Rentenproblem lösen zu können.

Selbstverständlich geht es im Rahmen dieser Präsentation nicht darum, in eingehender Form einen dieser drei Themenbereiche zu behandeln. Ich möchte jedoch den Versuch unternehmen, einige wichtige Ideen festzuhalten, indem ich auf drei wichtige Gebiete eingehe.

A Das Humankapital

Wenn man zunächst die Dinge unter dem mikroökonomischen (Unternehmen) oder dem makroökonomischen Blickwinkel (das Land als ganzes) betrachtet, so stellt immer das Humankapital die wichtigste Quelle des wirtschaftlichen Wachstums dar. Wer aber trägt primär zur Bildung dieses Humankapitals bei? Die Familie, wie jeder weiß.

Deren grundlegende Rolle wird in den neuesten Arbeiten der Soziologie und Sozialpsychologie nicht nur als Sozialisationsfaktor anerkannt, sondern auch als bevorzugter Ort der Erziehung, also als Ort für den Erwerb jener Eigenschaften, die erforderlich sind, um autonom und frei werden zu können.

Diese Bildung des „Humankapitals" wird im Rahmen der neuesten Entwicklungen der Wachstumstheorie als ein vorrangiger Wachstumsfaktor angesehen. Darüber hinaus war das, was nun endlich auf makroökonomischer Ebene anerkannt wird, schon seit langem auf mikroökonomischer Ebene bekannt. Denn welcher Unternehmensleiter würde sich nicht freuen, wenn er auf Arbeitskräfte zurückgreifen kann, die auf der einen Seite über Eigenschaften und Qualitäten technisch-fachlicher Art verfügen (Qualifikation, Geschicklichkeit, vielfältige Einsatzfähigkeit, usw.), jedoch ebenfalls über intellektuelle Fähigkeiten (Offenheit des Geistes, Urteilsvermögen, Initiative, usw.) und moralische Eigenschaften (Gewissen, Ehrlichkeit, Mut, Teamgeist, Einsatzbereitschaft, Solidarität, usw.)? Wird ein Großteil dieser Eigenschaften nicht in der Familie erworben? Bedeutet diese Feststellung, die dem gesunden Menschenverstand entspricht, nicht auch, anerkennen zu müssen, dass die Familie ihrerseits ebenfalls einen Beitrag zum problemlosen Gang unserer Gesellschaft leistet? Ist es dann stimmig, wenn man die Familie als eine strikt private Angelegenheit betrachtet? Diese Frage zu stellen heißt, sie schon beantwortet zu haben.

Soweit es konkret die Unternehmen betrifft, so folgern wir hieraus, dass sie die Familien nicht einfach übergehen und auf sie verzichten können. Ihre Beziehung zueinander besteht übrigens in beiderlei Richtung: das Berufsleben hat direkte Auswirkungen auf das Familienleben, ob es sich nun um die Arbeitszeitregelung oder um die Ausrichtung der Arbeit handelt.

Ganz allgemein gilt, dass wir ein äußerst schwerwiegendes Problem vorwegzunehmen haben, das den Generationenwechsel betrifft und seinen Höhepunkt im Jahr 2020 erreichen wird: ganze Bereiche der Wirtschaft könnten wegbrechen, wobei der Mangel an Arbeitskräften in bestimmten Bereichen schon jetzt spürbar wird. Die Überalterung, also die Zunahme des relativen Gewichts der älteren Personen im Rahmen der gesamten Bevölkerung – wobei dieses Phänomen die gesamte entwickelte Welt prägt, speziell Europa –, könnte ohne weiteres ursächlich dafür sein, daß wirtschaftliche Schwierigkeiten tatsächlich eintreten.

Wir berühren hier eine ganz wesentliche Frage. Die wirtschaftlichen Aufgaben, die von der Familie – einer Produktionsstätte im echten Sinne – wahrgenommen werden, sind sehr alt; ursprünglich war dies sogar das Hauptmerkmal der Familie. Wenn es nun richtig ist, dass bestimmte traditionelle Formen der Produktion, wie z. B. die landwirtschaftliche, die kommerzielle und die handwerkliche Aktivität, ihre scharfen Umrisse eingebüßt haben, so trifft dies aber nicht zu, soweit es die erste dieser traditionellen Aufgaben betrifft: die Reproduktion. Denn die vorgenannten Tätigkeiten wurden durch jene Investition abgelöst, die in der Bildung des Humankapitals besteht. Der theoretische Irrtum besteht darin, diese Tätigkeit nicht als Produzentin von Reichtum anzusehen.

Ebenfalls bietet die Familie, indem sie es jeder Person gestattet, ihre Wurzeln auszubilden, dieser Person jeweils Haltepunkte, die umso wichtiger werden, soweit die Person mit immer rascher eintretenden technologischen Änderungen konfrontiert wird, und sofern ihr Leben sich in Räumen abspielt, die im Rahmen der Globalisierung immer umfassender werden. Auf diese Art und Weise lässt sich zum Teil erklären, warum die Unternehmensleiter sich immer mehr mit der Frage beschäftigen, ob die auslandsstämmigen Arbeitskräfte, die sich möglicherweise in einer schwierigen Situation befinden, gleichzeitig – beispielsweise im Rahmen der eigenen Familie – auch über effektive Mittel verfügen, um Probleme durchzustehen.

Schließlich muss es natürlich Gründe dafür geben, dass der Misserfolg in der Schule, die Schwierigkeiten der Einbindung, die Kriminalität usw. Hand in Hand gehen mit der Zerrüttung und Auflösung der Familie.

B Erwägungen anthropologischer Art

Die Überlegungen, die ich hier anstelle, können nicht auf ein Minimum an Erwägungen anthropologischer Art verzichten, auch wenn wir dies hier lediglich erinnerungshalber vornehmen, also um die Dinge in gewisser Weise zu fixieren. So gehören Familie und Arbeit zu einem Bündel gesellschaftlicher Faktoren, die das menschliche Wesen konstituieren, entsprechend einer universal geltenden anthropologischen Feststellung: die Familie als Erzieherin gewährleistet die Existenz, wobei die Arbeit (und die Unternehmen) es ermöglichen, für den eigenen Unterhalt zu sorgen und sich weiterzuentwickeln, während die Religion (und die Philosophie) für Sinngebung sorgen, als Grundlage der persönlichen und gesellschaftsbezogenen Identität.

Auf eine gewisse Art und Weise erbringt die Familie, wenn man sie als eine soziale Institution definiert, einen Dienst zugunsten der Gesellschaft. Wenn man sagt, dass die Familie eine soziale Funktion hat, so gesteht man zu, dass sie eine eigene Rolle wahrnimmt, die weder die Schule noch die Richter oder die Polizei ersetzen können. Innerhalb einer durch Austausch geprägten Wirtschaft geht es darum, dies zu berücksichtigen. Es sollte sogar soweit gehen, dass eine Methode zur Bewertung der nicht-marktlichen Produktion der privaten Haushalte entwickelt und umgesetzt wird. Dies ist die einzige realistische Art und Weise, die zugleich Chancen für Effizienz bietet, um den Frauen, die dies wünschen, die Möglichkeit zu bieten, zu Hause zu arbeiten. Ebenfalls geht es darum, den Eltern die Mittel an die Hand zu geben, eine reale Alternative zur Lohnarbeit außer Haus wählen zu können.

C Rückkehr zu einigen wesentlichen Begriffen

Um diese Präsentation zu vervollständigen, möchte ich im folgenden die Bedeutung einiger Kernbegriffe unterstreichen. In der Tat laufen wir Gefahr, das Wesentliche zu verpassen und uns auf eine Debatte einzulassen, die sich auf die technisch-fachlichen Aspekte oder auf durch bestimmte Umstände geprägte Sorgen beschränkt, falls wir nicht die Bedeutung bestimmter Begriffe ermessen.

Der erste dieser Begriffe ist die Stabilität des Familienverbandes. Diese ist natürlich erforderlich, um die Erziehung sicherzustellen, jedoch ebenfalls die Fruchtbarkeit, wobei die verfügbaren demografischen Fakten einen entsprechenden Nachweis ermöglichen. Eine andere Art und Weise, um die gleiche Aussage zu treffen, besteht in folgender Formulierung: der Langzeitaspekt muss vorrangig verfolgt werden. Diese Notwendigkeit wird jedoch von den Politikern ebenso wie von jenen Personen negiert, die behaupten, man könne die Wirtschaft auf Finanzen oder auf Buchhaltung reduzieren.

Der zweite Begriff, der angesprochen werden soll, ohne ihn weiter entfalten zu können, verweist auf das Subsidiaritätsprinzip, dessen klarste und vollständigste Formulierung von der Soziallehre der Katholischen Kirche geleistet worden ist. Dieses Prinzip muss in sämtlichen Phasen einer richtig verstandenen und vollständigen Erziehung zum Tragen kommen.

Die dritte Bemerkung richtet sich darauf, das Primat der Personen gegenüber den Gütern zu unterstreichen: Investitionen in das Humankapital stellen tatsächlich eine Vorbedingung für jede Weitergabe von einer Generation zur anderen dar. Der wichtige Gedanke, der zu berücksichtigen ist, liegt nicht nur darin, dass heute Kapital produziert werden muss, um dank dieses Kapitals morgen über Verbrauchsgüter und Dienstleistungen verfügen zu können, sondern ebenfalls darin, dass der menschliche Faktor langfristig der wesentliche Faktor ist. Wenn die Kinder immer rarer werden oder ihre Erziehung nicht ausreichend ist, werden die materiellen Investitionen nicht mehr unter bestmöglichen Bedingungen eingesetzt werden können.

Um diese Präsentation abzuschließen, möchte ich nur noch einige Vorschläge machen. Ich werde sie in Form von Fragen formulieren, um damit den Einstieg in die Diskussion zu ermöglichen.

Meine Vorschläge

Zunächst: Da man immer häufiger vom Vorsorgeprinzip, von nachhaltiger Entwicklung, vom ethischen Bezugnahmen usw. spricht, warum sollte man nicht explizit die demografische und familiäre Dimension mit unter jene Indikatoren aufnehmen, die es ermöglichen sollen, Bewertungen in diesen Bereichen vorzunehmen? Hier gibt es ein umfangreiches Untersuchungsfeld zu erforschen, und hierzu ist wirklich ein neues Bewusstsein nötig.

Dann: Da wir die Arbeit und das Familienleben als zwei sich ergänzende Aspekte der individuellen Entwicklung und des gesellschaftlichen Gleichgewichts charakterisiert haben: Wäre es nicht sinnvoll, die Unternehmen dafür zu sensibilisieren, ihre Praxis beim Personaleinsatz zu überprüfen, inwieweit diese die familiäre Situation jedes Beschäftigten berücksichtigt? Anders gesagt: der Dialog zwischen den Familien und den Unternehmen ist unabdingbar. Sollte die Familie nicht auch einen der Werte des Unternehmens darstellen?

Schlussfolgernd oder vielmehr einleitend zu dieser Panelrunde: Was und wie denken die Vertreter der Geschäftswelt und der Unternehmer zu dieser Art und Weise, die Dinge zu betrachten? Und was können sie an Konkretem im Rahmen dieser Perspektive vorschlagen, die allein dazu geeignet erscheint, das gemeinsame Wohlergehen als einen Faktor nachhaltiger Entwicklung sicherzustellen?

Argumente zur Familienförderung aus Unternehmenssicht

Mechthild Löhr

Bei der Fülle der angesprochenen Themen möchte ich versuchen, nur einige Aspekte aus meiner Beurteilung heraus anfügen. Zunächst ist schlicht und einfach die Frage zu stellen, warum sich Unternehmen überhaupt inzwischen mit Familienfragen beschäftigen. Dies würde ich gerne an vier Punkten festmachen.

Moderne Unternehmen haben erst in den letzten 15 Jahren intensiv angefangen, sich mit der Familie zu beschäftigen und zwar im Rahmen der sogenannte Frauenförderung. Das war oder ist keine primär soziale Tat, sondern entspringt dem Wunsch, qualifizierte und wertvolle Mitarbeiterinnen zu behalten, wenn sie aufgrund der spezifischen Familiensituation beruflich eine Weile aussetzen wollen oder müssen. Das hat aber keine breite Wirkung erzielt und das Thema Familie im wirtschaftlichen und unternehmerischen Denken noch nicht wirklich bedeutsam gemacht. Ich glaube, dass jetzt zusätzliche, neue Faktoren in den letzten Jahren dazu gekommen sind, die sehr viel nachhaltiger dazu führen werden, dass sich Unternehmen intensiv mit den Fragen der Zukunft der Familien beschäftigen.

Ein wesentlicher Punkt, den ich da benennen möchte, ist der erkennbare bevorstehende Zusammenbruch der sozialen Sicherungssysteme, zu dem sicher Frau Dr. Meurer wesentlich Differenzierteres sagen könnte, weil sie die Bundesversicherungsanstalt für Angestellte, eine Fachbehörde für die Rentenentwicklung, verantwortlich leitet. Wir wissen aber alle, dass der alarmierende demographische Wandel eben nicht nur die Rentenversicherung und die Pflegeversicherung betrifft, sondern auch die Arbeitslosen- und Krankenversicherung, ja im Prinzip sämtliche Sozialversicherungssysteme, die bei anhaltender Bevölkerungsentwicklung nicht mehr so aufrechtzuerhalten sind, wie wir das bis jetzt gewohnt sind. Gerade die Unternehmen haben ein starkes Interesse an der Zukunft der sozialen Sicherungssysteme, da sie ganz erheblich an den finanziellen Belastungen mittragen. Das wird eine solche Entwicklungsdynamik mit sich bringen, dass Unternehmen und Unternehmensvertreter sich sehr nachdrücklich mit Fragen der Zukunft der Familie beschäftigen werden.

Ein weiterer elementarer Bewusstseinswandel ist aus der Rezeption der PISA-Studie hervorgegangen, deren Ergebnisse zwar vorher de facto schon erkennbar waren, die aber die Fakten freigelegt und in einen transparenten wissenschaftlichen, objektiven Rahmen gesetzt hat. Die Resultate der PISA-Studie haben u.a. klargemacht, dass beispielsweise die Ausbildungsfähigkeit eines erheblichen Teils der nachwachsenden Generation nur gering ist. Dies beleuchtet das Dilemma aus der Sicht der Unternehmen. Wir haben jetzt gerade seitens der Bundesvereinigung der Deutschen Arbeitgeberverbände (BDA) herausgefunden, dass in Deutschland ein Viertel aller Auszubildenden ihre Ausbildung abbricht, weil sie sich teilweise aus verschiedenen Gründen als gar nicht ausbildungsfähig oder -willig erweisen. Wirtschaft und Gesellschaft begegnen also in Besorgnis erregendem Maße (potentiellen) Mitarbeitern und Bürgern, die nur über ein sehr begrenztes Ausbildungspotential (Wissen und Verhalten) verfügen. Laut PISA-Studie sind dies in einem Jahrgang zwischen 10 und 23 % der jungen Menschen. Und dies, obwohl wir eine Wissensgesellschaft werden wollen und bereits eine Dienstleistungsgesellschaft sind, deren Zukunft immer stärker von der Qualität der Mitarbeiter abhängt. Denn unser Wohlstand hängt eng mit der Qualität und Qualifizierung unserer Mitarbeiter zusammen. Dennoch haben wir eine nachwachsende junge Generation, die diesen qualitativen Anforderungen nur bis zu einem gewissen Prozentsatz gewachsen ist.

Daraus ergeben sich für Unternehmen wachsende Problempotentiale. Unternehmen müssen sich außerdem verstärkt damit beschäftigen, wie sie solche jungen Mitarbeiter in ein soziales System, in ein Unternehmen eben, integrieren, die von ihren Familien und auch ihren Schulen nur bedingt und teilweise auf eine Integration in den Arbeitsprozess vorbereitet sind. Man könnte es auch zugespitzter sagen: Im Prinzip ist für viele Jugendliche das Unternehmen, in dem sie ihren Berufsweg anfangen und einen Arbeitsplatz und Verantwortung übernehmen, die erste wirklich feste Einbindung in eine verbindliche Sozialstruktur.

Oft wird die Familie im Unterschied dazu gar nicht mehr als feste Lebensgemeinschaft erlebt. Darin liegt eine beachtliche Erziehungs- und Bildungsproblematik, der wir sehr intensiv nachgehen sollten. Unternehmen müssen zunehmend Bildungs- und Erziehungsaufgaben übernehmen. Sie müssen an Defiziten arbeiten, die sich aus dem Bildungs- und Erziehungsversagen von Eltern und Schulen ergeben. (Dazu erscheint jetzt u. a. eine Broschüre der Arbeitgeberverbände unter dem Titel „Bildungsauftrag Werteerziehung", www.bda-online.de).

Auch problematische Jugendliche wollen irgendwann Beruf und Beschäftigung oder sie bleiben dauerhaft auf den Sozialstaat angewiesen und müssen dann von der Solidargemeinschaft getragen und finanziert werden. Diese Problemgruppen sind natürlich vor allen Dingen der Personenkreis, der uns in Zukunft Sorgen machen wird; und diese Problemgruppe wächst in Deutschland. Schon jetzt liegt die Jugendarbeitslosigkeit der bis zu 25-Jährigen bei rd. 500.000. Dies ist ein Skandal; und das kann unsere Gesellschaft auf Dauer nicht verkraften und hinnehmen.

Einen weiteren Aspekt will ich kurz noch anreißen. Das ist die Frage der konkreten Familiensituation unserer Mitarbeiter. Wir können ganz eindeutig feststellen, dass die Motivation, die Stabilität der Persönlichkeit, die Gesundheit oder die Belastbarkeit von Mitarbeitern und von Führungskräften sehr stark gekoppelt ist an ihre individuelle Familiensituation. Dazu könnte ich Ihnen als Personalberaterin viele Beispiele geben, aber das können Sie sich unschwer selbst vorstellen. Die Frage, ob und wie jemand familiär gebunden ist, entscheidet häufig wesentlich darüber, welche Entwicklung oder Karriere er oder sie machen kann. Dies stimmt übrigens nicht nur bei Frauen, sondern genauso bei Männern, wenn auch mit anderen Kriterien und Rücksichten.

Und als letzten Aspekt möchte ich noch die Globalisierung erwähnen: Sicher, dieses Stichwort darf ja derzeitig nirgendwo fehlen. Aber in der Tat ist den Unternehmen klar geworden, dass über die Zukunft eines Unternehmens vor allem entscheidet, welche Qualität dessen Mitarbeiter haben. Und über die Zukunft einer Volkswirtschaft entscheidet ebenfalls, welchen Ausbildungsstand die Beschäftigten haben und wie die sozialen Rahmenbedingungen aussehen. Wie steht es mit Leistungsbereitschaft und -fähigkeit? Wie groß und wie leistungsfähig und -bereit ist die nachfolgende Generation?

All das führt wieder zum Anfang meiner Kurzanalyse zurück, nämlich zur ersten Prägung der Kinder in der Familie. Wir haben heute morgen gehört, dass schon bei einem 1 1/2-jährigen Kind spezifisch geprägtes Verhalten seitens seines sozialen Umfeldes feststellbar ist. Wir können dabei in unserer Gesellschaft auf den verschiedensten Ebenen wahrscheinlich einen riesigen „Reparaturbedarf" feststellen. Seitens der Wirtschaft, weil wir im Wettbewerb stehen mit anderen leistungsorientierten Volkswirtschaften, die andere und effizientere Erziehungs- und Bildungsmodelle verfolgen und den Wert der Familie höher schätzen. Wir sind also aufgefordert, verstärkt an deutlich verbesserten sozial- und familienpolitischen Rahmenbedingungen zu arbeiten. Von daher sehe ich eigentlich derzeitig besonders gute Chancen, das Thema Familie auch unter diesen betriebswirtschaftlichen und volkswirtschaftlichen Aspekten mit einer ganz neuen Brisanz zu versehen. Die Unternehmen und die gesamte Volkswirtschaft brauchen Familien, die junge Menschen gut auf das Leben und auf ihr Berufsleben vorbereiten. Vor allem die Familie begleitet jeden in Krisen und Schwierigkeiten. Dies kann und sollte weder der Staat noch die Wirtschaft ersetzen wollen. Die Familien bleiben der wichtigste Baustein unserer Gesellschaft, von dem alle weiteren Systeme und Lebensbedingungen abhängen. Das macht ihren unersetzbaren Wert aus.

Wirtschaftliche Zukunft braucht Familien

Thomas Müller-Kirschbaum

In vielen Unternehmen galt lange das Prinzip der *„3xP"*: *„Profit, Profit, Profit"* stand im Vordergrund. Immer mehr Unternehmen erkennen, dass eine nachhaltige Gewinnerzielung aber nur mit den richtigen Mitarbeiterinnen und Mitarbeitern gelingen kann. Es blieb das Kürzel „3xP", aber aus „Profit, Profit, Profit" wurde *„People, People, People"*. Der CEO eines großen deutschen Unternehmens hat unlängst bestätigt: „Wenn ich bei einem kompletten Neustart des Unternehmens die Wahl hätte, entweder die Produktionsanlagen vom alten Unternehmen übernehmen zu dürfen oder die Mitarbeiter, so entscheide ich mich für die Mitarbeiter. Anlagen sind leichter wiederzubeschaffen als gute Mitarbeiter." Dieser Einstellungswandel greift immer mehr Raum. Er führt auch dazu, dass junge, gut ausgebildete und ambitionierte Mitarbeiter auch dann im Unternehmen gehalten werden, wenn sie gleichzeitig zum Beruf sich in der Familie als Mutter oder Vater engagieren.

Zunächst erscheint es widersprüchlich. Wer Familie hat und doppelt belastet scheint, soll von Unternehmen besonders bevorzugt sein? Natürlich schätzt ein Unternehmen den vollen Einsatz mit möglichst großer zeitlicher und räumlicher Flexibilität. Wer ohne familiäre Bande ist, tut sich da wahrscheinlich zunächst leichter. Allerdings führt das Leben in und das Erleben von Familie zu Zusatzqualifikationen in anderen Dimensionen, die immer stärker die totale Freiheit von Raum und Zeit übertreffen. In drei Punkten werden die Voraussetzung für die Vereinbarkeit von Familie und Beruf sowie die sich daraus erschließenden Nutzendimensionen dargestellt.

1. Familie und Beruf müssen vereinbar sein

Das Problem der Vereinbarkeit von Familie und beruflichem Engagement trifft hauptsächlich die Frauen. Unternehmen können hier vielfach Hilfestellung leisten. Freiwillige Verlängerung von Erziehungsurlaub, Unterstützung bei der Bereitstellung von Kindergarten- oder Hortplätzen und größere Flexibilität bei Teilzeitbeschäftigungsmodellen sind wichtige Schritte. Gerade bei den Kindergarten- und Hortplätzen helfen neuartige Kooperationsmodelle auch Klein- und mittelständischen Unternehmen. Überall dort, wo diesbezüglich Nachfrage entsteht, ein unternehmenseigener Kindergarten aber nicht möglich ist, gibt es die Chance, mit Kindergartenträgern die Einrichtung einer definierten Anzahl von Plätzen zu vereinbaren. Die zusätzlichen Kosten werden vom Unternehmen und den Mitarbeitern getragen, die dieses Angebot wahrnehmen.

Aber auch bei einem geographischen Wechsel des Arbeitsplatzes, wie er in internationalen Unternehmen häufig vorkommt, kann das Unternehmen wichtige Beiträge leisten. So wird beispielsweise der Mitzug der gesamten Familie unterstützt. Das bedeutet die Weiterführung der Schulausbildung der Kinder und kann auch die Mithilfe bei der Suche nach einem adäquaten Arbeitsplatz für den Ehepartner einschließen.

Warum sollen nun Unternehmen diese Zusatzlast auf sich nehmen? Weil sie erkannt haben, dass Mütter und Väter, die auch ihre Familienrolle Ernst nehmen, Zusatzqualifikationen erworben haben und täglich neu einüben, die in sozialen Netzen, wie sie Unternehmen darstellen, neben dem Fachwissen die eigentlichen Quellen des Erfolges ausmachen.

2. Familie schafft Führungsqualifikation

Begriffe wie Soziale Kompetenz oder Emotionale Intelligenz werden immer wieder als die eigentlichen Schlüsselqualifikationen von Führungskräften geschildert. Hieraus ergibt sich ein ökonomischer Nutzen der Familienförderung. Zunächst bedeutet die Wahrnehmung der Elternrolle eine Übernahme von Verantwortung, nicht nur für sich selbst oder einen erwachsenen Ehepartner, sondern für ein heranwachsendes Kind mit all seinen über die Jahre sich verändernden Bedürfnissen. Wer zu Hause täglich in der Rolle der Erzieherin oder des Erziehers ist, lernt Führen ständig neu. Kinder zu führen, ist eine größere Herausforderung als das Anleiten von Erwachsenen. Fehlt doch oftmals die Einsicht in ein wirtschaftliches Abhängigkeitsverhältnis oder in eine Hierarchie. Führung und Erziehung in der Familie funktionieren niemals über den ultimativen Bezug auf ein Chef-Angestellten-Verhältnis, sondern nur über innere Autorität. Familien sind somit wichtige Ausbildungsplätze für soziale Kompetenz.

Mütter, die sich durch Wahrnehmung des Erziehungsurlaubs oder durch vorübergehenden Ausstieg aus dem Erwerbsleben vollständig ihrer Familie und der Erziehungsarbeit widmen, bezeichnen sich fast immer, wenn nach dem Beruf gefragt, als „nur Hausfrau". Aus unternehmerischer Sicht ist der Begriff „Geschäftsführer" viel angebrachter.

Zum einen verantworten und verwalten sie den Großteil aller Ausgaben der Familie, ihres Unternehmens. Zum anderen ist das Management einer Familie in jedem Fall mit dem Management eines Kleinunternehmens vergleichbar. Unterschiedliche Interessen, Termine, Bedürfnisse, Anforderungen und Pläne müssen unter einen Hut gebracht werden, damit „der Laden läuft". Die Bereitschaftszeit einer *„Familien-Geschäftsführerin"* ist dabei mindestens 12 bis 16 Stunden an meistens sieben Tagen in der Woche. In keinem Unternehmen wird mehr verlangt! Insbesondere solche Manager, die selbst eine Familie haben, wissen diese Zusatzqualifikation beim Wiedereintritt zu schätzen.

3. Familie und Corporate Citizenship

Unternehmen stellen sich heute vermehrt der Aufgabe zur Wahrnehmung ihrer gesellschaftlichen, sozialen und kulturellen Verantwortung in ihrem Einflussbereich. Dieses Engagement hat selbstverständlich eine starke Image-Komponente, die als positives Feedback der Stakeholder dem Unternehmen zugute kommt. Doch Corporate Citizenship wäre falsch verstanden, wenn es nur aus PR-Gründen verfolgt würde. Viele Unternehmen widmen sich dieser Aufgabe, weil ein echtes gesellschaftliches Engagement der Unternehmensleitung dahintersteht und weil auch das Miteinander der Mitarbeiter dadurch gestärkt wird.

Im Unternehmen, dem der Autor angehört, ist dies zusätzlich mit der speziellen Orientierung auf die Förderung von Projekten für Kinder und damit auch auf Familien als zukunftsgerichtetem Engagement verbunden worden. Um das Corporate Volunteering systematisch zu unterstützen, hat das Unternehmen 1998 die MIT-Initiative (Miteinander Im Team) gegründet. Das heißt konkret: Das Unternehmen fördert Projekte, die von aktiven oder ehemaligen Mitarbeitern ehrenamtlich betreut werden und die einem sozialen, gemeinschaftlichen oder öffentlichen Interesse dienen. In einer besonderen Aktion zum 125-jährigen Jubiläum wurden 125 Kinderprojekte in aller Welt unterstützt. Damit wurde allein schon im ersten Jahr 2001 weltweit mehr als 10.000 Kindern und ihren Familien geholfen.

4. Fazit

Unternehmen haben nachhaltige Vorteile, wenn sie die Familien ihrer Mitarbeiter direkt und indirekt in ihre Mitarbeiterförderung einbeziehen. Emotionaler Ausgleich und soziale Kompetenz sind in Familien erlebbar und machen die Mitarbeiterinnen und Mitarbeiter für das Unternehmen wertvoller. Vor allem den Frauen, die sich der Erziehungsarbeit widmen, muss der Voll- oder Wiedereinstieg in die Erwerbsarbeit oder die Gleichzeitigkeit von Erwerbs- und Familienarbeit noch besser ermöglicht werden. Als Geschäftsführerinnen ihrer Familien haben sie wichtige Managerqualitäten bzgl. Organisation und Führung erworben. Unternehmen tun gut daran, über die Grenzen des Unternehmens hinaus Familien als einen Kern ihres sozialen Engagements zu verstehen. Eine lebenswerte Gesellschaft und eine nachhaltig ausgerichtete Wirtschaft ist auf funktionierende Familien als eines ihrer wesentlichen und stabilisierenden Element angewiesen. Die Zukunft, die gesellschaftliche wie die wirtschaftliche, braucht Familien.

Für ein neues Bündnis zwischen Wirtschaft und Familie

Michel-Edouard Leclerc

Die Leclerc-Gruppe hat 85.000 Angestellte, macht einen Umsatz von rund 25 Milliarden Euro pro Jahr und expandiert jetzt auch in Europa, z.B. in Polen, Italien und Slowenien. Eine Einzelhandelskette dieser Größenordnung ist nicht nur ein Geschäft oder Kaufhaus. Sie ist eine Plattform industriell bedachter und geplanter Angebote, sie ist ein Treffpunkt der Gesellschaft und ein Observatorium sozialen Verhaltens.

Wer mit wachem Auge gesellschaftliche Vorgänge und Entwicklungen beobachtet, der leitet aus diesen Charakteristika auch eine gewisse soziale Verantwortung ab. Das umso mehr, wenn man sieht, wie die Familie heute vom Marktgeschehen im Allgemeinen und von der Werbung in Print- und audiovisuellen Medien im Besonderen instrumentalisiert wird. Hinzu kommt die Aggressivität mancher Werbung und Angebote. Sie zeigen den Wandel der Gesellschaft an.

Aber eine Gesellschaft ist mehr als ein Markt. Und eine Familie ist mehr als eine Gesellschaft. Die Gesellschaft ist im Vergleich zur Familie ein Kollektiv ohne Gesichter, ohne Namen. Nur die Familie kennt die Person, hier wird die Konstante der persönlichen Beziehung lebendig. Gesellschaft ist namenlose Sachgemeinschaft, sie erzeugt weder Liebe noch Solidarität, sie lebt aber von ihr. Als Sachgemeinschaft ist sie auch dem Wandel der Arbeitswelt unterworfen. „Vor 25 Jahren noch", schrieb der amerikanische Soziologe Fitzhugh Dodson schon Mitte der siebziger Jahre, „bereiteten die Väter ihre Söhne auf ein Leben als Erwachsene vor, das dem ihren sehr ähnlich war. Unsere Kultur aber ändert sich mit solch einer Geschwindigkeit, daß dies nicht mehr möglich ist. Man weiß, daß von hundert Kindern, die heute auf einem Schulhof spielen, fünfzig Berufe ausüben werden, die heute noch gar nicht existieren. Die Väter können diese ihre Kinder also gar nicht auf ein Leben, wie sie es führen, vorbereiten. Der Wandel der Gesellschaft geht zu schnell voran." Konstant aber bleibt die persönliche Beziehung. Für sie zählt nicht, was der andere hat – Geld, Güter, Ideen –, sondern was er ist: Vater, Sohn, Mutter, Tochter, Freund –alles Menschen, Gesichter mit Namen.

Angesichts des raschen Wandels braucht die Familie Grundpfeiler der Stabilität. Davon profitieren alle, auch die Wirtschaft. Denn in der Familie wird das gebildet, wovon auf diesem Kongress so intensiv die Rede war, das Humankapital. Für die Wirtschaft bringt jede Investition in das Humankapital gute Rendite. Bisher profitierten Betriebe und Wirtschaft davon gratis; es waren und sind die Familien, die diese Investition mit der Erziehung aufbringen. Die Familie als Unternehmen und Produzent von Humankapital spielte in den Wirtschaftswissenschaften keine Rolle. Erst in der letzten Zeit wurde sie mit dieser Funktion wahrgenommen, weil eben der Wandel der Gesellschaft – inbegriffen der Wandel der Kultur – auch einen Mangel an Humankapital hat erkennen lassen.

Hier fängt unsere Verantwortung an. Der Vertrag, der früher nur ein Kaufvertrag zwischen Unternehmen und Familie war, ist nicht solide, wenn er nicht in eine neue Partnerschaft mündet. Die Wirtschaft hat die Familie in ihrer gesellschaftlichen Funktion und in ihrer sozioökonomischen Funktion zu unterstützen. Unternehmen müssen sich zu Stützpfeilern der Stabilität entwickeln. Das setzt voraus, daß Unternehmen, insbesondere das Management, eine bestimmte Kulturvorstellung haben. Ohne Kultur geht das Menschliche verloren. Ohne Sinn für eine Kultur des Menschlichen kann es keine Unterstützung für die Bildung des Humankapitals geben. Das ist die Basis, auf der wir zu einem neuen Pakt zwischen Unternehmen und Familie gelangen können. Das ist, ich wiederhole es, keine Frage sozialer Gesinnung. Es ist vor allem eine Frage der Wirtschaftsordnung, der Wirtschaftsprioritäten, der zukunftsorientierten Rentabilität. Wir wollen zufriedene Kunden. Nur sie kommen wieder. Nur mit ihnen kann man eine menschliche Zukunft bauen. Die Wirtschaft muß sich den sozialen Herausforderungen stellen – aus ökonomischen Gründen.

Familie ist da, wo ein Kühlschrank steht, heißt ein Bonmot. Ich finde, es ist kein gutes Wort, eher ein „Mauvaismot". Sicher, unsere Gruppe füllt die Kühlschränke. Aber das ist nicht und darf auch nicht unsere einzige Beziehung zur Familie sein. Im Gegenteil. Das neue Bündnis zwischen Familie und Unternehmen verlangt von uns zunächst viel Flexibilität. Ich würde sie für unsere Gruppe in vier Bereiche unterteilen, wovon der eine oder andere Punkt durchaus auf andere Wirtschaftsbereiche zutreffen könnte:

Da ist zunächst die interne Unternehmenskultur. Ein Einkaufszentrum muß übersichtlich, sicher, transparent sein. Es ist eine Dienstleistung, schnell das günstigste Angebot finden zu können. Es ist eine Dienstleistung, sich im Haus sicher fühlen zu können. Es ist eine Dienstleistung, eine Garantie für das Preis-Leistungsverhältnis zu bekommen. Denn die Kaufkraft ist die einzige familienrelevante Größe auf der anderen Seite. Ihr Einsatz darf keine Fehlinvestition sein.

Da ist zweitens der Produktionsablauf. Sonntagsarbeit ist familienfeindlich. Sie sollte verboten werden oder verboten bleiben, von wenigen, vitalen Ausnahmen abgesehen. Die Arbeitszeiten und die Öffnungszeiten selbst sollten flexibel nach den Bedürfnissen der Familien angepasst werden können. Nicht nur der Kundenfamilien, sondern auch der Angestellen des Hauses. Auch sie haben Familie und ihr Recht auf den Sonntag. Hier gibt es offensichtlich in Frankreich weniger Probleme als in Deutschland. Zum Produktionsangebot gehört auch, daß das Haus familienfreundliche Einkaufswagen führt, also mit einem entsprechenden Fassungsvolumen und mit Sitzen für Kleinkinder.

Da ist drittens der Faktor Unterstützung für die Erziehung. Er schlägt sich bei uns konkret nieder in der Tatsache, daß wir betreute Spielräume anbieten, damit die Eltern, wenn sie es wollen, ohne die Kinder einkaufen können. Das zeigt sich auch darin, daß wir keine Waffen verkaufen. Auch vermeiden wir eine aggressive, sexistische Werbung. Nicht alles, was verkaufbar ist, ist für uns auch Ware. Hier spielt der Wille des Unternehmens hinein. Hier entscheidet das Unternehmen, welche Kultur es haben will.

Und da ist viertens die Investition in das soziale Umfeld. Wir unterstützen und fördern Freizeitclubs und Sportvereine. Natürlich unterstellt man uns für all solche Aktivitäten auch ökonomische Motive und das ist richtig. Der Mensch ist nicht teilbar. Wir haben wirtschaftliche Motive für unser unternehmerisches Handeln, aber eben nicht nur wirtschaftliche Beweggründe. So wie das Humankapital auch nicht nur ein wirtschaftlicher Faktor ist. Wir bemühen uns, den ganzen Menschen zu sehen. Ohne diese integrale Sicht des Menschen wird auch die Wirtschaft auf Dauer in der Verlustzone einer rein materiell orientierten Marktgesellschaft landen. So eine Gesellschaft wird nicht solidarisch, sie kann nur repressiv sein.

Das sind nur einige wenige Skizzenstriche, zu mehr reicht die Zeit nicht. Ich stimme als Unternehmer der Meinung der meisten Teilnehmer dieses Kongresses zu, daß man es – in der Formulierung von Prof. Lecaillon – bei der Familie nicht mit Kosten, sondern mit Investitionen zu tun hat. Es handelt sich bei dem Beitrag, den die Wirtschaft für das Bündnis mit der Familie erbringt, in der Tat um eine Investition, und zwar in die wichtigste und immer knapper werdende Ressource in Europa, das Humankapital. Vielleicht denken viele Politiker hier noch zu kurz. Wir brauchen auf jeden Fall einen neuen contrat social, dieses Bündnis zwischen Wirtschaft und Familie. Dazu sollen und dazu wollen wir einen Beitrag leisten.

Alterssicherung und Erziehungsarbeit im demographischen Wandel: Herausforderungen an die gesetzliche Rentenversicherung

Anne Meurer

Zwischen Erziehungsarbeit und Alterssicherung scheint es auf den ersten Blick keinen direkten Zusammenhang zu geben. Während die Erziehungsarbeit hauptsächlich im Verhältnis zwischen der jeweiligen Erwerbstätigengeneration und der Generation der Kinder entsteht, beschreibt das System der Alterssicherung soziale Beziehungen zwischen der jeweiligen Generation der Erwerbstätigen und der Rentnergeneration. Gleichwohl gibt es zwischen diesen beiden Ebenen sozialer Beziehungen verbindende Bezugspunkte.

1. Anpassungsmaßnahmen der gesetzlichen Rentenversicherung an den demographischen Wandel

Von Veränderungen in der Altersstruktur der Bevölkerung sind fast alle europäischen Länder betroffen: Die Lebenserwartung der Menschen steigt immer weiter, während die Geburtenraten sich auf relativ niedrigem Niveau stabilisiert haben. Dadurch wird die Anzahl der älteren Menschen drastisch anwachsen, die Zahl der Menschen im Erwerbsalter wird zurückgehen. Diese Entwicklung bringt für umlagefinanzierte Sicherungssysteme, wie die gesetzliche Rentenversicherung, Probleme mit sich. Tendenziell muss künftig eine im Vergleich zu heute kleinere Erwerbsgeneration die Versorgung einer größeren Altersgeneration finanzieren. Hinzu kommen die aufgrund der höheren Lebenserwartung steigenden Rentenlaufzeiten.

Die demographische Entwicklung stellt aber nicht nur für das umlagefinanzierte System der gesetzlichen Rentenversicherung, sondern auch für kapitalgedeckte Sicherungssysteme – in Deutschland sind das überwiegend die Systeme der betrieblichen und der privaten Alterssicherung – eine Herausforderung dar: Wenn die Menschen älter werden, sind auch in den kapitalgedeckten Systemen die Renten länger zu zahlen. Dadurch steigen – bei gleichen Rentenleistungen – die Prämienzahlungen der Versicherten bzw. bei gleichen Prämienzahlungen gehen die Rentenleistungen zurück.

Und auch die niedrigen Geburtenraten bleiben nicht ohne Auswirkungen auf die kapitalgedeckte Altersvorsorge: Das für das Alter angesparte Vorsorgevermögen ist typischerweise in Wertpapieren, Immobilien oder Ähnlichem angelegt und diese Anlagen werden dann im Alter schrittweise verkauft, um das Alterseinkommen zu realisieren. Wenn aber die nachfolgenden Generationen kleiner sind, werden zu jenem Zeitpunkt, an dem die heutige Erwerbsgeneration in Rente geht, entsprechend weniger Menschen im aktiven Erwerbsalter vorhanden sein, die der Altengeneration die Anlageprodukte abkaufen können. Im Ergebnis heißt das: Die realisierbare Rendite des angesparten Kapitals wird wegen des demographischen Wandels geringer und die Rentenleistung sinkt.

In der gesetzlichen Rentenversicherung sind in den letzten Jahren bereits wichtige Schritte zur Anpassung an den demographischen Wandel unternommen worden. Beispiele sind die Anhebung der Altersgrenzen, die Bereitstellung zusätzlicher Steuermittel aus dem Bundeshaushalt, die Einleitung einer mittel- und langfristig angelegten Minderung des Rentenniveaus und die Einführung einer staatlich geförderten kapitalgedeckten Zusatzvorsorge (sog. Riester-Rente). Im Wesentlichen verfolgen diese und weitere Regelungen das Ziel, die zu erwartenden steigenden Lasten der Alterssicherung in Form eines „burden sharing" so auf die Generationen zu verteilen, dass sie sowohl von der Seite der jetzigen und zukünftigen Rentnergeneration als auch der jetzigen und zukünftigen Beitragszahlergeneration akzeptiert werden können.

2. Frauenerwerbsbeteiligung und Alterssicherung

Der demographische Wandel erschwert nicht nur die Finanzierung der Alterssicherung durch ein ungünstigeres Beitragszahler-Leistungsempfänger-Verhältnis, er stellt auch den Arbeitsmarkt vor ernstzunehmende Probleme. In ein bis zwei Jahrzehnten wird sich die heutige Situation hoher Arbeitslosigkeit deutlich entschärft haben: Statt Arbeits*plätze* werden tendenziell eher Arbeits*kräfte* fehlen. Es wird demographiebedingt nicht mehr wie bisher immer neue breite Jahrgänge geben, die ins Erwerbsleben einmünden. Statt dessen werden wir verstärkt auf die bereits im Erwerbsleben stehenden zurückgreifen und darüber hinaus die bislang nicht erwerbstätige „Reserve" mobilisieren müssen. Damit ist auch die Frauenerwerbsquote angesprochen. Sie ist in Deutschland in den vergangenen Jahren zwar gestiegen, liegt aber im internationalen Vergleich immer noch relativ niedrig, obgleich wir wie andere Länder hochqualifizierte Frauen haben, die erwerbstätig sein wollen. Die niedrige Quote hat sicherlich viele Gründe, einer ist die oft problematische Vereinbarkeit von Beruf und Familie. Auf diesem Feld muss noch viel getan werden, wenn wir für den demographischen Wandel auf dem Arbeitsmarkt gewappnet sein wollen. Wir wissen heute, dass die Entscheidung für oder gegen Kinder durch eine Vielzahl von Faktoren beeinflusst wird; die Vereinbarkeit von Familie und Beruf, von Erwerbs- und Erziehungsarbeit ist dabei einer der wichtigsten.

Die Notwendigkeit, bessere Rahmenbedingungen für die Berufstätigkeit von Erziehenden zu schaffen, zeigt sich auch in der Alterssicherung von Frauen. Trotz gestiegener Erwerbstätigkeit sind Frauen heute immer noch stark abhängig von den sogenannten „abgeleiteten", d.h. durch die Ehe begründeten Rentenansprüchen.

Vergleichen wir die Struktur der Versicherungsverläufe von Frauen und Männern, so wird deutlich, dass frauentypische Erwerbsverläufe durch Unterbrechungen, Phasen mit unterdurchschnittlicher Bezahlung und Teilzeitarbeit gekennzeichnet sind. Die Gründe für die bei Frauen häufigeren Erwerbsunterbrechungen liegen in der Tatsache, dass sie Kinder kriegen und im Anschluss daran in der Regel auch für deren Betreuung und Erziehung im Wesentlichen alleine zuständig sind. Karrierebrüche und Wiedereinstiegsprobleme sind oft die Folge.

Was folgt daraus für die gesetzliche Rentenversicherung in Deutschland? Zum einen haben wir die erfreuliche Entwicklung, dass Frauen durch ihre gestiegene Erwerbstätigkeit zunehmend eigene Rentenanwartschaften erwerben. Andererseits bleiben die Renten von Frauen im Durchschnitt, zumindest in dem heute absehbaren Zeitabschnitt, noch deutlich hinter denen von Männern zurück. Eine wirkliche Chancengleichheit von Männern und Frauen ist erst erreicht, wenn *beide* Geschlechter ihre Verantwortung für Kinder und Familie umsetzen, d.h., wenn auch die Männer ihren Anteil an der Familienarbeit leisten.

Vor diesem Hintergrund bleibt die Frage eines solidarischen Nachteilsausgleichs, d.h. nach einer verbesserten Anerkennung von Erziehungsarbeit innerhalb der gesetzlichen Rentenversicherung, mit besonderer Dringlichkeit auf der Tagesordnung. Seit 1986 wurden Regelungen zur Anrechnung von Kindererziehungszeiten in das Rentenrecht eingefügt und seither mehrfach ausgeweitet. Das gilt für die Anzahl der Kindererziehungsjahre pro Kind, für die Bewertung und für die Art der Finanzierung. Auch die jüngste Rentenreform hat punktuell Verbesserungen gebracht. Inwieweit über eine weitergehende Anerkennung der Kindererziehungsleistungen in der gesetzlichen Rentenversicherung nachgedacht werden kann, hängt nicht zuletzt von der Wertschätzung ab, die unsere Gesellschaft der Erziehungsarbeit im Vergleich zur Erwerbsarbeit zuzumessen bereit ist.

Eine viel diskutierte Verbesserung der Berücksichtigung von Kindererziehungszeiten liegt z.B. in dem Vorschlag, für Geburten vor dem 1.1.1992 nicht nur ein, sondern ebenfalls drei Jahre Kindererziehungszeiten anzurechnen. Dies wäre zwar teuer – ca. 10 Mrd. Euro zusätzliche Ausgaben pro Jahr –, ließe sich aber systemgerecht umsetzen und durch zusätzliche Zahlungen vom Bund sachgerecht finanzieren. Eine solche Lösung setzt allerdings den politischen Willen voraus, zugunsten von Kindererziehungsleistungen Prioritäten zu setzen.

3. Staffelung des Beitragssatzes der gesetzlichen Rentenversicherung nach der Kinderzahl?

Der zweite Ansatzpunkt – die Entlastung von Beitragszahlungen – hat in jüngster Zeit, insbesondere durch das sog. „Pflegeurteil" des Bundesverfassungsgerichts vom 30.4.2001, erneut Aufmerksamkeit bekommen. Kern dieses Reformanliegens ist die Forderung, Erziehungsarbeit in der gesetzlichen Rentenversicherung durch eine beitragsseitige Umverteilung zwischen Kinderlosen und Kindererziehenden anzuerkennen.

Eine Analyse der grundlegenden Strukturen von gesetzlicher Pflegeversicherung und gesetzlicher Rentenversicherung zeigt, dass es im Hinblick auf die im Pflegeurteil angesprochenen Tatbestände sowohl Parallelen als auch erhebliche Unterschiede gibt. Eine Parallelität besteht insoweit, als die gesetzliche Rentenversicherung ebenso wie die Pflegeversicherung im Umlageverfahren finanziert wird und von daher beide Systeme für ihre Finanzierung auf die Beiträge der Erwerbstätigen-Generation angewiesen sind. Auf der Beitragsseite ähneln sich die beiden Systeme auch insoweit, als grundsätzlich jeweils auf die Arbeitsentgelte als Beitragsbemessungsgrundlage Bezug genommen wird. Gravierende Unterschiede gibt es im Hinblick auf die Gestaltung der leistungsrechtlichen Regelungen bzw. das Verhältnis von Leistungen und Beiträgen. In der gesetzlichen Pflegeversicherung sind die individuellen Leistungsansprüche ausschließlich in Abhängigkeit vom jeweiligen medizinischen bzw. pflegerischen Bedarf definiert: Die Leistungen werden unabhängig von der Höhe der monetären Vorleistungen gewährt. Insoweit entsprechen die Strukturen der gesetzlichen Pflegeversicherung eher einem Versorgungs- als einem Versicherungssystem.

Anders ist dies in der gesetzlichen Rentenversicherung, wo vom Grundsatz her das Versicherungsprinzip mit seiner vergleichsweise engen Koppelung von individueller Leistungshöhe und monetären Vorleistungen der Versicherten in Form von Beitragszahlungen vorherrscht. Die soziale Absicherung der Versicherten im Alter, bei vorzeitiger Erwerbsunfähigkeit und die der Unterhaltsberechtigten im Hinterbliebenenfall erfolgt in der gesetzlichen Rentenversicherung zum gleichen Beitragssatz unabhängig von Vorerkrankungen, Geschlecht, Familienstand und Kinderzahl.

Diese Abstraktion vom individuellen Risiko bewirkt eine begrenzte Umverteilung von Männern zu Frauen (aufgrund der höheren Lebenserwartung von Frauen), von Menschen mit niedrigem Erwerbsunfähigkeitsrisiko zu Menschen mit hohem Erwerbsrisiko und nicht zuletzt von ledigen und kinderlosen Versicherten zu Versicherten mit einem oder mehreren Unterhaltsberechtigten (Ehepartner und Kinder). Es spricht einiges dafür, die Waisenrente generell und die Hinterbliebenenrente zum Teil als spezifische Leistung zugunsten von Kindererziehenden anzusehen. Das Volumen dieser Umverteilung ist durchaus beachtlich. So machen alleine die Hinterbliebenenrenten gegenwärtig ca. 20 % der Ausgaben in der gesetzlichen Rentenversicherung aus.

Die Einführung kinderzahlabhängiger Beitragssätze in der gesetzlichen Rentenversicherung wäre in mehrfacher Hinsicht problematisch: Verringerte Beiträge zur gesetzlichen Rentenversicherung hätten im System der gesetzlichen Rentenversicherung grundsätzlich einen geringeren Erwerb von Rentenanwartschaften, d. h. auch eine geringere Altersrente für die Betroffenen zur Folge. Eine Verbesserung des sozialen Schutzes für Erziehende würde deshalb aus diesem Ansatz gerade nicht resultieren.

Wenngleich die Phase der Kindererziehung nur einen Teil des Erwerbslebens darstellt, würde damit das Risiko von Eltern, im Alter eine relativ niedrige Rente aus der gesetzlichen Rentenversicherung zu erhalten, im Vergleich zu kinderlosen Versicherten, deutlich steigen. Das Ziel der Vermeidung von Altersarmut, insbesondere von Frauen, wird damit in keiner Weise verwirklicht.

Auch die Vermeidung einer schlechten Einkommenslage von Familien mit Kindern in der Erwerbsphase würde nicht oder nur unzureichend realisiert. So würden nur Eltern, die in der gesetzlichen Rentenversicherung versichert sind, von diesem Modell profitieren. Für Eltern ohne eigenes Erwerbseinkommen (z.B. Arbeitslosengeld-, Arbeitslosenhilfe- oder Sozialhilfebezieher) oder alleinerziehende Frauen mit keinem oder nur sehr geringem Erwerbseinkommen ergäbe sich hingegen kein bzw. nur ein minimaler Entlastungseffekt.

Es ist aber genau diese Gruppe, die einer Entlastung am meisten bedarf. Besonders begünstigt wären demgegenüber gutverdienende Beitragszahler der gesetzlichen Rentenversicherung mit Kindern, denn je höher ihr zu versicherndes Einkommen ist, desto höher fiele – absolut betrachtet – die Entlastung bei der Beitragszahlung aus.

Befürworter eines nach Kinderzahl gestaffelten Beitragssatzes argumentieren oftmals, dass Eltern mit ihrer Erziehungsarbeit einen generativen Beitrag zum Erhalt des Systems der gesetzlichen Rentenversicherung leisten und es daher „gerecht" sei, sie von finanziellen Beiträgen zu entlasten. Dieses Argument wäre stringent, wenn die gesetzliche Rentenversicherung nicht nur einen Teil der Erwerbstätigen einbeziehen würde, sondern eine Volksversicherung wäre, die die gesamte Wohnbevölkerung erfasst. Erst eine solche Versicherung könnte sicherstellen, dass der „generative Beitrag" tatsächlich in der gesetzlichen Rentenversicherung zum Tragen kommt. Gegenwärtig ist dies beispielsweise bei Beamten, Selbständigen und Nicht-Erwerbstätigen nicht der Fall.

Aus Sicht der Rentenversicherung, insbesondere der BfA, ist das Modell der Staffelung des Beitragssatzes nach der Kinderzahl ein ungeeignetes Mittel des Familienlastenausgleichs. Der Familienlastenausgleich ist eine gesamtgesellschaftliche Aufgabe, da alle gesellschaftlichen Systeme von der nachwachsenden Generation abhängen. Deshalb sollte der Familienlastenausgleich als Unterstützung in der Phase der Kindererziehung über das Steuersystem erfolgen.

Entscheidend für eine verbesserte Einkommenssituation in der Erwerbsphase und im Alter ist jedoch nicht allein der Familienlastenausgleich, sondern vielmehr die Schaffung von gesellschaftlichen Rahmenbedingungen für eine bessere Vereinbarkeit von Familie und Beruf.

Internationale Erfahrungen zeigen, dass insbesondere ein ausreichendes Angebot an Kinderbetreuungsmöglichkeiten und die bessere sozialrechtliche Stellung von Teilzeitarbeit einen wichtigen Beitrag zur Erhöhung der Erwerbsbeteiligung von Frauen leisten können. Dadurch kann nicht nur das Einkommen von Haushalten mit Kindern verbessert werden, sondern auch das sozialpolitische Ziel der eigenständigen Anwartschaften von Frauen in der gesetzlichen Rentenversicherung in erheblichem Umfang verwirklicht werden.

4. Schlussfolgerungen

Insgesamt erweist sich die gesetzliche Rentenversicherung zwar als wichtiges Instrument des Ausgleichs kindererziehungsbedingter Nachteile beim Erwerb von Rentenanwartschaften. Die primäre Verantwortung für die gesellschaftliche Aufgabe der Unterstützung von Familien kann jedoch nicht im Bereich der Rentenversicherung liegen, denn Familienförderung muss zeitnah in der aktiven Phase der Kindererziehung erfolgen und dafür bedarf es transparenter Instrumentarien auf der Basis einer Finanzierung aus Steuermitteln.

Der Dreh- und Angelpunkt für eine bessere Absicherung von Frauen im Alter ist nicht die Rentenversicherung, sondern der Arbeitsmarkt, auf dem die Anwartschaften für die spätere Rente begründet werden. Frauen wollen heute beides: Familie und Erwerbstätigkeit. Erst wenn Mütter die gleichen Partizipationschancen im Erwerbssystem haben und diese Chancen flächendeckend nutzen, wird das Thema Frauenalterssicherung von der Agenda der sozialpolitischen Probleme gestrichen werden können. Erst wenn Väter die gleichen Partizipationschancen bei der Kindererziehung haben und diese auch flächendeckend nutzen, wird die Chancengleichheit verwirklicht sein. Dazu brauchen Männer und Frauen bessere Möglichkeiten der Vereinbarkeit von Beruf und Familie.

Grußwort
von Papst Johannes Paul II.

Mit Freude hat Papst Johannes Paul II. vom Europäischen Kongress zum Thema „Demographie und Wohlstand – Neuer Stellenwert für Familie in Wirtschaft und Gesellschaft" Kenntnis erlangt, der auf Initiative des Koordinationskreises Familien- und Gesellschaftspolitik und der Internationalen Stiftung Humanum am 12. und 13. Juni in Berlin stattfindet. Seine Heiligkeit hat mich beauftragt, Ihnen, den Teilnehmerinnen und Teilnehmern seine herzlichen Grüße und beste Segenswünsche für einen fruchtbaren Verlauf Ihrer Tagung zu übermitteln.

Ausgehend von der besorgniserregenden demographischen Entwicklung in Europa und ihren absehbaren Folgen für Wirtschaft, Staat, Sozialversicherungen und schließlich für den allgemeinen Wohlstand der Menschen dieses Kontinents lenkt der Berliner Kongress die Aufmerksamkeit auf den Faktor Familie, die als „primäre Produktionsstätte für die Bildung von Humanvermögen" in den Blick genommen wird. Es ist zu hoffen, dass von den Erkenntnissen des Kongresses Impulse für eine erneuerte Familienpolitik ausgehen, die der Familie als Grundzelle der menschlichen Gesellschaft den richtigen Stellenwert beimisst und ihr die bestmögliche Förderung zukommen lässt.

Eine gesunde Familienkultur kann der Gesellschaft in entscheidender Weise die notwendige geistig-moralische Kraft und innere Festigkeit verleihen. Denn „die soziale Dimension des Menschen findet ihren ersten und ursprünglichen Ausdruck in den Eheleuten und in der Familie: ‚Gott hat den Menschen nicht allein geschaffen: von Anfang an hat er ihn als Mann und Frau geschaffen' (Gen 1,27); ihre Verbindung schafft die erste Form personaler Gemeinschaft. Die Erfahrung zeigt, dass Zivilisation und Festigkeit der Völker vor allem durch die menschliche Qualität ihrer Familien bestimmt werden. Die Kirche ist zutiefst davon überzeugt: Die Zukunft der Menschheit geht über die Familie" (Christifideles laici, 40).

Gerne begleitet Papst Johannes Paul II. die Organisatoren, Referenten und Teilnehmer des Kongresses „Demographie und Wohlstand" mit seinem Gebet. Damit verbindet der Heilige Vater den Wunsch, dass die Bemühungen, die Notwendigkeit eines neuen Stellenwertes für die Familie herauszuarbeiten, welcher der Würde dieser von Gott gewollten Institution voll entspricht, in der Gesellschaft reiche Früchte tragen mögen. Dazu erteilt Seine Heiligkeit Ihnen allen sowie Ihren Familien und Freunden von Herzen den Apostolischen Segen.

Mit besten persönlichen Wünschen

Angelo Kardinal Sodano,
Staatssekretär Seiner Heiligkeit

Grußwort
des Bundeskanzlers

Familien bilden das stabile Zentrum unserer Gesellschaft. Alle wichtigen gesell-schaftlichen Fragen sind auf die eine oder andere Weise mit der Familie verknüpft. Deshalb ist uns Familienpolitik so wichtig.

Familienpolitik ist auch immer Gesellschaftspolitik. Unser Ziel ist eine fami-lien- und kinderfreundliche Gesellschaft. Das betrifft die Gestaltung der Arbeits-welt ebenso wie die Betreuung, Bildung und Ausbildung unserer Kinder. Das be-deutet Generationengerechtigkeit bei der Rente ebenso wie eine nachhaltige Haushaltspolitik. Dies dient den Familien, unserer Gesellschaft und damit nicht zuletzt auch der Wirtschaft unseres Landes.

Die Bundesregierung unterstützt und fördert Familien. Seit unserem Regie-rungsantritt haben wir die Aufwendungen für Familien um mehr als 13 Milliarden Euro auf fast 53 Milliarden Euro pro Jahr erhöht. Darauf werden wir auch in Zu-kunft aufbauen, denn Familien brauchen wirtschaftliche Stabilität und eine ver-lässliche Politik.

Aber es geht bei der Förderung von Familien nicht nur um materielle Hilfen. Ganz zentral ist für mich der Ausbau der ganztägigen Kinderbetreuung in Deutschland. Nur so können wir Kinder optimal fördern, nur so können Frauen und Männer Familien- und Erwerbsarbeit miteinander vereinbaren.

Ich grüße alle Teilnehmerinnen und Teilnehmer des Kongresses „Demogra-phie und Wohlstand", besonders auch die Gäste aus Frankreich, und wünsche Ihnen konstruktive Diskussionen und viel Erfolg.

Gerhard Schröder

Grußwort
des bayerischen Ministerpräsidenten

Zum Kongress „Demographie und Wohlstand – Neuer Stellenwert für Familie in Wirtschaft und Gesellschaft" richte ich meinen herzlichen Gruß nach Berlin. Die Familie ist auch im 21. Jahrhundert die attraktivste Lebensform, weil sie Lebenssinn, Geborgenheit und Glück erlebbar macht. Sie ist und bleibt auch in der Zukunft die wichtigste Form des Zusammenlebens. Dass die Familie auf dem Berliner Kongress im Zentrum eines breiten Interesses steht, freut mich ganz besonders: In Bayern hat die Familienpolitik seit jeher einen sehr hohen Stellenwert. Für mich persönlich haben Familien eine unersetzliche Bedeutung.

Die Familie ist und bleibt die Keimzelle der Gesellschaft. Sie garantiert die soziale und kulturelle Stabilität unserer Gesellschaft. Denn in der Familie findet die personale und soziale Entwicklung unserer Kinder – und damit der nachfolgenden Generation – statt. Eine Gesellschaft ohne Kinder hat keine Zukunft. Darum sind für mich die wahren Leistungsträger unserer Gesellschaft die Familien.

Aber auch vor dem Hintergrund der demographischen Entwicklung in Deutschland ist ein grundsätzliches Umdenken zu Gunsten der Familien in allen gesellschaftlichen Bereichen notwendig. Dabei denke ich an finanzielle Förderungen und an Initiativen, die Vereinbarkeit von Familie und Beruf zu verbessern. Die Eltern sollen frei entscheiden können, ob sie ihre Kinder selbst erziehen und betreuen oder ob sie dafür die Unterstützung von Kinderbetreuungseinrichtungen in Anspruch nehmen. Ich wünsche dem Europäischen Kongress auch deshalb einen erfolgreichen Verlauf, weil die Impulse, die von ihm ausgehen können, über unsere Zukunft und die Zukunft unserer Kinder entscheiden.

Meine herzlichen Erfolgswünsche ins Haus der Deutschen Wirtschaft!

Edmund Stoiber

Zeit, Geld, Bildung. Was Familien und Kinder heute brauchen – Anmerkungen nach dem Kongress „Demographie und Wohlstand"

Jürgen Liminski

Die Vertreibung aus dem Paradies lässt sich auf den Tag genau festlegen und zwar periodisch etwa alle vier Jahre. Am 23. September 2002 war es wieder soweit. Da wurden die Familien aus dem politischen Garten Eden vertrieben – auch ohne Sündenfall. Und wenn sich die Wahlen erneut nähern, werden die Götter auf dem Berliner Olymp wieder das Paradies auf Erden versprechen. Das hat viele Namen: Mehr Kindergeld, Familiengeld, Erziehungslohn, mehr Plätze im Kindergarten, mehr Lehrer, mehr Flexibilität in den Betrieben, mehr Teilzeitjobs, weniger Steuern und Sozialabgaben für Familien, mehr Gerechtigkeit, bessere Vereinbarkeit. Mehr, besser, alles – das Paradies eben.

Aber die Familie muß jetzt leben. Junge Menschen wollen und müssen jetzt planen. Das Warten am Zaun oder Tor zum Paradies ist kein Lebenskonzept. Schrittweise würde man sich dem großen Ziel nähern, behaupten die Olympiken und sie übersehen, daß die Institutionen Ehe und Familie Gefahr laufen, sich schrittweise aufzulösen. In großen Städten bestehen die Haushalte zur Hälfte bereits aus Einzelpersonen. In Berlin, Frankfurt, Hamburg, Düsseldorf, München bestimmen Singles, Dinks („Double income no kids" – doppeltes Einkommen, keine Kinder) und Oldies die Wohnstruktur und den Markt. Und mit dem Markt auch das öffentliche Leben und Lebensgefühl, wenigstens in den Medien. Untrügliche Zeichen sind: Tiefkühlprodukte boomen durch alle Konjunkturzyklen hinweg, Babyartikel werden zu Ladenhütern. Auch die Scheidungsziffern in Deutschland boomen. Das letzte statistisch erfasste Jahr (2001) erlebte einen traurigen Doppelrekord: Noch nie gab es so viele Scheidungen (197.500), noch nie so wenig Eheschließungen. Die Bindungsangst geht um. Ist das der Fluch der Spaßgesellschaft? Es bleibt nicht bei der Vertreibung aus dem Paradies. Wie alle vier Jahre hat man, um ein anderes Bild zu gebrauchen, das Aschenputtel Familie für eine Zeitlang zur Prinzessin gemacht. Der Wahlkampf ist der Ball mit dem Prinzen. Das arme Mädchen in Grimms Märchen darf am Ende ihren Prinzen behalten, weil der sie wirklich liebt. Das ist bei den Prinzen der Politik seit Jahrzehnten nicht mehr der Fall und deshalb wird die Prinzessin regelmäßig wieder zum Aschenputtel. Es muß ja nicht so sein wie im Märchen, da Aschenputtel unter dem Baum auf dem Grab seiner Mutter sagt: „Bäumchen, rüttel dich und schüttel dich, wirf Gold und Silber über mich" und dann regnet es golden und silbern Kleider für das Fest mit

293

dem Prinzen. Nein, das nicht. Und es muß auch nicht sein, daß die Tauben den bösen Schwestern, die zu gern mit dem Prinzen tanzen würden, die Augen aushacken und es heißt: „So waren sie also für ihre Falschheit mit Blindheit für ihr Lebtag gestraft." Nein, es ist eigentlich schlimmer: Der Ball der Familie mit den Prinzen der Politik ist ein Tanz mit Vampiren. Man tanzt und saugt sie nachher aus. Die versprochene Kindergelderhöhung? Vergessen oder kein Geld in der Kasse. Das Familiengeld? Vergessen, am besten auch aus dem Programm streichen, meinen manche ungefragt. Die Urteile des Bundesverfassungsgerichts? Vergessen, denn wo kein Kläger, da kein Richter. Leistungsgerechtigkeit für die Familie? Was ist das? Der Begriff ist noch nicht im allgemeinen Bewußtsein der Politik angelangt. Nur bei der Rente regt sich was. Da muß sich etwas tun, denn die Rentner sind mittlerweile eine der größten Wählergruppen (siehe den bemerkenswerten Aufsatz von Prof. Sinn).

Wenn von Leistungsgerechtigkeit für Familien die Rede ist, verhalten sich Politiker in Deutschland wie zwei der drei berühmten Affen: Nichts sehen, nichts hören. Und beim dritten Affen ist es umgekehrt. Statt schamvoll zu schweigen, reden sie unentwegt, natürlich die Taten ihrer jeweiligen Partei preisend. Aber das Jonglieren mit aktuellen Milliarden ist trügerisch. All die Maßnahmen der Parteien der letzten Jahrzehnte halten einem Vergleich der Kaufkraft, der einzigen familienrelevanten Größe, nicht stand: Der Familienlastenausgleich machte in den sechziger Jahren rund 400 Arbeitsstunden pro Jahr aus, heute sind es weniger als 200. Während Löhne, Gehälter und Renten kräftige Steigerungen verbuchten, blieb der Ausgleich für die Leistungen der Familie weit zurück, so daß kinderreiche Familien heute zu den ersten Kategorien der Armen gehören. Jedes siebte Kind lebt in einem Haushalt von Sozialhilfeempfängern. Das wirkt auf junge Leute abschreckend, wenn es darum geht, eine Familie zu gründen. Niemand wird gern freiwillig arm.

Heute eine Familie mit mehreren Kindern zu gründen, sei, so der Präsident der Caritas, ein sicherer Weg sich zu ruinieren. Es ist auf jeden Fall ein Abenteuer geworden. Der Sozialwissenschaftler Xaver Kaufmann sprach schon vor Jahren von der „strukturellen Rücksichtslosigkeit" der Gesellschaft gegenüber Familien. Das Steuer- und Abgabesystem gibt ihm recht. Es belohnt die Kinderlosen und der Staat hat, bemerkt Konrad Adam richtig, „bei der Verteilung seiner Wohltaten" nicht auf Gefühle zu reagieren, sondern auf Tatsachen. „Wo es um Nachwuchs geht, darf ihn und muß ihn nur eines interessieren: ob Kinder da sind. Aus welchen Gründen sie existieren oder fehlen, geht ihn nichts an." Das ist eine Existenzfrage. Deshalb hat, so sagen die Richter in Karlsruhe, der Staat auch den Schutz der Familie, mithin auch ihr Existenzminimum zu gewährleisten. Das eben geschieht nicht. Eltern werden faktisch höher besteuert als Kinderlose. Ihre Unterhaltskosten werden bei der Festlegung der steuerlichen Kinderfreibeträge zu gering veranschlagt, weshalb Eltern seit Jahren Steuern auf Einkommen entrichten, über das sie tatsächlich gar nicht frei verfügen. Es geht nicht um Almosen, sondern um Zukunft und Leistungsgerechtigkeit. Die Gönnerpose der Politik ist Hochstapelei. Sie wäre zu ertragen, wenn das derzeitige, vom Bundesverfassungsgericht wiederholt festgestellte Unrecht an den Familien für alle gälte. Aber immer mehr junge Leute entscheiden sich gegen Kinder. Damit droht die Gerechtigkeitslücke gegenüber Familien mit Kindern zum Abgrund zu werden, in den auch die Sozialsysteme – lemminggleich – abzustürzen drohen.

Nun hat die Politik, die ja die Rahmenbedingungen setzt, die Demographie entdeckt. Zwar weisen seit mehreren Jahren schon Experten auf die sozialen Folgen des wachsenden demographischen Defizits hin. Gutachten wurden erstellt und Gegengutachten bestellt. Die maßgebliche Politik hat sich festgelegt. Alle Parteien singen als Lösung das Hohelied der Vereinbarkeit. Vorfahrt für Wirtschaft und Beruf außer Haus. Man verweigert schlicht die Anerkennung der häuslichen Familienarbeit. Familienmanagement als Beruf – soweit denkt man selten. Vollmundig stimmt man in den Chor der Verfemung des Herdes ein, so als ob dieses arme Küchengerät Teufelswerk wäre. Familie ist da, wo ein Kühlschrank steht, heißt ein Bonmot. Aber es gibt kaum einen Ort der Erziehung, der markanter wäre als das regelmäßige gemeinsame Essen. Hier ist Kommunikation, hier entsteht emotionale Stabilität, hier wird Humankapital gebildet.

Echte Wahlfreiheit zwischen Erwerbsberuf und Familienmanagement (siehe dazu Christian Leipert (Hrsg.), Familie als Beruf, Leske und Budrich, 2001) würde auch die Präsenz zu hause ermöglichen. Diese Präsenz, Zeit mit den eigenen Kindern, ist konstitutiv für die Erziehung. Sie ist aber auch ein Tabuthema. Präsenz zu Hause – da saust sofort das Fallbeil der Ideologie herab. Selbst die Präsenz der Eltern über den Kinderbetten wird kaum noch toleriert. Die fortgesetzte Diskriminierung von Hausfrauen und Müttern, wahre Unternehmertypen, ist abenteuerlich. Denn selbst Wirtschaftswissenschaftler haben den Wert der emotionalen Stabilität entdeckt und sie als eine Quelle ausgemacht, aus der sich das Humankapital speist. Das Humankapital ist mittlerweile zur wichtigsten weil knapper werdenden Ressource der modernen Wirtschaft avanciert. Humankapital – das sind die grundlegenden Fähigkeiten des Menschen: Das Lernenkönnen, das Miteinander-Umgehen-Können, Ausdauer, nach Lösungen suchen statt zu jammern, Gefühle erkennen und einordnen, Vertrauen schenken, ohne naiv zu sein, Alltagsprobleme meistern; es ist die soziale Kompetenz und die Fähigkeit, emotionale Intelligenz zu steuern und viele Eigenschaften mehr. Das ist mehr als Wissen. Der amerikanische Nobelpreisträger Gary Becker, ein liberaler Ökonom, der den Begriff des Humankapitals in die Wirtschaft eingeführt hat, sagt es so: „Das grundlegende Humanvermögen wird in der Familie erzeugt. Die Schule kann die Familie nicht ersetzen."

Man könnte das Humankapital auch durch einen anderen Begriff ersetzen oder ergänzen: Das Kindeswohl. Die neuere Hirnforschung belegt, daß emotionale Stabilität und aktive Kommunikation mit dem Kleinstkind grundlegend sind für das Kindeswohl und damit die Bildung von Humankapital. Durch die Kommunikation bildet sich Sprache, durch Sprache und emotionale Stabilität bildet sich Persönlichkeit. Beides setzt Präsenz oder auch Zeit mit dem Kind seitens der Eltern oder von anderen Sorgetragenden voraus. Das kann zuhause sein, das kann aber auch im Kindergarten, besser noch in einer Art Vorschule geschehen. An beiden Orten entscheidet sich das Kindeswohl. An beiden Orten muß dafür erzogen, nicht nur betreut werden. Eltern müssen deshalb gebildet sein und je mehr sie das sind, umso größer sind die Chancen des Kindes für die Ausbildung seiner Persönlichkeit, beziehungsweise für den Aufbau von Humankapital.

Die Einengung auf Ideologien führt in die Irre. Das kann die Mütterideologie sein nach dem Motto: Nur die Mutter kann wirklich erziehen. Das kann auch die Kollektivideologie sein nach der Devise: Nur der Staat kann's richten. Beiden gemeinsam ist eine gewisse Selbstverwirklichungsidee. Sie geht im ersten Fall davon aus, daß das Mutterglück das eigentliche Glück sei und die Frau sich in ihm allein verwirklicht. Im zweiten Fall wird der außerhäusliche Beruf zum Glücksfall, zum Lebenssinn. Aber beide Selbstverwirklichungsprogramme leben nur von einem künstlichen Gegensatz. Für das allgemeine Kindeswohl dürfte die Ergänzung von Zuhause und Vorschule gesellschaftlich der Idealfall sein, sofern an beiden Orten nicht nur betreut oder aufbewahrt wird.

In Deutschland wird dennoch fast ausschließlich und geradezu mit prophetischem Eifer für eine Vereinbarkeit argumentiert, die de facto die Ganztagsbetreuung außer Haus meint. Es lasse sich zeigen, heißt es, daß Länder mit einer höheren Erwerbsquote von Müttern auch höhere Geburtenraten aufwiesen. Diese Behauptung ist wie ein Axiom, aus ihm leitet man die Notwendigkeit einer besseren Vereinbarung von Familienarbeit und außerhäuslicher Erwerbsarbeit ab. Wie eine Monstranz wird das Vereinbarkeitsdogma in jeder Diskussion vor Kameras und Mikrofone getragen und in der Prozession marschieren alle Parteien mit. Es ist das Dogma der Betreuungsideologen. Ihnen stehen die Mütterideologen gegenüber. Derzeit haben die Betreuungsideologen die stärkeren Bataillone im öffentlichen Diskurs.

Die Verteidiger der Familien-, Mütter- und Heimthesen erscheinen dagegen wie Volkstribune, ohne Auftrag, ohne Amt, ohne Armee, ohne Waffen. Auf ihrer Seite steht lediglich das Empfinden, daß es ohne Mütter und ohne Familie auch nicht geht. An dieser – falschen – Schlachtordnung im öffentlichen Diskurs wird die allgemeine und ebenfalls falsche Prioritätenordnung sichtbar: Erst der Beruf, dann das Kind. Aber es sollte umgekehrt sein. Es geht um das Kindeswohl. In diesem Sinn sollte sich der Beruf dem Kind und den Bedürfnissen der Familie anpassen. Genau darüber läuft seit ein paar Monaten in den USA, wo es auch flächendeckende, freilich nicht staatlich finanzierte Betreuungseinrichtungen gibt, eine heiße Debatte – das Buch „Creating a life – professional woman and the quest for children" von Sylvia Ann Hewlett hat offenbar einen tiefsitzenden Zentralnerv getroffen.

Auch das Zuhause kann zum billigen Aufbewahrungsort werden, zum Beispiel vor dem Fernsehen. Entscheidend sind gebildete Eltern und Erziehungskonzepte für Kinder in der Gruppe. Man kann es nicht oft genug wiederholen: Erziehung ist mehr als Betreuung. Es ist „Beschenkung mit Menschlichkeit" (Johannes Paul II).

In einer Gesellschaft, die Familien strukturell behindert, wird das Humankapital zur Mangelware. Hier ist auch die schiefe Ebene zu erkennen, auf dem der deutsche Bildungs-Turm steht. Es geht längst nicht mehr nur um Werte. Wenn

Wirtschaft und Politik sich weiterhin weigern, den Zusammenhang zwischen Familie und Humankapital zu sehen, dann laufen auch alle Reformen der Sozial- und Bildungssysteme ins Leere. Dann wird das Abenteuer Familie zum existentiellen Wagnis für alle. Für die Politik bedeutet das: Eltern brauchen die Wahlfreiheit. Die wiederum ist abhängig von einer finanziellen Anerkennung der Erziehungsarbeit. Zeit ist Geld, sagt der Volksmund. Man könnte es auch so formulieren: Geld ist Zeit. Und das ist es, was die Familien brauchen und was Eltern und Kinder wünschen. Nach allen Umfragen in Deutschland, Österreich, aber auch in Frankreich und in skandinavischen Ländern äußern junge Eltern eine starke Präferenz, ihre Kleinstkinder selbst zu betreuen. Eine Befragung deutscher Mütter durch das Nürnberger Institut für Arbeitsmarkt- und Berufsforschung ergab, daß nur fünf bis sieben Prozent der westdeutschen Mütter, die in Partnerschaft leben, mit Kindern unter sieben Jahren auf ihre volle Erwerbstätigkeit setzen. In Ostdeutschland wollen nur noch 17 bis 24 Prozent der dort lebenden Mütter für sich und ihren Mann einen Vollzeitjob.

Motivation zur Arbeit und Identifikation mit dem Unternehmen sind emotionale Faktoren. Mütter im emotionalen Stress aber begreifen sowohl den Job außer Haus als auch die Arbeit zuhause eher als Gegensatz denn als Ergänzung oder Teile eines Ganzen. Dieser emotionale Faktor wird in Deutschland gerade erst entdeckt, offenbar leider nur für die Leistungsbereitschaft in der Schule. Die Beispiele anderer Länder in Europa (Frankreich, Skandinavien, Österreich) zeigen, daß die Vereinbarkeit machbar ist und auch nicht immer auf Kosten des Kindes geht. Sie zeigen allerdings auch, daß die Vereinbarkeit keine Garantie für eine höhere Geburtenrate ist. In Schweden stieg die Quote und sackte dann innerhalb von 10 Jahren von 2,14 auf 1,5 Kinder pro Frau , also um knapp 1/3, ab – trotz der flächendeckenden Ganztagseinrichtungen. Und sie zeigen, daß die Geburtenrate auch nicht das Ergebnis einer hohen Erwerbsquote von Frauen ist. In Frankreich liegt die Erwerbsquote von Frauen unter der in Deutschland, aber die Geburtenzahlen weit über den deutschen Zahlen.

Schaut man sich das skandinavische Panorama genauer an, ergibt sich außerdem ein sehr differenziertes Bild der Betreuungssituation. Erstes Faktum: Der Eigenbeitrag der Eltern zur Betreuung ihrer Kinder spielt eine viel größere Rolle, als unsere Luftraum erobernden Familienpolitiker offenbar wissen oder zur Kenntnis nehmen wollen. Zunächst ist festzustellen, daß Familienpolitik und vor allem die staatlichen Leistungen zur finanziellen Absicherung von häuslicher und außerhäuslicher Betreuungszeit in Skandinavien einen sehr viel höheren Stellenwert – gemessen an den zur Verfügung gestellten staatlichen Finanzmitteln – haben als in Deutschland. Mit anderen Worten: Es wird gerade für die sensible Zeit der Betreuung von Kleinkindern bis zur Erreichung des Kindergartenalters sehr viel mehr staatliches Geld ausgegeben.

So gibt es eine Lohnersatzleistung, Elterngeld genannt, in praktisch allen nordischen Staaten. Es liegt bei circa 80 Prozent des letzten Einkommens (bei einer Höchstgrenze von 2.650 Euro, z.B. in Schweden). Dieses Elterngeld wird in Schweden und Norwegen ein Jahr, in Finnland neun Monate und in Dänemark mindestens sechs Monate mit verschiedenen Verlängerungsoptionen gezahlt. Diese hohe Lohnersatzleistung ist auch die Haupterklärung für die höhere Beteiligung von Vätern am Elternurlaub in Skandinavien. Ein zusätzlicher Anreiz für Väter ist ferner, daß der sogenannte Vätermonat, wenn er vom Vater nicht in Anspruch genommen wird, in Schweden und in Norwegen seit einigen Jahren ersatzlos entfällt. Es gab einmal eine Zeit, da hatte auch die SPD die Lohnersatzleistung in ihrem Programm. Aber das war zu einer Zeit, als das Aschenputtel Familie noch Prinzessin war.

Der Schlüsselbegriff ist die Zeit. An ihrer Teilung kommt man nicht vorbei. Ihre Teilung ist auch nicht nur formal und numerisch zu sehen. Persönlich mehr Zeit für die Kinder zu haben und sie mit ihnen zu verbringen, bringt auch mehr Zufriedenheit, mithin mehr Motivation und Freude an der Arbeit außer Haus. Abgesehen davon, daß die Zeit mit Kindern mehr Erfüllung als Erfolg mit sich bringt, handelt es sich um eine Lebensphase von einigen Jahren, die je nach der Zahl der Kinder variieren kann. Diese Zeitdauer ist in das Belieben der Frau oder des Paares gestellt. Auch hier spielen Emotionen eine große, vermutlich sogar die entscheidende Rolle.

Es existiert natürlich ein Zusammenhang zwischen den persönlichen Faktoren und den Folgen für die Gesellschaft. Das generative Verhalten ist eine private Entscheidung, aber sie ist „eingebettet" in gesellschaftliche Strukturen. Die Gesamtgleichungen sehen so aus: Mehr Stress und weniger Zeit bedeuten auch weniger Kinder. Ferner gilt: Kinder kosten Geld. Mehr Stress und weniger Geld bedeuten auch weniger Kinder. Beide Gleichungen sind heute in Deutschland Wirklichkeit. Wer sie addiert und weiterdenkt, kommt nach den Gesetzen der Logik auf dieses Ergebnis: Ohne Kinder keine Zukunft. Genau dieses Programm wird zurzeit in Deutschland und manch anderen Ländern Europas fast mit mathematischer Stringenz umgesetzt. Es ist eine zukunftsausblendende Logik.

Aber die Spieldauer für solch gesellschaftlichen Luxus ist begrenzt. Das Publikum wird älter und bleibt aus. In der deutschen Diskussion ist bei familienpolitischen Vergleichen immer von Dänemark und Schweden die Rede. Auch Norwegen wird mit seiner hohen Frauenerwerbsquote und der relativ hohen Geburtenrate gerne zitiert. Die hochinteressante Betreuungsgeldregelung Norwegens, von der wir in Deutschland vorläufig nur „träumen" können, scheint in den Medien und in der Politik noch weitgehend unbekannt zu sein oder wird schlicht ignoriert, sie passt nicht in das aktuelle Konzept (siehe jedoch den Beitrag von Dåvøy in diesem Band).

Auch Frankreich wird gern als Beispiel herangezogen. Dort ist das Ganztagsangebot dank der Ecoles Maternelles seit Jahrzehnten flächendeckend, wenigstens für die Altersgruppe ab zwei, drei Jahren. Und auch Horte und Krippen gibt es in weit größerer Zahl als in Deutschland. Aber die höhere Geburtenrate, mit Irland die höchste in der EU, hat mit der Subjektförderung zu tun. In Deutschland frönt man dem vereinheitlichenden Prinzip der Objektförderung. Man investiert in Gebäude, Institute – der Staat soll's richten. In Frankreich tut man beides. Man fördert die Einrichtungen und gibt den Eltern Geld in die Hand – Stichwort Leistungsgerechtigkeit –, man fördert auch Subjekte. Das geschieht auf vielerlei Weise, direkt und indirekt. Die familienpolitischen Maßnahmen enthalten das klassische Repertoire, also Kindergeld, Wohngeld, Mutterschaftsurlaub, Baby-Rentenjahre, bis hin zu spezifisch französischen Maßnahmen wie Familiensplitting, Familienzulagen, Geburtsbeihilfen, Geburts- und Adoptionsurlaub, Schulbeginnhilfe, Alleinerziehendenhilfe, Haushaltsgründungsdarlehen, Umzugsprämie oder Renovierungsprämie. Insgesamt sind es rund drei Dutzend einzelne Posten, plus Sondermaßnahmen. Die direkten Maßnahmen machen etwa 40 Milliarden Euro pro Jahr aus, die indirekten wie Familiensplitting kommen hinzu.

Frankreich verfolgt eine klar natalistische Politik, deren Wurzeln bis in das vergangene Jahrhundert hinein zurückzuverfolgen sind. Lange Zeit wurden Familien besonders für das dritte Kind finanziell „belohnt", für das erste bekamen und bekommen die Eltern nichts, eine Unikum in Europa. Aber insgesamt wurden Familien gerechter behandelt als in anderen Ländern Europas, vor allem in Deutschland. So war während der achtziger Jahre der Gesamtaufwand für direkte finanzielle Leistungen des Staates an die Familien durchweg doppelt so hoch wie in Deutschland oder in Großbritannien. Auch heute geht es den Familien in Frankreich immer noch erheblich besser. Kinderreiche Familien zahlen in Frankreich kaum oder wenig Steuern, hierzulande immer noch zuviel, weil die offiziell bei uns anerkannten Steuerfreibeträge für Kinder viel zu niedrig sind.

Hinzu kommt das Engagement oder Familienbewußtsein: Die Linksregierung Jospin wollte 1998 das Kindergeld einkommensabhängig gestalten und damit den Familien den finanziellen Hahn abdrehen. Es gab Massenproteste, auf der Straße und in den Medien. Es war der Auftakt zu einer bürgerlichen Protestbewegung, seither findet jedes Jahr eine nationale Familienkonferenz der Regierung mit den Verbänden statt. Der familienpolitische Diskurs ist geprägt von staatlichem und privatem Interesse. De Gaulle schrieb in seinen Memoiren: „Von allen Investitionen ist die Erhöhung der Bevölkerungszahl in Frankreich zweifellos die wichtigste." Er schrieb diesen Satz und handelte danach, als Frankreich in Trümmern lag und sich nach hiesigem Denken familienpolitische Maßnahmen eigentlich nicht leisten konnte. Aber das ist eine Frage der politischen Prioritätensetzung.

Der Diskurs ist übrigens älter als de Gaulle und hat Tradition. Schon vor mehr als hundert Jahren, am 28. Oktober 1898 forderte der Abgeordnete Lemire in der Nationalversammlung die Einführung eines Familiengeldes mit dem Argument der Leistungsgerechtigkeit. Er sagte: „Das, was ich von der Kammer fordere, nenne ich weder Hilfe noch Entschädigung. Denn eine Hilfe wird bei einem drängenden oder vorübergehenden Bedarf gewährt, und eine Entschädigung erhält man für einen Verlust. Eine Familie zu haben, bedeutet jedoch, weder einen Unfall noch einen Schaden erlitten zu haben. Eine Zuwendung wie das Familiengeld ist eine Gegenleistung für einen Dienst. Die Familie leistet einen sozialen Dienst."

Solche Gedanken sind in Deutschland derzeit unpopulär. Sie scheitern schon an der Frage: Wer soll das bezahlen? Der bekannte Professor für Volkswirtschaft Jean Didier Lecaillon meinte auf dem Zweiten Europäischen Kongress zur Aufwertung der Erziehungsarbeit in Straßburg (2000, „Familie als Beruf"): „Ökonomie wird allzu oft mit Rechnungswesen verwechselt. Man betrachtet nur die Höhe einer Ausgabe, ohne zu unterscheiden, ob es sich bei ihr um Konsum oder um Investition handelt. Die wichtigste Frage ist nicht: Wie viel kostet es? Sondern: Wieviel bringt es ein?. Wenn es um die Familie geht, muß man sich darauf einigen können, daß man es im Allgemeinen mit Investitionen zu tun hat." Es handelt sich in der Tat um eine Investition und zwar in die wichtigste und immer knapper werdende Ressource in Deutschland, das Humankapital. Es ist eine Frage des Denkens und der Begriffe.

Auch die Frauen investieren selbst und zwar Zeit. Selbst die Frauen, die neben der Familienarbeit oder dem Familienmanagement einer außerhäuslichen Erwerbsarbeit nachgehen, tun dies meist teilzeitig. Und selbst bei den Frauen, die vollzeitig außer Haus beschäftigt sind, gibt es in Frankreich einen markanten Unterschied zu Deutschland. Der Lebensrhythmus in Frankreich geht von acht bis zwölf und von zwei bis fünf. Zwischen zwölf und vierzehn Uhr gibt es eine Mittagspause. In dieser Pause holen die meisten Mütter ihre Kinder aus den Krippen, Horten und Vorschulen ab. Sie essen zusammen. Sie verbringen Zeit zusammen. Sie kommunizieren bei einer grundlegenden, ja vitalen Tätigkeit. Natürlich geschieht das manchmal unter erheblichem Stress, aber es geschieht. Der gedankliche und emotionale Austausch findet statt, die Beziehung lebt und damit auch die Erziehung. Erlebnisse in den Betreuungsanstalten werden verarbeitet. Die Eltern schenken das, was die Kinder sich am meisten wünschen: Zeit.

Der Wunsch nach Familie und nach Kindern ist ungebrochen, auch in Deutschland. Staat und Wirtschaft können ihn erfüllen helfen. Der Staat, indem er mit Ganztagsangeboten und der Subjektförderung die Wahlfreiheit ermöglicht, die Wirtschaft, indem sie mit mehr Flexibilität die Zeitorganisation der Familien erleichtert. Jede Familie sollte sich ihr eigenes Lebensprogramm erfüllen können.

Der große Pädagoge Pestalozzi hat einmal seine Forschungsergebnisse und Erfahrungen in einer Art summa paedagogica zusammengefasst und nannte sie die drei großen „Z": Zuwendung, Zärtlichkeit, Zeit. Die Zeit ist das wichtigste, ohne sie gibt es keine Zuwendung und keine Zärtlichkeit. Hier liegt der große Unterschied zwischen Erziehung und Betreuung. Betreuung ist satt, sauber, beschäftigt. Erziehung sind die drei Z, das heißt Investition in das Humankapital. Das kann außerhalb der Familie in der Regel nur begrenzt geschehen. Die Ergebnisse der Hirnforschung, die vor allem in den USA auch mit Blick auf die Erziehung und Bedürfnisse des Kindes vorangetrieben wird, machen immer deutlicher, daß emotionale Stabilität, mithin klare Bezugsrahmen und gleichbleibende Bezugspersonen, für die gesunde Entwicklung des Kindes grundlegend und vital sind. Sie schaffen das Urvertrauen oder die Vitalbindung, die die Ausbildung der Daseinskompetenzen ermöglichen.

Man sollte das nicht unterschätzen. In einer Studie im Auftrag der Kassenärztlichen Vereinigung Deutschlands ist schon vor Jahren festgestellt worden, daß rund 40 Prozent aller Krankheiten psychosomatisch sind, also eine mitverursachende psychische Komponente haben und daß von dieser psychischen Komponente rund fünfzig Prozent in Zusammenhang mit familiären Zerwürfnissen steht.

Mit anderen Worten: Ein Fünftel aller Krankheitsfälle wäre vermeidbar, wenn das Familienleben der Betreffenden intakt wäre oder gewesen wäre. Natürlich machen Eltern Fehler – übrigens auch Ärzte, Handwerker, Politiker und überhaupt alle beruflich Tätigen – und geschehen in Familien auch Vergehen bis hin zum Verbrechen. Aber das sind Ausnahmen. Sie rechtfertigen keineswegs ein gesellschaftliches Dogma der Ganztagsbetreuung. Die Investition in die Beständigkeit familiärer Beziehungen ist gesellschaftlich immer noch rentabler als die Auflösung oder Instrumentalisierung der Institution Familie. Um es menschlicher zu formulieren: Wer Zeit, Zuwendung und Zärtlichkeit schenkt, der schenkt Liebe und das ist die beste Medizin für die Seele. Das muß nicht, wie gesagt, immer zuhause sein. Aber dort kommt das Kind dem Paradies wohl immer noch am nächsten.

Verzeichnis der Autorinnen und Autoren

Becker, Gary. S., Ph.D., Professor an der Universität Chicago, Nobelpreisträger für Ökonomie im Jahre 1992, Senior Fellow der Hoover Institution an der Universität von Stanford, Chicago

Bichot, Jacques, Dr., Professor an der Wirtschaftswissenschaftlichen Fakultät der Universität Lyon II

Birg, Herwig, Prof. Dr., Inhaber eines Lehrstuhls für Bevölkerungswissenschaft und Geschäftsführer des Instituts für Bevölkerungsforschung und Sozialpolitik (IBS) der Universität Bielefeld, Präsident der „Deutschen Gesellschaft für Demographie", Bielefeld

Bruneau, Christine, Bürgermeisterin von Boulogne-Billancourt, Vorsitzende von „Femmes de Demain", Mutter von vier Kindern

Dåvøy, Laila, norwegische Ministerin für Kinder und Familie, ehemalige Arbeitsministerin, ehemalige Präsidentin der norwegischen Krankenschwestervereinigung, Oslo

Dumont, Gérard-Francois, Dr., Professor an der Universität Sorbonne (Paris), Ex-Präsident der Universität Nizza, Paris

Geisler, Hans, Dr., Landtagsabgeordneter im Freistaat Sachsen, ehemaliger Staatsminister für Soziales, Gesundheit, Jugend und Familie, Mitglied der Sozialkommission der Evangelischen Kirche in Deutschland, Dresden

Hocke, Norbert, stellvertretender Vorsitzender der Gewerkschaft Erziehung und Wissenschaft (GEW), Leiter des Bereichs Jugendhilfe und Sozialarbeit, Berlin

Homeyer, Josef, Dr., Bischof von Hildesheim, Präsident der Kommission der Bischofskonferenzen der EU (ComECE)

Horn, Ulrike, Autorin der beiden Bücher „Neue Mütter hat das Land" und „Freie Wahl für freie Mütter", Mutter von drei Kindern, ehemalige Pressesprecherin der „dhg – Verband der Familienfrauen und -männer", Emtmannsberg (Bayreuth)

Kirchhof, Paul, Prof. Dr., Ruprecht-Karls-Universität Heidelberg, Leiter des Instituts für Finanz- und Steuerrecht, Richter am Bundesverfassungsgericht von 1987 bis 1999, Heidelberg

Kraus, Josef, Präsident des Deutschen Lehrerverbandes, Oberstudiendirektor an einem bayerischen Gymnasium, Landshut

Kretz, Claus, Landrat des Landkreises Karlsruhe, Karlsruhe

Kropiwnicki, Jerzy, Dr., Bürgermeister von Lodz, ehemaliger Minister für Regionale Entwicklung und Wohnungsbau in der polnischen Regierung, Lodz

Lecaillon, Jean-Didier, Dr., Professor für Wirtschaftswissenschaften an der Universität Panthéon-Assas (Paris II), Berater diverser Organisationen, Paris

Leclerc, Michel-Edouard, Unternehmer, Präsident der Einzelhandelskette Leclerc, Paris

Leipert, Christian, Dr., Mitbegründer und Leiter des Berliner Büros des „Europäischen Instituts zur Aufwertung der Erziehungsarbeit", Mitarbeiter des „Instituts für Sozialökologie" (Königswinter), Berlin

Liminski, Jürgen, Rundfunkjournalist (Deutschlandfunk) und Mitarbeiter mehrerer Zeitungen im In- und Ausland, Moderator des „Berliner Kongresses", St. Augustin

Löhr, Mechthild, Inhaberin der Personal- und Unternehmensberatung Löhr & Cie, Vorsitzende des BDA-Arbeitskreises „Schulische Bildung", Bundesvorsitzende der „Christdemokraten für das Leben (CDL)", Königstein

Meurer, Anne, Dr., Direktorin und Mitglied der Geschäftsführung der „Bundesversicherungsanstalt für Angestellte (BfA)", Projektleiterin „Beruf und Familie", Berlin

Milbradt, Georg, Prof. Dr., Ministerpräsident des Freistaats Sachsen, Landesvorsitzender der CDU, ehemaliger Staatsminister der Finanzen, Dresden

Müller-Kirschbaum, Thomas, Dr., Vize-Präsident der Henkel KgaG, stellvertretender Vorsitzender des „Bundes Katholischer Unternehmer", Düsseldorf

Schartau, Harald, Minister für Arbeit und Soziales, Qualifikation und Technologie des Landes Nordrhein-Westfalen, Landesvorsitzender der SPD, ehemaliger Landesvorsitzender der IG Metall, Düsseldorf

Schattovits, Helmuth, Prof. Dr., ehemaliger Geschäftsführer des „Österreichischen Instituts für Familienforschung (ÖIF)", Mitglied im EU-Observatorium zur sozialen Situation, Demographie und Familie, Wien

Schmid, Josef, Prof. Dr., Universität Bamberg, Inhaber des Lehrstuhls für Bevölkerungswissenschaft

Sinn, Hans-Werner, Prof. Dr. Dr.h.c., Präsident des „Ifo Instituts für Wirtschaftsforschung" (München), Professor für Nationalökonomie und Finanzwissenschaft sowie Direktor des „Center of Economic Studies" an der Ludwig-Maximilians-Universität München

Stahmer, Carsten, Prof. Dr., Mitarbeiter des Statistischen Bundesamtes in der Abt. Volkswirtschaftliche Gesamtrechnungen mit Schwerpunkt auf Input-Output-Rechnung sowie umwelt- und sozio-ökonomische Gesamtrechnungen, Honorarprofessor an der Ruprecht-Karls-Universität Heidelberg, Wiesbaden

Stewens, Christa, bayerische Staatsministerin für Arbeit und Sozialordnung, Familie und Frauen, München

Tietze, Wolfgang, Dr., Professor für Erziehungswissenschaft mit Schwerpunkt Kleinkindpädagogik an der Freien Universität Berlin

Torres, Max, Prof. Ph.D., Assistant Professor der IESE-Business School, Universität von Navarra, Barcelona; gegenwärtig Visiting Scholar an der Tuck School of Business in Dartmouth, Hanover, New Hampshire

Wehr, Gerhard, Sprecher des „Koordinationskreises Familien- und Gesellschaftspolitik", dem Organisator des Berliner Kongresses, ehemaliger Vorsitzender des „Deutschen Arbeitskreises für Familienhilfe e.V.", Kirchzarten

Wenzler, Simone, Dipl.-Volkswirtin, Leiterin des Ministerbüros im sächsischen Staatsministerium für Soziales, Gesundheit, Jugend und Familie, vorher dort familienpolitische Referentin, Dresden

Wippermann, Peter, Prof., Gründer und Leiter des „Trendbüros" (Hamburg), Professor für Kommunikationsdesign an der Universität Essen, Hamburg